Aline Oloff
Die Sprache der Befreiung

Gender Studies

Aline Oloff ist wissenschaftliche Mitarbeiterin am Zentrum für interdisziplinäre Frauen- und Geschlechterforschung der TU Berlin. Ihre Forschungsinteressen liegen im Bereich der Feministischen Theorie, der Feminismus- und Bewegungsgeschichte und der Frankreichstudien.

Aline Oloff

Die Sprache der Befreiung

Frauenbewegung im postkolonialen Frankreich

[transcript]

Zugl.: Berlin, Technische Universität, Diss., 2016 u. d. T. »Rassismus als Metapher. Frauenbewegung im postkolonialen Frankreich.«

Der Druck wurde unterstützt durch die Gerda-Weiler-Stiftung (http://www.gerda-weiler-stiftung.de).

Bibliografische Information der Deutschen Nationalbibliothek

Die Deutsche Nationalbibliothek verzeichnet diese Publikation in der Deutschen Nationalbibliografie; detaillierte bibliografische Daten sind im Internet über http://dnb.d-nb.de abrufbar.

transcript Verlag | Hermannstraße 26 | D-33602 Bielefeld | live@transcript-verlag.de

Umschlaggestaltung: Kordula Röckenhaus, Bielefeld
Korrektorat: Anne Krüger, Berlin
Satz: WERK & SATZ, Berlin
Druck: docupoint GmbH, Magdeburg
Print-ISBN 978-3-8376-3878-3
PDF-ISBN 978-3-8394-3878-7

Gedruckt auf alterungsbeständigem Papier mit chlorfrei gebleichtem Zellstoff.

Besuchen Sie uns im Internet: *http://www.transcript-verlag.de*

Bitte fordern Sie unser Gesamtverzeichnis und andere Broschüren an unter: *info@transcript-verlag.de*

Inhalt

Vorwort

Diesem Buch liegt meine Dissertationsschrift zugrunde, die ich im Januar 2016 an der Technischen Universität Berlin eingereicht habe. Die Arbeit hat mich einige Jahre begleitet, neben intensiven Phasen des aufregenden Entdeckens von Quellen in diversen Archiven und Bibliotheken gab es Phasen des Kampfes mit dem überbordenden Material und immer neue Versuche, diesem Material im eigenen Schreiben gerecht zu werden. Die Fertigstellung des Manuskriptes habe ich im Frühsommer 2015 nach einer längeren Ruhephase der Arbeit in Angriff genommen. Zu diesem Zeitpunkt waren die Anschläge auf die Redaktion des Satiremagazins *Charlie Hebdo* und den jüdischen Supermarkt *Hyper Cacher* bereits geschehen. Die sogenannte ›Flüchtlingskrise‹ zeichnete sich ab, die schließlich durch das Ereignis ›Köln‹ in ihrer Bedeutung vereindeutigt worden ist. Als ich am Schlusskapitel arbeitete, wurden in Paris und Beirut erschütternde Anschläge verübt, deren politische und gesellschaftliche Konsequenzen nicht absehbar waren. Die Frage nach den Voraussetzungen eines friedlichen und solidarischen Zusammenlebens in einer postkolonialen Welt schien damals brennender denn je – und sie ist es jetzt, zwei Jahre später, nach wie vor. Ich wünsche diesem Buch, dass es, indem es auf das Wirken und die Effekte postkolonialer Sprachlosigkeit aufmerksam macht, zur Auseinandersetzung mit dieser drängenden Frage beiträgt.

Auslöser für meine Beschäftigung mit der Geschichte der neuen Frauenbewegung in Frankreich und deren Umgang mit Rassismus war das Ringen um feministische Positionen in den Diskussionen um Kopftuch und sexualisierte Gewalt der frühen 2000er Jahre, das ich bei Besuchen und in Lektüren beobachtet habe. Ich wollte die Schärfe des Konfliktes und die zum Ausdruck gebrachte Überforderung verstehen. Der Punkt, von dem aus ich meine Beobachtungen mach(t)e, hat nicht unerheblich zur Gestalt des vorliegenden Buches beigetragen. Als Feministin fühl(t)e ich mich meinem ›Gegenstand‹ verbunden, die Tatsache, dass ich einem anderen politischen, lokalen und sprachlichen und, bezogen auf einen großen Teil der Quellen, auch historischen Kontext angehöre, sorgte wiederum für Distanz. Von großer Bedeutung für meinen Umgang mit dem Material und meine Interpretationen ist meine intellektuelle Sozialisation, die ich in den Gender Studies an der Humboldt-Universität zu Berlin in den späten 1990er Jahren erfahren habe. Diese spezifische Verortung ist mir vor allem in Momenten der Irritation und Abwehr gegenüber den Quellen bewusst geworden. Die Gestalt des Buches ist aber ebenso von der Entscheidung geprägt, mit Bewegungszeitschriften zu arbeiten. Damit war der Fokus der Untersuchung auf die hegemonialen Stimmen in der Frauenbewegung gelegt. Eine Arbeit mit anderem Material, beispielsweise dem Archiv *TRACES*, das Zeugnisse des Aktivismus von Migrant_innen sammelt, hätte ein anderes Bild des feministischen Aktivismus gezeichnet.

Dank

Daran, dass die Forschungsarbeit zu einem Ende gekommen und dieses Buch entstanden ist, haben viele Personen Anteil. Ohne meine temporäre Wohngemeinschaft in Paris wären die zahlreichen Besuche und das Abtauchen in Pariser Kellern nicht möglich gewesen. Danke, Ute und Fred, für eure fröhliche Gelassenheit und die Selbstverständlichkeit, mit der ihr immer wieder die Matratze in eurer Wohnzimmer gelegt habt! Danke für eure Freundschaft!

Die Bibliothek Marguerite Durand war zeitweise mein zweites Zuhause, den Mitarbeiter_innen der Bibliothek sei für die freundliche Beherbergung und vor allem die Sonderöffnungszeiten gedankt. Michèle Larrouy danke ich für die vielen Abende im *Maison des Femmes*. Mein Dank gilt zudem den Personen, die sich Zeit für Gespräche mit mir genommen haben, Elsa Dorlin, Jules Falquet, Éric Fassin, Nasima Moujoud und Christelle Taraud. Sibylle Schweier und Natacha Chetcuti-Osorovitz danke ich für die freundschaftliche Aufnahme und die vielen Gelegenheiten, Eindrücke zu teilen und Fragen zu stellen. Eine überaus wichtige Gesprächspartnerin war Claudie Lesselier, die mir zudem den Zugang zum Archiv *TRACES* sowie zu ihrer privaten Sammlung zeithistorischer Dokumente ermöglicht hat.

Dass ich den Weg zur Doktorarbeit überhaupt eingeschlagen habe und dann auch noch bis zum Ende gegangen bin, verdanke ich Sabine Hark. Danke für die Unterstützung und Ermutigung in der schwierigen Anfangszeit, für die vielen Strukturierungs- und Sortierungshinweise zwischendrin und das beharrliche Nachfragen am Ende! Eveline Kilian hat ebenfalls Anteil daran, dass diese Arbeit überhaupt auf den Weg gekommen ist. Vielen Dank für Zuspruch und Vertrauen über die lange Zeit hinweg!

Ohne meine Freund_innen gäbe es dieses Buch nicht. Laura Adamietz, Nora Markard und Angela Smessaert haben an Stipendienanträgen gefeilt, Texte gelesen, Disputation gespielt – und waren unerschütterlich in ihrem Glauben, dass das schon werden wird … Danke für eure Unterstützung in allen Lebenslagen!

Für kritisches Lesen ganzer Kapitel und wertvolle Anregungen dazu danke ich Anna Eggers, Hanna Meißner, Anna-Katharina Meßmer, Ralf Müller, Ulrike Richter und Pat Treusch. Viele der Gedanken im Buch haben in den Diskussionen im Kolloquium am Zentrum für Interdisziplinäre Frauen- und Geschlechterstudien der Technischen Universität Berlin ihre Gestalt angenommen. Allen, die über die Jahre hinweg Exposés, Gliederungsentwürfe, Arbeitspapiere und Kapitelteile gelesen und kommentiert haben, sei gedankt! Die Arbeit hat auch von den Diskussionen im Kolloquium des Graduiertenkollegs »Geschlecht als Wissenskategorie« an der Humboldt-Universität zu Berlin profitiert. Ein Stipendium im Rahmen des Kollegs hat meine Existenz gesichert und Reisen nach Paris ermöglicht. Bei den ersten Denkversuchen hatte mich zuvor ein Stipendium des Berliner Programms für Chancengleichheit unterstützt. Eine wichtige Überbrückungshilfe war gegen Ende das Promotionsabschlussstipendium der Zentralen Frauenbeauftragten der Technischen Universität Berlin.

Anne Krüger hat mit unglaublichem Einsatz aus der Hochschulschrift ein schönes Buch gemacht. Danke für die Rettung in letzter Minute!

Ralf und Joris kann ich nicht genug danken für ihre Geduld und das Leben jenseits des Schreibtischs!

»L'Européen sait et ne sait pas.«
FRANTZ FANON (1952)

»In der Begegnung mit Fremden begegnet uns nicht nur die eigene Selbstzerissenheit und individuelle Borniertheit, sondern eben auch die reale Geschichte, eine Geschichte von Eroberung und von Rassismus und Antisemitismus, die sich in unser Denken und Fühlen eingeschrieben hat.«
BIRGIT ROMMELSPACHER (1993)

1. Der Einbruch des Kolonialen. Zur Einleitung

In diesem Buch geht es um die Frauenbewegung in Frankreich und um die Frage, wie diese Teil der postkolonialen Gesellschaft Frankreichs ist. Einer postkolonialen Gesellschaft, die sich bislang nicht als solche wahrgenommen und reflektiert hat, seit der Jahrtausendwende jedoch einen Einbruch des Kolonialen in das kollektive Bewusstsein erlebt.

Die Identitätskrise der postkolonialen französischen Gesellschaft wird in Frankreich selbst als »Bruch« oder »Riss«, als »Wendepunkt« oder auch als »schwierige Häutung« beschrieben.[1] Dass es sich dabei um kollektive psychische Vorgänge handelt, die als wenig rational und gleichsam eruptiv erlebt werden, wird in Beschreibungen der Situation als »Rückkehr des Verdrängten«, als »Heimsuchung« beziehungsweise »Überwältigung«, als »Hochkochen« oder »Zwanghaftigkeit« deutlich; die Rede ist auch von »Gefühlen der Unsicherheit« und »antiislamischen Phobien«.[2] »Der Deckel springt ab und das Verdrängte steigt in großen Wallungen auf«,[3] so eine weitere Darstellung, welche die Situation ebenfalls als plötzliche und heftige Veränderung beschreibt.

Einer Gesellschaft, deren aktuelle Situation und Verfasstheit als ein Spannungsfeld vorgestellt werden kann, in dem um die Frage der sozialen, politischen wie identitären Zugehörigkeit gerungen wird, die Fliehkräfte jedoch immer größer zu werden

1 | Verwiesen sei auf Buchtitel wie *La fracture coloniale* (Blanchard et al. 2006), *Ruptures postcoloniales* (Bancel et al. 2010) oder Überschriften wie *Le tournant postcolonial à la française* oder *France: la difficile mue postcoloniale* (in der Zeitschrift *Mouvements* N° 51 [2007]).

2 | Beispielhaft in der Einleitung des Sammelbandes *La fracture coloniale* (Bancel et al. 2006). Diese ist überschrieben mit: »Der koloniale Bruch: eine französische Krise«. Alle angeführten Formulierungen sind aus diesem Text – finden sich aber auch in anderen Darstellungen.

3 | »Le couvercle saute et le refoulé remonte en gros bouillonnements.« *Mouvements* N° 51 (2007), S. 7.

scheinen. Fliehkräfte zwischen den *Cités* der *Banlieues*,[4] den urbanen Zentren und den ländlichen Regionen, zwischen Angehörigen der Mehrheitsgesellschaft und Angehörigen postkolonialer Minderheiten, zwischen religiösen beziehungsweise säkularen Wertegemeinschaften und nicht zuletzt zwischen Verfechtern verschiedener Lebensweisen. Was bei all dem zur Disposition steht, ist nichts weniger als das Integrationsmodell der laizistischen Republik mit dem Grundprinzip des republikanischen Universalismus, der (Rechts-)Gleichheit für alle Bürger der Republik vorsieht – in Absehung ihrer individuellen Situation. Dieser starke Gleichheitsbegriff, der Unterschiede – der Herkunft, der Religion, der ethnischen oder regionalen Zugehörigkeit – in der Arena des Politischen aufheben soll, funktionierte in der Revolution als Einsatz gegen die partikularen Interessen von Adel und Klerus. Der ihm inhärente Konstruktionsfehler, selbst konstitutiv über Ausschlüsse zu funktionieren, (soziale) Unterschiede jedoch der Benennung zu entziehen, prägt die politischen Kämpfe bis heute.

Der Satz »Frei und gleich an Rechten werden die Menschen geboren und bleiben es«, war bereits im Moment seiner Formulierung umstritten. Für wen hatte er Gültigkeit? Formuliert er eine Absichtserklärung oder aber eine Beschreibung des Menschseins? Diese Deutungsoffenheit hatte erhebliche Konsequenzen, ermöglichte sie doch die Verschiebung von ›Freiheit‹ und ›Gleichheit‹ aus dem Bereich des Politischen in den Bereich des Ahistorisch-Natürlichen. Aus der Frage der gleichen Freiheiten und Rechte konnte so eine Frage von Ähnlichkeiten beziehungsweise ›natürlichen‹ Unterschieden werden; die Tatsache, dass bestimmte Individuen nicht »frei und gleich an Rechten« geboren werden, konnte ihrer ›anderen‹ Natur zugeschrieben werden. Erinnert sei beispielsweise an den Beschluss der französischen Nationalversammlung im April 1793, dass Kinder, ›Irre‹, Minderjährige, Frauen und Kriminelle kein Bürgerrecht genießen.[5] Zeitgleich ist um die Aufhebung der Sklaverei in den Kolonien gerungen worden; Anfang Februar 1794 ist sie unter den Jakobinern abgeschafft, bereits 1802 unter Napoleon wieder eingesetzt worden. In den politischen Kämpfen hinter diesen Entscheidungen ging es zentral um die Frage des Menschseins der betroffenen Gruppen.

Die ersten Jahre des 21. Jahrhunderts waren für den feministischen Aktivismus in Frankreich ebenfalls eine bewegte Zeit. Die gesamtgesellschaftlichen Auseinandersetzungen um die Republik und ihre Grundsätze, insbesondere um die laizis-

---

4 | Ich verwende die französischen Begriffe *Cité* und *Banlieue* aufgrund ihrer eindeutigen Konnotationen – Armut, Gewalt, Migration –, welche die deutschen Begriffe ›Siedlung‹ (*Cité*) und ›Vorstadt‹ (*Banlieue*) nicht wiedergeben. Ich möchte beide damit zudem als rassifizierte Räume kennzeichnen.

5 | Vgl. Honegger 1991, S. 75.

tische Grundordnung und die Rolle des Islams in der französischen Gesellschaft, sind auch innerhalb der Frauenbewegung geführt worden. Zeitgleich haben feministische Themen und Anliegen eine vorher nicht gekannte öffentliche Wahrnehmung – und nationalistische Wendung – erfahren. Die Gleichstellung von Frauen und Männern ist im öffentlichen Diskurs zum Ausdruck par excellence der viel beschworenen republikanischen Werte geworden. Diese Indienstnahme stellte eine ernst zu nehmende Herausforderung im Ringen um feministische Antworten auf die gesellschaftspolitisch drängenden Fragen dar.

Insbesondere zwei miteinander in Verbindung stehende Themen haben Mitte der 2000er Jahre zu heftigen Diskussionen und Verwerfungen in der Frauenbewegung und im Feld des Feminismus geführt. In den frühen 2000er Jahren ist Gewalt gegen Frauen zu einem Skandal in der französischen Öffentlichkeit geworden. Auslöser waren Berichterstattungen über Gruppenvergewaltigungen in den *Cités* der *Banlieues*, die medial begleitete Veröffentlichung einer autobiografischen Erzählung aus »der Hölle der Gewalt«[6] im Jahr 2002 sowie nicht zuletzt die öffentlichkeitswirksamen Auftritte der Gruppe *Ni Putes Ni Soumises* im Frühjahr 2003. Deren Anliegen, auf die Situation von Mädchen und Frauen in den *Cités* aufmerksam zu machen, ist von einem breiten feministischen Bündnis unterstützt und getragen worden. Die Demonstration zum 8. März 2003 stand ganz im Zeichen von *Ni Putes Ni Soumises*, deren Vertreter_innen den Zug anführten, an dem sich 30.000 Personen beteiligten.

Der Verein *Ni Putes Ni Soumises* (Weder Huren noch Unterworfene) wurde im Herbst 2002 gegründet. Auftakt einer überaus erfolgreichen Kampagne war ein fünf Wochen dauernder Marsch »gegen Ghettos und für Gleichheit« (*Marche des femmes contre les ghettos et pour l'égalité*) durch Frankreich, der am 8. März 2003 mit der Demonstration in Paris endete. Damit wurde eine historische antirassistische Protestform aufgegriffen und gleichsam neu in Szene gesetzt. Innerhalb der traditionellen Frauenbewegung lösten die Fixierung des Gewaltproblems in der *Banlieue*, aber auch die zunehmende Nähe des Vereins zur etablierten Politik große Skepsis aus. Die Kampagne von *Ni Putes Ni Soumises* ist zentraler Bestandteil der diskursiven Nationalisierung feministischer Anliegen im Dienste der Konstruktion eines nunmehr *muslimischen* Anderen.

Trotz der zunächst breiten Unterstützung stellten *Ni Putes Ni Soumises* eine Herausforderung für die Frauenbewegung dar, die sich in den darauf folgenden Monaten zu einem ernsthaften Konflikt entwickelte. Indem *Ni Putes Ni Soumises* ganz gezielt

6 | So die deutsche Übersetzung; der französische Titel lautet: *Dans l'enfer des tournantes. Tournantes* ist ein Slang-Begriff für Gruppenvergewaltigungen. Für das französische Original vgl. Bellil 2002.

Gewalt gegen Frauen in den Vorstädten zum Inhalt ihrer Kampagne machten, standen sie im Widerspruch zum breiten feministischen Konsens, Gewalt gegen Frauen nicht reduziert auf bestimmte Gruppen, sondern als gesamtgesellschaftliches und zudem strukturelles Problem zu betrachten.

Eine im Jahr 2003 erschienene Studie zu Gewalt gegen Frauen bestätigt die feministische Position. Die *Enquête nationale sur les Violences envers les Femmes en France* (EnVeFF) weist Gewalt als Schichten wie Wohnorte übergreifendes und erschreckend weit verbreitetes Phänomen nach. Die Studie wurde zum Zeitpunkt ihres Erscheinens in der Öffentlichkeit allerdings ignoriert oder aber als tendenziös verunglimpft. Der sich gerade über die Gewaltthematik formierende republikanische Staatsfeminismus duldet keinen Widerspruch.

Das zweite Streitthema in der Frauenbewegung war das Kopftuch muslimischer Frauen. Dieses war im Frühjahr 2003 in den Medien als zu lösendes ›Problem‹ (wieder) aufgetaucht. Als Auslöser der relativ unvermittelt ausbrechenden Debatte gilt mittlerweile der Auftritt des damaligen Innenministers, Nicolas Sarkozy, beim Kongress der islamischen Vereinigungen in Frankreich. Die Abendnachrichten des 19. April 2003 verbreiteten Bilder der tumultartigen Reaktionen auf Sarkozys Rede, in der er unter anderem anmahnt, dass auf Passfotos keinerlei Kopfbedeckungen zu tragen seien. Damit war das Thema des Kopftuchs wieder auf der politischen und medialen Agenda.[7] Forderungen nach einer gesetzlichen Regelung der Frage, insbesondere die Schulen betreffend, folgten schnell. Im März 2004 wurde schließlich ein Gesetz verabschiedet, welches das Tragen von »auffälligen« religiösen Symbolen in öffentlichen Schulen verbietet. In der den politischen Prozess begleitenden öffentlichen Debatte kam es rasch zu einer Verbindung beider Motive: Kopftuch (*voile*) und Vergewaltigung (*viol*) fungierten als Markierungen fremder, nicht-französischer Verhaltensweisen.

Innerhalb der Frauenbewegung löste die erneut aufgeflammte öffentliche Diskussion heftige Auseinandersetzungen aus und sorgte für Verwerfungen zwischen langjährigen Verbündeten und politischen Freund_innen. Während sich einige Gruppen der Skandalisierung von Gewalt und Kopftuch anschlossen und das Projekt des gesetzlichen Verbotes des Tuches unterstützten, sprachen sich andere vehement dagegen aus. Wieder andere versuchten, sich der Lagerbildung zu entziehen

---

7 | Diese Debatte war nicht die erste öffentliche Auseinandersetzung über das Tragen von Kopftüchern in Schulen in Frankreich. Bereits 1989 und 1993/94 führten Schulverweise von kopftuchtragenden Schüler_innen zu Diskussionen. Diese erreichten allerdings bei Weitem nicht die Ausmaße der Debatte der Jahre 2003 und 2004. Zur Rolle der Medien in der Kopftuchdebatte siehe Tévanian 2005; zum Kopftuch als politischem Gegenstand siehe beispielhaft für viele Lorcerie 2005; Scott 2007; Winter 2008.

und vor allem das ›Problem‹ differenzierter zu betrachten. Es waren insbesondere im Zuge der Kopftuchdiskussion neu entstandene Gruppen, die sich gegen das Verbot aussprachen und eine differenziertere Auseinandersetzung mit der vielfältigen Bedeutung des Kopftuches, nicht zuletzt für dessen Träger_innen, forderten. Diese Positionierung in Sachen Kopftuch fand vor dem Hintergrund einer weiter reichenden Kritik an staatlicher Einwanderungspolitik und offizieller Integrationsrhetorik statt, die wiederum im größeren Zusammenhang mit der politischen Kultur in Frankreich steht. Im ›Anti-Verbots‹-Lager waren viele Frauen mit Migrationsgeschichte aktiv, welche die Stigmatisierung ihrer Communitys problematisierten und über die Thematisierung ihrer Erfahrungen von Rassismus, ökonomischer und sozialer Benachteiligung, Sexismus und Gewalt auf die Komplexität und Vielschichtigkeit von Diskriminierung hinwiesen. Deren zunehmende Präsenz und öffentliche Meinungsäußerung werten einige bereits als Anzeichen eines neuen *Women-of-Color*-Feminismus in Frankreich.[8]

Beispielhaft sei auf das *Collectif féministes pour l'égalité* (CFPE) und die *Blédardes* verwiesen, die beide 2003 entstanden sind. Im CFPE sind *weiße* Feminist_innen – prominent Christine Delphy – gemeinsam mit Frauen mit Einwanderungsgeschichte, von denen einige Kopftuch tragen, aktiv und werben für die Akzeptanz eines islamischen Feminismus. Die *Blédardes* wiederum sind als direkte Reaktion auf den Aufstieg von *Ni Putes Ni Soumises* entstanden. Mit dem Namen *Blédardes* wird in ironischer Weise auf die Herkunft der Aktivist_innen angespielt: *Le bléd* bezeichnet umgangssprachlich – mit leicht pejorativem Unterton – ein Dorf im Maghreb. Die Aktivist_innen greifen hier also die vermeintlich rückständige Herkunft ihrer Eltern auf/an. In diese Richtung geht auch ihre Kritik an *Ni Putes Ni Soumises*. Die Gruppe würde ein einseitiges Bild der jungen Männer in den Vorstädten produzieren und diese als Delinquenten und Vergewaltiger darstellen, die sie in der kollektiven, rassistisch gefärbten Wahrnehmung der Mehrheitsgesellschaft sowieso schon seien. *Ni Putes Ni Soumises* leiste damit dem antiarabischen Rassismus Vorschub.

Wie tief die Gräben zwischen den verschiedenen Fraktionen der Bewegung waren, zeigt sich besonders eindrucksvoll an den Veranstaltungen zum Internationalen Frauentag, dem 8. März. Während sich im Jahr 2003 die traditionelle Frauentagsdemonstration dem Zug der Frauen aus der *Banlieue* anschloss, war im folgenden Jahr eine gemeinsame Demonstration schon nicht mehr möglich und es zogen drei getrennte Züge durch die Straßen. Im Jahr 2005 waren es ebenfalls zwei getrennte Demonstrationen. Mittlerweile wird der Konflikt um das Kopftuch als integraler Bestandteil und gleichermaßen Ausdruck einer Krise der Bewegung beschrieben,

---

8 | Vgl. Ezekiel 2006, S. 275.

die zu einer Neuordnung des Feldes des feministischen Aktivismus geführt habe.[9] Einer Neuordnung, die an den getrennten Demonstrationszügen besonders sichtbar wird.

1.1 Anlass und Fragen

Die Kampagne von *Ni Putes Ni Soumises* und die Kopftuchdiskussion sind Kristallisationspunkte der feministischen Auseinandersetzung mit der postkolonialen Situation Frankreichs. Sie wirken gleichsam als Katalysator, der ungeklärte Fragen an die Oberfläche bringt und bislang nicht gehörte Stimmen hörbar macht. Die dadurch ausgelöste nachhaltige Erschütterung illustriert eindrücklich die Vehemenz der Rückkehr des verdrängten, nicht bearbeiteten Kolonialen in das kollektive Bewusstsein der französischen Gesellschaft.

Im Feld selbst werden die Ereignisse Mitte der 2000er Jahre auch als Ausdruck ungenügender Denkwerkzeuge und Analysebegriffe beschrieben. Insbesondere das Verhältnis von Sexismus und Rassismus sei bislang ungeklärt geblieben und bedürfe dringend weiterführender Reflexion, so eine wiederholt geäußerte Feststellung.[10] Rasch folgende Publikationen weisen auf die Dringlichkeit der Problematik hin. Bereits im Jahr 2006 sind zwei Ausgaben der Zeitschrift *Nouvelles Questions Féministes* der »Verschränkung von Sexismus und Rassismus« beziehungsweise der »Verschränkung verschiedener Unterdrückungssysteme« gewidmet.[11] Die Herausgeber_innen beziehen sich dabei dezidiert auf die Kopftuchdiskussion als Anlass, sich diesen Fragen zuzuwenden. Weitere, dem akademischen Feminismus zuzurechnende Zeitschriften, reagieren zeitnah und beziehen sich ebenfalls auf

---

9 | Dabei werden drei Tendenzen unterschieden: Vertreter_innen des neuen republikanischen Feminismus oder auch Staatsfeminismus, Vertreter_innen der ›historischen Bewegung‹, des *Mouvement de Libération des Femmes* (MLF), sowie ein neuer antirassistischer, queerer *Women-of-Color*-Feminismus (Ezekiel 2006; Dot-Pouillard 2007). Als Teil und gleichsam Beleg der Auseinandersetzung siehe das Heft N° 32 der Zeitschrift *ProChoix* aus dem Jahr 2005 mit dem Titel: *Feminismus Jahr 2005. Spaltung oder Klärung?* (*Féminisme année 2005. Scission ou clarification?*).

10 | Vgl. beispielhaft Dorlin 2007 und Dorlin 2009a. Für das Argument, dem Feminismus in Frankreich würden adäquate Konzepte fehlen, siehe Lépinard 2005.

11 | Das Heft N° 1 (2006) ist unter dem Titel *Sexismus und Rassismus: der Fall Frankreich* (*Sexisme et Racisme: le cas français*) erschienen. Im Leitartikel wird eine Linie von der sogenannten Kopftuchaffäre zur Frage des Verhältnisses von Rassismus und Sexismus und der Verschränkung von Unterdrückungssystemen gezogen. Das Heft N° 3 (2006) ist wiederum mit dem Titel *Sexismus, Rassismus und Postkolonialismus* (*Sexisme, racisme, et postcolonialisme*) erschienen. Im Leitartikel wird die Fortsetzung der im Heft N° 1 begonnenen Auseinandersetzung angekündigt.

die Aktualität der Frauenbewegung und den Kopftuchstreit.[12] Lösungen für die verfahrene Situation werden insbesondere im Feld des akademischen Feminismus vom US-amerikanischen *Black Feminism* erhofft. Die angeführten Hefte enthalten Übersetzungen von mittlerweile kanonisierten Texten des *Black Feminism* wie beispielsweise das Statement des *Combahee River Collective* oder Kimberlé Crenshaws *Mapping the Margins.* Im Jahr 2008 erschien schließlich eine Anthologie mit zentralen Texten afroamerikanischer Autor_innen.[13]

Über die Beschäftigung mit diesen Rezeptionsprozessen im Feld des akademischen Feminismus ist mir die Brisanz der Kopftuchdiskussion für den feministischen Aktivismus in Frankreich deutlich geworden. Insbesondere die Tatsache, dass die Kopftuchdebatte in vielen einleitenden und kommentierenden Texten aus den späten 2000er Jahren gleichsam als Chiffre für eine Zeitenwende in politischer wie epistemischer Hinsicht fungiert, hat mein Interesse geweckt.

Diese Deutung wird auffällig häufig mit der Ausrufung einer ›neuen Generation‹ oder auch ›dritten Welle‹ im feministischen Aktivismus wie im akademischen Feminismus verbunden und wird, ebenfalls auffällig, von jungen Autor_innen vorgebracht.[14] Damit handelt es sich bei dieser Deutung auch um eine Positionierung im Feld des feministischen Aktivismus beziehungsweise des akademischen Feminismus. Elsa Dorlin ist eine beispielhafte Vertreter_in dieser ›neuen Generation‹.

In der folgenden Äußerung von Elsa Dorlin wird insbesondere die Verknüpfung von Kopftuchdebatte und theoretischer Neuorientierung deutlich.

»In Frankreich hat es über Jahre hinweg nur sehr wenige Arbeiten gegeben, die sich mit der Verschränkung von Sexismus und Rassismus befassen; und wenn es auch seit Jahren politischen Aktivismus in diesen Fragen gegeben hat, so fand die Problematik dennoch kaum Beachtung. Seit 2003 haben sich die Dinge grundlegend verändert, nicht zuletzt aufgrund dessen, was man die ›vierte Kopftuchdebatte‹ nennen könnte, die die Republik erschüttert hat. Bislang wurden in der französischen feministischen Forschung Sexismus und Rassismus in Analogie zueinander gedacht (›Geschlecht‹ ist wie ›Rasse‹ eine

12 | Vgl. *Cahiers du Genre* N° 39 (2005) und das Sonderheft 2006 sowie *Cahiers du CEDREF* 2006. Die Herausgeber_innen des Heftes N° 39 der *Cahiers du Genre* stellen in der Einleitung einen direkten Zusammenhang zwischen der Kopftuchdebatte und der nicht stattfindenden Aufarbeitung des französischen Kolonialismus her – nicht zuletzt auch in der Frauenbewegung. Vgl. *Cahiers du Genre* N° 39 (2005), S. 6.

13 | Vgl. Dorlin 2008.

14 | Vgl. Bessin/Dorlin 2006; Henneron 2006; Lépinard 2007a, insbesondere S. 396.

politische und keine natürliche Kategorie); unter dem Einfluss anglophoner Arbeiten wird nun ihr Ineinandergreifen gedacht.«[15]

Diese Konstruktion einer Zeitenwende war für mich Anlass, danach zu fragen, wie bislang Rassismus im Feminismus in Frankreich zum Thema geworden war. Wie wurde bisher auf rassistisch motivierte Ausgrenzung und Gewalt reagiert? Was waren die Anlässe, Rassismus zum Thema zu machen? Und in welchen Begriffen ist dies geschehen? Wer hat Rassismus zum Thema gemacht? Und wie sah die Reflexion des Verhältnisses von Rassismus und Sexismus aus?

Diese Fragen habe ich an schriftliche Zeugnisse des feministischen Aktivismus, in erster Linie Bewegungszeitschriften, gestellt. Die Entscheidung für diese Quellen liegt in den Fragen selbst begründet und in meiner Absicht, der Frauenbewegung möglichst nahe zu kommen. Ich wollte Äußerungen in ihrem historischen Kontext erfassen und Entwicklungen nachvollziehen können. Daher habe ich mich gegen Interviews mit Akteur_innen und für das Aufsuchen konstitutiver ›Orte‹ der Bewegung, für die Arbeit mit Zeitschriften, entschieden.

In meiner Untersuchung haben sich zwei Formen der Präsenz von Rassismus im feministischen Aktivismus gezeigt, die zeitlich versetzt auftreten. Während Rassismus in Texten aus den 1970er Jahren vor allem als Metapher fungiert, die soziale Wirklichkeit jedoch weitestgehend ausgeblendet bleibt (Kapitel 2), wird diese im Verlauf der 1980er Jahre zum Gegenstand der Auseinandersetzung (Kapitel 6 und 7). Metaphorische Anleihen und Vergleiche treten in den Hintergrund. Interessanterweise ist Kolonialismus in den Debatten der Frauenbewegung ebenfalls sehr präsent, allerdings auch wieder in Form der metaphorischen Bezugnahme (Kapitel 3 und 4). Zum historischen Phänomen wie zu den anhaltenden Effekten dieser Herrschafts- und Ausbeutungsweise wird geschwiegen. Es sind Stimmen an den Rändern der Bewegung, die Kolonialismus als in die Gegenwart ausstrahlende Vergangenheit thematisieren und Rassismus als ihre Realität beschreiben (Kapitel 5).

---

15 | »En France, pendant des années, il y a eu très peu de travaux sur l'articulation du sexisme et du racisme; et si, d'un point de vue militant, des luttes ont été menées depuis de nombreuses années sur ces questions, ces problématiques ont néanmoins toujours été péripheriques. Depuis 2003, les choses ont considérablement changé en raison de ce que l'on peut appeler la ›quatrième affaire du voile‹ qui a ébranlé la République. Alors que jusqu'ici les études féministes françaises pensaient le sexisme et le racisme dans une relation analogique (le ›sexe‹ est comme la ›race‹ une catégorie politique et non naturelle), désormais, sous l'influence des travaux anglophones notamment, on pense leur articulation.« Dorlin 2007, S. 7.

1.2 Gegenstand und theoretische Rahmungen

Der Gegenstand meiner Untersuchung ist die Frauenbewegung in Frankreich. Ziel der Untersuchung ist es, eine spezifische Form des Feminismus zu beschreiben und zu kontextualisieren. Ich verstehe Feminismus dabei als Denktradition beziehungsweise Form der Weltdeutung und politische Bewegung für gesellschaftliche Veränderung zugleich. Wie bei anderen Emanzipationsbewegungen auch, fallen im Feminismus Politisierung, also die Konstituierung politischer Subjekte, und die Produktion von Wissen zusammen. Oder anders gesagt, geht die Forderung nach Selbstbestimmung, gleichen Rechten und Freiheiten mit einer Selbstwahrnehmung und Selbstdeutung einher, die der hegemonialen Zuweisung eines bestimmten Ortes respektive einer bestimmten Natur widersprechen. Feminismus interveniert sowohl im Feld des Politischen als auch auf der Ebene des Wissens gleichermaßen. Dreh- und Angelpunkt feministischer Interventionen ist die Frage der Ungleichheit beziehungsweise der Ungleichbehandlung und die Forderung nach Gerechtigkeit. Diese Frage wurde und wird je nach Kontext formuliert, beantwortet und in Strategien des politischen Kampfes übersetzt.

Der lokale und historische Kontext ist im vorliegenden Fall das postkoloniale Frankreich. Wobei mit dem Attribut ›postkolonial‹ weniger eine epistemische und/oder politische Haltung als vielmehr ein Zustand oder eine Situation gemeint ist. Eine historische Situation als ehemalige Kolonialmacht, auf die auch Achille Mbembe abzielt, wenn er Postkolonialität als »Geschichte der französischen Präsenz in der Welt, aber auch der Präsenz der Welt in Frankreich vor, während und nach dem Kolonialreich« beschreibt, deren kritische Analyse in Frankreich jedoch verweigert werde.[16] In übertragener Weise bezeichnet das Attribut ›postkolonial‹ somit einen Zustand, der durch eine irritierende Abwesenheit der Kolonialgeschichte in der offiziellen Erinnerungskultur gekennzeichnet ist – bei gleichzeitiger Präsenz des Kolonialen in den Familiengeschichten und durch die postkoloniale Migration. Das Koloniale ist somit als eine permanent anwesende, jedoch nicht bearbeitete Erinnerungsschicht vorzustellen, die seit Anfang des Jahrtausends mehr und mehr an die Oberfläche drängt.

Ann Laura Stoler spricht in diesem Zusammenhang von einem Zustand der *colonial aphasia*, einer besonderen Form der Sprachlosigkeit bezogen auf die koloniale Vergangenheit.[17] Die im Zusammenhang mit der Kolonialgeschichte und ihrer Bearbeitung häufig verwendeten Begriffe des ›Verdrängens‹, ›Vergessens‹ oder der

---

16 | »Pourquoi [...] la France s'obstine-t-elle à ne pas penser de manière critique la postcolonie, c'est-à-dire, en dernière analyse, l'histoire de *sa* présence au monde et l'histoire de *la* présence du monde en son sein aussi bien avant, pendant et après l'Empire colonial?« (Hervorhebung im Original). Mbembe 2006, S. 143.

17 | Vgl. Stoler 2010 und Stoler 2011.

›Amnesie‹ würden, so Stoler, am Problem vorbeigehen und die Mechanismen nicht treffen, die insbesondere in der akademischen Geschichtsschreibung, aber auch generell im Umgang mit der kolonialen Vergangenheit am Werk seien. Denn es handele sich bei diesem Verlust der Geschichte gerade nicht um einen Gedächtnisverlust, sondern vielmehr um ein spezifisches Verstellen der Geschichte durch die Unfähigkeit, von dieser zu sprechen. Dieser Zustand der Sprachlosigkeit könne mit dem ›metaphorischen Konzept‹ der *kolonialen Aphasie* weitaus genauer erfasst werden als allein unter der Perspektive des Vergessens. Eine Aphasie wirke wie eine ›Zersplitterung‹ (*dismemberment*); es handele sich um eine Schwierigkeit, zu sprechen, die in einer Wortfindungsstörung bestehe. Das meine eine fehlende Verbindung zwischen Worten und Dingen, eine Unfähigkeit, Dinge und Sachverhalte zu erkennen und ihnen die passende Bezeichnung zuzuordnen. Es handele sich damit auch um eine Schwierigkeit, das Gesagte zu verstehen. Für mich ist insbesondere der Aspekt der Abspaltung und des Einschlusses von Wissen, den Stoler mit dem Begriff der Aphasie beschreibt, von Interesse. Ein Wissen, das dennoch permanent präsent ist – und sei es in metaphorischen Bezugnahmen. Wie formt dieser Zustand, diese Situation der *kolonialen Aphasie*, das feministische Emanzipationsprojekt? Wie wird die Formulierung der feministischen Gerechtigkeitsfrage durch diese Situation geprägt? Welche politischen Strategien werden dadurch nahegelegt? Und wer kann als feministisches Subjekt in dieser Situation in Erscheinung treten? Aber auch die umgekehrte Fragerichtung ist notwendig: Wie sind Feminismus und Frauenbewegung Teil der postkolonialen Gesellschaft? Wie tragen sie zur *kolonialen Aphasie* bei?

Der Konstruktion des Untersuchungsgegenstandes ›Frauenbewegung‹ liegt ein Verständnis des feministischen Diskussionszusammenhangs als »dissonanter Vielstimmigkeit«[18] zugrunde. Als ›Frauenbewegung‹ verstehe ich folglich die Gesamtheit aller Positionen, die die feministische Gerechtigkeitsfrage stellen – auch wenn sie sich selbst nicht als feministisch verstehen oder die Bezeichnung ›feministisch‹ ablehnen – und kollektive politische Praxen daraus ableiten. In den frühen 1970er Jahren hat das Feld des feministischen Aktivismus in Frankreich eine mit den aktuellen Ereignissen vergleichbare Neuordnung erfahren. Es entstanden zahlreiche neue Gruppen und ein kollektives politisches Bewusstsein als *Bewegung*. Akteur_innen selbst sprechen von einer »Stunde null der Frauenbefreiung«[19]. Die Frauenbefreiungsbewegung, das *Mouvement de Libération des Femmes* (MLF) – so die Selbstbezeichnung – ist dabei nicht als eine in sich geschlossene homogene Gruppierung vorzustellen, sondern stellt vielmehr so etwas wie den gemeinsamen, auch umkämpften Bezugspunkt des feministischen Aktivismus dar. Sie funktio-

18 | Vgl. Knapp 2003, S. 241.

19 | Der Titel einer der ersten Publikationen der Bewegung lautet: *Libération des femmes, année zéro*. Die Textsammlung ist 1970 als Doppelnummer der Zeitschrift *Partisans* erschienen.

niert(e) über Vollversammlungen und Kleingruppen in Ablehnung jeglicher offizieller Stellvertretung und Repräsentation. Die Frauenbefreiungsbewegung war das Gravitationszentrum im Feld des feministischen Aktivismus und wird bis heute als *der* Feminismus der 1970er Jahre erinnert. Der Fokus meiner Untersuchung liegt auf diesem Gravitationszentrum, mithin auf der hegemonialen Formulierung der feministischen Gerechtigkeitsfrage. Zum Gegenstand ›Frauenbewegung‹ gehören jedoch auch marginalisierte Stimmen, die ich in Anlehnung an bell hooks »Stimmen an den Rändern der Bewegung« nenne (Kapitel 5).[20]

Ich (re-)konstruiere den Gegenstand ›Frauenbewegung‹ über die Untersuchung schriftlicher Quellen. Ich verstehe Sprache dabei als soziale Praxis, die zum einen Wirklichkeit schafft, zum anderen aber selbst immer schon eingebunden ist in eine soziale Wirklichkeit, d.h. in ein System von Aussagen, die sich wiederum in institutionellen und sozialen Strukturen materialisieren. Die Frauenbewegung greift so gesehen nicht nur in gesellschaftliche Debatten ein, sondern ist durch diese auch in ihren Wissensstrukturen und Deutungsmustern geprägt. Sie ist Teil der diskursiven Kämpfe und produziert in diesen Auseinandersetzungen eigene Begriffs- und Wissensbestände, die sie als spezifische diskursive Gemeinschaft konstituieren. Insofern ist die Frauenbewegung selbst als diskursive Arena zu verstehen, in der um Deutungen und legitime Sprecher_innenpositionen gerungen wird.[21] Für die Konstitution der Frauenbewegung jedoch fast noch bedeutender als die gesamtgesellschaftlichen Kämpfe war ihr direktes politisches Umfeld, die neue radikale Linke[22].

Die neue radikale Linke hat sich in den langen 1960er Jahren in der Abgrenzung von etablierten linken Parteien und Gewerkschaften formiert. Zentraler Bezugspunkt dieser Abgrenzungsgeste war die ›Dritte Welt‹, die als Ausgangspunkt revolutionärer Bewegungen und potenzielle Alternative zum westlichen Gesellschaftssystem angesehen worden ist. Begriff und Konzept der ›Dritten Welt‹ stammen aus den französischen Sozialwissenschaften der 1950er Jahre; für die neue radikale Linke war vor allem die Vorstellung einer Dritten Welt als neuer revolutionärer Dritter Stand identitätsstiftend. Bei der neuen radikalen Linken handelt es sich um ein überaus heterogenes Feld linker Gruppen, »die von Anarchisten, Trotzkisten und Maoisten über Nouvelle Gauche und Linkssozialisten bis zu Linkskatholiken

---

20 | Vgl. hooks 1984.

21 | Für eine am Diskursbegriff Foucaults orientierte Bewegungsforschung siehe Baumgarten/Ullrich 2012 und Zimmermann 2012.

22 | Im französischsprachigen Kontext selbst wird von einer *extrême gauche* gesprochen, pejorativ auch in der Formulierung *gauchisme*. Aufgrund der spezifischen Konnotation des Begriffs ›Extremismus‹ im Deutschen verwende ich ›radikale Linke‹ als Übersetzung und orientiere mich dabei an den Überlegungen von Christoph Kalter. Vgl. Kalter 2011, insbesondere S. 114 ff. Für den ersten Hinweis auf die Problematik des deutschen Begriffs danke ich Sebastian Scheele.

und ›linken‹ Kommunisten reichen«; das verbindende Element dieser durchaus konkurrierenden Gruppierungen war »ein über die Idee der Dritten Welt vermitteltes Bekenntnis zu revolutionärer Politik in Abgrenzung von der etablierten Linken« und deren (unterstelltem) Reformismus.[23]

Die Erfahrung von Ausgrenzung und Abwertung in linken Politgruppen, die als eine kollektive Erfahrung erlebt worden ist, und deren vehemente Kritik bilden das zentrale Konstitutionsmoment der Frauenbefreiungsbewegung. Es sind die Kämpfe und Aushandlungen innerhalb der radikalen Linken, welche die Frauenbefreiungsbewegung als diskursive Gemeinschaft hervorbringen.[24] Neben der Kritik an alltäglichem Sexismus sind es Interventionen in die linke Weltdeutung, die das Geschlechterverhältnis aus der Herrschaftskritik ausklammert, die den Ungleichheits- und Gerechtigkeitsdiskurs der Frauenbewegung konstituieren. Gleichwohl bewegt sich dieser im Rahmen der linken Weltsicht. Diese geteilte Weltsicht zeigt sich in der Sprache der Frauenbefreiungsbewegung besonders deutlich: Die vehemente Kritik an Verhaltensweisen im politischen Aktivismus sowie an der linken Gesellschaftsanalyse wird im semantischen Repertoire der radikalen Linken formuliert. Mehr noch, es werden im Sprachgebrauch der radikalen Linken zentrale politische Figuren als Vergleichsgrößen eingesetzt, um ein Problem zu benennen, für das es noch keine eigenen Worte gab, und es damit zur Sprache und Geltung zu bringen (insbesondere Kapitel 2.1 und 3.1). Da der antikoloniale Widerstand in den ehemaligen Kolonien in der radikalen Linken als Vorbild für die eigene revolutionäre Praxis galt, lag es nahe, das eigene politische Projekt im Vokabular des Antikolonialismus und Antiimperialismus zu formulieren. Die Nutzung der semantischen Felder von Rassismus und Kolonialismus zur Beschreibung der Situation von Frauen verschiebt allerdings den Fokus der Aufmerksamkeit. Das metaphorische Sprechen wirkt als Dethematisierung von rassistischer Diskriminierung und Gewalt sowie kolonialer Herrschaft und Ausbeutung und entzieht diese gleichsam der Auseinandersetzung. Insofern kann metaphorisches Sprechen als eine besondere Form der *kolonialen Aphasie* gelten, wenn diese eben genau im Einschluss von Wissensbeständen besteht, der wiederum durch »endloses Verschieben von Kategorien mit unverständlichen Assoziationen« produziert wird, wie Ann Laura Stoler mit Verweis auf Foucaults Verwendung des Aphasie-Begriffs schreibt.[25]

---

23 | Vgl. Kalter 2011, Zitate S. 115.

24 | Zum ambivalenten Verhältnis zwischen Frauenbewegung und radikaler Linken siehe auch Schulz 2002, S. 59 ff.

25 | »Aphasia, as he [Foucault, AO] describes it, produces endless replacements of categories with incomprehensible associations that collapse into incommensurability.« Vgl. Stoler 2011, S. 154.

1.3 Material und Vorgehen

Bei den untersuchten schriftlichen Quellen handelt es sich in erster Linie um Zeitschriften und im Weiteren um sogenannte graue Literatur, d. h. handgefertigte Broschüren und Flugblätter. An einigen Stellen habe ich aus gegebenen Gründen weitere Texte in die Analyse einbezogen wie beispielsweise die *Écriture-féminine*-Texte von Hélène Cixous (siehe Kapitel 3.3).

Zeitschriften sind eine besondere Form feministischen Aktivismus. In jeder Phase der mittlerweile zwei Jahrhunderte umfassenden Geschichte feministischer Interventionen haben Akteur_innen Periodika gestaltet und genutzt, um ihre Positionen und Forderungen zu formulieren und potenziellen Mitstreiter_innen, aber durchaus auch einer breiteren Öffentlichkeit zu vermitteln. Zeitschriften verbinden unterschiedliche Funktionen, sie dienen der (Selbst-)Reflexion und Analyse, der Information und Mobilisierung, aber auch der Unterhaltung.

Mit der Frauenbefreiungsbewegung entstand in den 1970er Jahren eine Vielzahl an Publikationen unterschiedlichster Formate und Erscheinungsdauer. Die erste umfangreiche Textsammlung ist im Herbst 1970 als Doppelnummer der Zeitschrift *Partisans* erschienen, einem zentralen Organ der radikalen Linken. Der programmatische Titel des Heftes, *Frauenbefreiung – Jahr null* (*Libération des femmes, année zero*), illustriert das Selbstverständnis der Herausgeber_innen, mit dem Heft eine Zeitenwende einzuleiten. Bereits im Mai 1970 war in einer anderen, vor allem in den Jahren 1969 bis 1972 bedeutenden linken Zeitschrift, *L'Idiot International*, die Frauenbefreiungsbewegung ausgerufen worden.[26] Das erste autonome Zeitschriftenprojekt, der *Torchon brûle*, erschien im Dezember 1970 noch als Beiheft zu einer Zeitschrift, die sich wiederum *L'Idiot Liberté* nannte. Zwischen 1971 und 1973 kamen sieben Nummern des großen Heftes (A3) heraus. Zentraler Inhalt ist die Selbstverständigung der sich formierenden Bewegung, die dicht bedruckten Seiten zeugen von Aufbruchstimmung und Radikalität der feministischen Kritik, gleichwohl tritt auch die Schwierigkeit des ›Wir Frauen‹ zutage. Zerwürfnisse, welche die Bewegung in den folgenden Jahren beschäftigen werden, kündigen sich an. Während der *Torchon brûle* noch als gemeinsames Projekt funktioniert, ordnen sich die folgenden Zeitschriftenprojekte unterschiedlichen Strömungen innerhalb der Frauenbefreiungsbewegung zu. Deren Zahl steigt Mitte der 1970er Jahre sprunghaft an. Im Monatsabstand erscheinen neue Hefte

---

26 | Das Manifest ist unter dem Titel *Pour un mouvement de libération des femmes* eingereicht worden; die Redaktion änderte den Titel in *Combat pour la libération de la femme* [sic]. Der Text spielt für die Formierung der Bewegung eine zentrale Rolle, da durch ihn verschiedene Akteur_innen aufeinander aufmerksam geworden sind und in der Folge Kontakt aufgenommen haben. Ich gehe im Folgenden ausführlich auf den Text und dabei auch auf den Entstehungskontext ein (siehe Kapitel 3.1).

wie *Les Cahiers du GRIF*[27] (1973), *Les Pétroleuses* (1974), *Femmes en lutte* (1974), *Le Quotidien des femmes* (1974), *Les Femmes s'entêtent* (1975), *Sorcières* (1976), *La Revue d'en face* (1977), *Questions féministes* (1977), *Histoires d'elles* (1977) oder *Cahiers du féminisme* (1977) – um nur einige aufzuzählen. Es sei eine echte Explosion gewesen, sagt Liliane Kandel rückblickend, die selbst Co-Autorin der Kolumne *Chroniques du Sexisme ordinaire* in den *Temps modernes* gewesen ist. Sie vergleicht diesen Moment der Aneignung der Schrift mit dem Entstehen der ersten feministischen Gruppen und spricht von einem zweiten Beginn der Bewegung.[28] In der Tat handelt es sich bei den Zeitschriftenprojekten nicht allein um einen wichtigen Schritt der publizistischen Emanzipation – die Hefte wurden in Eigenregie gestaltet und einige auch in Frauendruckereien produziert. Vielmehr stellt die Geste des kollektiven Wort-Ergreifens einen konstitutiven Moment für die Bewegung überhaupt dar: Über die Zeitschriften materialisiert sich die Bewegung, wird für sich selbst als Bewegung sicht- und im wahrsten Sinne des Wortes greifbar.

Für die Forschung stellen Bewegungszeitschriften eine Quelle von unschätzbarem Wert dar, da hier die Entstehung von Themen und Debatten verfolgt, die Entwicklung theoretischer wie politischer Positionen nachvollzogen und die sich wandelnde Topologie beziehungsweise Verfasstheit der Frauenbewegung verstanden werden können. So weist die Zunahme der Zeitschriftenprojekte in der zweiten Hälfte der 1970er Jahre auf eine veränderte Form des Aktivismus hin. Die Zeit der großen kollektiven Mobilisierung war vorüber, die Bewegung bestand nunmehr aus zahlreichen Kleingruppen, konzentriert in Paris und anderen großen Städten Frankreichs. Nach der Zeit der kollektiven Aktion folgten Reflexion und Auseinandersetzung. Der Ort, wo die Kämpfe um Deutungshoheit ausgetragen wurden, waren in erster Linie die Zeitschriften. In den frühen 1980er Jahren reduzierte sich die Anzahl der Hefte erheblich. Auch dies ist ein Ausdruck des Zustandes der Bewegung, die wie die außerparlamentarische Linke im Ganzen mit dem Regierungsantritt der Sozialisten im Jahr 1981 einen Einbruch erlebte. In der Bewegung stritt man über die Zukunft; Autonomie oder Institutionalisierung hießen die Alternativen. 1983 entstand eine neue Zeitschrift, *Paris féministe*, die bis weit in die 1990er Jahre hinein im Zwei-Wochen-Rhythmus erschien. Hergestellt und vertrieben am *Maison des Femmes* in Paris stand sie für den feministischen Aktivismus nach den großen Zerwürfnissen Ende der 1970er Jahre. Zeitgleich schritt die Akademisierung des Feminismus voran, was sich auch an den ab Ende der 1980er Jahre aufgelegten Bulletins und Zeitschriften ablesen lässt (*Bulletin de l'ANEF* 1989, *Cahiers du CEDREF* 1989, *Cahiers du GEDISST* 1991/ab 1999 *Cahiers du Genre*, *Cahiers du MAGE* 1996/ab 1999 *Travail, genre et*

27 | GRIF steht für *Groupe de recherche et d'information féministe.*

28 | Vgl. Kandel 2010, S. 18.

sociétés).[29] 1992 und 1997 entstanden zwei neue Zeitschriften, *Marie pas Claire* und *ProChoix*, die zum einen auf neue Formen des feministischen Aktivismus, zum anderen auf die Neuformulierung feministischer Themen verweisen.

Mittlerweile sind Zeitschriften als Medium der Reflexion, Meinungsäußerung und Verständigung, aber auch als Medium der Kontaktaufnahme mit potenziellen Mitstreiter_innen nahezu abgelöst worden durch digitale Formen der Kommunikation. Damit sind Bewegungszeitschriften auch eine Quelle mit eigener Historizität. Sie bilden eine bestimmte Form der aktivistischen Öffentlichkeit, die durch eine eigene Zeitlichkeit – die Erscheinungsrhythmen und -dauer der Hefte – und besondere Konzentration geprägt gewesen ist.[30]

Die Tatsache, dass es sich bei Bewegungszeitschriften um Dokumente in Papierform handelt, setzt das Aufsuchen von Archiven und Bibliotheken voraus. Erste Anlaufstelle für die Sichtung der Zeitschriften war die *Bibliothèque Marguerite Durand* in Paris. Hier werden Bestände zur Frauen- und Geschlechtergeschichte sowie zur Geschichte des Feminismus gesammelt. 1932 als Aufnahmeort für den Nachlass der feministischen Journalistin Marguerite Durand (1864–1936) gegründet, gehört die Bibliothek heute zu den Spezialbibliotheken der Stadt Paris. Sämtliche Bewegungszeitschriften konnte ich hier einsehen. Ein weiterer wichtiger Ort der Recherche, insbesondere für die über die Zeitschriften hinausgehende graue Literatur, war das *Maison des Femmes* in Paris. Das autonome Frauenzentrum existiert seit 1981 an unterschiedlichen Adressen. Es dient als Treffpunkt für verschiedene feministische Gruppen und beherbergt unter anderem auch das Lesbenarchiv. Im Keller des aktuellen Ortes werden Demo-Utensilien der vergangenen Jahrzehnte (Banderolen, Plakate, Flugblätter), aber auch die Hinterlassenschaften der am *Maison des Femmes* arbeitenden Gruppen aufbewahrt. Hier wurde Forschung praktisch: Auf der Suche nach einer antirassistischen feministischen Gruppe aus den 1980er Jahren, auf deren Spuren ich bei der Zeitschriftendurchsicht gestoßen bin, öffnete ich Kiste um Kiste und stand Jahren feministischen Aktivismus gegenüber. Diese Suche war mit viel Emotion, aber auch viel Staub und schmutzigen Händen verbunden. Ebenfalls in einem Keller ist eine Sammlung über den politischen Aktivismus von Migrant_innen untergebracht. Bei der *Association des Tunisiens en France* ist das Archiv des Projektes *TRACES* gelagert, das den Aktivismus von Migrant_innen seit

---

29 | In den Titeln der Zeitschriften sind die herausgebenden Gruppen beziehungsweise Institutionen benannt: ANEF steht für *Association nationale des études féministes*; CEDREF = *Centre d'enseignement, de documentation et de recherches pour les études féministes*; GEDISST = *Groupe d'étude sur la division sociale et sexuelle du travail*; MAGE = *Marché du travail et genre*.

30 | Eine im Jahr 2009 vom Lesbenarchiv herausgegebene Broschüre vermittelt einen Eindruck von der Fülle und Heterogenität der publizistischen Aktivitäten der Bewegung seit den 1970er Jahren bis in die Gegenwart. Vgl. Laroche/Larrouy 2009.

den 1970er Jahren nachzeichnet. 2007 ist eine Ausstellung mit Fotografien und zentralen Quellen aus diesem Fundus an verschiedenen Orten in Paris gezeigt worden. Hier hatte ich Zugang zu Dokumenten zahlreicher Gruppen, die wiederum Spuren in den von mir untersuchten Zeitschriften hinterlassen hatten, die aber nicht Teil der kollektiven Erinnerung der Frauenbewegung geworden sind, da ihr Aktivismus häufig in Verbindung mit den politischen Kämpfen in ihren Herkunftsländern oder aber im Kontext der Migrationssituation gestanden hatte und sie nicht primär als ›Frauen‹-Bewegung aufgetreten waren. Gleichwohl haben sich die Aktivist_innen dezidiert als ›Frauen‹ zusammengeschlossen und haben die feministische Gerechtigkeitsfrage gestellt, aber eben bezogen auf ihren Erfahrungshintergrund und mit Bezug auf den Anlass ihres politischen Aktivismus formuliert. Zentrale Person hinter dem Projekt *TRACES* ist Claudie Lesselier, die seit langer Zeit in der Frauenbewegung aktiv ist, das Lesbenarchiv mit aufgebaut hat und ebenfalls seit vielen Jahren Frauen ohne Papiere unterstützt (durch Beratungsangebote im *Maison des Femmes* und durch politischen Aktivismus für Menschen ohne Papiere, die sogenannten *Sans-papiers*). Sie hat mir den Zugang zum Archiv von *TRACES* ermöglicht und mir ebenfalls Zugang zu ihrer privaten Sammlung zeithistorischer Dokumente der Frauen-/Lesben- und der antirassistischen Bewegungen gewährt.

Meine Annäherung an die Quellen war im ersten Schritt von Wissen über das Feld des feministischen Aktivismus in Frankreich geprägt, das sich aus Sekundärliteratur, explorativen Gesprächen mit Akteur_innen verschiedener Bewegungsgenerationen und eigener Beobachtung speiste. Das Ziel meiner Arbeit mit Bewegungszeitschriften war es, die Bewegung als diskursive Formation in ihrer Breite abzubilden. Daher habe ich zunächst die mir bekannten Zeitschriften, beginnend beim *Torchon brûle* und den *Questions féministes*, konsultiert und habe von dort ausgehend weitere relevante Zeitschriften identifiziert. Im ersten Erhebungsschritt habe ich auf diese Weise sämtliche Jahrgänge von 21 Zeitschriften, die über einen Zeitraum von 39 Jahren (1970–2009) erschienen sind, sowie zwei Sonderhefte anderer Zeitschriften und die in den *Temps modernes* erschienene Kolumne *Chroniques du Sexisme ordinaire*[31] durchgesehen. Eine Übersicht der untersuchten Zeitschriften findet sich am Ende dieses Buches. In meiner Absicht, den feministischen Ungleichheits- und Gerechtigkeitsdiskurs in seiner Breite zu erfassen, habe ich während dieser ersten Durchsicht die behandelten Themen in Schlagworten aufgezeichnet.

Nach diesem ersten Erhebungsschritt habe ich eine Auswahl der weiter zu untersuchenden Zeitschriften getroffen. Zum einen habe ich sämtliche Zeitschriften, die dem akademischen Feminismus zuzuordnen sind, von der weiteren Analyse ausgeschlossen. Zum anderen habe ich eine Zeitschrift, *Les Cahiers du GRIF*, die

31 | Die Kolumne ist von 1973–1983 in der Zeitschrift *Les Temps modernes* erschienen. 1979 wurde eine Sammlung der Kolumnen unter dem Titel *Le Sexisme ordinaire* als Buch veröffentlicht. Ich zitiere im Folgenden aus diesem Buch.

zwar in Frankreich viel rezipiert wurde, aber in Belgien erschienen ist, ausgeklammert. Diese von inhaltlichen wie forschungspragmatischen Überlegungen geleitete Entscheidung hat den Zeitraum, über den ich im Folgenden Aussagen treffe, bestimmt. Obwohl der Erscheinungszeitraum nunmehr die Jahre 1970 bis 2003 abdeckt, stammt der überwiegende Teil der analysierten Texte aus den 1970er und 1980er Jahren.

Anhand der im ersten Schritt vergebenen Schlagworte[32] habe ich in einem zweiten Schritt die Protokolle der Erhebungsdurchgänge systematisch erschlossen. In diesem Prozess habe ich mich durch meine Forschungsfrage nach der Thematisierung von Rassismus leiten lassen und insbesondere die Themen ›Selbstverständnis‹ sowie ›Anti-/Rassismus‹, ›Anti-/Kolonialismus‹ und ›Migration‹ fokussiert. Die Schlagworte ›Anti-/Rassismus‹ und ›Anti-/Kolonialismus‹ habe ich in diesem Prozess differenziert und um ›Analogien‹ und ›Sklavereimetaphorik‹ ergänzt. Auf diese Weise ist die Bedeutung einzelner Themen und ihre zeitliche Verteilung deutlich geworden und ich konnte Texte für die weitere Analyse identifizieren. In dieser Untersuchungsphase ist mir zudem klar geworden, dass es sich um zwei Formen des Sprechens über Rassismus und Kolonialismus handelt: zum einen um die Beschreibung und Kritik des sozialen Phänomens Rassismus in seinen verschiedenen Facetten – als individuelle Denk- und Verhaltensweise, als Ausgrenzungsstruktur und Herrschaftsverhältnis –, zum anderen um das metaphorische Sprechen von Rassismus und Kolonialismus.

Die in diesem Schritt identifizierten Texte bilden das Korpus der weiteren Analyse. Dabei handelt es sich in der Tat hauptsächlich um Texte unterschiedlichster inhaltlicher wie sprachlicher Formate, aber auch um einzelne Zeichnungen und Illustrationen. Weiterer Bestandteil des Korpus sind Flugblätter, Broschüren, einzelne Bücher, Texte aus anderen Zeitschriften und Kopien handschriftlicher Notizen. Die Analyse bestand in der systematischen Erhebung der sprachlichen Erscheinungsformen, ihrer an der Ausgangsfrage orientierten Interpretation und dem Verfassen von Synopsen zu den fokussierten Themen. Diese waren wiederum Grundlage für das Verfassen des vorliegenden Buches, wobei der Schreibprozess als Pendelbewegung zwischen den Arbeitspapieren, einzelnen Quellen, Sekundärliteratur und meinem eigenen Text vorzustellen ist.

Das so entstandene Buch folgt in seinem Aufbau den zwei Formen des Sprechens über Rassismus und Kolonialismus. Kapitel 2, 3 und 4 beschreiben metaphorische Anleihen und Vergleiche in ihren Funktionsweisen. Kapitel 2 ist den Spielarten der Rassismusanalogie im Gerechtigkeitsdiskurs der Frauenbewegung gewidmet. Ich zeige hier, dass es sich bei den metaphorischen Anleihen und Vergleichen nicht allein um rhetorische Strategien handelt, sondern dass die Auseinandersetzung mit rassistischen Differenzkonstruktionen wegweisend für das

32 | Eine Übersicht ist ebenfalls im Anhang einsehbar.

Verständnis des Geschlechterverhältnisses als sozialem Ungleichheitsverhältnis gewesen ist (2.2). Zudem gehe ich auf die im Feld selbst festgestellten »Grenzen der Analogie«[33] ein (2.3).

In Kapitel 3 zeige ich, wie sehr die Frauenbewegung vom Geist des Antikolonialismus der radikalen Linken geprägt war. Bereits das Auftreten als *Befreiungs*bewegung analog zu den Kämpfen gegen (neo-)koloniale Ausbeutung und Unterdrückung verweist auf den politischen Handlungsraum und Referenzrahmen der Frauenbewegung (3.1). Der von der *Négritude*-Bewegung inspirierte Neologismus der *Féminitude* ist ein weiterer Ausdruck dieser Bezugnahme auf Kolonialismus und Antikolonialismus im Gerechtigkeitsdiskurs der Frauenbewegung (3.2). Diese Bezugnahme zeigt sich ebenfalls in der Aneignung und Weiterverarbeitung der Metaphorik des ›dunklen Kontinents‹ im Sprachgebrauch der Frauenbewegung (3.3).

Metaphoriken der Sklaverei stellen eine besondere Spielart des metaphorischen Sprechens von Kolonialismus dar. Aufgrund der herausragenden Bedeutung der Sklavereimetaphorik für die Konstitution des modernen Freiheitsbegriffs und im Anschluss daran für den Frauenrechtsdiskurs als Ursprung des westlichen *weißen* Feminismus beginne ich das Kapitel 4 mit einer historischen Kontextualisierung der sprachlichen Bilder der Sklaverei. Anschließend verfolge ich Metaphoriken der Sklaverei im feministischen Aktivismus, wo sie insbesondere zur Skandalisierung von Ehe und Mutterschaft eingesetzt werden. Darüber hinaus spielt die Figur des sich erhebenden oder fliehenden Sklaven eine wichtige identitätsstiftende Rolle (4.2). Neben den metaphorischen Bezugnahmen auf Sklaverei finden sich auch Auseinandersetzungen mit dem System der Plantagensklaverei. Dieses fungiert in der materialistischen Analyse der radikalen Feminist_innen gleichsam als Modell und dient der Konzeptualisierung der Unterdrückung und Ausbeutung von Frauen als *Sexage* (4.3).

Diese Analyse ist maßgeblich in der Zeitschrift *Questions féministes* entwickelt worden. Die Autor_innen und Herausgeber_innen bezeichnen ihre gemeinsame Denkarbeit selbst als radikal feministisch. Im Verlauf der Zeit hat sich für diese feministische Denkrichtung die Bezeichnung ›materialistischer Feminismus‹ etabliert – nahegelegt durch Christine Delphys Aufsatz *Für einen materialistischen Feminismus* (*Pour un féminisme matérialiste*, 1975).

Bevor ich in Kapitel 6 und 7 die Formen der Auseinandersetzung mit Rassismus als sozialer Wirklichkeit im *weißen* Feminismus darstelle, sollen in Kapitel 5 Stimmen hörbar gemacht werden, die Rassismus als alltägliche Erfahrung und Bestandteil ihrer Existenz als Frauen und damit notwendigen Gegenstand feministischer Refle-

---

33 | So die Formulierung in einem Diskussionsbeitrag, in dem nach der Reichweite der Rassismusanalogie gefragt wird. Siehe dazu Kapitel 2.3.

xion benennen und in den Kontext kolonialer Herrschaft und Ausbeutung stellen. In seiner Zwischenstellung fungiert dieses Kapitel gleichsam als Unterbrechung des hegemonialen Sprechens. Durch die Perspektivverschiebung auf die Stimmen an den Rändern der Bewegung werden die beiden Formen des Sprechens über Rassismus und Kolonialismus im *weißen* Feminismus dezentriert und als Ausdruck einer partikularen und begrenzten Weltsicht lesbar.

In Kapitel 6 beschreibe ich die Problemfelder, im Rahmen derer Rassismus als soziale Wirklichkeit in der feministischen Auseinandersetzung zur Sprache kommt. Es sind vor allem das Thema ›Migration‹ und die Auseinandersetzung mit der Lebenssituation von Migrant_innen, in deren Kontext über Rassismus – und in begrenztem Maße auch über Kolonialismus – gesprochen wird (6.1). Der zweite thematische Komplex, in dem Rassismus thematisiert wird, sind Fragen der reproduktiven Rechte (6.2). In der feministischen Kritik an rechtskonservativen Angriffen auf die gerade erst erkämpfte reproduktive Selbstbestimmung von Frauen werden die rassistischen Bilder und Stereotype problematisiert, mit denen der rechtskonservative Demografie- und Natalitätsdiskurs operiert. Weiterhin wird der Zusammenfall von restriktiver Zuwanderungspolitik und pro-natalistischer Familienpolitik als Kopplung von Rassismus und Sexismus beschrieben. Eine dritte Form der Thematisierung von Rassismus findet sich in den Auseinandersetzungen der Frauenbefreiungsbewegung mit ihrem direkten politischen Umfeld, den Politgruppen der radikalen Linken (6.3). Zur Thematisierung von Rassismus in der feministischen Debatte gehört auch das Bemühen, einen eigenen feministischen antirassistischen Standpunkt zu entwickeln und das Verhältnis von Rassismus und Sexismus zu verstehen (7).

Für das Verständnis der Untersuchungsergebnisse und die Nachvollziehbarkeit meiner Argumentation werden notwendige Hintergrundinformationen, wie bereits in dieser Einleitung, über den Text verteilt in typografisch abgesetzten Einschüben angeboten. Um einen Zugang zu den von mir verwandten Quellen zu gewährleisten, habe ich die Originalversionen der von mir zitierten Passagen angefügt. Die Übersetzungen der Zitate stammen, soweit nicht anders angegeben, von mir.

2. Sexismus ist Rassismus ist Sexismus. Rassismusanalogien

»Der Putzdienst in der Sorbonne im Mai bestand fast ausschließlich aus jungen Frauen. Aber wie viele von ihnen sprachen bei den Versammlungen?«[34] Es waren nicht viele, wie verschiedene Erfahrungsberichte zeigen.[35] Die Erfahrung, während der Studierenden-Proteste im Mai 68 und zuvor bereits in den diversen Politgruppen zwar mittendrin, aber irgendwie auch nur dabei zu sein, führt bei vielen der ›jungen Frauen‹ (*filles*) zum Rückzug aus den gemischten Gruppen der radikalen Linken. Diese bleibt jedoch der Bezugsrahmen des feministischen Aktivismus. Die Verortung der Frauenbefreiungsbewegung in der radikalen Linken kommt in den rhetorischen Strategien der sich konstituierenden Bewegung deutlich zum Ausdruck. Das ›Problem‹, um welches herum sich die Bewegung organisiert, wird nicht allein im Vokabular der radikalen Linken gefasst, die ›Unterdrückung der Frauen‹ (*oppression des femmes*) wird darüber hinaus auch in Bezug zu anderen Unterdrückungsverhältnissen gesetzt, mit denen es verglichen und von denen es abgegrenzt wird. Kapitalismus, Kolonialismus und Imperialismus, Faschismus und Rassismus sind die Unterdrückungssysteme, gegen welche die radikale Linke kämpft und die im Sprachgebrauch der Frauenbewegung ebenfalls erklärte ›Gegner‹[36] sind. Während es bezogen auf ›den Kapitalismus‹ darum ging, zu klären, in welchem Verhältnis kapitalistische Produktionsweise und Unterdrückung und Ausbeutung von Frauen stehen, dienten die Bezugnahmen insbesondere auf Rassismus und Kolonialismus der Etablierung des Themas ›Unterdrückung von Frauen‹ sowie der Legitimation der Bewegung. Im Folgenden stelle ich ausgehend vom direkten Rassismusvergleich verschiedene Varianten der Geste des Vergleichens vor, die nicht

34 | »En mai le service de nettoyage de la Sorbonne était composé presque exclusivement de filles. Mais combien de filles parlaient en A.G.?« *Libération des femmes, année zéro* (1970), S. 94.

35 | Vgl. *Libération des femmes, année zéro* (1970).

36 | Von ›Gegnern‹ spreche ich in Anlehnung an den Titel einer der zentralen Schriften im Prozess der Konstituierung der Bewegung, *L'ennemi principal* (dt. 1985: *Der Hauptfeind*) von Christine Delphy. Die Rede vom Patriarchat als ›Hauptfeind‹ verbreitete und etablierte sich rasch in der Bewegung (Delphy 2009 [1970]).

allein der Legitimation des eigenen Anliegens dienen, sondern vor allem in den frühen Texten das (Aus-)Sprechen überhaupt ermöglichen. So ersetzen die Vergleiche und Bezugnahmen beispielsweise auf die Situation der ›Schwarzen in Amerika‹ die noch fehlenden Worte und Formulierungen für die Skandalisierung der Situation der *weißen* Frauen in der französischen Gesellschaft (2.1). Ich zeige weiterhin, dass die Bezugnahmen neben der rhetorischen auch eine heuristische Funktion erfüllen und die feministische Theoriebildung maßgeblich beeinflussen (2.2). Abschließend gehe ich auf Auseinandersetzungen mit den Grenzen der Analogie ein (2.3).

2.1 »Rassismus gegen Frauen«[37]

Die Formierung der Frauenbefreiungsbewegung in den späten 1960er und frühen 1970er Jahren war ein Moment des Wort-Ergreifens und (Aus-)Sprechens. Allerdings mussten die passenden Worte erst noch erfunden beziehungsweise in die französische Sprache transferiert werden. »[B]is vor Kurzem gab es noch nicht mal ein Wort, um den verbreiteten und systematischen Rassismus […] gegen Frauen zu benennen«, wird in den *Chroniken des Alltagssexismus* in den *Temps modernes* der Neologismus ›Sexismus‹ eingeführt.[38] An anderer Stelle ist vom »Rassismus, den wir Sexismus nennen« die Rede.[39] Wird in den frühen Erwähnungen des Neologismus immer auch auf seine Herkunft im US-amerikanischen Kontext von Bürgerrechtsbewegung und dem *Women's Liberation Movement* (*Women's Lib*) verwiesen,[40] verschwindet die Kontextualisierung bis zur Mitte der 1970er Jahre. Der Begriff ›Sexismus‹ hat sich etabliert,[41] er steht für sich allein ohne Verweis auf Entstehungskontext und Vorlage.[42]

---

37 | »[…] racisme qui s'exerce à l'égard des femmes.« *Libération des femmes, année zéro* (1970), S. 95. Ähnlich auch in der Formulierung »[…] parce que j'ai constaté un racisme des hommes à mon égard.« *Le Torchon brûle* N° 0 (1970), S. 16.

38 | »[…] jusqu'à récemment, il n'avait même pas de mot pour désigner le racisme généralisé et méthodique […] à l'égard des femmes.« *Le Sexisme ordinaire* (1979), S. 23.

39 | »[…] le racisme que nous appellons sexisme«. Ebd., S. 36.

40 | Im untersuchten Material taucht der Begriff ›Sexismus‹ zum ersten Mal in einem der Gründungstexte der Bewegung auf, der unter dem Titel *Der Kampf für die Befreiung der Frau* [sic] (*Combat pour la libération de la femme*) im Mai 1970 im *Idiot International* erschienen ist. Auf diesen Text gehe ich im Folgenden ausführlicher ein. Eingeführt wird der Begriff ›Sexismus‹ hier als Benennung von ›Ausgrenzung‹ (*ségrégation*) und ›Denkweisen und Überzeugungen‹ (*idéologie*) gleichermaßen. Vgl. Wittig et al. 1970, S. 13.

41 | Darauf verweist auch der vergleichsweise rasche Eintrag in das populäre Wörterbuch der französischen Sprache, den *Robert*, bereits im Jahr 1978.

42 | Bereits in den späten 1970er Jahren findet sich der direkte Vergleich nur noch sehr selten. Am längsten hält sich die Aufrufung von Rassismus bezogen auf verbale Übergriffe. Rassistische und

Beim Rassismusvergleich geht es in der Regel um zwei Aspekte: zum einen um Beleidigungen und erniedrigende Darstellungen von Frauen, zum anderen um sexualisierte Gewalt. In beiden Fällen wird auf die bestehende Anerkennung von Rassismus als politischem Problem und rechtlichem Vergehen abgehoben. So wie rassistische Beleidigungen juristisch verfolgt werden, so müssten auch beleidigende Angriffe gegen Frauen verfolgt werden können. Eine Forderung, die in den frühen 1980er Jahren in einem Gesetzentwurf münden sollte. Beispielhaft für den Einsatz des Rassismusvergleichs und des Neologismus ›Sexismus‹ zur Problematisierung des Frauenbildes in der öffentlichen Kultur ist die bereits erwähnte Kolumne *Chroniken des Alltagssexismus*, die zwischen 1973 und 1983 in den *Temps modernes* erschienen ist. Gestaltet wurden die Textspalten von Aktivist_innen des MLF, die so den ›alltäglichen Sexismus‹ in Literatur, Filmen und Presse aufdecken und vorführen wollten. In den Kolumnen geht es um Ereignisse des politischen wie kulturellen Zeitgeschehens, die mit bissigen Worten kommentiert werden. Anhand der Kolumnen kann der Übersetzungsprozess des Wortes ›Sexismus‹ sehr gut nachvollzogen werden, da hier an vielen Stellen über den Begriff, seine Herkunft und Bedeutung reflektiert, in anderen Passagen dann wieder ganz selbstverständlich damit argumentiert wird. Bei der Wahl des Titels – *Chroniken des Alltagssexismus* (*Chroniques du Sexisme ordinaire)* – haben sich die Autor_innen zudem am Begriff ›Alltagsrassismus‹ (*racisme ordinaire*) orientiert, der im Sprachgebrauch der radikalen Linken eine geläufige Formulierung war.[43]

Beim Einsatz des Rassismusvergleichs zur Skandalisierung sexualisierter Gewalt gegen Frauen geht es zunächst einmal darum, Vergewaltigung zu enttabuisieren und zu deprivatisieren und als ein politisches Problem in der öffentlichen Wahrnehmung zu etablieren. Die Öffentlichkeit, an die sich Feminist_innen in den frühen 1970er Jahren mit diesem Anliegen richteten, war in erster Linie das direkte Umfeld der sich formierenden Frauenbewegung, die Gruppen und Organisationen der radikalen Linken. In diesem Umfeld gab es eine deutliche Abwehr gegenüber der feministischen Problematisierung von Gewalt gegen Frauen. Ein zentraler Punkt der Auseinandersetzungen war die Frage der Anrufung des Rechtes als Instanz der Sanktionierung sexualisierter Gewalt. Dem Vorwurf, sich damit auf eine bürgerliche Institution zu berufen, begegneten Feminist_innen mit dem Verweis auf den Umgang mit rassistisch motivierten Gewalttaten. Hier schien der

---

antisemitische Äußerungen würden geächtet und juristisch verfolgt – frauenfeindliche Sprüche und homophobe Beleidigungen nicht. Diese Argumentation findet sich in den 1990er und frühen 2000er Jahren beispielsweise in *Marie pas Claire* N° 6 (1995), S. 2 oder *ProChoix* N° 10 (1999), S. 4 und N° 23 (2002), S. 9.

43 | So erinnert es Liliane Kandel bei einer Veranstaltung anlässlich des 40. Jubiläums der Bewegung im Jahr 2010. Siehe Videomitschnitt »Féminisme, racisme et anti-racisme. Liliane Kandel« [http://www.dailymotion.com/video/xhbvp7] [25.06.2013].

Ruf nach polizeilicher Verfolgung und rechtlicher Ahndung nicht im Gegensatz zu linken, antibürgerlichen Positionen zu stehen.[44]

Auffällig an den Bezugnahmen auf Rassismus, die schließlich gänzlich im Begriff ›Sexismus‹ aufgehen, ist, dass das Phänomen Rassismus so gut wie nie erläutert und somit ein Verständnis, worum es sich dabei handelt, vorausgesetzt wird. Rassismus scheint, nicht zuletzt durch den Verweis auf den Entstehungskontext der Rassismus-Sexismus-Übertragung, ein Phänomen der US-amerikanischen Gesellschaft zu sein, das keiner weiteren Erläuterung bedarf. Durch den Ausweis der Analogie als Import verbleibt Rassismus als zu reflektierendes Problem gleichsam in den USA und verschwindet mit zunehmender Selbstständigkeit des Sexismus-Begriffs schließlich gänzlich aus dem Sichtfeld.

Misogynie statt Sexismus

Der Bezug auf Rassismus zur Benennung der Situation von Frauen war jedoch nicht unumstritten, wie ein Kommentar in *Libération des femmes, année zéro* zum Ausdruck bringt. Hier wird von einer »waghalsigen Parallele zwischen der Situation von Schwarzen in den USA und der Situation der Frau [sic] in Frankreich« gesprochen.[45] Zudem werden die Orientierung an den *Black Panthers* problematisiert und die Übernahme von Begriffen und Konzepten des *Women's Lib* kritisiert.

Während diese Distanzierung aus einer fast orthodox zu nennenden marxistischen Perspektive argumentiert wird – die Frauenfrage kann nur innerhalb des Klassenkampfes gelöst werden – entwickelt sich im Umfeld der Gruppe *Psychanalyse et Politique* noch eine andere Lesart. Hier wird die Orientierung an Rassismus in der Benennung der Unterdrückung von Frauen ebenfalls abgelehnt und ein anderer Begriff anstelle von ›Sexismus‹ vorgeschlagen: ›Misogynie‹. Denn im Unterschied zur nachgewiesenen Nicht-Existenz von ›Rassen‹ gebe es die Geschlechterdifferenz sehr wohl – und die ist im Denken von *Psychanalyse et Politique* von zentraler Bedeutung.

»Die Geschlechter [...], im Gegensatz zu Rassen, existieren; die Geschlechterdifferenz ist grundlegend und irreduzibel. Es gibt sogar keine andere reale Differenz als die sexuelle Differenz: Grundlage von Alterität und Leben. Misogynie, das radikale Angreifen von Frauen als das andere Geschlecht, ist Vorbild für den Umgang mit jeglicher Differenz und folglich die Grundlage aller Rassismen und Ausbeutungen.«[46]

---

44 | Vgl. *Le Sexisme ordinaire* (1979), S. 173 ff.

45 | »[...] par un audacieux parallèle entre la situation des noirs aux Etats-Unis et la situation de la femme, en France en particulier [...].« *Libération des femmes, année zéro* (1970), S. 101 f. Konkreter Anknüpfungspunkt ist das Manifest *Combat pour la libération de la femme* im *Idiot International* vom Mai 1970 (Wittig et al. 1970).

46 | »Les sexes, [...], et à la différence des races, existent; la différence des sexes est première et irréductible. Il n'est même de différence réelle que de la différence sexuelle: fondement de l'altérité

Diese Erklärung richtet sich gegen Kritik am Differenz-Denken und ist Teil der Auseinandersetzung um Definitionsmacht in der Frauenbewegung Ende der 1970er Jahre.

Der Konflikt zwischen verschiedenen Fraktionen der Frauenbewegung schwelte seit den ersten Zusammentreffen von Aktivist_innen unterschiedlicher politischer beziehungsweise theoretisch-disziplinärer Herkunft Ende der 1960er Jahre.[47] Neben Divergenzen in analytischer und strategischer Hinsicht stand auch das Erbe des Feminismus infrage. Während sich die einen auf den Frauenrechtsaktivismus der Jahrhundertwende und den Begriff ›Feminismus‹ beriefen, lehnten die anderen beides als bürgerliche Unterfangen ab.[48] In analytischer Hinsicht war man sich uneins über die Form der Unterdrückung von Frauen, auf strategischer Ebene plädierten die einen für öffentlichkeitswirksame Aktionen, die anderen zogen die Arbeit an theoretischen Texten und am individuellen Unbewussten im geschützten Raum der Gruppe vor. Aus den verschiedenen Ansichten entwickelte sich im Verlauf der 1970er Jahre ein Richtungsstreit, in dem es nicht mehr nur um Begriffe und Konzepte ging, sondern um die Definitionsmacht über die Befreiung von Frauen als solche. Bei diesem Richtungsstreit standen sich am Ende des Jahrzehnts die Gruppe *Psychanalyse et Politique* und der Rest der Bewegung unversöhnlich gegenüber.

Die Gruppe um Antoinette Fouque[49] war in der sich formierenden Bewegung zunächst eine Gruppe neben anderen, obgleich von Beginn an um Distanz und Abgeschlossenheit bemüht. Dennoch bestand regelmäßiger Kontakt bei den offenen Versammlungen oder durch die gemeinsame Arbeit an Ausgaben der Zeitschrift *Le Torchon brûle*. Gemeinsame Aktionen waren jedoch schwierig, da *Psychanalyse et Politique* gemäß ihrer strategischen Linie öffentliche und auf politisch-rechtliche Fragen abzielende Interventionen ablehnte, sich dann aber häufig dennoch beteiligte und den Verlauf wie die Deutung der Aktion zu beeinflussen suchte.[50] Der Aktivismus von *Psychanalyse et Politique* bestand vor allem in ›Theorie- und Bewusstseinsarbeit‹. Auf dem Prüfstand standen marxistische Theorien und ihre Aussagen über den Klassenkampf und die proletarische Kulturrevolution sowie die Psychoanalyse Lacan'scher Prägung.[51]

---

et de la vie. La misogynie, en s'en prenant radicalement aux femmes, en tant qu'autre sexe, est le modèle du traitement de toute différence et donc, le fondement de tous les racismes et de toutes les exploitations.« *Des Femmes en mouvements* N° 80 (1982), S. 23.

47 | Vgl. Delphy 1991.

48 | Vgl. Picq 2011, S. 16 f.

49 | Antoinette Fouque (1936–2014), Literaturwissenschaftlerin und Psychoanalytikerin. Fouque war die treibende Kraft der Gruppe und hinter den kommerziellen Aktivitäten.

50 | Vgl. de Beauvoir 1981, o. S.

51 | So eine Selbstdarstellung im *Torchon brûle* N° 3 (1971), S. 18.

Beide wurden einer kritischen Lektüre unterzogen, die Ausblendung beziehungsweise Marginalisierung der Frauenfrage auf der einen, die androzentrische Interpretation der Geschlechterdifferenz auf der anderen Seite diskutiert. Durch kollektive Selbstanalysen und Reflexion sollten parallel dazu unbewusste Persönlichkeitsstrukturen zutage gefördert und von ihren patriarchalen Verfremdungen befreit werden. Die Freilegung des unterworfenen Weiblichen wurde als wichtiger Schritt im Kampf gegen das Patriarchat als symbolisches System angesehen. Erst wenn Frauen sich vom Phallus in ihrem Kopf befreit hätten, könnten sie ihr Anderssein entdecken und vor allem wertschätzen, so die Annahme. Während die einen von der Art der Auseinandersetzung fasziniert waren, sind andere schockiert von der Gruppendynamik, die um das unwidersprochene Zentrum Antoinette Fouque herum wirkte und manche gar von einer Sekte sprechen ließ.[52] Neben der hierarchischen Struktur und dem Anspruch auf Deutungshoheit war es insbesondere die Ablehnung des Feminismus, die *Psychanalyse et Politique* in der Bewegung isolierte. Feminismus wurde hier als Bestandteil männlicher und bürgerlicher Politik, gar als »wichtiger Pfeiler des Patriarchats«[53] angesehen, die es abzulehnen gelte. Anstatt um Teilhabe an männlicher Macht solle es vielmehr um die Befreiung weiblicher Potenziale gehen. In den Publikationen von *Psychanalyse et Politique* ist folglich nicht von Feminismus, sondern von ›Frauenkampf‹ (*lutte de femmes*), von ›kämpfenden Frauen‹ (*des femmes en lutte*) und von ›Frauen in Bewegung‹ (*des femmes en mouvement*) die Rede. Neben der Theoriearbeit verfolgte die Gruppe noch ein anderes Projekt: die Schaffung eigener Publikationsstrukturen. Die Gründung eines eigenen Verlages wurde seit 1972 vorangetrieben und bereits 1974 erschienen die ersten Bücher beim Verlag *des femmes*, wurde der erste *Des-femmes*-Buchladen in Paris eröffnet und eine Zeitschrift[54] aufgelegt. Die Verlagspolitik war klar: Es sollten Arbeiten von Frauen verlegt werden und Frauen sollten zum Schreiben ermutigt werden, um ihr Erleben in Worte zu fassen und damit dem bisher verdrängten und zensierten Weiblichen zum Ausdruck zu verhelfen. Das Programm des Verlages war von Beginn an sehr breit, neben aktivistischen Texten, darunter zahlreiche Übersetzungen, wurden Romane bedeutender Autor_innen wie beispielsweise Virginia Woolf oder Anaïs Nin verlegt. Einen Schwerpunkt bildete die *Écriture féminine* Hélène Cixous' oder Chantal Chawafs. Innerhalb der Frauenbewegung ist die kommer-

52 | Vgl. Ringart 1981, o. S.

53 | *Des Femmes en mouvements* N° 2 (1978), S. 13.

54 | *Le Quotidien des femmes* erschien seit November 1974 in unregelmäßigen Abständen von einem bis drei Monaten und wurde im Sommer 1976 eingestellt. Weiter ging es vom Jahreswechsel 1977/78 bis 1982 mit *Des Femmes en mouvements*.

zielle Aktivität von *Psychanalyse et Politique* als Affront wahrgenommen und als symbolische Machtergreifung verurteilt worden. Denn dank der Verlagsstrukturen erreichte *Psychanalyse et Politique* weit mehr Öffentlichkeit als andere Gruppen und bestimmte damit die öffentliche Wahrnehmung der Bewegung. Der Kampf um Macht und Einfluss innerhalb der Bewegung und um deren Repräsentation nach außen setzte der theoretisch-analytischen Auseinandersetzung einen engen Rahmen und formte diese in einer spezifischen Weise. Eine vom Machtkonflikt unabhängige Auseinandersetzung über die Frage der Identität von ›Frauen‹ jenseits patriarchaler Weiblichkeit, über ›Differenz(en)‹ und deren Grundlagen war nicht (mehr) möglich. Die Vehemenz der Auseinandersetzung und die Absolutheit, mit der die jeweils andere Position verworfen worden ist, sind somit weniger inhaltlich begründet als vielmehr im Machtkampf zwischen den Fraktionen der Bewegung. Seinen Höhepunkt erreichte dieser Machtkampf mit der Sicherung der Bezeichnung ›Frauenbefreiungsbewegung‹ und des Symbols, der geballten Faust im Frauenzeichen, als ein geschütztes Markenzeichen durch *Psychanalyse et Politiques/des femmes* im November 1979. Bereits wenige Wochen zuvor, im Oktober 1979, hatte die Gruppe einen Verein mit dem Namen *Mouvement de Libération des Femmes* – MLF angemeldet. Spätestens diese politische wie kommerzielle Aneignung brachte auch die Letzte gegen *Psychanalyse et Politique* und deren Epizentrum, Antoinette Fouque, auf.[55] Diese erklärt den Schritt der Vereinsgründung und der Sicherung des Namens mit der Notwendigkeit, die Bewegung vor der Übernahme durch institutionalisierte Politik zu schützen. Nicht ein Verlag habe sich eine Marke gesichert, sondern eine Bewegung habe einen Verlag und Zeitschriften gegründet und schließlich einen Verein, um den Fortbestand der Bewegung als unabhängige ›Befreiungsbewegung‹ zu sichern. Zumal die Feminist_innen den Begriff ›Befreiung‹ bereits seit Langem aufgegeben hätten, so Fouque.[56] Wie noch zu zeigen sein wird, war der Begriff der ›Befreiung‹ für beide Lager von Bedeutung. Er stellte eine der zentralen Brücken in den politischen Diskurs der radikalen Linken dar. Sich als eine den antikolonialen Befreiungsbewegungen vergleichbare Bewegung auszuweisen, war eine entscheidende rhetorische Strategie im Kampf um Anerkennung. Während die einen ›Befreiung‹ jedoch als das Ende von Unterdrückung und Ausbeutung verstanden, steht ›Befreiung‹ bei den anderen für die Ermöglichung von Andersheit

55 | Als Reaktion auf diesen Schritt von *Psychanalyse et Politique/des femmes* und im Bemühen um Richtigstellung hat eine Gruppe mit dem Namen »Unsere Bewegung gehört uns« (*Notre mouvement nous appartient*) eine Broschüre zusammengestellt, die als *Chroniken eines Betruges* (*Chroniques d'une imposture*) verschiedene Texte versammelt, die den Verlauf des Konfliktes darstellen oder die Atmosphäre innerhalb der Gruppe beschreiben. Vgl. Association du Mouvement pour les luttes féministes 1981.

56 | Vgl. *Des Femmes en mouvements* N° 38 (1980), S. 10.

beziehungsweise Differenz auf der Ebene der Repräsentation. Die Sicherung von Name und Symbol durch *Psychanalyse et Politique/des femmes* und darauf folgende finanziell und emotional aufreibende Prozesse besiegelten das Ende der bewegten Jahre des feministischen Aktivismus.

Eine andere Version der Kritik am Begriff ›Sexismus‹ bezieht sich auf die Tagesaktualität: Da ›Sexismus‹ nicht das betroffene Geschlecht ausweise, könne der Begriff auch in frauenfeindlicher, eben misogyner Absicht eingesetzt werden, wie von jenen Männern, die Sorgerechtsentscheidungen für sexistisch erklären. In der Kampagne gegen Misogynie, die Anfang der 1980er Jahre in der Zeitschrift *Des Femmes en mouvements* ausgerufen wird, geht es unter anderem um solche Fälle. Neben der »Befreiung aus Ehe und Familie«[57] wird unter Überschriften wie ›Kampagne gegen Misogynie‹ oder ›Kampf gegen Misogynie‹ auch über Streikbewegungen von Frauen berichtet, wird sexualisierte Gewalt gegen Frauen denunziert oder Frauenfeindlichkeit in der medialen Öffentlichkeit kritisiert. Dabei wird die Definition von ›Misogynie‹ als »absoluter Rassismus«[58] und damit »Grundlage aller Rassismen und aller Ausbeutungen«[59] regelmäßig wiederholt. Als Grundlage und Antrieb für misogynes Verhalten werden wiederum Angst und die Abwehr von Differenz benannt. »Wir sagen, dass jene misogyn sind, die Angst vor Frauen haben«, und: »Misogyn und rassistisch sind jene, die Differenz nicht aushalten«. So heißt es im Aufruf zum Kampf gegen ›Misogynie‹, der die Kampagne einleitet.[60] Die hier vollzogene Umkehrung – Sexismus respektive Misogynie als Grundlage beziehungsweise Modell für Rassismus – findet sich in den Ansätzen einer dezidiert feministischen Rassismusanalyse wieder, auf die ich in Kapitel 7.3 ausführlich eingehen werde.

Während im Umfeld der Gruppe *Psychanalyse et Politique* folglich darauf bestanden wird, dass die Abwehr der sogenannten ›sexuellen Differenz‹ die grundlegende Geste für jegliche Form des Umgangs mit Andersheit ist, wird in anderen Fraktionen der Bewegung ganz anders argumentiert. In der Zeitschrift *Questions féministes*, welche gewissermaßen den Gegenpol zu den Publikationen von *Psychanalyse et Politique* darstellt, werden ›Rassismus‹ wie ›Sexismus‹ als kollektive Deutungsmuster beschrieben, die als Differenz-Ideologien die Herstellung von

---

57 | *Des Femmes en mouvements* N° 59 (1981), S. 21.

58 | »Ils sont peur, ils affichent leur misogynie, racisme absolu.« *Des Femmes en mouvements* N° 51 (1981), S. 24.

59 | »La misogynie est le fondement de tous les racismes et de toutes les exploitations.« *Des Femmes en mouvements* N° 45 (1981), S. 23; N° 63 (1981), S. 12; N° 68 (1981), S. 12; N° 80 (1982), S. 23.

60 | Vgl. *Des Femmes en mouvements* N° 45 (1981), S. 22 f. In diesem Aufruf sind viele konkrete Beispiele für misogynes Verhalten und Einstellungen aufgezählt. Die beiden zitierten Sätze rahmen diese Aufzählung, sie finden sich in der einleitenden und in der abschließenden Passage des Textes.

›Rassen‹ wie ›Geschlechtern‹ in konkreten Ausbeutungsverhältnissen verschleiern. Es geht in dieser Auseinandersetzung um den Sexismus-Begriff somit nicht allein um eine Frage der Wortwahl, sondern hinter dieser Frage stehen grundlegend verschiedene Denkweisen der Geschlechterdifferenz.

Ein Antisexismus-Gesetz als Lösung

Die Parallele zwischen rassistischer und sexistischer Beleidigung, die, wie gesehen, eine Dimension der Rassismusanalogie im feministischen Sprachgebrauch darstellt, hat auch eine konkrete Wendung erfahren. Analog zum Vorbild des gerade verabschiedeten Antirassismus-Gesetzes (1972) sollte ein Antisexismus-Gesetz Frauen die Möglichkeit einräumen, sich gegen Diffamierungen und Beleidigungen mit juristischen Mitteln zur Wehr zu setzen.

Mit dem Antirassismus-Gesetz hatte der französische Gesetzgeber Vorgaben des internationalen Rechtes umgesetzt.[61] Das Gesetz setzt den »Kampf gegen den Rassismus«[62] auf drei Ebenen an: Erstens wurde dem Gesetz zur Pressefreiheit ein Verbot von Aufrufen zu Hass und Gewalt, Beleidigung und Diffamierung, die an den Merkmalen der ethnischen oder nationalen Zugehörigkeit, ›Rasse‹ und Religion anknüpfen, eingefügt; zweitens wurden Diskriminierungsverbote bei Zugang zu Rechten, Dienstleistungen und Erwerbsarbeit ins Strafgesetzbuch aufgenommen; drittens wurde die Möglichkeit der Verbandsklage eingeräumt. Das geforderte Antisexismus-Gesetz sollte sich an diesem Vorbild orientieren. Wobei es eigentlich auch völlig ausreiche, das Wort ›Geschlecht‹ in den Text aufzunehmen, so der Vorschlag von Feminist_innen.[63] Angestoßen wurde die Kampagne von der *Ligue du droit des femmes*, die aus dem reformorientierten Flügel der Frauenbewegung hervorgegangen ist. Andere Strömungen haben zu diesem Zeitpunkt den Rückgriff auf das Recht als ›bürgerliche Institution‹ abgelehnt.

Einen Teilerfolg erzielte die Gruppe mit der Ausweitung des strafgesetzlichen Diskriminierungsverbotes auf das Merkmal ›Geschlecht‹ im Jahr 1975. Aber der Forderung nach dem Verbot von sexistischen Darstellungen, von Beleidigung und Diffamierung in Presse, Film und vor allem in der Werbung ist nicht entsprochen worden. Dieses Anliegen wurde Anfang der 1980er Jahre von der sozialistischen Frauenministerin Yvette Roudy aufgegriffen, die zum 8. März 1983 den Entwurf eines Gesetzes »bezogen auf den Kampf gegen am Geschlecht anknüpfende Dis-

61 | Das *Internationale Übereinkommen zur Beseitigung jeder Form von Rassendiskriminierung* aus dem Jahr 1965 trat in Frankreich im Juli 1971 in Kraft und verlangte die Anpassung nationalen Rechtes.

62 | Der Originaltitel des Gesetzes lautet *Gesetz bezogen auf den Kampf gegen den Rassismus* (*Loi relative à la lutte contre le racisme*).

63 | Vgl. *Le Monde* vom 13. Juni 1974, S. 13. Dieser Beitrag mit dem Titel *Für ein Antisexismus-Gesetz* gilt als Startpunkt der Kampagne.

kriminierungen«[64] vorgelegt hat. In ihrer Begründung greift Roudy die feministische Argumentation auf und stellt Sexismus als »die geläufigste und banalste Form des Rassismus« dar, die der Gesetzgeber im Antirassismus-Gesetz ausgespart habe.[65]

»Wenn es heute leicht ist, Rassismus in bestimmten Machenschaften, in bestimmten Äußerungen, in bestimmten Situationen nachzuweisen, so muss man Personen und Vereinen, die die identischen Formen der sexistischen Diskriminierung bekämpfen wollen, dies ebenfalls erlauben.«[66]

Konkret wird das Verbot sexistischer Diskriminierung im Bereich von »Wort und Bild« angestrebt, mit dem Ziel, eine Veränderung der »Mentalitäten« zu erreichen.[67] Der Gesetzentwurf hat es jedoch nicht bis ins Parlament geschafft.[68] Allerdings reichte bereits die Ankündigung des Vorhabens aus, um eine Welle medialer Empörung auszulösen, in der Warnungen vor Zensur und Einschränkung von Presse-, Kunst- und Meinungsfreiheit sich mit antifeministischen und nicht selten auch sexistischen Ausfällen verbunden haben.[69] Innerhalb der Frauenbewegung war der Gesetzentwurf ebenfalls umstritten. Notwendigkeit wie Reichweite und Anwendbarkeit wurden hinterfragt, es wurde vor Paternalismus und Viktimisierung von Frauen gewarnt oder davor, dass der Begriff ›Sexismus‹ zu vage sei und dass er auch von Männern gegen Frauen genutzt werden könne.[70] Der Begriff als solcher und die Orientierung am Vorbild ›Rassismus‹ wurden jedoch so gut wie nicht diskutiert. Lediglich in den *Temps modernes* wird eine Problematisierung des Begriffs und seiner Grundlage, der Behauptung, Sexismus funktioniere wie Rassismus, publiziert. Auf diese Auseinandersetzung mit Möglichkeiten und Grenzen des Vergleichs werde ich im Folgenden weiter eingehen. An dieser Stelle sollte zunächst die Verbreitung der Rassismus-Sexismus-Analogie bis weit in die institutionalisierte Politik hinein dargestellt werden.

---

64 | *Projet de loi relatif à la lutte contre les discriminations fondées sur le sexe*, Parlamentsdrucksache N° 1383, S. 1.

65 | »La loi […] relative à la lutte contre le racisme […] a omis de viser la forme la plus courante et la plus banale du racisme, le sexisme […].« Ebd., S. 2.

66 | »Si aujourd'hui on peut facilement démontrer le racisme de certains agissements, de certains propos, de certains situations, il faut également permettre aus personnes et aux associations qui le souhaitent de s'attaquer aux formes identiques de discriminations sexistes.« Ebd., S. 3.

67 | Vgl. ebd., S. 4.

68 | Der Entwurf ist im Ministerrat diskutiert worden und in einer früheren Fassung auch schon im Senat, war aber nie Gegenstand einer Parlamentsdebatte.

69 | Siehe die Zusammenfassung des medialen Aufruhrs von Béatrice Slama in *Les Temps modernes* N° 444, Juli 1983.

70 | Vgl. *La Revue d'en face* N° 11 (1981), S. 50 ff.

Vorbilder: *Women's Lib* und *Black Power*

Mit dem Verweis auf die Herkunft des Wortes ›Sexismus‹ geht eine Bezugnahme auf die Bürgerrechtsbewegung in den USA einher. Diese sei das »Kampfmodell« der Frauenbewegung in den USA, heißt es beispielsweise in *Libération des femmes, année zéro*. Und es sei ein besseres Modell als der Klassenkampf, da sich die Mechanismen der Unterdrückung von Schwarzen und Frauen gleichen würden: In beiden Fällen werde an physische Merkmale angeknüpft, um Unterdrückung und Ausbeutung zu rechtfertigen.[71] Dieses Argument der vergleichbaren Unterdrückungsmechanismen ist eine regelmäßig auftauchende Begründung für den Vergleich der Behandlung von Schwarzen und Frauen und dient, wie noch zu zeigen ist, nicht allein rhetorischen Zwecken, sondern durchaus auch der Entwicklung einer feministischen Analyse des Geschlechterverhältnisses.

Die strategische Zielrichtung wird in dieser Passage aus *Année zéro* sehr deutlich. Durch den Bezug auf die Bürgerrechtsbewegung habe die Frauenbewegung in den USA auch die »Schuldfalle« umgehen können, die Feminist_innen in Frankreich noch überwinden müssten.[72] Diese Anspielung auf den innerhalb der radikalen Linken geläufigen Vorwurf, die Frauenbefreiungsbewegung würde die revolutionäre Bewegung spalten, zeigt die Funktion der Bezugnahme auf die Bürgerrechtsbewegung an: Sie dient der Legitimation der Sache der Frauenbewegung und zwar vor allem innerhalb jener radikalen Linken, in der dem Thema ›Frauenbefreiung‹ zunächst ignorant, dann zunehmend feindselig begegnet worden ist. Im weiteren Verlauf der Argumentation wird dann auch hervorgehoben, was Frauen von Schwarzen lernen könnten: die Unterdrücker vor die Tür zu setzen und ihre Sache in die eigenen Hände zu nehmen.[73] »Wir müssen aufhören zu akzeptieren, ein Nachtrag von Marx oder Mao Tse-tung zu sein, und unser Schicksal selbst in die Hand nehmen«,[74] lautet dann auch die Aufforderung.

Die Entscheidung, die eigene Sache selbst in die Hand zu nehmen, gehörte zu den Gründungsmomenten der Frauenbefreiungsbewegung in Frankreich. Auf der Ebene des Aktivismus bedeutete dies die Schaffung separater Räume und die

---

71 | Vgl. *Libération des femmes, année zéro* (1970), S. 3.

72 | »Ainsi les Américaines avaient sous les yeux avec le problème noir un modèle de lutte non seulement plus identique que celui que nous offre la tradition française de lutte de classes, mais encore elles évitaient le piège de la ›culpabilité‹ que beaucoup d'entre nous, ›mises en garde‹ par les groupuscules, doivent franchir.« Ebd.

73 | »[...] les femmes qui [...] ont appris des noirs qu'en mettant à la porte les oppresseurs, elles pouvaient très vite prendre en main ces travaux.« Ebd. Diese Aussage bezieht sich auf die Rolle von Frauen in linken Organisationen.

74 | »[...] nous devons cesser d'accepter d'être un post-scriptum de Marx ou Mao Tsé-toung et prendre en main notre propre destin.« Ebd.

explizite Setzung des ›Nur Frauen‹-Prinzips, der *non-mixité.* Dabei dienten Bürgerrechtsbewegung und *Black Power* als Vorbild und Rechtfertigung gleichermaßen. Dass die Orientierung an der US-amerikanischen Frauenbewegung dabei eine vermittelnde Rolle gespielt hat, wird in den frühen Dokumenten sehr deutlich. Zudem transportieren Übersetzungen von Texten des *Women's Lib*, die vor allem in *Année zéro* und auch im *Torchon brûle* zahlreich enthalten sind, die Rassismus-Sexismus-Analogie und die Legitimationsanleihen bei *Black Power.*

Vergleichsgruppen: Einwanderer, Schwarze, Juden – und Frauen

Neben der Bürgerrechtsbewegung in den USA wird an einigen Stellen auch auf den Aktivismus und Widerstand von eingewanderten Arbeitern in Frankreich verwiesen.

Die Rede von ›eingewanderten Arbeitern‹ (*travailleurs immigrés*) ist vor allem in den frühen 1970er Jahren verbreitet und erfährt mit der Zeit eine Verkürzung auf ›Einwanderer‹ (*immigrés*). Damit spiegelt sich in sprachlicher Hinsicht die Entwicklung der Einwanderungspolitik wider: Nach einer langen Phase der aktiven Anwerbung von Arbeitskräften in süd- und osteuropäischen Staaten sowie den ehemaligen Kolonien setzte Mitte der 1970er Jahre eine bis heute andauernde Phase der restriktiven Einwanderungspolitik ein. Nach dem Anwerbestopp 1974 war der Familiennachzug lange Zeit die maßgebliche legale Einwanderungsform. Aus den Arbeitern sind in der öffentlichen Wahrnehmung Einwanderer geworden – eine Klassifikation, die auch die Kinder und Enkel der Arbeitsmigrant_innen der 1960er Jahre umfasst. Die Bezeichnung ›Einwanderer‹ (*immigrés*) verweist zudem auf die postkoloniale Migration; als ›Einwanderer‹ (*immigrés*) gelten Personen aus den ehemaligen Kolonien.[75]

Allerdings geht es dabei weniger um eine Orientierung an politischen Praxen, sondern vielmehr um die direkte Adressierung der radikalen Linken. So beispielsweise in einem der Gründungstexte der Bewegung, dem 1970 im *Idiot International* erschienenen Manifest *Für eine Frauenbefreiungsbewegung.*[76] Hier wird ebenfalls die Notwendigkeit einer autonomen Frauenbewegung betont.

»Wir hören immer, dass unser Kampf ein ›sekundäres Problem‹ ist. Nur sehr wenige messen unserem Kampf die gleiche Bedeutung bei, wie dem Kampf der Schwarzen in den USA oder auch dem Kampf der

---

75 | Vgl. Lorcerie 2007, S. 299.

76 | Wie bereits erwähnt, ist der Titel des Textes von der Redaktion geändert worden in *Der Kampf für die Befreiung der Frau* [sic] (*Combat pour la libération de la femme*). Vgl. Wittig et al. 1970, S. 13 ff. (Siehe auch Kapitel 3.1 in diesem Buch.) Der *Idiot International* war eine wichtige Zeitschrift der radikalen Linken.

eingewanderten* Arbeiter hier. Wenn es um uns geht, dann scheinen die Konzepte, die Einsicht in die Unterdrückung der Völker geben, wie durch einen Zauber ihre Bedeutung verloren zu haben.«[77]

Im Gegensatz zur sich gerade formierenden Frauenbefreiungsbewegung waren die politischen Organisationen und insbesondere die Arbeitskämpfe von Migrant_innen aus den ehemaligen Kolonien anerkannte Formen des politischen Widerstandes und wurden von der radikalen Linken unterstützt.[78] Dabei sind die ›eingewanderten Arbeiter‹ offenbar in Konkurrenz zur Frauenbewegung gebracht worden.

»Denen, die behaupten, dass derzeit die eingewanderten Arbeiter der Schwachpunkt des Systems sind, den man ausnutzen muss, und nicht wir, die Frauen, denen sagen wir, ja, das stimmt, die eingewanderten Arbeiter sind ein Schwachpunkt. Aber wir fragen uns, inwiefern das ausschließt, dass die Frauen ebenfalls ein Schwachpunkt sind.«[79]

Frauen und eingewanderte Arbeiter teilten viele Klasseninteressen, so der hier formulierte Einspruch, man werde genau wie sie diskriminiert und kenne genau wie sie Ausbeutung und »sexuelle Notlagen«.[80] Die Betonung der gemeinsamen Klasseninteressen stellt eine rhetorische Strategie dar, um das Anliegen der Frauenbewegung als ebenso dringlich und ebenso berechtigt auszuweisen und darüber zu Anerkennung zu verhelfen. Genauso wie die radikale Linke die Interessen der eingewanderten Arbeiter unterstützt, genauso soll sie die Frauenbefreiungsbewegung unterstützen.

---

77 | »Nous y entendons toujours dire que notre lutte est un ›problème secondaire‹. Très rares sont ceux qui accordent autant d'importance qu'à celle des Noirs aux U.S.A. ou bien à celle des travailleurs émigrés* ici. Quand il s'agit de nous, les concepts qui rendent compte de l'oppression des peuples perdent comme par enchantement tout leur sens.« Wittig et al. 1970, S. 16.
* Hier ist wörtlich von ›ausgewanderten Arbeitern‹ (*travailleurs émigrés*) die Rede, die geläufigere Formulierung lautet jedoch ›eingewanderte Arbeiter‹ (*travailleurs immigrés*). Ich habe mich an dieser Stelle gegen die wörtliche Übersetzung und für bessere Verständlichkeit entschieden.

78 | Vgl. Bouamama 2008, S. 240 ff.

79 | »A ceux qui nous disent qu'en ce moment le maillon le plus faible sur lequel il faut appuyer c'est les travailleurs émigrés et non pas nous, les femmes, nous disons que, oui, c'est vrai, les travailleurs émigrés sont un maillon faible, trés faible, sur lequel il faut appuyer. Mais nous demandons en quoi cela exclut que les femmes soient également le maillon faible de ce système.« Wittig et al. 1970, S. 16.

80 | »Dans les usines nous subissons comme eux une discrimination au niveau de nos salaires et de nos personnes. Comme eux nous connaissons la misère sexuelle et l'exploitation.« Ebd. Der affirmative Bezug auf ›sexuelle Not‹ an dieser Stelle ist interessant, da in den zur gleichen Zeit ablaufenden Auseinandersetzungen über sexualisierte Gewalt gegen Frauen innerhalb der radikalen Linken Übergriffe insbesondere von Migrant_innen mit der gleichen Formulierung erklärt und entschuldigt werden. Siehe dazu auch Kapitel 6.3.

In die gleiche Richtung zielt die Behauptung, dass Rassismus und Sexismus ›enge Verbindungen‹[81] eingingen, die vor allem in den 1980er Jahren im feministischen Sprachgebrauch präsent war. Das Zusammentreffen von pro-natalistischen Rhetoriken und Maßnahmen einerseits und restriktiver Einwanderungspolitik andererseits wird als geteilte Betroffenheit von Frauen und Einwanderern dargestellt. Auch hier dient der Bezug auf Einwanderer dazu, die Lage von Frauen als eine im gleichen Maße politische Situation darzustellen.

Während der Bezug auf die ›eingewanderten Arbeiter‹ in erster Linie dazu dient, Anerkennung für die Anliegen der Frauenbewegung zu erkämpfen, geht es im Bezug auf ›die Schwarzen‹ beziehungsweise ›die Schwarzen in den USA‹ neben Legitimation auch noch um etwas anderes: Mit diesem Vergleich wird die De-Naturalisierung des ›Frau-Seins‹ plausibel gemacht. So wie Schwarze hätten nicht Frauen ein Problem, sondern die Gesellschaft, die aus beiden Andere und damit per se problematische Gruppen mache.[82] Dabei werde in beiden Fällen an physische Merkmale angeknüpft, die als Zeichen von Anderssein und Minderwertigkeit gelesen würden. Zwischen »dem Schwarzen« [sic] und »der Frau« [sic] bestehe eine Unterdrückungsgemeinschaft, da beide sofort »erkannt« würden und keine Möglichkeit hätten, ihren »Zustand als Schwarze oder Frau« zu verändern, wird in *Année zéro* argumentiert.[83] Weder Hautfarbe noch Geschlecht sollten Kriterien sein, anhand derer Menschen definiert werden, lautet folglich die Forderung.[84] Das Argument der ideologischen Deutung physischer Merkmale wird zu einem zentralen Element der materialistischen Analyse des Geschlechterverhältnisses, die im Umfeld der Zeitschrift *Questions féministes* erarbeitet wird.[85]

Eine weitere Vergleichs- und Bezugsgröße sind Juden. Das ist beispielsweise der Fall in einem Aufsatz in *Questions féministes*, in dem es um die Problematisierung von sexualisierter Gewalt gegen Frauen geht. Ausgangspunkt und gleichsam roter Faden der Argumentation sind zwei Morde und der Umgang in der Öffent-

---

81 | ›Enge Verbindungen‹ (*liens étroits*) ist die gängige Bezeichnung der Kopplung von Rassismus und Sexismus im bevölkerungspolitischen Komplex aus pro-natalistischen Familien- und restriktiven Einwanderungspolitiken. Auf diese Form der Thematisierung von Rassismus gehe ich im Weiteren ausführlicher ein. Siehe dazu Kapitel 6.2.

82 | Vgl. beispielhaft *Le sexisme ordinaire* (1979), S. 89.

83 | »En effet, il existe entre le noir et la femme une communauté de l'oppression: l'un comme l'autre ne peuvent échapper à un repérage physique immédiat et aucune possibilité n'existe de changer sa condition de noir ou de femme.« *Libération des femmes, année zéro* (1970), S. 3.

84 | Hier ein Beispiel aus den *Cahiers du féminisme*: »[...] la société idéale serait une société où l'on ne serait pas obligé(e) de se définir en terme de sexe: de même que la couleur de la peau ne devrait pas être un critère pertinent pour définir les gens, la sexualité et le sexe ne devraient pas l'être non plus.« *Cahiers du féminisme* N° 40 (1987), S. 21.

85 | Siehe dazu Kapitel 2.2.

lichkeit damit. Eines der Opfer wurde ermordet, »da Jude«, das andere »weil sie eine Frau« war.[86] Während die eine Tat als politisches, rassistisches Verbrechen bewertet werde, spreche man bei der anderen Tat von einem sexuellen oder sadistischen Verbrechen. Absicht des Aufsatzes ist es, nachzuweisen, dass sexualisierte Gewalt gegen Frauen genauso als politisches Problem aufgefasst werden kann und sollte.

Die Figur ›Juden‹ wird dabei in einer Reihe mit Schwarzen und Einwanderern beziehungsweise Arabern aufgezählt. »Die tödliche Verachtung, die über Juden, Schwarze, Araber usw. zum Ausdruck gebracht werden kann, hat ihre einzige Entsprechung in dem, was man über Frauen sagen kann.«[87] Gleichzeitig wird aber auch die Besonderheit des Antisemitismus hervorgehoben und wiederholt auf die Shoah angespielt. Sexualisierte Gewalt gegen Frauen soll auf diese Weise entpathologisiert und entindividualisiert werden. Im Umgang mit der Shoah würden gesellschaftliche Verhältnisse und individuelles Verhalten zusammengedacht, so die Argumentation. Gewalt gegen Frauen werde hingegen immer nur als individuelles Fehlverhalten bewertet.

Der Vergleich mit den im linken politischen Aktivismus etablierten ›Opfergruppen‹ beziehungsweise ›revolutionären Subjekten‹ dient folglich nicht allein der Legitimation des eigenen Anliegens, sondern über den Vergleich werden zudem Dimensionen der Unterdrückungssituation von Frauen deutlich gemacht. Im Vergleich mit eingewanderten Arbeitern wird die Dimension der Ausbeutung hervorgehoben, am Vergleich mit Schwarzen in Amerika werden die Mechanismen der Unterdrückung erklärt und die Ent-Naturalisierung des ›Frau-Seins‹ plausibel gemacht, der Vergleich mit Juden wiederum hebt auf die Anerkennung der Unterdrückung von Frauen als gesellschaftliches Problem ab.

Faschismus, Nationalsozialismus und Shoah – »hartnäckige Abwesenheit« und irritierende Präsenz

Während Juden auch an anderer Stelle als Gruppe benannt werden,[88] ist der deutliche Bezug auf die Shoah im untersuchten Material selten. Der zitierte Beitrag aus den *Question féministes* stellt in seiner Ausführlichkeit einen Einzelfall dar. Zudem geht es, wie gesehen, weniger um eine Auseinandersetzung mit dem Antisemitismus der Nationalsozialisten und der Ermordung der europäischen Juden sowie der Erinnerung an diese Verbrechen, sondern um einen gezielten Einsatz des schockierenden Momentes – etwa in der Erwähnung der

86 | Vgl. *Questions féministes* N° 7 (1980), S. 95.

87 | »Tout ce qu'on a pu dire de mortellement méprisant sur les juifs, les noirs, les arabes, etc. n'a d'égal que tout ce qu'on a pu dire sur les femmes.« Ebd., S. 100.

88 | Vgl. *Le Torchon brûle* N° 5 (1972/73), o. S.

»Schinder der Konzentrationslager«[89] –, um sexualisierte Gewalt gegen Frauen zu skandalisieren.

Neben dieser Form der analogisierenden Bezugnahme sind Faschismus, Nationalsozialismus und Shoah noch in einer anderen Weise im Sprachgebrauch der Frauenbewegung präsent: In Konflikten werden Gegner_innen über Verweise auf Faschismus, Nationalsozialismus und Shoah denunziert. So wird beispielsweise die Kritik an Aktivist_innen der radikalen Linken in Slogans vorgebracht, in denen sich ›Machismus‹ auf ›Faschismus‹ reimt, wie in »Machismus bereitet Faschismus das Bett«, »Faschismus ist eine dauerhafte Vergewaltigung – Vergewaltigung ist ein nicht anerkannter Faschismus«, oder: »Je mehr ich den Faschismus sehe, desto mehr hasse ich das Patriarchat«.[90] Diese Formulierungen waren unter anderem bei einer Demonstration linker Gruppen im Jahr 1975 in Hendaye zu sehen, mit welcher der Widerstand gegen das Franco-Regime unterstützt werden sollte.[91] Aber auch in innerfeministischen Auseinandersetzungen wurden Opponent_innen mit Anspielungen auf die Besatzungszeit angegriffen. So etwa im Konflikt um die Frage von Sexualität und Lebensform als feministischer Strategie, der im Umfeld der Zeitschrift *Questions féministes* geführt worden ist und schließlich zum Zerbrechen der Redaktion geführt hat. Frauen, die in einer heterosexuellen Partnerschaft lebten, wurden hier als »Kollaborateure«, mit ihnen arbeitende lesbische Frauen als »Kapos« bezeichnet.[92]

Der Konflikt um die Wahrnehmung von Lesben innerhalb der Frauenbewegung und die Deutung von (Hetero-)Sexualität als Ort der Geschlechterdifferenzierung und Absicherung des kulturellen Systems der Zweigeschlechtlichkeit schwelte ebenfalls seit den frühen Tagen des MLF. Die Diskussion spitzte sich Ende der 1970er Jahre zu und wurde schließlich vor allem in und um die Zeitschrift *Questions féministes* herum ausgetragen.[93] In diesem Konflikt ging

---

89 | »Il se trouve que le tortionnaire d'Isaure (quels que soient ses problèmes individuels – mais les bourreaux des camps de concentration n'avaient-ils pas des problèmes individuels?) a agi dans le cadre d'une société qui non seulement déshumanise les femmes mais fait passer cette déshumanisation pour ›naturelle‹ […].« *Questions féministes* N° 7 (1980), S. 99.

90 | »Le machisme fait le lit du fascisme«, »le fascisme est un viol permanent – le viol est un fascisme non reconnu«, »plus je vois le fascisme, plus je hais le patriarcat«.

91 | In den *Chroniques du Sexisme ordinaire* findet sich ein Bericht von dieser Veranstaltung inklusive der zitierten Slogans. Vgl. *Le Sexisme ordinaire* (1979), S. 137. Claudie Lesselier erwähnt diese Slogans ebenfalls. Vgl. Lesselier 2004 [1997], S. 262.

92 | Vgl. *Nouvelles Questions Féministes* N° 1 (1981), S. 6 ff.

93 | Siehe die Nummern 7 und 8 der *Questions féministes* (1980) und die Nummer 1 der *Nouvelles Questions Féministes* (1981).

es letzten Endes um die Frage, welche praktischen Konsequenzen aus der radikalfeministischen Deutung des Geschlechterverhältnisses zu ziehen seien. Monique Wittigs Aufforderung, den heterosexuellen Vertrag zu brechen – was Lesben in ihrer sozialen Praxis bereits täten –, stand die Ablehnung des sogenannten Lesbianismus als politischer Strategie gegenüber. Der Konflikt führte zur Auflösung des Redaktionskollektivs der *Questions féministes* im Jahr 1980.

Im Streit um die Definitionsmacht innerhalb der Bewegung wurde *dem* Feminismus wiederum ›Völkermord‹ an Frauen vorgeworfen.[94]

Wie im Fall der Bezugnahmen auf Schwarze und eingewanderte Arbeiter zeigt sich auch in diesen rhetorischen Anleihen die Zugehörigkeit der Frauenbefreiungsbewegung zur radikalen Linken. ›Faschismus‹ war Ende der 1960er Jahre innerhalb der radikalen Linken eine geläufige Formel im Protest gegen staatliche Autorität und Institutionen. Deren Handeln wurde als faschistisch bezeichnet, ausführende Organe mit den paramilitärischen Einheiten der Nationalsozialisten verglichen. So beispielsweise im Slogan »CRS = SS«[95] im Mai 68. Aber auch die Abgrenzung von der etablierten Linken erfolgte im Vokabular der Besatzungszeit, wie in der Bezeichnung der Mitglieder der Kommunistischen Partei Frankreichs als »Kollaborateure«. Während das etablierte Bürgertum zu »Besatzern« wurde, war »Alltagsfaschismus« wiederum eine gängige Floskel für die gesellschaftlichen Zustände, gegen die man protestierte.[96] Der bekannte Slogan aus dem Mai 68, »Wir sind alle deutsche Juden«, der als Solidaritätsbekundung mit dem ausgewiesenen Daniel Cohn-Bendit erfunden wurde, bringt wiederum die rhetorische Präsenz der Shoah im Herkunftskontext der Frauenbefreiungsbewegung zum Ausdruck.[97] Liliane Kandel legt bezogen auf diesen Slogan nahe, dass die rhetorische Identifikation eine Form war, die Shoah zu thematisieren, ohne sich damit auseinanderzusetzen.[98] Diese Feststellung lässt sich auf die Frauenbewegung übertragen: Faschismus, Nationalsozialismus beziehungsweise Besatzungszeit und Shoah sind

94 | Zu *Genozid* oder *Gynozid* im Sprachgebrauch der Gruppe *Psychanalyse et Politique* siehe Kapitel 3.1.

95 | CRS steht für *Compagnies Républicaines de Sécurité*, kasernierte Polizeieinheiten, die vor allem bei Großveranstaltungen und Demonstrationen eingesetzt werden und im Ruf besonderer Härte und Brutalität stehen.

96 | Lesselier legt nahe, dass der Titel der Kolumne in den *Temps modernes*, *Chroniques du Sexisme ordinaire*, eine Übernahme der Formulierung *fascime ordinaire* ist. Vgl. Lesselier 2004 [1997], S. 261. Kandel wiederum spricht von *racisme ordinaire* als Vorbild. Vgl. Anmerkung 43. Von »Besatzern« war im Sprachgebrauch der Frauenbewegung die Rede, wenn Männer gemeint waren. Vgl. Kandel 1993, S. 23.

97 | Für die Erinnerung an die Shoah als politischer Antrieb im Mai 68 siehe Auron 1998. Zur radikalen Linken, deren Identifikation mit der *Résistance* und Auseinandersetzung mit der Shoah als Kontext der Frauenbefreiungsbewegung siehe Zaidman 2007.

98 | Vgl. Kandel 1998, S. 11.

im Sprachgebrauch durchaus präsent, werden aber nicht Gegenstand feministischer Reflexion.

Explizit bearbeitet wurden Nationalsozialismus und Shoah erst im Kontext des akademischen Feminismus.[99] Im Zuge dieser Auseinandersetzung wird auch die Frauenbewegung kritisiert. In der Frauenbewegung seien diese Themen lange umschifft worden, in Form von Metaphorisierungen seien sie jedoch permanent anwesend gewesen, so Liliane Kandel[100], neben Claudie Lesselier[101] eine der Autor_innen dieser Kritik.[102] Sie spricht in diesem Zusammenhang von einer »hartnäckigen Abwesenheit« (*insistante absence*) der Besatzungs- und Kriegsjahre

---

99 | Beispielhaft im Seminar *Geschlecht und Rasse: Neue Diskurse und Formen der Exklusion im 19. und 20. Jahrhundert* (*Sexe et Race: discours et formes nouvelles d'exclusion du XIXe au XXe siècle*), das in den Jahren 1984 bis 1998 an der Universität Paris 7 Denis Diderot stattgefunden hat und von der Germanistin und Historikerin Rita Thalmann geleitet worden ist. Die im Rahmen des Seminars gehaltenen Vorträge wurden in einer gleichnamigen Reihe (1986–1999) publiziert. Ebenfalls an der Universität Paris 7 Denis Diderot hat im Jahr 1992 die Tagung *Feminismen und Nationalsozialismus* (*Féminismes et Nazisme*) als Würdigung der Arbeit von Rita Thalmann stattgefunden, ausgerichtet vom *Centre d'enseignement, de documentation et de recherches pour les études féministes* (CEDREF). Die Tagungsbeiträge sind im Jahr 1997 unter gleichlautendem Titel veröffentlicht worden, herausgegeben von Liliane Kandel (Neuauflage 2004). Und auch im Kontext der *Association nationale des études féministes* (ANEF) wurde über Antisemitismus und Rassismus diskutiert. Im Juni 1997 hat die Tagung *Feministinnen gegenüber Antisemitismus und Rassismus* (*Les féministes face à l'antisémitisme et au racisme*) stattgefunden, die in einer gleichnamigen Publikation dokumentiert worden ist (erschienen 1998). In der Eröffnungsrede wird einmal mehr festgestellt, dass es sich um ein schwieriges Thema handele, das »in unserer Gemeinschaft und im Feminismus generell« bislang kaum bearbeitet worden sei. ANEF 1998, S. 5.

100 | Liliane Kandel ist eine exemplarische Vertreter_in der akademischen Aktivist_innen im MLF beziehungsweise des akademischen Feminismus. Sie war im MLF aktiv und Co-Autorin der Kolumne *Chroniques du Sexisme ordinaire* in den *Temps modernes*, wo sie später auch lange Jahre Redaktionsmitglied war. Sie ist Soziologin, hat im Rahmen des Programmschwerpunkts »Frauenforschung/Feministische Forschung« am *Centre national de la recherche scientifique* (CNRS) geforscht und war seit 1988 bis zu ihrer Rente am CEDREF (Paris 7). Dort hat sie eng mit Rita Thalmann zusammengearbeitet. Ihren feministischen Aktivismus begründet Liliane Kandel mit einer »antiessenzialistischen – ja, antirassistischen Wut«, die sie seit den Kriegstagen verspüre. (»En fait je crois que j'avais une vraie rage antiessentialiste – antiraciste en fait –, sans doute venue de la période de la guerre [que j'avais passé à Bucarest].«) Interview mit Liliane Kandel in *Travail, genre et sociétés* 2, N° 24 (2010), S. 5–24.

101 | Claudie Lesselier ist feministische Aktivist_in und seit langer Zeit am *Maison des Femmes* in Paris aktiv, wo sie Unterstützung für Migrant_innen anbietet. Sie hat zudem das Lesbenarchiv und aktuell ein Archiv zum politischen Aktivismus von Migrant_innen aufgebaut. Lesselier hat unter anderem über Rechtsextreme geforscht.

102 | Vgl. Kandel 1996, S. 220 ff.

in der feministischen Debatte, die dennoch zwischen den Zeilen immer wieder zum Vorschein komme. Sie fragt, wie man »nach Auschwitz« Feministin sein, aber immer daran vorbeireden könne.[103] Kandel und Lesselier problematisieren beide die mit der Metaphorisierung einhergehende Banalisierung von Faschismus und Naziverbrechen.[104]

Während die metaphorischen Anleihen und Vergleiche mit Faschismus, Nationalsozialismus und Shoah im Sprachgebrauch der Frauenbewegung somit durchaus wahrgenommen und problematisiert werden, fehlt eine vergleichbare Wahrnehmung der sprachlichen Präsenz von Kolonialismus und Sklaverei, um die es im Folgenden noch ausführlich gehen wird, noch immer. Erst in jüngerer Zeit finden sich kritische Bemerkungen dazu,[105] aber eine Auseinandersetzung mit der Sprache der 1970er und 1980er Jahre und dem ›Vorbeireden‹ an der bis in die Gegenwart ausstrahlenden kolonialen Vergangenheit hat im *weißen* Feminismus bislang nicht stattgefunden.

2.2 Rassismus, Sexismus, Ideologie der Differenz

Ging es im vorangegangenen Kapitel um den Sprachgebrauch der Frauenbewegung und die verschiedenen Formen und strategischen Funktionen der Geste des Vergleichens, wird nun die Bedeutung des Rassismusvergleichs für die feministische Theoriebildung dargestellt. Denn der Bezug auf Rassismus dient nicht allein der Benennung und Legitimation, sondern ist darüber hinaus genuiner Bestandteil feministischer Theoriebildung: Die Analyse des Geschlechterverhältnisses, die im Umfeld der Zeitschrift *Questions féministes* erarbeitet worden ist, und mehr noch das dieser Analyse zugrunde liegende Verständnis der Geschlechterdifferenz basiert zu großen Teilen auf der von Colette Guillaumin entwickelten Rassismusanalyse, wie ich im Folgenden zeigen werde. Guillaumins Einsicht in Differenzierung und Veranderung als Mechanismen »rassistischer Ideologie« bildet die Grundlage für das Verständnis von Geschlecht als sozialer Tatsache, das ein zentraler Einsatz des materialistischen Feminismus werden sollte. Ich werde diese Übertragung nachzeichnen und dafür zunächst die Grundzüge der Rassismusanalyse Guillaumins darlegen. Anschließend werde ich dann auf die innerfeministische Auseinandersetzung um die Interpretation von Geschlechterverhältnis und Geschlechterdifferenz(-ierung) eingehen. Diese ist hier insofern von Bedeutung, als dass sie den bewegungspolitischen Kontext der Theorieentwicklung darstellt. Die direkte Konfrontation von Vertreter_innen der

103 | Vgl. ebd. und S. 245.

104 | Vgl. Kandel 2004a [1997], S. 18 und Lesselier 2004 [1997], S. 263.

105 | Vgl. Bourcier 2003.

Differenz- wie der Konstruktionsthese im Pariser Mikrokosmos bildet gewissermaßen den Antrieb für die Ausformulierung beider Ansätze. Insbesondere die materialistische Analyse der radikalen Feminist_innen, um die es im Folgenden gehen wird, ist in direkter Abgrenzung und in Bezug auf die Differenzthese entwickelt worden. Auch in dieser Auseinandersetzung wird die Orientierung der Frauenbefreiungsbewegung an antirassistischen Positionen nachvollziehbar. Die im Antirassismus geprägte Formel vom ›Recht auf Differenz‹ war offensichtlich auch für die Frauenbefreiungsbewegung attraktiv und entwickelte dort eine ganz eigene Dynamik.

Mechanismen rassistischer Ideologie

Die Studie *Die rassistische Ideologie. Genese und aktuelle Sprache* (*L'idéologie raciste. Genèse et langage actuel*) entstand in den 1960er Jahren und damit zu einer Zeit, in der mit der Überwindung von Rassismus durch die Disqualifizierung biologistischen Rasse-Denkens gerechnet worden ist.

Colette Guillaumin hat ein gutes Jahrzehnt an der Studie gearbeitet, die sie 1969 als Doktorarbeit mit dem Titel *Ein Aspekt der sozialen Alterität: Die rassistische Ideologie* eingereicht hat. Als Buch erschien die Arbeit 1972, in erweiterter Auflage dann erneut im Jahr 2002. Dieser zeitliche Abstand verweist auf die Besonderheit der Denkweise und Analyse Guillaumins, die im Moment der ersten Veröffentlichung offensichtlich (noch) nicht verstanden worden ist, denn 1972 wurde das Buch kaum wahrgenommen. Delphine Naudier und Éric Soriano sprechen in diesem Zusammenhang auch von der »Geschichte einer Wendung, die sich nicht vollzieht«.[106] Rassismus (auch) als gesellschaftliches Verhältnis zu denken, wird offensichtlich erst in den 2000er Jahren nachvollziehbar. Die Wiederauflage der Studie Guillaumins, die international längst Anerkennung erfahren hatte, weist auf die veränderte soziale wie intellektuelle Situation Frankreichs hin. Der Einbruch des Kolonialen in den 2000er Jahren bedeutete auch, gesellschaftliche Ungleichheit als Rassismus wahrzunehmen und zu benennen und nach Antworten auf die gesellschaftliche Spaltung zu suchen.

Dass die Veränderung der Denkweisen nicht so einfach herbeizuführen ist, zeigt Guillaumin anhand einer Untersuchung des alltagssprachlichen Umgangs mit Anderen. Es handele sich dabei nicht, so Guillaumin selbst, »um eine Reflexion über Sprache, sondern um eine Reflexion über Alterität, deren Material die Sprache

---

106 | »Par sa faible réception initiale, son principal œuvre marque l'histoire d'un tournant qui ne s'opérera pas: celui de l'étude des rapports sociaux de race en France.« Naudier/Soriano 2010, S. 193.

ist.«[107] Ergebnis ihrer »Bedeutungsanalyse« ist die Feststellung, dass die Wahrnehmung des Anderen sich nicht grundlegend verändert habe – den Erschütterungen, die die »Entdeckung« von Shoah und Kolonialismus im Bewusstsein der Mehrheitsgesellschaft herbeigeführt habe, zum Trotz. Diese »Entdeckung« habe der Mehrheitsgesellschaft ihren eigenen Rassismus vor Augen geführt, die Wahrnehmungsmuster jedoch nicht grundlegend verändert. Der Blick auf Andere sei immer noch der des 19. Jahrhunderts, fände angesichts der nun wirksamen Zensur lediglich subtilere Äußerungsformen, so Guillaumins Zeitdiagnose.

Dieser Blick, diese Wahrnehmungsweise wird in den beiden, der Präsentation der Sprachanalyse vorangehenden Teilen historisch hergeleitet und theoretisch erfasst. Was heute als anerkanntes Wissen über die Geschichte des Rasse-Denkens erscheint, war es in den 1960er Jahren nicht. Guillaumin beschreibt die Veränderung im Verhältnis zum Anderen an der Wende vom 18. zum 19. Jahrhundert als einen ideologischen Sprung, der Alterität von Fremdheit in unveränderbare Differenz verwandelte. Als Kontextfaktoren führt sie Industrialisierung und Nationalismus an, die sowohl interne gesellschaftliche Verhältnisse als auch die Formen kolonialer Expansion veränderten. Die sich formierende Idee von Menschenrassen als Naturtatsache stelle, so Guillaumin, eine Lösung für das moralische Problem von Ungleichheit und Ausbeutung in einer post-revolutionären Gesellschaft dar, zu deren höchsten Werten Gleichheit und Freiheit zählen. Die Entwicklung der modernen Wissenschaften hole die Deutung des Sozialen der Aufklärung wieder ein: Der soziale Charakter menschlichen Handelns verliere seine Bedeutung; biologische Kausalität bestimme das Denken im 19. Jahrhundert, insbesondere im Verhältnis zum Anderen.

Die aus der Historisierung und Kontextualisierung abgeleitete Theoretisierung der Funktionsweise des Rasse-Denkens erscheint aus heutiger Perspektive richtungsweisend. ›Rasse‹ ist für Guillaumin eine soziale Tatsache, die weder eine biologische noch eine kulturelle Grundlage hat, sondern allein in Sozialität, in sozialen Verhältnissen und Praxen gründet. Diese Position stellt eine deutliche Intervention in den zeitgenössischen Antirassismus dar, der Biologie durch Kultur als Begründung für Verschiedenheit ersetzt, aber das Denken in Kategorien der Differenz als solches nicht infrage gestellt hat.

Als soziale Tatsache manifestiere sich ›Rasse‹ beziehungsweise das Rasse-Denken auf der Ebene der Wahrnehmung wie des Verhaltens. Auf der Ebene der Wahrnehmung funktioniere ›Rasse‹ als ein Bedeutungsträger (*signifiant*): Physische Merkmale seien mit Bedeutung aufgeladen. Sie *bedeuteten* Andersheit und würden damit zu Zeichen, zu Markierungen von Differenz, die mit ihrer Anbindung an

---

107 | »Il ne s'agit pas d'une réflexion sur la langue mais d'une réflexion sur l'altérité dont le matériel est la langue.« Guillaumin 2002 [1972], S. 194. In methodologischer Hinsicht orientiert sich Guillaumin an Roland Barthes' Semiologie und der Methode der Sequenzanalyse, zugrunde liegendes Material sind Zeitschriften und Beobachtungen von Alltagssituationen.

das Biologisch-Natürliche einen unhintergehbaren, unveränderbaren Charakter bekomme. Ort dieser Wahrnehmungsleistung sei ein gesellschaftliches Verhältnis, das Guillaumin als das Verhältnis des Majoritären zum Minoritären fasst. Als anders markiert würden in diesem Verhältnis die Minoritären, der Majoritäre bleibe unmarkiert. Er erscheine als das Eigentliche, das Allgemeine, und fungiere als solcher als Referenz für die minoritären Anderen. Auf der Ebene des Verhaltens funktioniere die Idee von ›Menschenrassen‹ als Rechtfertigung sowohl für Unterdrückung und Ausbeutung als auch für individuelles Verhalten, die eigentlich den Werten der Mehrheitsgesellschaft zuwiderlaufen. Rassismus wirke somit als Wahrnehmungs- wie Verhaltensweise in einem Verhältnis zwischen Gruppen, die als solche allein in diesem Verhältnis ent- beziehungsweise bestehen. Dieses Verhältnis sei ein Verhältnis der Unterdrückung der einen Gruppe durch die andere Gruppe. Die Situation der minoritären Gruppe bestehe somit zugleich in der materiellen Wirklichkeit (Unterdrückung) und in ihrem symbolischen Status als minoritär. »Sie sind, im Wortsinn des Begriffs, im Zustand der Minderheit. Minderheit: weniger sein.«[108] Rassismus als Wahrnehmungsweise diene dazu, die Minoritären in ihrer Andersheit, ihrer Differenz zu fixieren, nachdem sie in einer Geste der Absonderung zu Anderen gemacht worden seien. Die Absonderung, die *mise à part*, ist für Guillaumin die erste Bewegung rassistischen Verhaltens. Minoritäre Gruppen entstünden durch diese Geste, die sozialen Verhältnissen Sinn verleihe.

Die Theoretisierung von Rassismus als Wahrnehmungssystem, das ein Herrschaftsverhältnis ›sinnvoll‹ macht und damit absichert, basiert folglich auf zwei miteinander verknüpften Analyseperspektiven: In diachroner Perspektive wird der historische Kontext des Rasse-Denkens ausgearbeitet, in synchroner Perspektive untersucht Guillaumin die alltagssprachliche Behandlung von Anderen. Zusammengehalten werden beide Perspektiven durch ein an Marx orientiertes Verständnis gesellschaftlicher Verhältnisse, die gleichermaßen in realen Beziehungen und in Abstraktionen dieser Beziehungen, in Ideen und Kategorien, bestehen.

Geschlecht als soziale Tatsache

Die Übertragung des Verständnisses von ›Rasse‹ als sozialer Tatsache auf Geschlecht als einer ebensolchen sozialen Tatsache ist in Guillaumins Darstellung bereits angelegt. Sie weist mehrfach auf die analoge Behandlung von Frauen als minoritäre Gruppe hin, denen ebenfalls mit Verweis auf ihre physisch-anatomische Konstitution eine unveränderbare Differenz, ein fundamentales Anders-*Sein* zugesprochen werde. Bereits wenige Jahre später denkt Guillaumin selbst ihre Rassismusanalyse bezogen auf das Geschlechterverhältnis weiter.

---

108 | »Ils sont, au sens propre du terme, en état de minorité. Minorité: être moins.« Guillaumin 2002 [1972], S. 119.

Der Ort, an dem sie das maßgeblich tut, ist die Zeitschrift *Questions féministes*, die in acht Ausgaben zwischen 1977 und 1980 erschienen ist. Bereits im zweiten Heft im Februar 1978 erscheint der erste Teil eines zentralen Aufsatzes von Guillaumin, um den es im Folgenden noch gehen wird. Ab der sechsten Ausgabe im September 1979 wird sie auch als Mitglied der Redaktion genannt.[109] Diese widmet sich nicht allein der Herausgabe der Zeitschrift, sondern bildet vielmehr eine Denkgemeinschaft, die ihre Arbeit selbst als radikal feministisch bezeichnet und sich im revolutionären Feminismus verortet, der wiederum dem radikalen Feminismus in den USA entsprechen würde, so die Erläuterung im ersten Heft der Zeitschrift.[110] In der Rezeption hat sich für das Theorieprojekt die Bezeichnung ›materialistischer Feminismus‹ etabliert. Einer der zentralen Einsätze der materialistischen Analyse und Theoretisierung des Geschlechterverhältnisses besteht in der Ent-Naturalisierung des Frau-*Seins*. Diese steht in der Tradition des Zur-Frau-*Werdens* von Simone de Beauvoir, baut aber in ihrer Ausformulierung grundlegend auf der von Guillaumin vorgelegten Rassismusanalyse auf.[111] Der zentrale Gedanke ist dabei die Entlarvung der Behauptung natürlicher Unterschiede als Grundlage der Unterdrückung. Die herrschende Gruppe weise den Beherrschten den Status des Differenten, des radikal Anderen, zu und sichere darüber die eigene Herrschaft ideologisch ab.

Der materialistische Feminismus in Frankreich setzt die von Simone de Beauvoir begonnene Befragung der Konstruktion von Geschlecht fort und entwickelt ein antiessenzialistisches und antinaturalistisches Verständnis von Geschlecht, das als Effekt sozialer Verhältnisse verstanden wird. ›Männlich‹ und ›weiblich‹ gelten hier als soziale Kategorien, die die Zugehörigkeit zu einer Klasse, einer ›Geschlechtsklasse‹ (*classe de sexe*) anzeigen, die durch und in einem Ausbeu-

109 | Laut Naudier/Soriano war Guillaumin von Beginn an in das Zeitschriftenprojekt involviert und hatte bereits an der Idee einer Theoriezeitschrift Anteil. Vgl. Naudier/Soriano 2010, S. 203.

110 | Vgl. *Questions féministes* N° 1 (1977), S. 7.

111 | Guillaumin selbst bezieht sich in ihrer Rassismus-Studie in zwei Passagen auf de Beauvoirs *Das andere Geschlecht* (*Le deuxième sexe*). Zum einen verstärkt sie ihr Argument, dass Majoritäre als das unmarkierte Allgemeine auftreten, mit einem Zitat aus der Einleitung de Beauvoirs. Zum anderen hebt Guillaumin die Präsenz verschiedener minoritärer Gruppen in *Das andere Geschlecht* hervor. Bereits de Beauvoir habe in einem grundlegenden Beitrag zur Frage der Alterität Juden, Frauen, Schwarze, Proletarier und Kolonialisierte zusammengebracht. Es ist bezeichnend, dass Guillaumin *Das andere Geschlecht* nicht als feministischen Text, sondern als Beitrag zur Auseinandersetzung mit Alterität präsentiert. Dadurch wird die Fokussierung ihrer Untersuchung auf die Funktionsweisen von Rassismus sehr deutlich. Die Übertragung ihrer Grundgedanken auf das Geschlechterverhältnis ist hier zwar schon angelegt, wird von ihr selbst aber erst Ende der 1970er Jahre vollzogen und ausgearbeitet.

tungsverhältnis besteht: der Aneignung von Arbeit, Körper und Sexualität der einen Gruppe (Frauen) durch die andere Gruppe (Männer). Im Verständnis des materialistischen Feminismus entsteht Geschlecht durch dieses Ausbeutungsverhältnis; Unterdrückung und Ausbeutung bringen Zweigeschlechtlichkeit als dichotomes Geschlechterverhältnis hervor. Dieses wiederum wird durch die Naturalisierung der Geschlechterdifferenz(-ierung) abgesichert. Wichtig ist auch die Bedeutung, die der Unterscheidung von Hetero- und Homosexualität für die ideologische Absicherung des Unterdrückungsverhältnisses beigemessen wird. Zweigeschlechtlichkeit kann nur in Relation zu Heterosexualität als einem sozialen System verstanden werden, so eine zentrale Aussage des materialistischen Feminismus. Zur Denkgemeinschaft um die *Questions féministes* gehörten Autor_innen wie Christine Delphy, Nicole-Claude Mathieu, Monique Wittig, Paola Tabet und Colette Guillaumin. Simone de Beauvoir unterstützte das Projekt und firmierte als *directrice de publication.*

Bereits in der programmatischen Einleitung der ersten Ausgabe der *Questions féministes* wird dieses Argument gegen die »Ideologie der neuen Weiblichkeit«[112] ins Feld geführt. Die Behauptung einer weiblichen Besonderheit, die noch dazu über die Körpererfahrungen von Frauen begründet werde, sei gefährlich, da die hier hervorgehobene Differenz der Körper auch als Rechtfertigungsgrundlage für die Unterdrückung von Frauen diene. Die Annahme einer bedeutungsvollen körperlichen Differenz wird in der Folge als Herrschaftsideologie ausgewiesen, wobei in den argumentativen Stationen die Rassismusanalyse Guillaumins anklingt. Die herrschende Gruppe diktiere ihre Kategorien und verweise darüber diejenigen, die sie unterdrückt, in die Differenz. Dabei sei es für den Unterdrücker sicherer, von natürlichen Unterschieden zu sprechen, die per definitionem unveränderlich seien; »daher die rassistische und die sexistische Ideologie«.[113] Anstatt für Differenz wollen die Herausgeber_innen für Autonomie und Singularität jenseits jeglicher Geschlechtsidentität kämpfen, was sie als Zerstörung der Idee von Zweigeschlechtlichkeit ansehen.[114] Die hier formulierte Positionierung gegen die »naturalistische Ideologie«,[115] nimmt Linien auf, die bereits in Beauvoirs Studie und in der Rassismusanalyse Guillaumins angelegt sind.[116]

---

112 | Die Rede ist vom »courant actuel de la néo-feminité« beziehungsweise von der »idéologie de la néo-féminité«. *Questions féministes* N° 1 (1977), S. 5 f. Für die folgende Passage siehe S. 8 f.

113 | »D'où les ideologies raciste et sexiste.« Ebd., S. 9.

114 | Vgl. ebd., S. 5.

115 | Vgl. ebd.

116 | Auf die Bedeutung von *Das andere Geschlecht* (*Le deuxième sexe*) für den feministischen Aktivismus und die Theoriearbeit der 1970er Jahre kann ich an dieser Stelle nur hinweisen. Zur Rezeption in der Frauenbewegung siehe Rodgers 1998.

Auf eine weitere Inspirationsquelle der Redaktion soll an dieser Stelle nur verwiesen werden: Die 1969 erschienene Novelle *Les Guérillères* von Monique Wittig, die in der Darlegung des politischen wie theoretischen Programms explizit erwähnt wird.[117] Die Beschreibung feministischer Bewusstseinsbildung Wittigs taucht hier als Systematisierung unter der Bezeichnung »drei Momente der Schlacht« wieder auf.[118]

In der Novelle wiederum hat Wittig den Vergleich mit rassistischem Denken eingesetzt, um die Konstruktion der »essenziellen Differenz« zu illustrieren, mit der Herrschaft und Ausbeutung legitimiert werden.[119] Die entsprechende Passage in *Les Guérillères* liest sich wie eine fiktionale Verarbeitung der Analyse Guillaumins. Auch hier werden die »Differenz der Hautfarbe« und in Analogie dazu die Geschlechterdifferenz als konstruierte und zu Herrschaftszwecken eingesetzte Bedeutungsträger beschrieben. Beide Texte, die Studie Guillaumins und die Novelle Wittigs, wurden 1969 abgeschlossen. Ob zu diesem Zeitpunkt bereits Kontakt zwischen den Autor_innen bestanden hat, ist mir nicht bekannt. Interessant ist in jedem Fall, dass die konstruktivistische Argumentation vergleichsweise früh, ein knappes Jahrzehnt vor Bestehen des Zeitschriftenprojektes, bereits im Grundgedanken formuliert worden ist – im theoretischen Text der einen und im fiktionalen Text der anderen Autor_in.

Naturalisierung

Die Integration der Rassismusanalyse in die materialistische Analyse lässt sich ebenfalls am ersten Beitrag Guillaumins in den *Questions féministes* nachvollziehen. Der Aufsatz *Machtausübung und Naturvorstellung* (*Pratique du pouvoir et idée de Nature*) ist 1978 in zwei Teilen in den Nummern zwei und drei der *Questions féministes* erschienen.[120] Er ist der zentrale Beitrag Guillaumins zur feministischen Theoretisierung des Geschlechterverhältnisses, da sie hier die Grundlinien des Konzeptes *Sexage* entwickelt, das sie in folgenden Aufsätzen an spezifischen Fragen oder Beispielen ausbuchstabiert. *Sexage* denkt Guillaumin explizit als Alternative zum Begriff ›Sexismus‹, um den Aspekt der Ausbeutung zu unterstreichen.[121]

Guillaumin fasst die ›Aneignung‹ (*appropriation*) von Frauen hier als spezifische Form von Unterwerfung und Ausbeutung. In ihren Augen gleicht die Ausbeutung, die sich im Geschlechterverhältnis vollzieht beziehungsweise dieses konstituiert, weniger dem Verhältnis von Kapitalist und Proletarier als vielmehr dem Verhält-

---

117 | Vgl. *Questions féministes* N° 1 (1977), S. 13.

118 | Vgl. ebd., S. 14 ff. Auf diese Passage in der programmatischen Einleitung der ersten Ausgabe der *Questions féministes* gehe ich im Kapitel 3.2 mit Blick auf die Anleihen aus dem antikolonialistischen Diskurs der radikalen Linken noch einmal ausführlicher ein.

119 | Vgl. Wittig 1969, S. 146 f.

120 | Erneut in Guillaumin 1992.

121 | Vgl. Mathieu 2000, S. 209.

nis von Lehnsherr und Leibeigenem oder Sklavenhalter und Sklave. Denn es werde nicht allein Arbeitskraft ausgebeutet, sondern es handele sich um die Aneignung der gesamten Person, ihrer Zeit, ihres Körpers und ihrer Individualität. An dieser Parallele anknüpfend führt Guillaumin den Begriff *Sexage* – aus den Begriffen ›Geschlecht‹ (*sexe*), ›Sklaverei‹ (*esclavage*) und ›Leibeigenschaft‹ (*servage*) – als Bezeichnung für den konstituierenden Mechanismus des Geschlechterverhältnisses als besonderem Herrschafts- und Ausbeutungsverhältnis ein. Im Kapitel 4.3 zu Metaphoriken der Sklaverei im Sprachgebrauch der Frauenbewegung werde ich auf die Argumentation ausführlicher eingehen, hier interessiert vor allem die Verbindung, die Guillaumin zwischen der Ausbeutung von Frauen und der modernen Plantagensklaverei herstellt.

Nicht allein Formen der Unterwerfung und Ausbeutung würden sich ähneln, sondern auch deren Deutung und Legitimation. In beiden Fällen werde die Existenz der ausgebeuteten Gruppe über eine vermeintliche innere Bestimmung, eine spezifische Natur, erklärt, die wiederum an einem zum Zeichen, zum Bedeutungsträger (*signifiant*) mutierten physischen Merkmal festgemacht werde, das als solches, als Zeichen, allein im spezifischen Kontext des Herrschaftsverhältnisses funktioniere. Be*zeichnet* und markiert würden allein die Unterdrückten und Ausgebeuteten, allein ihre Differenz erscheine erklärungsbedürftig. Durch die ›Natur‹ als Begründungsfigur würden die sozialen Prozesse, durch die und in denen die antagonistischen Gruppen bestehen, unsichtbar.

Unter Rückgriff auf ihre Forschungsergebnisse zum Rasse-Denken weist Guillaumin ›Natur‹ als eine moderne Erfindung aus, die im Kontext der Entstehung der modernen westlichen Industriegesellschaften und ihren spezifischen Arbeitsteilungen und Ausbeutungsformen ihre volle Kraft entfaltet hat. Guillaumin bezeichnet Sexismus und Rassismus daher auch als *Naturalismus*.[122]

Guillaumin führt hier folglich weiter, was in der Untersuchung des Rasse-Denkens bereits angelegt ist. Frauen werden als eine soziale Gruppe beschrieben, die durch die gleichen Mechanismen hergestellt und mit der gleichen Begründungsfigur legitimiert würden wie Sklaven. Die Vorstellung, es handele sich um ›natürliche Gruppen‹, betreffe beide Kategorien, ›Rasse‹ und Geschlecht, gleichermaßen. Beide seien »imaginäre Formationen, die rechtlich festgeschrieben und materiell wirksam sind«.[123]

122 | Vgl. *Questions féministes* N° 3 (1978), S. 5.

123 | »Des notions de race et de sexe on peut dire qu'elles sont des formations imaginaires, juridiquement entérinées et matériellement efficaces.« Guillaumin 2002 [1972], S. 341. Das Zitat stammt aus dem Aufsatz *Race et nature: système des marques, idée de groupe naturel et rapports sociaux*, der zuerst 1977 in der Zeitschrift *Pluriel* erschienen und im Anhang der Neuausgabe des Buches *L'idéologie raciste* (2002) enthalten ist. Dieser Aufsatz stellt in meinen Augen das Scharnier dar zwischen Guillaumins Auseinandersetzung mit dem modernen Rasse-Denken, die auch nach der Kategorie Geschlecht fragt, und der Theoretisierung des Geschlechterverhältnisses, die auf den Erkenntnissen der Rassismusanalyse aufbaut.

Mit dieser Aussage bringt Guillaumin den Konstruktivismus der materialistischen Analyse auf den Punkt.

Dass dieser antinaturalistische Konstruktivismus maßgeblich von der Auseinandersetzung mit rassistischen Differenzkonstruktionen beeinflusst ist, sollte hier gezeigt werden. Mehr noch, die Orientierung am Verständnis von Rassismus als Denkweise, die sich in gesellschaftlichen Praxen materialisiert und darüber ein Ausbeutungsverhältnis konstituiert, ermöglicht einen besonderen Zugriff auf das Geschlechterverhältnis, indem es die ›natürliche‹ Grundlage der Geschlechterdifferenz zu hinterfragen erlaubt. Damit wird die Beschreibung des Geschlechterverhältnisses als Klassenverhältnis um ein entscheidendes Element erweitert: Differenzkonstruktion und Naturalisierung als ideologische Grundlagen verschleiern die Mechanismen der Unterdrückung und Ausbeutung. Daher kann die Überwindung des Geschlechterverhältnisses nur mit und über eine Veränderung der Denkverhältnisse gelingen. Diese Einsicht prägt das Programm des materialistischen Feminismus, die Aufdeckung von Differenzkonstruktion(en) und deren Darstellung als Naturtatsache wird zum zentralen Inhalt der feministischen Theorieproduktion.

Differenz als Ideologie

Zentraler Antrieb dieser Theorieproduktion ist die Abwehr der Behauptung einer weiblichen Besonderheit als feministischer Strategie. Die ausführliche Einleitung im ersten Heft der Zeitschrift *Questions féministes* macht die bewegungspolitische Ausgangslage sehr deutlich. Das hier dargelegte theoretische wie politische Programm fungiert in erster Linie als Positionierung innerhalb der Frauenbewegung. Es enthält (moderate) Abgrenzungen gegenüber dem sogenannten ›Klassenkampffeminismus‹ und eine vehemente Kampfansage an die sogenannte ›Ideologie der neuen Weiblichkeit‹ und deren Verfechter_innen. Dabei stehen insbesondere die Behauptung einer weiblichen Besonderheit und die Affirmation von Differenz als Identitätsgrundlage in der Kritik. An dieser Stelle interessiert der Zusammenhang, der im Rahmen dieser Kritik zwischen der antirassistischen Verwendung des Differenz-Begriffs und der feministischen Indienstnahme des Begriffs hergestellt wird. Es ist Colette Guillaumin selbst, die vor der feministischen Inanspruchnahme der Differenz-Idee warnt, da »sie den Interessen der Herrschenden mehr nutzt als sie dabei hilft, unsere eigenen Interessen zu erkennen«.[124]

Bereits in der Rassismus-Studie hatte sie die antirassistische Strategie, rassistisch motivierte Gewalt und Unterdrückung über die Affirmation kultureller Unterschiede bekämpfen zu wollen, kritisiert. In ihrem Aufsatz *Frage der Differenz* (*Question de*

---

124 | »Car si elle est une erreur d'appréciation tactique en ce qu'elle sert les intérêts dominants plus qu'elle ne sert à discerner les nôtres, si elle est une manifestation de fausse conscience, elle est aussi autre chose dans son ambiguité.« *Questions féministes* N° 6 (1979), S. 13.

différence), der 1979 auf dem Höhepunkt des Konfliktes der (Pariser) Bewegung erschienen ist, wendet sie sich deutlich gegen die feministische Übernahme dieser Argumentation.[125] Ebenso wenig wie die Behauptung kultureller Besonderheiten zu einem Ende von Unterdrückung und Ausbeutung führten, sei die Behauptung einer weiblichen Besonderheit dazu geeignet. Vielmehr handele es sich in beiden Fällen um eine Flucht vor der Realität, so Guillaumin. Anstatt sich der unbequemen Frage zu stellen, warum Integration auf rechtlicher Ebene noch lange keine Gleichheit bedeute,[126] werde die Flucht ergriffen. Anstatt weiter das Herrschaftsverhältnis zu hinterfragen, werde nun »von ›Differenz‹ gefaselt«[127]. Damit erfülle die Ideologie der Differenz auch in der Frauenbewegung ihren Zweck, das Geschlechterverhältnis als Herrschaftsverhältnis verschwinde als Problem, zu dem es gerade erst geworden ist.

Dabei ist es nicht der Differenz-Begriff als solcher, den Guillaumin ablehnt, sondern vielmehr seine Deutung und Benutzung. Denn ›Differenz‹ könnte auch die Zurückweisung von Weiblichkeit als zugewiesener Identität und sozialer Position bedeuten: »Denn wir sind in der Tat anders (*différent*). *Aber* wir sind nicht so sehr verschieden VON den Männern [...], *als dass wir verschieden sind VON DEM, DAS die Männer vorgeben, das wir sind.*«[128] Es sei das Zusammentreffen dieser zwei Bedeutungsmöglichkeiten – Differenz als zu entdeckende und befreiende Weiblichkeit und Differenz als Selbstbestimmung –, das in der Frauenbewegung zum Erfolg einer politisch katastrophalen Idee geführt habe: zur Idee einer weiblichen Kultur, einer weiblichen Besonderheit. Diese Idee begreift Guillaumin wie gesehen als Flucht vor der intellektuellen und politischen Auseinandersetzung mit dem Herrschaftsverhältnis Patriarchat und damit genau als Effekt dieses Verhältnisses. Einem Verständnis von Differenz als Verschiebung (*différer*), im Sinne von ›wir sind anders als das herrschende Bild von uns‹, schreibt sie hingegen subversive Kraft zu, da es zur Infragestellung der zugewiesenen Position in einem Herrschaftsverhältnis anregen kann.

Was bei Guillaumin als nicht ausgeschöpftes Potenzial des Begriffs ›Differenz‹ erscheint, wird in einem nahezu zeitgleich erschienenen Beitrag in *La Revue d'en face* als Entwicklung von einer Bedeutung zur anderen dargestellt. Aus dem Anspruch, anders zu sein als im patriarchalen Weiblichkeitsmodell vorgesehen, sei mit der Zeit die Behauptung einer weiblichen Besonderheit, eines besonderen weiblichen Wesens geworden. »In der ersten Zeit der Bewegung haben wir alle unser

---

125 | Vgl. ebd., S. 3–21. Erneut erschienen in Guillaumin 1992.

126 | Guillaumin verweist hier auf Entkolonialisierung und Bürgerrechte für Afroamerikaner_innen, die keine faktische Gleichheit gebracht hätten. Vgl. *Questions féministes* N° 6 (1979), S. 8.

127 | »[...] certaines ont commencé à susurrer le mot ›différence‹.« Ebd.

128 | »Car nous sommes différentes en effet. *Mais* nous ne sommes pas tant différentes DES hommes comme le prétend la fausse conscience, *que nous sommes différentes DE CE QUE les hommes prétendent que nous sommes.*« (Hervorhebungen im Original). Ebd.

›Recht auf Differenz‹ beansprucht, ohne zu bemerken, wohin diese Forderung führen kann.«[129] Aus dem politischen Widerstand gegen das männliche Modell (*modèle viril*) sei eine Identitätssuche geworden, die mittlerweile in eine Zwangsidentität geführt habe.[130]

Gegen diese Übersetzung von Differenz in Identität wendet sich die Theoriearbeit der Gruppe um die Zeitschrift *Questions féministes*. Dabei spielt Guillaumins Problematisierung von Differenz als ideologischer Figur zur Absicherung konkreter Unterdrückungs- und Ausbeutungsverhältnisse, die sie zunächst am Beispiel von Rassismus entwickelt hat, eine zentrale Rolle. Die Besonderheit der rassistischen Ideologie besteht in der Analyse Guillaumins darin, die primäre Abgrenzungsgeste, die *mise à part*, durch die Behauptung biologisch-natürlicher und dadurch a-historischer Differenz abzusichern. In einem Herrschaftsverhältnis sei Differenz jedoch nicht einfach nur Verschiedenheit (*Differenz zwischen*), sondern immer nur Abweichung (*Differenz von*), zeigt Guillaumin in ihrer Rassismusanalyse und wiederholt es im Aufsatz in den *Questions féministes* – gerichtet an die Adresse der Verfechter_innen einer weiblichen Besonderheit.

Als Quellen der sogenannten neuen Weiblichkeitsideologie werden in den untersuchten Zeitschriften oft literarische Produktionen angeführt, die im Umfeld der Gruppe *Psychanalyse et Politique* entstanden und/oder im Verlag *des femmes* erschienen sind. Häufig bleibt aber auch unklar, wer genau gemeint ist beziehungsweise scheint den Kritiker_innen selbst unklar gewesen zu sein, wer zu dem als ›differenzialistischer Feminismus‹ (*féminisme différentialiste*) identifizierten Flügel eigentlich zu rechnen ist. Es handele sich um eine ziemlich vage Strömung, heißt es auch im zitierten Beitrag in *La Revue d'en face*.[131] Beim sogenannten Differenz- oder auch *Féminitude*[132]-Feminismus handelt es sich folglich weniger um eindeutig benennbare Personen oder Positionen als vielmehr um eine in der Abgrenzung der Kritiker_innen entstandene Konstruktion. Die Bezeichnungen Differenz- beziehungsweise wörtlich ›differenzialistischer Feminismus‹ – und *Féminitude*-Feminismus sind bis heute in der Erzählung der feministischen Vergangenheit geläufig und dienen nach wie vor der Abgrenzung von den darunter jeweils subsumierten Positionen.

Die Parallele zwischen der Differenz-Strategie im Feminismus und im Antirassismus wird in der Kritik am sogenannten Differenz- oder *Féminitude*-Feminismus aufgemacht und verweist einmal mehr auf die gedankliche wie faktische Nähe zwischen beiden Bewegungen.

---

129 | »Le ›droit à la différence‹, nous l'avons toutes revendiqué dans les premiers temps du mouvement, sans réaliser à quoi cela ouvrait la voie.« *La Revue d'en face* N° 4 (1978), S. 24.

130 | Vgl. ebd., S. 25.

131 | Vgl. ebd., S. 24.

132 | Auf die Übersetzung des Begriffs *Négritude* in *Féminitude* gehe ich im Kapitel 3.2 ein.

2.3 Grenzen der Analogie

In den vorangegangenen Kapiteln habe ich den Rassismusvergleich im Sprachgebrauch der Frauenbewegung in seinen verschiedenen Facetten beschrieben und seine Bedeutung für das Verständnis des Geschlechterverhältnisses als sozialem Verhältnis dargelegt. Die Orientierung an antirassistischem Vokabular und die darin gründende Parallele zwischen rassistischer und sexistischer Diskriminierung war jedoch innerhalb der Bewegung selbst nicht unumstritten. Während auf der einen Seite vor der Herauslösung der ›Frauenfrage‹ aus dem Klassenkampf gewarnt worden ist, wurde im Umfeld der Gruppe *Psychanalyse et Politique* die antinaturalistische Geste abgelehnt, die mit der Rassismusanalogie verbunden war. Im Gegensatz zu ›Rassen‹ gebe es zwei Geschlechter, gebe es eine irreduzible Geschlechter*differenz*, so der Einwand. Beide Positionen waren direkte Reaktionen auf die rhetorischen Strategien der radikalen Feminist_innen, die mit der Rassismusanalogie operierten, und spiegeln die Trennlinien, die die Bewegung von Beginn an durchzogen haben. Ein gutes Jahrzehnt später wurde die Rassismus-Sexismus-Analogie erneut diskutiert. Dabei ging es um das heuristische Potenzial des Vergleichs und dessen Grenzen. Man riskiere, die Spezifität der Unterdrückung von Frauen aus dem Blick zu verlieren, so die Kritik, die ich im Folgenden zusammenfassen werde.

Kontext für die erneute Diskussion der Analogie ist der Versuch der sozialistischen Frauenministerin Yvette Roudy, das Antisexismus-Gesetz doch noch Realität werden zu lassen.[133] Die erste öffentliche Auseinandersetzung mit der Rassismusanalogie fand jedoch im Rahmen feministischer Selbstreflexion statt. Bei einer mehrtägigen Konferenz 1982 in Toulouse, die als Beginn der Akademisierung des Feminismus in Frankreich erinnert wird, sind »einige Gedanken zum Begriff ›Sexismus‹«[134] aufgeworfen worden. In einem wenig später in *Les Temps modernes* erschienenen Aufsatz wurden diese Gedanken dann explizit in den Kontext der Diskussion um das Antisexismus-Gesetz gestellt.[135] Die Autor_innen,

---

133 | Die Idee zu einem Antisexismus-Gesetz analog zum Antirassismus-Gesetz bestand seit Mitte der 1970er Jahre. Anfang der 1980er Jahre ist diese Idee von feministischen Politiker_innen der Sozialistischen Partei aufgegriffen und 1983 schließlich als Entwurf auf den parlamentarischen Weg gebracht worden. Ausführlich dazu siehe Kapitel 2.1.

134 | *Quelques réflexions autour de la notion sexisme.* Dhavernas/Kandel 1984, S. 749.

135 | Der Titel des Aufsatzes lautet *Le sexisme comme réalité et comme représentation.* In: *Les Temps modernes* N° 444 (1983), S. 3–30. Im Tagungsband wird auf den 1983 erschienenen Aufsatz in *Les Temps modernes* verwiesen, der den Beitrag in erweiterter Fassung wiedergibt. Im Tagungsband ist nur der zweite Teil des Beitrages (Marie-Jo Dhavernas) enthalten, der erste Teil (Liliane Kandel) wird lediglich zusammengefasst. Ich ziehe im Folgenden beide Quellen heran.

Liliane Kandel und Marie-Jo Dhavernas[136], problematisieren den Rassismus-Sexismus-Vergleich und hinterfragen seine Evidenz. Die metaphorischen Anleihen bei anderen Ausbeutungsformen seien unvermeidbar und durchaus sinnvoll gewesen, um die ›Unterdrückung von Frauen‹ zu beschreiben und zu verstehen. Nunmehr sei es aber an der Zeit, auch nach den Grenzen der Analogie zu fragen und die Besonderheit der ›Unterdrückung von Frauen‹ zu erfassen.[137] Die Übereinstimmung zwischen Rassismus und Sexismus im Rückgriff auf Biologie zur Rechtfertigung von Herrschaft und Diskriminierung dürfe nicht dazu führen, die beachtlichen Unterschiede zwischen beiden Phänomenen zu vergessen.[138] Das sei weder der feministischen Analyse noch dem Kampf gegen den Sexismus zuträglich.[139]

Als wichtige Unterschiede zwischen Rassismus und Sexismus werden folgende Punkte benannt:

- Frauen seien keine »Minderheit«.[140]

Diese Aussage ist im Aufsatz in *Les Temps modernes* nicht mehr enthalten. Die Feststellung als solche taucht aber interessanterweise als Argument in der Paritätsdebatte der 1990er Jahre wieder auf. Nun geht es darum, die Forderung nach der Quotierung politischer Mandate zu legitimieren, unter anderem durch Abgrenzung von ›anderen Minderheiten‹. Das Pro-Paritäts-Argument lautet vollständig: Frauen sind keine Minderheit, sondern die Hälfte der Menschheit. Der Sinn dieser Argumentation erschließt sich über den Hintergrund der Paritätsdebatte. Die politische Kultur Frankreichs basiert auf dem Prinzip des republikanischen Universalismus, der die Gleichbehandlung aller Staatsbürger_innen in Absehung ihrer individuellen Lebenslage garantiere. Rechte im Namen einer Gruppe zu fordern, erscheint daher höchst suspekt und wird als ›Partikularismus‹, der den Zusammenhalt und das Funktionieren der Gemeinschaft

---

136 | Marie-Jo Dhavernas ist ebenfalls eine Vertreter_in der akademischen Aktivist_innen im MLF beziehungsweise des akademischen Feminismus. Sie war im MLF aktiv, Co-Autorin der Kolumne *Chroniques du Sexisme ordinaire* und Herausgeber_in von *La Revue d'en face*.

137 | »L'utilisation des métaphores empruntées aux formes d'exploitation capitalistes, impérialistes ou colonialistes, pour décrire les systèmes partriarcaux, à été, pendant un temps, inévitable – et souvent utile. Il est important aujourd'hui d'en tracer les limites, et de développer des analyses prenant en compte le caractère spécifique et irréducible de l'oppression des femmes.« Dhavernas/Kandel 1984, S. 750.

138 | Vgl. ebd., S. 749.

139 | Vgl. Dhavernas/Kandel 1983, S. 9.

140 | Anführungszeichen im Original. Vgl. Dhavernas/Kandel 1984, S. 749.

bedrohe, abgelehnt. Zum Zeitpunkt der Paritätsforderung stand dieses Modell auf dem Prüfstand und ist vehement verteidigt worden, was die Notwendigkeit, dem Gruppen-Vorwurf (*communautarisme*) vorzubeugen, erklärt.[141] Dass die Feststellung, Frauen seien keine Minderheit, bereits im Kontext der Forderung nach einem Antisexismus-Gesetz auftaucht, erstaunt daher nicht.

- Die historische Entwicklung müsse unterschieden werden. Frauen existierten als unterdrückte Gruppe nicht unabhängig von Männern (als Gruppe) und somit auch nicht vor oder außerhalb der Situation der Unterdrückung. Im Gegensatz dazu hätten »die Schwarzen oder in Frankreich die Einwanderer«[142] eine Geschichte vor der Sklaverei. Aufgrund der gleichzeitigen und reziproken Entstehung beider Gruppen sei Sexismus als System dem Kapitalismus viel näher. Die antagonistischen Gruppen der Arbeiter und der Patrone entstünden ebenfalls im gleichen Moment und untrennbar voneinander. Diese Feststellung wird mit dem Hinweis verbunden, dass die physische Existenz von Individuen unbedingt von der Errichtung eines Ausbeutungssystems zwischen Gruppen zu unterscheiden sei. Der ungenaue Sprachgebrauch, auch innerhalb der Frauenbewegung, trage zu Unschärfe und Verwirrung zwischen »biologischen« »Männern« und »Frauen«, »Schwarzen« und »Weißen« und ihren Rollen beziehungsweise Positionen in einem Herrschaftsverhältnis bei.[143] Genauere Benennungen, etwa »Sklaven« und »Plantagenbesitzer« oder »Ehemänner« und »Ehefrauen« oder »Väter« und »Mütter« oder »Chefs« und »Sekretärinnen« könnten dazu beitragen, die implizite Übereinstimmung zwischen biologischer Verschiedenheit und sozial konstruiertem Unterschied beziehungsweise das permanente Changieren zwischen beiden zu vermeiden.[144]
- Im Gegensatz zu Rassismus bringe Sexismus ambivalente Repräsentationen der unterdrückten Gruppe hervor, exemplarisch im Paar von Mutter und Hure. Diese doppelte Geste von Überhöhung und Abwertung sei in keinem an-

---

141 | Zur politischen Kultur Frankreichs und ihrer Bedeutung für feministische Strategien siehe Scott 1998; zur Paritätsdebatte Scott 2005; Bereni 2007; Lépinard 2007.

142 | »Les Noirs – ou en France, les immigrés […].« Dhavernas/Kandel 1983, S. 11. Diese Unterscheidung ist eine im Sprachgebrauch der Zeit geläufige Unterscheidung. *Les Noirs*, ›die Schwarzen‹, bezieht sich auf den US-amerikanischen Kontext, während bezogen auf Frankreich von *immigrés*, von ›Einwanderern‹, gesprochen wird.

143 | Im Text wird von »*biologischen* ›Weißen‹ und ›Schwarzen‹ respektive ›Männern‹ und ›Frauen‹« gesprochen. »De ce point de vue, il faut souligner à quel point le langage usuel (*y compris militant*) permet, ou entraîne, ou renforce constamment la confusion entre ›Blancs‹ et ›Noirs‹ – ou ›hommes‹ et ›femmes‹ – *biologiques*, et leurs rôles ou positions respectives dans un système précis (et dissymétrique) d'interaction.« (Hervorhebungen im Original). Dhavernas/Kandel 1983, S. 11.

144 | Vgl. ebd.

deren Herrschaftssystem zu beobachten. Die einseitige Orientierung an antirassistischen Argumenten im Kampf gegen Sexismus verstelle den Blick auf die komplementären Bilder, beispielsweise der ›glücklichen Hausfrau‹, die genauso gefährlich wie Beleidigungen und Herabwürdigungen von Frauen seien.

- Sexismus sei in allen Gesellschaften anzutreffen und durchziehe deren soziale und symbolische Formationen in ihrer Gesamtheit. Demgegenüber wird Rassismus als ein punktuell auftretendes Phänomen ausgewiesen: Es gäbe Gesellschaften ohne Rassismus und es seien auch nicht immer alle gesellschaftlichen Bereiche von Rassismus geprägt, Ausnahme sei das Apartheid-System in Südafrika.
- Die beiden Geschlechtsgruppen (*groupes sexuels*) seien nicht nur in ihrer sozialen Existenz aneinander gebunden, sondern die Reproduktion der Menschheit setze zwei Geschlechter voraus. Daher reiche in ihrem Fall die Diskriminierung auch nicht bis zur Vernichtung. Frauen würden ausgebeutet, aber nicht vernichtet. Sexismus schließe somit an einen funktionalen biologischen Unterschied an, den es im Fall von Rassismus so nicht gebe.
  Diese Argumentation wiederholen Kandel und Dhavernas im Eintrag *Sexismus* in der *Encyclopædia Universalis*.[145] Die Differenzierung von Diskriminierung und Vernichtung wird zudem zu einem wichtigen Punkt in späteren Texten Kandels, in denen sie nicht allein die Tragweite der Rassismus-Sexismus-Analogie bezogen auf das Verständnis der Unterdrückung von Frauen infrage stellt, sondern diese vielmehr auch als Denkblockade bezogen auf das Verständnis von Rassismus beziehungsweise Antisemitismus ausweist.
- Vom »Imaginären der Geschlechterdifferenz« sei kein Bereich der Kultur ausgenommen. Die an der Geschlechterdualität anknüpfende dichotome Weltsicht, das ›sexomorphische Denken‹ (*la pensée sexomorphique*), bestimme die Wahrnehmung der sozialen wie materiellen Wirklichkeit. Diese Durchdringung der Weltsicht gebe es im Fall von Schwarzen, Juden oder Arbeitern nicht. Damit sei »das Problem unendlich viel komplexer im Fall von Sexismus«.[146]

Die aufgezählten Unterschiede dienen den Autor_innen dazu, die Besonderheit der Unterdrückung von Frauen und die Alleinstellung des Patriarchats nachzuweisen. Das Patriarchat sei eine besondere und irreduzible soziale Formation. Es gebe zwar durchaus Elemente der Unterdrückung, die sich auch in anderen Herrschaftsverhältnissen finden ließen, aber das ›System Patriarchat‹ als solches sei nicht auf ein anderes rückführbar und auch nicht wirklich vergleichbar. Patriarchale Unter-

---

145 | Vgl. Dhavernas/Kandel 1985.

146 | »La particularité du rapport de haine/idolâtrie, mais surtout le fait que rien dans la culture et ses institutions ne soit exempt de l'imaginaire de la différence des sexes, rend le problème infiniment plus complexe dans le cas du sexisme.« Dhavernas/Kandel 1983, S. 19.

drückung erfordere somit eigene Antworten, die sich vielleicht von Antirassismus oder Antikapitalismus inspirieren lassen könnten, diese aber nicht eins zu eins übernehmen sollten. Mit ihrer Aufforderung, die eigenen Begriffe und Konzepte zu überdenken, geht es Kandel und Dhavernas somit in erster Linie um die Emanzipation der Frauenbewegung und mehr noch der feministischen Analyse von ihren Vorbildern.

Der Anlass, zu welchem sie die metaphorischen Anleihen und Vergleiche in feministischer Rhetorik und Reflexion zum ersten Mal thematisieren und problematisieren, mag ein Grund für die besondere Stoßrichtung der Kritik, insbesondere der Rassismus-Sexismus-Analogie sein. Die Tagung in Toulouse ist als initialer Moment und gleichermaßen Demonstration der Stärke und Vielfalt der feministischen (akademischen) Forschung inszeniert und von den Beteiligten erlebt worden. Dort zu mehr Eigenständigkeit aufzufordern und gleichzeitig die Existenzberechtigung feministischer Forschung zu unterstreichen – die Unterdrückung von Frauen sei nicht vergleichbar und ihre Erforschung brauche eigene Konzepte –, liegt nahe.

Ein weiterer Grund für den Fokus auf die Funktionsweisen des Patriarchats besteht sicherlich im Konflikt innerhalb der Frauenbewegung. Die Kritik am sogenannten *Féminitude*-Feminismus und an der Gruppe *Psychanalyse et Politique* durchzieht als Unterton den Beitrag von Kandel und Dhavernas. Biologismus und Substanzialisierung der Geschlechtskategorien lautet auch hier der Vorwurf. Anstatt »patriarchale Werte« zu überwinden würden diese in der Ideologie der neuen Weiblichkeit einfach nur umgekehrt.[147]

Allerdings scheint der verbissene Kampf um Deutungshoheit, um das ›richtige‹ Verständnis von der Unterdrückung von Frauen und die dementsprechend ›richtige‹ Strategie im Kampf gegen diese Unterdrückung, die Frage danach, wer diese Frauen sind und welche Erfahrungen sie machen, zu verstellen. Denn dass durch die Geste des Vergleichens und Übertragens die Verschränkung und das Zusammenwirken beider Deutungsmuster und Praxen aus dem Blick geraten kann, wird nicht als gleichermaßen problematisch an der Analogie erkannt. Dass der Vergleich von Rassismus und Sexismus und die darin enthaltene einseitige Zuweisung von Betroffenheit Rassismuserfahrungen von Frauen unsichtbar macht, spielt in den Überlegungen von Kandel und Dhavernas keine Rolle. Die Befragung der eigenen Konzepte, die Dhavernas und Kandel 1982 in Toulouse anregen und in den folgenden Jahren wiederholt aufgreifen, bewegt sich folglich in einem engen, sehr spezifischen Rahmen. Es geht zwar um den heuristischen Gehalt und um die Grenzen der Analogie – allerdings bezogen auf das Verständnis der Wirkungsweisen von Sexismus. Dass Rassismus und Sexismus ein gemeinsames Inventar an Vorstellungen, Bildern und Stereotypen produzieren, wird genauso wenig problematisiert wie die

147 | »Il ne s'agit pas d'inverser les valeurs patriarchales, mais, tout au contraire, de les renverser.« Ebd., S. 27.

Tatsache, dass das Patriarchat für viele Frauen nicht das einzige beziehungsweise das primäre Problem ist.

In späteren Texten stellt insbesondere Kandel nicht allein die Reichweite der Analogie bezogen auf das Verständnis von Sexismus und Patriarchat infrage, sondern zudem auch deren Bedeutung für das Verständnis von Antisemitismus.[148] Dabei geht es Kandel in erster Linie um (feministische) Forschung zu Nationalsozialismus und Shoah. Dieser wirft sie ein verkürztes Verständnis vor. Feministische Arbeiten zum Nationalsozialismus hätten diesen nach dem Modell des Diskriminierungsrassismus gedacht und die Dimension der Vernichtung ausgeblendet. In diesem Zusammenhang problematisiert Kandel die Rassismus-Sexismus-Analogie, die sie hier als »Denkblockade« bezeichnet.[149] Die wichtige Unterscheidung von Diskriminierung und Vernichtung sei in der Analogie verloren gegangen. Nicht allein unterscheide sich Sexismus in vielen Punkten vom Rassismus der Diskriminierung und sei in keiner Weise mit Rassismus der Vernichtung zu vergleichen, zudem verwische der Vergleich die notwendige Unterscheidung und trägt, so behauptet Kandel, zu einem reduzierten Verständnis vom Nationalsozialismus bei. »Nationalsozialismus ohne Shoah« – so hätten einige feministische Forscher_innen das Dritte Reich dargestellt. Von Interesse ist dabei, dass Kandel hier auf die exklusive Konstruktion von Betroffenheit hinweist, die mit der Analogie und dem Fokus auf das Geschlechterverhältnis und die Unterdrückung von Frauen *als* Frauen einhergeht. Die in den Konzentrationslagern getöteten Frauen werden vergessen, wenn es allein um Nationalsozialismus als ›männliche Herrschaft‹ (*domination masculine*) ginge, schreibt Kandel bezogen auf zwei zeitgenössische Veröffentlichungen.[150]

Bis zur Krise der Bewegung Mitte der 2000er Jahre sind die diversen Beiträge von Kandel und Dhavernas die nahezu einzige Problematisierung der metaphorischen Anleihen im Sprachgebrauch von Frauenbewegung und feministischer Forschung.[151] Die Bilder und Konzepte, mit denen die Unterdrückung von Frauen beschrieben und untersucht wurde, sind in den 1970er und 1980er Jahren offensichtlich nicht weiter hinterfragt worden. Es sei denn, es handelte sich um die Begriffe des jeweils anderen Lagers. In den Kritiken an Sexismus oder Misogynie ging es jedoch allein um die Frage des ›richtigen‹ Verständnisses von der Unterdrückung von Frauen und den daraus folgenden ›richtigen‹ Strategien im Kampf gegen diese Unterdrückung, nicht um die Frage der Erkenntnismöglichkeiten

148 | Vgl. Kandel 2004 [1997]; Kandel 2003.

149 | Vgl. hier und im Folgenden Kandel 2004 [1997], S. 20 f.

150 | Vgl. ebd.

151 | Die zuvor zitierte Problematisierung der Faschismusvergleiche von Claudie Lesselier ist die einzige weitere mir bekannte Auseinandersetzung mit den rhetorischen Strategien der Frauenbewegung. Siehe Kapitel 2.1.

der Begriffe, Konzepte und Grundannahmen bezogen auf die Heterogenität von Lebenssituationen. Wer mit der ›Gemeinschaft in der Unterdrückung‹ (*oppression commune*) eigentlich gemeint ist, d.h. um wessen Erfahrungen es geht, war nicht Teil der Auseinandersetzung.

Der Konflikt um die ›richtige‹ Analyse und Strategie innerhalb der (Pariser) Frauenbewegung hat offensichtlich die Dezentrierung der Geschlechterdifferenz in der feministischen Weltsicht verhindert. Dafür ist der angeführte Beitrag von Kandel und Dhavernas ein gutes Beispiel, der, wie gesagt, von Spitzen gegen den sogenannten ›*Féminitude*-Feminismus‹ und dessen ›Ideologie der neuen Weiblichkeit‹ durchzogen ist. Bei der an sich guten Frage nach der Tragweite der Rassismus-Sexismus-Analogie geht es allein um das Verständnis von Sexismus, der Fokus liegt auf der Theoretisierung des Geschlechterverhältnisses. Inwiefern andere gesellschaftliche Verhältnisse mit dem Geschlechterverhältnis interferieren, wie insbesondere Rassismus und Sexismus zusammenspielen, wird nicht gefragt. Dies ist angesichts der Entdeckung der Migrantin, der *femme immigrée*, und von Rassismus als gesellschaftlichem Phänomen in den 1980er Jahren erstaunlich. Diese Entwicklung, um die es im Folgenden noch ausführlich gehen wird, scheint in der akademischen Debatte (noch) nicht angekommen zu sein.

Konkret zum Vergleich von Rassismus und Sexismus in der Rhetorik der Frauenbewegung und in der feministischen Analyse finden sich im untersuchten Material keine weiteren Einlassungen, wohl aber Hinweise darauf, dass es durchaus Diskussionen darum gegeben haben muss. So merkt Claudie Lesselier an, dass es kaum schriftliche Zeugnisse davon gebe. Eine Tatsache, die als solche erklärungsbedürftig sei.[152]

Eine Erklärung mag sein, dass diese Debatten im außerakademischen Kontext stattgefunden haben, wo die schriftliche Dokumentation weitaus seltener und vor allem weniger nachhaltig erfolgt ist. So bin ich bei meinen Recherchen im *Maison des Femmes* in Paris auf handschriftliche Notizen von Treffen des *Collectif féministe contre le racisme* (1984–1987) gestoßen, aus denen nicht nur hervorgeht, dass Rassismus ein Thema feministischer Auseinandersetzung in den 1980er Jahren gewesen ist, sondern dass auch die Analogie von Rassismus und Sexismus befragt wurde. Als Grenze der Analogie werden hier unter anderem die Realitäten der *women of color* (Englisch im Original) angeführt. Aber auch die Annahme, Sexismus sei ein historisch älteres Phänomen als Rassismus, findet sich hier als eine Grenze der Analogie verzeichnet. Diese Idee der historischen Vorgängigkeit findet sich in der feministischen Rassismusanalyse wieder, um die es im Kapitel 7 dieses Buches gehen wird.

---

152 | Vgl. Lesselier 2004 [1997], S. 266.

Erst mit der Krise der Bewegung in den 2000er Jahren scheint die Frage nach dem Verhältnis von Rassismus und Sexismus und dessen Verständnis im Feminismus erneut akut zu werden. Jetzt heißt es, dass Feminist_innen in Frankreich bislang Rassismus und Sexismus lediglich im Vergleich betrachtet hätten – es nun jedoch an der Zeit sei, deren Zusammenwirken wahrzunehmen.[153]

153 | Siehe dazu beispielhaft Dorlin 2007, S. 7 und meine Ausführungen dazu in der Einleitung. Hier sei lediglich angemerkt, dass Kandel selbst wiederholt auf ihren Beitrag aus den *Temps modernes* verweist, um den Vorwurf zurückzuweisen, Feminist_innen hätten die Analogie unhinterfragt genutzt. Allerdings geht sie damit an der Kritik völlig vorbei, der es eben nicht um die Unterschiede zwischen beiden Formen von Diskriminierung und Gewalt, sondern vielmehr um die Effekte der Analogiebildung geht.

3. »Gegen den Imperialismus des Phallus«.[154] Anti-/Kolonialismus als Referenz

Die Sprache der radikalen Linken war auch die Sprache der Frauenbewegung. Insbesondere die antiimperialistische Rhetorik der Linken prägte Selbstverständnis und politisches Programm der sich formierenden Bewegung. Rassismusanalogien in der Begründung und Legitimation des eigenen Anliegens und die Orientierung an der Bürgerrechtsbewegung als Vorbild einer autonomen Frauenbewegung erwiesen sich vor diesem politischen Horizont als sinnvolle Strategien. Die Verortung der Frauenbewegung in der radikalen Linken zeigt sich auch in den rhetorischen Bezügen auf Antikolonialismus und Antiimperialismus, um die es im Folgenden gehen wird.

»Damals machte es Eindruck, zu sagen, dass Frauen ein ›Volk im Volke‹ oder ein ›unterdrücktes Volk‹ seien.«[155] Folgt man Liliane Kandel, so war der Anschluss an die antiimperialistische Rhetorik der radikalen Linken eine sinnvolle Praxis, um die Anliegen der Frauenbewegung zu formulieren und ihnen Gehör zu verschaffen. Die Frauenbewegung war, wie bereits gesehen, Teil einer radikalen Linken, die im Verlauf der langen 1960er Jahre in Abgrenzung von den etablierten Kräften der politischen Linken, Sozialisten und Kommunisten, entstanden ist. Diese Abgrenzung ist in erster Linie über das Thema der Entkolonialisierung vollzogen worden und bestand in einer Umdeutung des Revolutionsversprechens der etablierten Linken. Im Gegensatz zu dieser vertraten die verschiedenen Gruppen der radikalen Linken eine klar antikoloniale Position und entdeckten die Völker der ›Dritten Welt‹ als revolutionäre Subjekte. Von den Befreiungsbewegungen im globalen Süden würden, so die Annahme und Hoffnung, »revolutionäre Impulse« ausgehen, die auch die »industrialisierten Zen-

---

154 | Der Kampf gegen den »Imperialismus des Phallus« war Programm der Gruppe *Psychanalyse et Politique*, diese Formulierung findet sich entsprechend häufig in den vom Verlag *des femmes* herausgegebenen Zeitschriften. Vgl. beispielhaft *Des Femmes en mouvements* N° 38 (1980), S. 10.

155 | »A l'époque, dire des femmes qu'elles étaient ›un peuple dans le peuple‹, un ›peuple opprimé‹, cela faisait mouche.« Kandel 2010, S. 12.

tren« erreichen.[156] Im Kampf um Anerkennung im eigenen Lager lag es folglich nahe, sich nicht nur solidarisch mit antikolonialen Befreiungsbewegungen, sondern die Frauenbewegung selbst auch zu einer Befreiungsbewegung zu erklären. »Überall in der Welt haben die unterdrückten Völker den Kampf aufgenommen, um sich von Rassismus und Imperialismus zu befreien. Im Kampf gegen unsere eigene Unterdrückung treten wir in ihren Kampf ein«,[157] heißt es beispielsweise auf einem Flugblatt, mit dem die Notwendigkeit einer Frauenbefreiungsbewegung erklärt wird.

In welchen Formen sich die Anleihen bei Antikolonialismus und Antiimperialismus der radikalen Linken äußern, werde ich im Folgenden zeigen und dabei insbesondere auf die Bedeutung des Begriffs ›Befreiung‹ eingehen (3.1). Anschließend werde ich dem Neologismus *Féminitude* nachgehen, der durch sein (semantisches) Vorbild, die *Négritude*-Bewegung, ebenfalls eine (anti-)koloniale Bedeutungsschicht transportiert (3.2). Am Beispiel der Metapher des ›dunklen Kontinents‹ im Sprachgebrauch der Frauenbewegung wird die Attraktivität von Kolonialismus als Metapher für den kollektiven Selbstentwurf greifbar. In der Aneignung des Freud'schen Diktums von Weiblichkeit beziehungsweise weiblicher Sexualität als ›dunklem Kontinent‹ wird explizit an die koloniale Bedeutungsschicht des Bildes angeknüpft. Die Situation von Frauen wird darüber als Kolonialisierung beschrieben, Frauen als ›Afrika‹ beziehungsweise ›Dritte Welt‹ entworfen (3.3).

3.1 Die Frauenbewegung als Befreiungsbewegung

›Befreiung‹ war in den 1960er Jahren, die in globaler Perspektive vom gewaltsamen Ende des Kolonialismus geprägt waren, ein überaus populärer politischer Begriff, der weltweit zirkulierte und auch für die sich formierenden Frauenbewegungen attraktiv war. Mit der Aneignung des Befreiungsbegriffs konnte man sich selbst als Befreiungsbewegung und damit als ernstzunehmende politische Kraft ausweisen. Zwei Aspekte waren dabei von zentraler Bedeutung: Zum einen die Anerkennung und Unterstützung, die antikoloniale Bewegungen in der politischen Linken westlicher Gesellschaften erfuhren, zum anderen die Tatsache, dass diese für ihre eigene Befreiung kämpften, somit revolutionäre Subjekte in eigener Sache waren.

---

156 | Kalter 2011, S. 113.

157 | »Partout dans le monde, les peuples opprimés sont entrés en lutte pour se libérer contre le racisme, contre l'impérialisme. En luttant contre notre propre oppression nous les rejoignons dans leur combat.« Der Titel des Flugblattes lautet: *Warum eine Frauenbefreiungsbewegung?* (*Pourquoi un mouvement de libération des femmes?*). Flugblatt nicht unterzeichnet und ohne Datum, 1969–1970. Zitiert nach Picq 2011, S. 15.

In Frankreich wird die Benennung als *Bewegung zur Befreiung der Frauen* als Initiations- und Gründungsmoment der Bewegung erinnert. Dabei wird es der medialen Öffentlichkeit zugeschrieben, in der Berichterstattung über die Kranzniederlegung am Grab des unbekannten Soldaten im August 1970 in Anlehnung an das US-amerikanische *Women's Liberation Movement* das französische *Mouvement pour la libération des femmes* erfunden zu haben. Mit dieser Bezeichnung sei die Bewegung in der öffentlichen Wahrnehmung, aber vor allem auch im Bewusstsein der Akteur_innen selbst entstanden, die die Benennung rasch als Selbstbezeichnung übernommen hätten.[158]

Das Datum der Kranzniederlegung, der 26. August 1970, war nicht zufällig gewählt, sondern sollte den Schulterschluss mit der US-amerikanischen Bewegung markieren, die an diesem Tag an den 50. Jahrestag des Frauenwahlrechts in den USA mit einem Streik erinnerte. In Anlehnung wurden die Französ_innen mit einem während der Aktion verteilten Flugblatt ebenfalls zum Streik aufgerufen – bei der Arbeit, im Haushalt und im Bett. Diese ›Verschwesterung‹ mit der US-Bewegung mag die in der Presse vorgenommene Parallele zum *Women's Liberation Movement* erklären.

Allerdings zirkulierte die Formel der Frauen*befreiung* bereits zuvor in aktivistischen Kreisen. Das bereits erwähnte, der Aktion vom August 1970 vorausgehende Manifest, um das es im Folgenden ausführlich gehen wird, operiert in grundlegender Weise mit der Perspektive der Befreiung und ruft die *Bewegung zur Befreiung von Frauen* aus. Dabei wird explizit auf die US-amerikanische Bewegung verwiesen, gleichermaßen aber auch an die zentralen Themen der radikalen Linken in Frankreich angeschlossen. Damit steht dieser Text beispielhaft für die Übersetzung und spezifische Deutung des Begriffs der ›Befreiung‹ im politischen und historischen Kontext Frankreichs. Neben der Übernahme der US-amerikanischen Resonanzen des Begriffs, *Black Power*, aber auch Antikriegsrhetorik, entwickeln sich Bedeutungsschichten, die auf die politische Situation des postkolonialen Frankreichs verweisen. Der Begriff ist im Gebrauch der Frauenbewegung somit doppelt konnotiert: Er verweist auf Bürgerrechts- und Frauenbewegungen in den USA und er schließt gleichermaßen an die politische Rhetorik der radikalen Linken in Frankreich an.

---

158 | Vgl. für viele Picq 2011, S. 20; deutschsprachig auch Schulz 2002, S. 115 f.

Für eine Frauenbefreiungsbewegung

Das Manifest ist im Mai 1970 in der Zeitschrift *L'Idiot International* erschienen.[159] Dieser Text ist als eines der Gründungsdokumente der Frauenbewegung anzusehen, da hier bereits grundlegende Einsichten und Argumente dargelegt werden, die in den folgenden Monaten und Jahren politisch wie analytisch bearbeitet werden sollten. Zudem war die Veröffentlichung des Manifestes der Moment, an dem einzelne Akteur_innen und Kleingruppen, die zuvor isoliert voneinander existiert und agiert hatten, Kenntnis voneinander erhielten.[160]

Bereits der Umgang der Redaktion mit dem Titel des Manifestes macht die Bedeutung der Befreiungsmetaphorik deutlich. Ursprünglich überschrieben mit dem Aus- und Aufruf *Für eine Frauenbefreiungsbewegung* (*Pour un mouvement de libération des femmes*) trägt der veröffentlichte Text die Überschrift *Kampf für die Befreiung der Frau* [sic]. *Jenseits der Pseudo-Befreiung entdecken sie den Klassenkampf.*[161] Diese eigenständige Änderung des Titels ist eine eindeutig paternalistische Geste, mit der die folgende Argumentation lächerlich gemacht und entwertet wird. Dass auch die Fußnoten zum Text ›vergessen‹ worden sind, zeugt ebenfalls vom wenig wertschätzenden Umgang mit dem Manuskript. Insbesondere der Verweis auf die ›Entdeckung des Klassenkampfes‹ ist eine mit Ironie operierende Polemik, enthält wie jede Ironie aber eine klare Botschaft: Das Paradigma des Klassenkampfes ist das einzig relevante Paradigma linksradikaler Politik. Mit der Betonung von ›Frauenbefreiung‹ bringen die Autor_innen demgegenüber ihren Autonomieanspruch zum Ausdruck. Es geht eben nicht um die Befreiung *der* Frau, sondern um Frauenbefreiung, die Befreiung von Frauen durch sie selbst. Wie *Black Power* in den USA und wie Befreiungsbewegungen in den Kolonien nehmen Frauen ihren Befreiungskampf in die eigene Hand. Frauen sind ebenso revolutionäre Subjekte wie Schwarze, Kolonialisierte und eingewanderte Arbeiter, wird im Text argumentiert.

Die zentrale Aussage des Manifestes besteht im Nachweis, dass das Geschlechterverhältnis ein Ausbeutungsverhältnis ist, durch das und in dem Frauen eine

---

159 | Unterzeichnet ist das Manifest mit vier Namen: Gilles und Monique Wittig, Marcia Rothenburg und Margaret Stephenson. Alle vier kamen aus einer Frauengruppe an der Universität von Vincennes. Rothenburg und Stephenson waren US-amerikanische Student_innen in Paris, was über den direkten Verweis im Text auch den persönlichen Kontakt in die USA und zu den Vorgängen und Debatten dort belegt. Namascar Shaktini (alias Margaret Stephenson) erklärt später, dass Monique Wittig die Verfasser_in des Manifestes gewesen sei. Shaktini legt ebenfalls die Änderung des Titels durch die Redaktion offen. Vgl. Shaktini 2005, S. 15–18.

160 | Zu diesen ersten Gruppen siehe Picq 2011, S. 13 ff. und Jackson 1996, S. 6 ff.

161 | *Combat pour la libération de la femme. Par delà la libération-gadget, elles découvrent la lutte des classes.* Wittig et al. 1970, S. 13.

politische Klasse bilden. Adressaten sind potenzielle Mitstreiter_innen, die zum Zusammenschluss aufgerufen werden und denen die Subjekt-Position des ›Wir Frauen‹ angeboten wird. Adressiert werden aber auch die *Compagnons de route* in der radikalen Linken, die ›Revolutionäre‹, die in direkter Ansprache zu Anerkennung und Unterstützung des Frauenbefreiungskampfes aufgefordert werden. Marxistische Begriffe, allen voran der Begriff der Klasse im Sinne des Antagonismus von Bourgeoisie und Proletariat, bilden den Rahmen der Argumentation. Um jedoch plausibel zu machen, dass auch Frauen eine politische Klasse bilden, da sie *als* Frauen eine spezifische Unterdrückung und Ausbeutung erfahren, wird auf die gesellschaftlichen Verhältnisse des Feudalismus und Kolonialismus zurückgegriffen. Diese werden sowohl als historische Phänomene beschrieben als auch in metaphorischer Übertragung auf die Situation von Frauen als unterworfene und ausgebeutete Gruppe gebraucht. Bereits beim Einstieg in den Text werden beide aufgerufen. Dem Text vorangestellt sind die Definitionen des *Petit Robert* für die Begriffe ›Leibeigene/r‹ (*serve, serf*) und ›Knechtschaft‹ (*servitude*) und in den ersten Sätzen wird eine Facette französischer Kolonialpolitik, die Verbannung von Prostituierten in die Kolonien, in Erinnerung gerufen.[162] Den Übergang zwischen beiden bildet ein Zitat von Friedrich Engels, in dem dieser das Ende des Matriarchats als »historische Niederlage des weiblichen Geschlechts« bezeichnet. An dieses Zitat schließt der erste Satz im Textblock an:

»Seit dieser nicht zu erinnernden Zeit leben wir als ein kolonialisiertes Volk im Volke, so gut domestiziert*, dass wir vergessen haben, dass diese Situation der Abhängigkeit nicht selbstverständlich ist.«[163]

Von dieser Kolonialismus-Metaphorik wird dann nahtlos auf eine konkrete koloniale Praxis – die erwähnte Passage über die Verschickung von Frauen in die Kolonien – übergegangen, aus der wiederum eine Beschreibung des Verhältnisses zwischen ›uns‹ (*nous*) und ›dem Mann‹ entwickelt wird, die mit Bildern von Sklaverei operiert, um in einem Vergleich von wissenschaftlichem Rassismus und Sexismus zu münden:

---

162 | Zu dieser Praxis, die *weißen* Nachwuchs in den Kolonien zum Ziel hatte, siehe Dorlin 2006.

163 | »Nous, depuis ce temps immémorial, vivons comme un peuple colonisé dans le peuple, si bien domestiquées* que nous avons oublié que cette situation de dépendance ne va pas de soi.« Wittig et al. 1970, S. 13.

* Als Verb kann *domestiquer* verschiedene Bedeutungen tragen, die von ›nutzbar machen‹ über ›zähmen‹ (bezogen auf ein Haus- oder Raubtier) bis hin zur substantivischen Bedeutung von ›Dienstbote‹ (*domestique*) reichen. Da meiner Ansicht nach alle Bedeutungen im Zitat im Spiel sind, habe ich mich für das Fremdwort entschieden.

»Unter dem Deckmantel der Wissenschaft kann er [der Mann-Herr, AO] uns auf unsere Eierstöcke verweisen, so wie man einen Hund in seine Hütte verweist, oder einen Neger [sic] auf die Farbe seiner Haut.«[164]

Eine naturalisierende Geste, für die sogleich ein Vertreter benannt wird: Freud und sein Diktum von der Anatomie als Schicksal. Ähnlich rastlos geht es weiter, Zitate und Anspielungen wechseln sich mit Feststellungen und Setzungen ab – »Wir Frauen sind wirklich die Leibeigenen der Geschichte«,[165] oder: »Wir sind die am frühesten unterdrückte Klasse«,[166] an die wiederum Illustrationen und Zitate anschließen und so fort. Die zentrale Aussage dieser mäandernden Prosa ist, wie gesagt, die Setzung von Frauen als politische Klasse und revolutionäres Subjekt.

Dafür ist der Bezug auf feudale Verhältnisse zentral. Frauen seien nicht mit Proletariern zu vergleichen, wird gegen Engels[167] und vermittelt auch gegen die Behauptung, die Unterdrückung von Frauen erledige sich mit der Abschaffung der Klassengesellschaft, eingewandt. Die sozialen und ökonomischen Existenzbedingungen von Frauen entsprächen eher feudalen Verhältnissen als dem modernen Kapitalismus. Über die Ehe seien Frauen an den Haushalt und die hier zu erledigende Arbeit gebunden, könnten ihre Arbeitskraft somit nicht frei und zum gleichen Wert auf dem Arbeitsmarkt anbieten. Das Verhältnis der Ehepartner sei nicht mit dem Verhältnis von Bourgeoisie und Proletariat zu vergleichen, da die Ausbeutung des Proletariats nicht von einer spezifischen Person ausgehe, wie dies im Eheverhältnis der Fall sei. Die Ehe gleiche vielmehr dem feudalen Verhältnis von Herr und Knecht oder dem kolonialen Verhältnis von Herr und Sklaven. Das Geschlechterverhältnis sei folglich ein vormoderner Rest in der kapitalistischen Moderne. Die Befreiung von Frauen müsse daher auch noch auf ganz anderen Feldern stattfinden als die Überwindung der Klassengesellschaft. Als primäre Orte für den Befreiungskampf werden dementsprechend Ehe und Familie, Haushalt und Sexualität, benannt. Mit der Verweigerung von Frauen, Frohndienste in der Familie zu leisten und Kinder zu produzieren, würde der bürgerliche Staat seiner Grundlagen beraubt und schließlich zusammenbrechen. Voraussetzung für diesen Befreiungskampf, der letzten Endes zum Umsturz der gesellschaftlichen Verhältnisse als Gesamtheit führen werde, sei der Zusammenschluss von Frauen in einer Bewegung:

---

164 | »Il peut sous le couvert d'une pensée scientifique nous renvoyer à nos ovaires, comme on renvoie un chien à sa niche, un nègre à la couleur de sa peau.« Ebd.

165 | »Nous les femmes, nous sommes vraiment les serves de l'histoire.« Ebd.

166 | »Nous sommes le classe la plus anciennement opprimée.« Ebd.

167 | Es finden sich mehrere Zitate beziehungsweise Paraphrasen, die mit Engels gekennzeichnet sind, über den Text verteilt und durch Absetzung hervorgehoben. Sie stammen alle aus *Der Ursprung der Familie, des Privateigentums und des Staats*. Im Text des Manifestes heißt es: »Der Mann ist der Bourgeois, die Frau der Proletarier.« (»L'homme est le bourgeois, la femme le prolétaire.«) Im Original heißt es: »Er ist in der Familie der Bourgeois, die Frau repräsentiert das Proletariat.« Engels 1946 [1884], S. 51.

»Ideologisch, ökonomisch und politisch unterdrückt, wissen wir, dass wir die Mittel haben, gegen diese dreifache Unterdrückung zu kämpfen. Wie die ersten Feministinnen sagen wir, wir müssen uns zusammenschließen.«[168]

Neben den hier aufgerufenen »ersten Feministinnen« und im Text ausführlich erwähnten historischen Frauenrechtsbewegungen und -figuren[169] wird auch auf die zeitgenössische Frauenbewegung in den USA Bezug genommen. Von dieser werden die Begriffe ›Sexismus‹ und ›männlicher Chauvinismus‹ übernommen, die im weiteren Verlauf zur Beschreibung der Klassensituation von Frauen eingesetzt werden. Wie in Kapitel 2.1 bereits angedeutet, handelt es sich hier um die erste Fundstelle des Begriffs ›Sexismus‹ im von mir untersuchten Material. Der Begriff wird hier noch über das Modell ›Rassismus‹ erklärt.

»Die Amerikanerinnen, die ihren Befreiungskampf bereits begonnen haben, bezeichnen die Ausgrenzung [*ségrégation*], in der wir gehalten werden, als ›Sexismus‹. Wie Rassismus ist Sexismus so tief in der Ideologie der herrschenden Klasse verwurzelt, dass allein eine radikale Machtergreifung ihn zerstören könnte.«[170]

Die Erklärung des Begriffs über seine Herkunft und das Vorbild Rassismus wird in den folgenden Monaten verschwinden. Der Begriff ›Sexismus‹ wird schnell eigenständig funktionieren.

---

168 | »Opprimées idéologiquement, économiquement et politiquement, nous savons que nous avons les moyens de lutter contre cette triple oppression. Nous disons, comme les premières féministes, il faut d'abord que nous unissions.« Wittig et al. 1970, S. 16.

169 | Die Aufzählung beschränkt sich auf die Geschichte in Frankreich. So werden die Marktfrauen von Paris erwähnt, die an der Erstürmung der Bastille beteiligt waren; für die Zeit der französischen Revolution namentlich genannt werden Olympe de Gouges, Pauline Léon und Claire-Rose Lacombe. Es wird auf die Beteiligung von Frauen während der Erhebung von 1848, bei den 72 Tagen der Pariser Kommune 1871 und auf die Gebärstreikbewegung während des Ersten Weltkrieges verwiesen. Louise Michel, Flora Tristan und Jeanne Deroin sind weitere Namen, die fallen. Bei jeder der historischen Stationen wird darauf hingewiesen, dass trotz ihres Einsatzes sich an der Situation von Frauen nicht viel verändert habe und sie keineswegs an der Gestaltung der Gesellschaft beteiligt worden sind. Quintessenz dieser Argumentation: Der männliche Chauvinismus gerade der verbündeten Revolutionäre habe die Befreiung von Frauen in den verschiedenen historischen Momenten gesellschaftlicher Transformation verhindert. Womit das Argument, dass es eine autonome Frauenbewegung brauche, ein weiteres Mal bestätigt wird.

170 | »Les Américaines, qui ont commencé leur lutte de libération, appellent ›sexisme‹ la ségrégation dans laquelle nous sommes maintenues. Comme le racisme, le sexisme est si bien implanté dans l'idéologie de la classe dominante que seule une prise de pouvoir radical pourra le détruire.« Wittig et al. 1970, S. 13.

Wir sind das Volk

Mit der Bezugnahme auf feministische Pionier_innen *und* die US-amerikanische Frauenbewegung wird das Manifest in die Tradition feministischer Kämpfe um Rechte und Freiheiten gestellt und die Notwendigkeit einer autonomen Frauenbewegung begründet. Eine vergleichbar doppelte, diachrone wie synchrone, Perspektive wird mit dem Einsatz des Begriffs ›Volk‹ einbezogen. Das Subjekt des Manifestes, ›Wir Frauen‹, wird über den Bezug auf die Figur des Volkes gleichsam autorisiert. Die Formel »Wir sind das Volk« zieht sich in Variationen durch den Text und kulminiert im abschließenden Statement: »Alle Macht dem Volke«. Aufgrund eines hervorgehobenen Zitates von Bobby Searle, in dem dieser den Kampf gegen den männlichen Chauvinismus als Klassenkampf bezeichnet und männlichen Chauvinismus als eng verbunden mit Rassismus ausweist, liegt es nahe, im *Tout le pouvoir au peuple* ein Echo des *Power to the people* der *Black Panther* zu hören. Neben dieser Identifizierung mit dem Schwarzen Befreiungskampf in den USA wird das ›Wir Frauen‹ – ›Wir, das Volk‹ an anderer Stelle aber auch direkt mit der Französischen Revolution als Ende der Feudalherrschaft in Verbindung gebracht.

»Wir waren an der Bastille am 14. Juli 1789. Wir waren das Volk. Im Volk haben wir uns geschlagen, um das Königtum zu stürzen. Wir, das Volk, wir sind ganz schön reingelegt worden.«[171]

Denn die Revolution habe nicht die Befreiung für alle gebracht. »Sklaven und Neger [sic]« seien befreit worden – Leibeigenschaft und Sklaverei überdauerten jedoch in Ehe und Familie.

Eine weitere Dimension des Begriffs ›Volk‹ besteht in der bereits zitierten Beschreibung von Frauen als »kolonialisiertem Volk im Volke«, mit der Kolonialismus und antikoloniale Befreiungsbewegungen aufgerufen werden. Antikolonialismus beziehungsweise Antiimperialismus klingen ebenfalls in der Kritik an, dass die Situation von Frauen eben nicht wie jene unterdrückter Völker wahr- und ernstgenommen werde. »Wenn es um uns geht, dann scheinen alle Konzepte, die der Unterdrückung von Völkern Rechnung tragen, wie durch ein Wunder ihren Sinn verloren zu haben.«[172] Schließlich wird auch die radikale Linke selbst ins Spiel gebracht:

---

171 | »Nous étions à la Bastille le 14 juillet 1789. Nous étions le peuple. Dans le peuple, nous nous sommes battues pour renverser la royauté. Nous le peuple, nous nous sommes bien fait avoir.« Ebd., S. 14.

172 | »Quand il s'agit de nous, les concepts qui rendent compte de l'oppression des peuples perdent comme par enchantement tous leur sens.« Ebd., S. 16.

»Wir wissen, dass wir Teil der großen revolutionären Bewegung sind, die seit Mai 68 die Form der Kämpfe in Frankreich verändert hat, deren Ziele der Umsturz des Kapitalismus und die Machtergreifung des Volkes sind. Wir sind das Volk.«[173]

Der Begriff ›Volk‹ ist im Manifest eindeutig Teil des semantischen Feldes von ›Befreiung‹.[174] Die verschiedenen Bedeutungsschichten, die der Begriff ›Volk‹ annimmt, stellen das ›Wir Frauen‹ – ›Wir, das Volk‹ in die Tradition verschiedener Befreiungskämpfe und legitimieren es damit gleichermaßen. Antikoloniale Befreiungskämpfe, die allerdings nur angedeutet bleiben und nicht benannt werden,[175] *Black Power* in den USA und Mai 68 in Paris sind Referenzen für das ›Wir Frauen‹.

Selbst der Verweis auf die Französische Revolution kann trotz der nicht vollzogenen Befreiung von Frauen dennoch als eine weitere Dimension des Befreiungsbegriffs verstanden werden. Handelt es sich doch um den historischen Moment, an dem die Idee der Volkssouveränität in die Welt kam, vor deren Hintergrund die Formel ›Alle Macht dem Volke‹ überhaupt nur sinnvoll sein kann. Der Begriff ›Volk‹ benennt seit den bürgerlichen Revolutionen des 18. Jahrhunderts den Souverän und die vom Politischen Ausgeschlossenen gleichermaßen, wie Giorgio Agamben feststellt.

»Jede Interpretation der politischen Bedeutung des Wortes ›Volk‹ muss von der bemerkenswerten Tatsache ausgehen, dass es in den modernen europäischen Sprachen immer auch die Armen, Enterbten und Ausgeschlossenen bezeichnet. Dasselbe Wort benennt mithin sowohl das konstitutive politische Subjekt als auch die Klasse, die, wenn nicht rechtlich, so doch faktisch, von der Politik ausgeschlossen ist.«[176]

---

173 | »Nous savons que nous faisons partie du vaste mouvement révolutionnaire qui depuis mai 68 a changé l'aspect des luttes en France, dont le but est le renversement du capitalisme et la prise de pouvoir par le peuple. Nous sommes le peuple.« Ebd.

174 | Die semantische Nähe von ›Volk‹ und ›Befreiung‹ bildet den Zeitgeist der radikalen Linken ab und lässt das Manifest als Teil und Produkt dieses Zeitgeistes erscheinen. Die Namensgebung von Zeitschriften der radikalen Linken macht die Nähe der Worte *peuple* und *libération* anschaulich: Aus dem Sprachrohr der *Gauche Prolétarienne*, der seit 1968 erschienenen Zeitschrift *La cause du peuple*, geht 1973 die bis heute erscheinende Zeitschrift *Libération* hervor.

175 | An einer Stelle wird der »Kampf der Palästinenser« erwähnt, der wie der »Kampf der Afroamerikaner« für die Männer in der radikalen Linken – »die Revolutionäre« – weitaus attraktiver sei als »unser Kampf«. An dieser Stelle wird argumentiert, dass auch linke Männer »Komplizen des männlichen Chauvinismus« seien. Vgl. Wittig et al. 1970, S. 16. Weder der Vietnamkrieg noch der Algerienkrieg werden erwähnt, was angesichts der Präsenz vor allem des Algerienkrieges in der Metropole noch wenige Jahre zuvor erstaunlich ist. Die jüngste koloniale Geschichte Frankreichs ist trotz Kolonialismus-Metaphorik abwesend.

176 | Agamben 2002, S. 186.

Dieses Paradox wird auch im Manifest *Für eine Frauenbefreiungsbewegung* eingesetzt: Mit dem Ausruf »Wir sind das Volk« wird die Position des Souveräns beansprucht und gleichzeitig wird der Ausschluss von eben jener Position problematisiert.

Neben der Legitimation über den Anschluss an andere Befreiungsbewegungen bietet der Begriff ›Volk‹ zudem die Möglichkeit, auf den Vorwurf, eine autonome Frauenbewegung spalte die revolutionäre Bewegung, zu reagieren. Die Argumentation mit dem Begriff ›Volk‹ erlaubt es, die Frauenbewegung im Inneren der großen revolutionären Bewegung anzusiedeln und nicht als deren Bedrohung erscheinen zu lassen. Der argumentative Schachzug besteht in der Gegenüberstellung von ›herrschender Klasse‹ und ›Volk‹. Der männliche Chauvinismus wird als eine Ideologie der herrschenden, kapitalistischen Klasse ausgewiesen, mit der diese das Volk spalte. »Die herrschende Klasse vergiftet unser Verhältnis zum Rest des Volkes, sie spaltet das Volk.«[177] Und zwar, indem sie selbst dem »Ärmsten unter den Armen« vermittele, dass er nicht der »Letzte der Menschen/Männer« sei, da er selbst immer noch jemanden unterdrücken könne, seine Frau. Allein die herrschende Klasse profitiere vom Sexismus, der aber die Gesellschaft als ganze »vergiftet« habe.

»Sie [die herrschende Klasse, AO] verkauft unseren Köper und reduziert uns zu einer Ware, sie lässt uns weniger gelten als Arbeiter, um das Volk zu spalten, sie überzeugt einen Teil des Volkes, dass er das Recht hat, uns zu unterdrücken, uns das Volk, dass er das Recht hat, eine politische Rolle zu spielen, die wir nicht haben, das Recht, einen höheren Lohn zu erhalten, das Recht, uns beständig abzuwerten, uns als Schlampe zu beschimpfen, wenn wir nicht in der Laune sind, ihr Sexualobjekt zu sein, das Recht, in der Familie unsere Arbeitskraft anzueignen.«[178]

Der Vorwurf der Spaltung wird auch direkt aufgegriffen:

---

177 | »C'est ainsi que la classe dominante pourri nos rapports avec le reste du peuple, divise le peuple.« Wittig et al. 1970, S. 14.

178 | »Le sexisme a empoisonné la société dans son ensemble, ne procurant des avantages qu'à la classe au pouvoir: elle vend notre corps et nous réduit à la condition de marchandises, elle nous met au-dessous de la classe des travailleurs pour diviser le peuple, elle persuade une partie du peuple qu'il a le droit de nous opprimer, nous le peuple, qu'il a le droit d'avoir un rôle politique que nous n'avons pas, le droit d'avoir des salaires plus élevés […], le droit de nous dévaloriser constamment, de nous traiter de salopes si nous ne somme en humeur d'être leurs objets sexuels, le droit de s'approprier au sein de la famille notre force de travail.« Ebd., S. 16.

»Denen, die uns beschuldigen, die Spaltung zwischen den Arbeitern zu provozieren, antworten wir, dass nicht wir es sind, sondern die machthabende Bourgeoisie, die diese Spaltung fortbestehen lässt. [...] Die Bourgeoisie betrieb systematisch die Spaltung des Volkes.«[179]

Frauen werden als Teil des Volkes ausgewiesen, das von der herrschenden Klasse gespalten wird, um eben jenes Volk besser ausbeuten zu können. Mit dem Kampf gegen »die Ideologie, die den männlichen Chauvinismus produziert« und gegen »das System, das davon profitiert«, trete das politische Subjekt ›Wir Frauen‹ für seine eigenen Interessen ein, die zugleich auch die Interessen des Volkes als Ganzem seien. Der »wahre Feind« sei »das System, dass aus Männern Komplizen macht, um das Volk zu unterdrücken.«[180]

Mit dieser Feststellung wird die Frauenbewegung in das revolutionäre Projekt der radikalen Linken hineinargumentiert. Die Linie des Frauenbefreiungskampfes verlaufe nicht zwischen Frauen und Männern, so die Versicherung gegen Angriffe aus den eigenen, linksradikalen Reihen, sondern zwischen ›dem Volk‹ und ›der herrschenden Klasse‹. Lediglich das Schlachtfeld sei ein besonderes: die Familie.

Mit dem Begriff der ›Befreiung‹ und dem mit ihm verbundenen Begriff des ›Volkes‹ haben die Autor_innen das Manifest der Frauenbefreiungsbewegung in den politischen Horizont der radikalen Linken eingeschrieben, die sich als solche durch eine eindeutige antikoloniale Haltung im Prozess der Dekolonialisierung konstituiert hat. Im Sprachgebrauch der Frauenbewegung ist es dann geläufig, den eigenen Aktivismus als ›Befreiungskampf‹ und/oder ›Antiimperialismus‹[181] zu bezeichnen, oder aber die Frauenbefreiungsbewegung als integralen Bestandteil »aller Befreiungsbewegungen«[182] auszuweisen. Das Bild vom »Volk der Frauen«[183]

---

179 | »A ceux qui nous accusent de provoquer la division parmi les travailleurs, nous répondons que ce n'est pas nous mais la bourgeoisie au pouvoir qui perpétue cette division. [...] La bourgeoisie entretenait systématiquement la division dans le peuple.« Ebd.

180 | »Nous voulons bien lutter contre le chauvinisme mâle au sein du peuple (contradiction secondaire), mais nous voulons surtout lutter contre l'idéologie qui produit le chauvinisme mâle et le système qui en profite (contradiction principale). Car nous savons où sont nos vrais ennemis: le système qui fait des hommes ses complices pour opprimer le peuple.« Ebd.

181 | »En tant que femme, je me sens, moi [...] engagée dans une lutte antiimpérialiste (anti-colonialiste).« *Le Torchon brûle* N° 0 (1970), S. 16.

182 | »Notre lutte est partie intégrante de tous les mouvements de libération.« *Le Torchon brûle* N° 1 (1971), o. S. Siehe auch die Doppelnummer der Zeitschrift *Les Temps modernes, Les Femmes s'entêtent*: »[...] unser Kampf für die Freiheit, über unseren Körper selbst zu verfügen, steht in der globalen Perspektive der Befreiungskämpfe.« (»[...] notre lutte pour la liberté de disposer de notre corps se situe dans la perspective globale des luttes de libération.«) *Les Femmes s'entêtent* (1974), S. 1941.

183 | »[...] ›je‹ et pas moins, tiraillé entre la spécificité subjective et le vécu collectif du peuple des femmes [...].« *Le Sexisme ordinaire* (1979), S. 17.

ist ebenso präsent wie die Parallele von Frauen und kolonialisierten Völkern.[184] Oder aber die Situation von Frauen wird selbst mit der Metapher der Kolonialisierung beschrieben. So ist von »den kolonialisierten Frauen«[185] oder entsprechend von der »Entkolonialisierung der Frau«[186] die Rede, werden Frauen als »Dritte Welt im Westen«[187] bezeichnet. Dieser Anschluss an die Sprache der radikalen Linken dient vor allem der Legitimation innerhalb des linken Horizontes. Zudem handelt es sich um das zur Verfügung stehende Vokabular, um die Situation von Frauen zu einem politischen Gegenstand zu machen. Hatten die Akteur_innen der Frauenbewegung ihre politische Sozialisation doch mehrheitlich in Gruppen der radikalen Linken erfahren.

Imperialismus des Phallus

Der Begriff ›Befreiung‹ wird im Konflikt zwischen der Gruppe *Psychanalyse et Politique* und dem Rest der Bewegung zum umkämpften Gegenstand. Es sei der Schutz der Perspektive der Befreiung gewesen, welche die Anmeldung als Verein und die Sicherung von Begriff, Kürzel und Symbol habe notwendig werden lassen,[188] wird dieser Schritt in der der Gruppe nahestehenden Zeitschrift *Des Femmes en mouvements* gerechtfertigt. Der Rest der Bewegung habe auf seinem Weg in die Institutionen, bei seiner Anpassung an Politik und Parteien, die Perspektive der Befreiung aufgegeben und den Begriff fallengelassen. Mit der Gründung des Vereins wolle man die Existenz der Bewegung sichern.[189] Diese Geste war der Höhepunkt der Abgrenzung vom Feminismus, die seit den ersten Zusammentreffen die Politik der Gruppe *Psychanalyse et Politique* bestimmt hatte. Feminismus wurde aufgrund der

184 | »Männer profitieren von Frauen wie der Ausbeuter-Imperialist vom kolonialisierten Land profitiert.« (»Les hommes profitent des femmes comme l'impérialiste exploiteur profite du pays colonisé.«) Vgl. *Les Femmes s'entêtent* (1974), S. 1872 ff.; Zitat ebd., S. 1888.

185 | »[...] les femmes colonisées par l'occident blanc impérialiste [...]«. *Le Torchon brûle* N° 4 (1972), o. S.

186 | *Le Quotidien des femmes* N° 9 (1976), S. 1. Es handelt sich um einen Wiederabdruck eines Beitrages von Simone de Beauvoir im *Nouvel Observateur* vom 1. März 1976.

187 | »Elles sont un tiers-monde dans le monde occidental.« *Le Torchon brûle* N° 0 (1970), S. 16. Die Formulierung findet sich noch im Jahr 1990. *Frauen, die Dritte Welt des Patriarchats* (*Les femmes: Tiers-Monde du patriarchat*) lautet der Titel eines Beitrages zur Kopftuchdiskussion in der Zeitschrift *Paris féministe* N° 94 (1990), S. 8.

188 | Vgl. dazu Kapitel 2.1.

189 | Vgl. *Des Femmes en mouvements* N° 38 (1980), S. 9 f. Es handelt sich um ein Interview, das Catherine Clément mit Antoinette Fouque für die Zeitschrift *Le Matin* geführt hat und von dem Ausschnitte hier abgedruckt sind. Eine englische Version dieses Interviews findet sich in Duchen 1987, S. 50 ff.

(unterstellten) Forderung nach Gleichheit als Irrweg angesehen, der die bestehenden Verhältnisse eher bestätige denn verändere.

Im Sprachgebrauch von *Psychanalyse et Politique* ist der Begriff ›Befreiung‹ ebenfalls eng an das semantische Feld des Antiimperialismus und Antikolonialismus gebunden. Beide werden als Ermöglichungsbedingungen der Frauenbefreiungsbewegung angesehen.

»Es ist die Entwicklung der antiimperialistischen Kämpfe, der Kämpfe der *peuples de couleur* gegen die Aneignung durch den weißen westlichen Mann, die es uns erlaubt, die Frage unserer Unterdrückung auf der Ebene der Ideologie zu stellen [...]. Im Unterschied zu den anderen Befreiungskämpfen, die es bis jetzt gegeben hat, hat unser Kampf einen ideologischen Schwerpunkt.«[190]

Ihren »Befreiungskrieg«[191] führen *Psychanalyse et Politique* folglich in erster Linie auf der Ebene der Denkweisen und Deutungsmuster gegen den »Imperialismus des Phallus«[192]. »Den Phallus aus seinem Kopf vertreiben«, war einer der zentralen Slogans der Gruppe, der dieses Vorhaben auf den Punkt bringt.[193] Ziel war es, die bis dato verhinderte, zensierte, unterdrückte Frau ›hervorzubringen‹. Dafür war es notwendig, sich von den ›phallokratischen‹ Bildern der Weiblichkeit (*féminité*) zu befreien und einen neuen Zugang zum eigenen Körper, zum Empfinden und zur Sprache zu entwickeln. Psychoanalyse und Gespräche in Frauengruppen galten als

---

190 | »C'est le développement des luttes anti-impérialistes, celles des peuples de couleur contre la main-mise de l'homme blanc occidental qui nous permet de poser le problème de notre oppression au niveau idéologique [...]. A la différence des autres luttes de libération qui ont existé jusqu'à maintenant, notre lutte est à dominante idéologique.« *Le Torchon brûle* N° 1 (1971), o. S. Diese Passage stammt aus einem nicht unterzeichneten Beitrag im *Torchon brûle*. Im Text wird allerdings deutlich, dass es sich um einen Beitrag der Gruppe, die das Heft gestaltet hat, handelt. Es ist nicht zu erschließen, ob, und wenn ja, welcher der sich gerade erst formierenden Gruppierungen sich die Autor_innen zugehörig fühlen. Eine Verbindung zur späteren Gruppe *Psychanalyse et Politique* liegt allerdings nahe, da exakt diese Passage in der Zeitschrift *Des Femmes en mouvements* zitiert wird. Vgl. *Des Femmes en mouvements* N° 2 (1978), S. 33. Auch an anderer Stelle wird auf die Herkunft der Frauenbefreiungsbewegung im Kontext vom Mai 68 und den vorangegangenen Protesten gegen Kolonialkriege verwiesen. Vgl. *Des Femmes en mouvements* N° 38 (1980), S. 9 oder N° 95 (1982), S. 23.

191 | »[...] notre formidable effort de rupture, notre guerre de libération [...].« *Le Quotidien des femmes* N° 3 (1975), S. 13.

192 | »C'est l'impérialisme du phallus, le phallocentrisme, qui est intolérable, [...].« *Des Femmes en mouvements* N° 17 (1980), S. 26. Oder auch: »à bas l'impérialisme phallocratique, vive l'homosexualité«. *Des Femmes en mouvements* N° 34 (1980), S. 17. Oder: »Notre ennemi n'est pas l'homme, mais la phallocratie, c'est-à-dire l'impérialisme du phallus [...].« *Des Femmes en mouvements* N° 38 (1980), S. 10.

193 | »Chasser le phallus de sa tête«. Vgl. für viele Picq 2011, S. 241 f.

Mittel, dieses Ziel zu erreichen. ›Befreiung‹ bezieht sich bei *Psychanalyse et Politique* folglich weniger auf die soziale Situation von Frauen als vielmehr auf die Freisetzung von Differenz und zwar in erster Linie auf der Ebene der Repräsentation. Es müsse ein Krieg geführt werden, um »diese uniforme Struktur des Diskurses zu sprengen«, damit »lebendige, verschieden vergeschlechtlichte Körper, mit verschiedener Arbeitskraft, all das heute Vorstellbare zum Bersten bringen« können.[194]

Der Begriff ›Volk‹ wird von *Psychanalyse et Politique* ebenfalls gebraucht. Allerdings nicht in der Setzung des Ausrufes »Wir sind das Volk«, wie für das Manifest beschrieben, sondern in der Einheit herstellenden Formel »Wir sind ein Volk«. Diese ist deutlich internationalistisch gefärbt, dient sie doch dazu, Solidarität und Zusammenhalt von Frauen ›über Grenzen hinweg‹ auszurufen – »Frauen aller Länder, vereinigen wir uns! Wir sind ein Volk, lasst uns uns jenseits der Grenzen treffen!«[195] – und Misogynie als weltweite Lebensbedingung von Frauen zu behaupten: »Da Misogynie universell ist, sind wir ein internationales Volk, dass heute in jedem Winkel des Erdballs die Wurzel aller Unterdrückungen angreift.«[196]

Dem Bild des unterdrückten, zu befreienden Volkes entsprechend streben *Psychanalyse et Politique* nach ›Unabhängigkeit‹ (*indépendance*) – und grenzen sich damit wiederum vom Begriff der Autonomie ab, der vom Rest der Bewegung gebraucht wird. Autonomie sei ein Zugeständnis von Seiten der Herrschenden und halte die Abhängigkeit nach wie vor aufrecht. »Autonom heißt abhängig.«[197] Demgegenüber müsse Unabhängigkeit erkämpft werden und bedeute einen radikalen Bruch. »Es lebe die ökonomische, politische, kulturelle und sexuelle Unabhängigkeit der Frauen!«,[198] lautet folglich ein sich in zahlreichen Varianten wiederholender Slogan.

Beide Formulierungen, »Wir sind ein Volk« und »Wir sind das Volk«, bringen die grundlegende Divergenz beider Feminismen zum Ausdruck. ›Ein Volk‹ behaup-

---

194 | »Il y a […] une lutte à mener pour faire éclater cette structure uniforme de discours, de parole, de langage qui aliène le corps, qui l'exploite, qui s'en alimente. Une lutte à mener pour effectivement des corps vivants, sexués différemment, avec des forces de travail différentes, puissent faire voler en éclats tout ce qu'on peut se représenter aujourd'hui au monde […].« *Le Quotidien des femmes* N° 9 (1976), S. 7.

195 | »Femmes de tous les pays, unissons-nous! Nous sommes un peuple, retrouvons-nous par-delà les frontières!«. *Des Femmes en mouvements* N° 81 (1982), S. 33.

196 | »Si la misogynie est universelle, nous sommes un peuple international qui aujourd'hui, en chaque point du globe, attaque la racine même de toutes les oppressions.« *Des Femmes en mouvements* N° 82 (1982), S. 16.

197 | »[…] autonome veut dire relatif […].« *Des Femmes en mouvements* N° 17 (1980), S. 26.

198 | »Vive l'indépendance économique, politique, culturelle et sexuelle des femmes!«. *Des Femmes en mouvements* N° 45 (1981), S. 23.

tet Identität und Besonderheit, während ›das Volk‹ den Anspruch auf die Position des Souveräns und Zugang zum Universellen gleichermaßen zum Ausdruck bringt, der im Manifest angedeutet, in späteren Schriften von Monique Wittig und anderen ausgeführt wird.

Feminismus als »Genozid an Frauen«

Eine problematische Variante der Vokabel ›Volk‹ kursiert ebenfalls im Umfeld der Gruppe *Psychanalyse et Politique*. Im Konflikt mit anderen Fraktionen der Frauenbewegung wird dem Feminismus, von dem sich *Psychanalyse et Politique* abwenden, Völkermord vorgeworfen. Bei der Entscheidung für oder gegen Feminismus stehe »ein wahrer Genozid an Frauen und an der Differenz« auf dem Spiel.[199] Diese Entscheidung sehen *Psychanalyse et Politique* Mitte der 1970er Jahre und dank ihres Auftretens gekommen.

»Der Feminismus der sexuellen, ökonomischen, politischen Nicht-Differenz ist der Trumpf des Gynozids, eine Form der Zerstörung, der Folter, des Mordes, die vom Westen ausgeht, um seinen Imperialismus zu stärken, damit von der Frau, vom Anderen nichts komme, sondern [damit die Frau] aus der Geschichte entfernt werde.«[200]

Die Angriffe richten sich zum einen gegen das Ziel einer ›Unisex-Gesellschaft‹ (*société uni-sexe*)[201], das dem Feminismus unterstellt wird. Die geforderte Gleichheit bedeute Assimilation, Anpassung an männliche Werte und Normen und damit letztlich das Ende der Geschlechterdifferenz. Feminismus führe zu ›Gleichgültigkeit des Gleichen‹ (*indifférence du même*) und zum ›Einschluss der Differenz‹ (*différence internée*).[202] Zum anderen wird vor einer zu großen Nähe des Feminismus zu etablierten Parteien und Organisationen gewarnt. Das Bemühen um Anerkennung von Parteien beweise, dass Feminismus Teil, gar Stütze des Patriarchats sei.[203] Die Ablehnung von Feminismus wird somit auf zwei Ebenen argumentiert, zum einen werden Argumente vorgebracht, die auf der an der

---

199 | »Féminisme ou lutte des femmes ... Le risque d'un véritable génocide des femmes et de la différence.« *Le Quotidien des femmes* N° 9 (1976), S. 7.

200 | »Le féminisme de la non-différence (sexuelle, économique, politique) est l'atout maître du gynocide, une forme de la destruction, de la torture, du meurtre organisé par l'Occident pour renforcer son impérialisme, pour que de la femme, de l'autre, n'advienne pas, soit éliminée de l'Histoire.« *Des Femmes en mouvements* N° 28 (1980), S. 12.

201 | So die Formulierung in einem Gespräch zur Frage »Feminismus oder Kampf der Frauen?« im *Quotidien des femmes* N° 9 (1976), S. 7–10.

202 | Vgl. *Des Femmes en mouvements* N° 2 (1978), S. 13.

203 | Vgl. ebd. Siehe auch *Des Femmes en mouvements* N° 28 (1980), S. 15.

Psychoanalyse Lacans orientierten Theoretisierung von Geschlechterdifferenz und Frau-Werden basieren. Zum anderen werden strategische Entscheidungen kritisiert. Dabei bleibt unklar, wer *der Feminismus* eigentlich ist, auf welche Positionen oder Gruppen und Personen sich die Kritik bezieht. Aus Andeutungen lässt sich allerdings erschließen, dass vor allem auf die radikalen Feminist_innen und die in der Zeitschrift *Questions féministes* vertretenen Positionen gezielt wird.

Der Aufruf von ›Völkermord‹, von ›Geno-‹ beziehungsweise ›Gynozid‹, wird zunächst ausschließlich im Konflikt mit anderen Strömungen der Frauenbewegung eingesetzt.[204] Später wird der Neologismus auch benutzt, um Gewalt gegen Frauen zu benennen.[205]

Kolonialgeschichte und neokoloniale Abhängigkeiten

In den untersuchten Zeitschriften ist von Kolonialismus allerdings nicht nur im übertragenen Sinne die Rede, sondern die koloniale Vergangenheit, die in den 1960er und 1970er Jahren gerade zu einer solchen zu werden beginnt, scheint in verschiedenen Formen auf.

In Reportagen aus ehemaligen französischen Kolonien in der Karibik und Südamerika wird die Kolonialgeschichte als Hintergrund für aktuelle Abhängigkeitsverhältnisse benannt.[206] Da es sich in der Regel um Berichte über die aktuelle wirtschaftliche und politische Lage und dabei insbesondere um die Situation und den Aktivismus von Frauen handelt, bleibt es jedoch bei Verweisen auf Kolonial- und Sklavereigeschichte. Erst in den 1980er Jahren werden die erste Phase des französischen Kolonialismus und die Geschichte der Sklaverei explizit zum Thema, und das vor allem im Kontext der Erinnerung an das 200. Jubiläum der Französischen

---

204 | Die Rede vom ›Völkermord‹ an Frauen wird einige Jahre später im akademischen Feminismus kritisch reflektiert. Siehe verschiedene Beiträge von Liliane Kandel (2000; 2004 [1997]).

205 | Siehe beispielsweise das Flugblatt der *Alliance des Femmes pour la Démocratie* gegen Gewalt gegen Frauen von November 2007. [http://www.alliancedesfemmes.fr/index.php?option=com_content&task=view&id=62] Die *Alliance des Femmes pour la Démocratie* wurde 1989 von Antoinette Fouque und anderen gegründet und kann als Nachfolge der Gruppe *Psychanalyse et Politique* angesehen werden. Antoinette Fouque selbst hat den Begriff *Gynocide* regelmäßig benutzt. Siehe beispielhaft Fouque 1990, S. 39; Fouque 2004.

206 | Dem Internationalismus der radikalen Linken entsprechend wird auch in den Zeitschriften der Frauenbewegung ›aus aller Welt‹ berichtet. Die Rubriken heißen etwa *Terre des femmes* (*La Revue d'en face*), *Femmes du monde entier* (*Le Temps des femmes*) und *Si toutes les femmes du monde …* (*Cahiers du féminisme*). In diesen Rubriken finden sich hin und wieder Reportagen von den Antillen oder aus den ehemaligen französischen Kolonien in Südamerika.

Revolution.[207] Die Regel ist bis dahin die eher beiläufige Erwähnung einer Vergangenheit, die in die Gegenwart ausstrahlt und die Situation von Frauen in den ehemaligen Kolonien (mit-)bestimmt.

Vermittelt über die Beschäftigung mit Einwanderung und der Lebenssituation von Migrant_innen kommen weiterhin die Kolonialisierung Nordafrikas sowie die jüngste Vergangenheit des Algerienkrieges zur Sprache. Anspielungen auf die nordafrikanische Kolonialgeschichte und den Algerienkrieg finden sich häufig in den sogenannten ›Zeugnissen‹ (*témoignages*) von Frauen maghrebinischer Herkunft, die entweder von eigenen Erfahrungen oder denen ihrer Eltern berichten. Aber auch in Texten von Angehörigen der Mehrheitsgesellschaft finden sich Hinweise darauf, dass Kolonialkriege, Kriegsverbrechen und Folter ›gewusst‹ worden sind. Neben diesen Anspielungen ist insbesondere der Algerienkrieg zudem in Rhetoriken der Denunziation, genauer in der Verunglimpfung als *Harki*, präsent. Die Bezeichnung als *Femme-harki* ist der Bezeichnung als *Collabo* vergleichbar: Es geht um den Vorwurf, das Patriarchat zu unterstützen, sprich ›Verbündete‹ zu sein. In den *Chroniques du Sexisme ordinaire* sind beide Bezeichnungen nebeneinander zu finden.[208]

Harki ist die Bezeichnung für Algerier, welche die französische Armee im Unabhängigkeitskrieg unterstützten. In Algerien nach der Unabhängigkeit als Kollaborateure und Verräter verfolgt, sind sie von Frankreich verleugnet und im Stich gelassen worden. Viele sind nach dem Ende des Krieges nach Frankreich geflohen wo sie in schwierigen sozialen Verhältnissen leb(t)en.

Metaphorisches Sprechen und Hinweise auf die Kolonialgeschichte als historische Tatsache sowie Lebensrealitäten nach wie vor prägendes Gewaltverhältnis bestehen in den untersuchten Zeitschriften folglich nebeneinander, ohne sich zu irritieren. Im Gegenteil, die Präsenz von Kolonialismus und Dekolonialisierung im politischen Bewusstsein und Selbstverständnis der radikalen Linken scheint die Übertragung in rhetorische Strategien der Frauenbewegung zu inspirieren und zu unterstützen. Aufgrund der hohen Aufmerksamkeit und Anerkennung für die Befreiungsbewegungen im globalen Süden – die prägnantesten Vorbilder waren in Frankreich der Vietcong, die *Nationale Front für die Befreiung Südvietnams* und

---

207 | Es handelt sich um ein Heft der Zeitschrift *Nouvelles Questions Féministes* aus dem Jahr 1985, dass komplett den Antillen gewidmet ist. Darin ist ein Beitrag zur Kolonial- und Sklavereigeschichte der Inseln enthalten. Vgl. *Nouvelles Questions Féministes* N° 9/10 (1985), S. 9–33. Von derselben Autorin, Arlettte Gautier, ist 1989 ein Beitrag über die Rolle von Frauen bei den Aufständen gegen das Sklavereisystem in den *Cahiers du féminisme* erschienen. Dieser steht im Kontext des 200. Jubiläums der Französischen Revolution. Vgl. *Cahiers du féminisme* N° 49 (1989), S. 20–21.

208 | Vgl. *Le Sexisme ordinaire* (1979), S. 301 ff.

der FLN, die *Front für nationale Befreiung in Algerien* – lag es nahe, das eigene Anliegen ebenfalls über den Begriff der ›Befreiung‹ zu legitimieren, sich als unterdrücktes Volk zu entwerfen und Unabhängigkeit für sich zu beanspruchen oder von ›kolonialisierten Frauen‹ und Frauen als ›Dritter Welt‹ zu sprechen. Neben dem zeitgenössischen antikolonialen Befreiungsdiskurs lagern am Begriff der Befreiung zudem Bedeutungsschichten, die bis in die bürgerlichen Revolutionen des 18. Jahrhunderts und die Geschichte der Sklaverei zurückreichen. Wie im Manifest *Für eine Frauenbefreiungsbewegung* gesehen, werden diese im Sprachgebrauch der Frauenbewegung ebenfalls mobilisiert.

3.2 *Féminitude* wie *Négritude*

Die antikolonialen Befreiungsbewegungen waren in vielerlei Hinsicht Vorbild der Frauenbewegung. Besonders augenfällig wird die Orientierung am historischen Kontext der Entkolonialisierung am Beispiel des Neologismus *Féminitude,* der nach dem Vorbild *Négritude* geprägt worden ist. Der Begriff *Féminitude* wird in verschiedener Weise gebraucht; als distanzierende Bezeichnung für feministische Differenzpositionen zirkuliert er im Sprachgebrauch der Frauenbewegung bis heute.

Das Vorbild *Négritude*

Die Idee der *Négritude* entstand in den 1930er Jahren in Paris in Zusammenarbeit von drei jungen Intellektuellen aus den französischen Kolonien, die zum Studium in die Metropole gekommen waren. Léopold Senghor,[209] Aimé Césaire[210] und Léon Dumas[211] gründeten 1935 die Kulturzeitschrift *L'Étudiant noir*, in welcher der Begriff *Négritude* geprägt und die Frage nach einer gemeinsamen Schwarzen Kultur diskutiert und ausgearbeitet worden ist. Diese Zusammenarbeit war insofern von besonderer Bedeutung, da die Schwarze Diaspora von kolonialen Effekten geprägt war. Studenten und Intellektuelle von den Antillen verstanden sich als Franzosen

---

209 | Léopold Sédar Senghor (1906–2001) war Dichter und Politiker im Senegal. Er lebte von 1928 bis 1960 in Paris, bevor er 1960 der erste gewählte Staatspräsident des unabhängigen Senegals wurde.

210 | Aimé Césaire (1913–2008) war ebenfalls Dichter und Politiker. Er stammte von der Antilleninsel Martinique und war lange Jahre Abgeordneter der Französischen Nationalversammlung. Bekannt wurde vor allem sein kolonialismuskritischer Essay *Über den Kolonialismus* (1950).

211 | Léon Dumas (1912–1978) stammte aus Cayenne im heutigen Französisch-Guyana. Er verband ebenfalls literarisches Schaffen und politische Arbeit. Er war im Widerstand gegen die deutsche Besatzung und gegen das Vichy-Regime engagiert.

und grenzten sich von Afrikanern als den eigentlichen »Negern«[212] ab.[213] Geprägt von persönlichen Erfahrungen in den Kolonien und in der Metropole als Schwarze in der hegemonialen *weißen* Kultur und beeinflusst von Kritik am Kolonialsystem sowie von literarisch-politischen Bewegungen wie der *Harlem Renaissance* und der *Black Renaissance* in den USA entwickelten die Herausgeber_innen und Autor_innen der Zeitschrift *L'Étudiant noir* Positionen gegen Bilder und Stereotype von Schwarzen, die über die Jahrhunderte der Kolonialisierung und Verschleppung hinweg entstanden waren und zirkulier(t)en. Gegen die kulturelle Assimilation in eine ihnen feindlich gegenüberstehende Mehrheitsgesellschaft sollte eine gemeinsame Schwarze beziehungsweise afrikanische Identität (wieder-)entdeckt werden. Diese Bewusstwerdung und (Wieder-)Aneignung der kulturellen Wurzeln und Traditionen wurde als Voraussetzung für die Befreiung von Fremdherrschaft und Ausbeutung angesehen.

»[...] die Kolonisatoren rechtfertigten unsere politische und wirtschaftliche Abhängigkeit mit der Theorie des unbeschriebenen Blattes. Sie meinten, wir hätten bisher niemals etwas erfunden und erschaffen, nichts geschrieben und geforscht, nicht gemalt, nicht gesungen. Um unsere eigene und wirkliche Revolution zu beginnen, mussten wir unsere entliehenen Kleider, die Kleider der Assimilation, ablegen und unser eigenes Sein bejahen, nämlich unsere Négritude.«[214]

Es ging also darum, Ausdrucksformen zu finden, sich auf die eigene Geschichte, auf Gebräuche, Rituale und Symbole zu besinnen, um daraus Kraft für den Kampf um die Zukunft in Freiheit zu gewinnen.

Das literarisch-politische Projekt der *Négritude* entwickelte sich über Jahrzehnte und bildete verschiedene Positionen und Verständnisweisen heraus. Während beispielsweise Senghor *Négritude* als kulturelle Äußerung auf psychologisch-emotionale Besonderheiten zurückführt, den Schwarzen Emotion zuspricht und von der Vernunft der Europäer (beziehungsweise Griechen) unterscheidet,[215] und in der Verbindung von europäischen und afrikanischen Kulturtechniken einen Weg in die Zukunft Afrikas sieht, betont Césaire die Bedeutung von Geschichte und Erfahrung für die Herausbildung der *Négritude*. *Négritude* ist

---

212 | Ich zitiere Fanon und verstehe die Verwendung des Wortes im Sinne Fanons. Die Abwehr des Schwarz-Seins hat Frantz Fanon in *Schwarze Haut, weiße Masken* (*Peau noire, masques blancs*; Erstveröffentlichung frz. 1952, dt. 1980) anschaulich beschrieben.

213 | Für die Schwarze Diaspora im Paris der Zwischenkriegszeit siehe Eckert 2005.

214 | Léopold Senghor: *L'Esprit de la civilisation ou des lois de la culture Negro-Africaine* (1952), zitiert nach Eckert 2005, S. 288.

215 | Fanon zitiert ihn wie folgt: »Empfindsame Sensibilität. Die Emotion ist Schwarz (*nègre*) wie die Vernunft griechisch ist.« (»Sensibilité émotive. L'émotion est nègre comme la raison est hellène.«) Fanon 1952, S. 102. Fanon selbst hat ein ambivalentes Verhältnis zur Idee der *Négritude*.

für ihn eine Weise, die Sklavereigeschichte als eine allen Schwarzen gemeinsame Geschichte zu bearbeiten.

»Es ist eine Weise, Geschichte in der Geschichte zu erleben: Die Geschichte einer Gemeinschaft, deren Erfahrung, offen gesagt, einzigartig erscheint mit ihren Deportationen der Bevölkerung, ihren Verschiebungen von Menschen von einem Kontinent zum anderen, ihren Erinnerungen an entfernte Glaubenssysteme, ihren Trümmern ermordeter Kulturen.«[216]

Den größten Einfluss entfaltete die *Négritude*-Bewegung in den Jahren nach dem Zweiten Weltkrieg und bereitete der Entkolonialisierung Afrikas ideellen Vorschub. Im kulturellen Leben in Paris trug das Vorwort von Jean-Paul Sartre, *Schwarzer Orpheus*, zu einer von Léopold Senghor herausgegebenen Gedichtsammlung afrikanischer und afro-karibischer Autor_innen zur Verbreitung der *Négritude*-Idee bei.[217] Bereits ab 1947 erschien die Zeitschrift *Présence Africaine*, die zum zentralen Publikationsort von Autor_innen der *Négritude*-Bewegung wurde. 1949 wurde unter dem gleichen Namen ein Verlag gegründet, der eine eigene Buchhandlung im *Quartier Latin* in Paris unterhielt. Diese editorischen Aktivitäten, die von *weißen* Intellektuellen und Schriftsteller_innen unterstützt worden sind, trugen den Kampf um Unabhängigkeit in die französische Gesellschaft.

Der Neologismus *Féminitude*

Die Idee(n) und vielleicht mehr noch der Begriff der *Négritude* wurden in den 1970er Jahren zum Vorbild für den Neologismus *Féminitude*, der mit vergleichbarer Vieldeutigkeit im Diskurs der Frauenbewegung zirkulierte und bis heute zirkuliert. Die Wortschöpfung wird interessanterweise Simone de Beauvoir zugeschrieben, die sich in *Das andere Geschlecht* bereits am Vorbild *Négritude* orientiert und in Analogie dazu von *Féminitude* gesprochen haben soll, um »eine durch Unterdrückung konstruierte Identität«[218] zu bezeichnen. Diese Behauptung erweist sich jedoch nach mehrfacher Überprüfung am Text als nicht zutreffend. In keinem der beiden Bände findet sich der

216 | »C'est une manière de vivre l'histoire dans l'histoire: l'histoire d'une communauté dont l'expérience apparaît, à vrai dire, singulière avec ses déportations de populations, ses transferts d'hommes d'un continent à l'autre, les souvenirs de croyances lointaines, ses débris de cultures assassinées.« Césaire 2004 [1950], S. 82.

217 | Vgl. Senghor 1948.

218 | »[...] pour évoquer une identité construite par l'oppression.« Zancarini-Fournel 2004, S. 38. Neben dieser Fundstelle in einem von der *Clio*-Redaktion herausgegebenen Band mit Stichworten der Frauengeschichte findet sich die Erzählung, dass Simone de Beauvoir den Begriff *Féminitude* geprägt hätte, auch an anderen Stellen, an denen ebenfalls Verweise auf eine Quelle fehlen. Vgl. Majnoni 1996, S. 196; Taylor 2007, S. 135 sowie zahlreiche Interneteinträge wie bspw. [http://theories.

Begriff *Féminitude*, obgleich die Kontakte, die Simone de Beauvoir zu Akteur_innen der *Négritude*-Bewegung pflegte und die zeitliche Parallelität ihrer Arbeit an *Das andere Geschlecht* mit Sartres Text *Schwarzer Orpheus*, diese Orientierung durchaus plausibel erscheinen lassen. Gleichwohl läuft Beauvoirs Studie bekanntermaßen auf die Feststellung hinaus, dass es die Situation der Inferiorität ist, die Frauen zu Frauen werden, sie eine bestimmte Selbstwahrnehmung, Eigenschaften und Verhaltensweisen entwickeln lässt. Eine wichtige Inspiration für diese Argumentation in *Das andere Geschlecht* sind hingegen die Romane Richard Wrights, in denen die Schwarze Erfahrung von Rassismus eine zentrale Rolle spielen. Insbesondere im zweiten Teil der Studie zu den ›gelebten Erfahrungen‹ des Frau-Seins nimmt Beauvoir mehrfach auf Wrights Schilderungen von Rassismuserfahrungen Bezug. Demgegenüber tauchen weder Aimé Césaire noch Léopold Senghor als Quellen in *Das andere Geschlecht* auf.

Beauvoir selbst spricht erst Mitte der 1970er Jahre in nachvollziehbarer Weise von *Féminitude* im Sinne erworbener Eigenschaften. Niemand stimme der Idee zu, es gebe eine weibliche Natur, dennoch sei zu fragen, ob nicht der »Status der Unterdrückung der Frau in ihr bestimmte Fehler, aber auch bestimmte Qualitäten entwickelt hat, die sich von denen der Männer unterscheiden«, so Beauvoir in einem Gespräch mit Sartre, wobei sie diese Frage als Frage der *Féminitude* bezeichnet.[219] In einem im gleichen Heft der Zeitschrift *L'Arc* gedruckten Gespräch Beauvoirs mit Aktivist_innen des MLF fragt Beauvoir ebenfalls mit dem Begriff der *Féminitude* danach, ob es nicht doch eine »weibliche Besonderheit« gebe, die nicht der Natur, sondern vielmehr dem Status der Unterdrückung geschuldet sei.[220] Angesichts des Widerspruchs ihrer Gesprächspartner_innen gegen eine wie auch immer begründete weibliche Besonderheit sowie gegen den Begriff der *Féminitude* wird deutlich, dass dieser in den feministischen Diskussionen der Zeit (noch) nicht verbreitet war. *Féminitude* sei kein Wort der kämpfenden Frauen, »unter uns habe ich das noch nie gehört«. Der Begriff sei suspekt, weil man damit im Rahmen der bestehenden Kategorien bleibe und aus Differenz eine Begründung für Unterdrückung mache.[221]

---

feministes.pagesperso-orange.fr/partie%201/partie%201.htm] oder [http://journee-de-la-femme.com/feminismeselonencyclo2.htm] [20.08.2012].

219 | »Vous posez là une autre question, celle de la ›féminitude‹. Personne, parmi nous, n'admet l'idée qu'il a une nature féminine; mais est-ce que, culturellement, le statut d'oppression de la femme n'a pas développé en elle certains défauts, mais aussi certaines qualités, qui diffèrent de ceux des hommes?« *L'Arc* N° 61 (1975), S. 12.

220 | »Est-ce qu'il y a une spécificité féminine, je répète, non pas due à la nature, ce que nous ne croyons pas, mais est-ce que le fait d'être opprimée a donné à la féminitude certains traits particuliers comme la négritude aux Noirs qu'ils ne l'acceptent d'ailleurs plus maintenant.« Ebd., S. 25.

221 | »Je n'ai jamais entendu prononcer le mot ›féminitude‹ entre nous, chez les femmes en lutte, et je le trouve très suspect. Tout d'abord, parce que se référer à une féminitude, c'est rester dans les catégories existantes, faire de la différence un prétexte à l'oppression.« Ebd.

Nur unwesentlich früher verwendet bereits Françoise Collin[222] den Begriff in einem programmatischen Beitrag zur ersten Ausgabe der *Cahiers du GRIF* im Jahr 1973. Unter dem Titel *Féminitude et Féminisme* beschreibt sie die geteilten Existenzbedingungen von Frauen, die sie *Féminitude* nennt, und stellt deren Historizität heraus, um anschließend Wege in »eine andere Gesellschaft« aufzuzeigen. *Féminitude* bezeichnet bei Collin die Diskriminierung, die Frauen als Frauen erfahren und die sich daraus ergebende andere Differenzlinien einschließende ›gemeinsame Lage‹ von Frauen.

»Frau sein, das heißt sicher zu sein, von der Geburt bis zum Tod eine Diskriminierung zu erfahren, die allein an der Geschlechtszugehörigkeit anknüpft. [...] Für bestimmte Frauen addiert sich diese Diskriminierung zu derjenigen, die sie aufgrund ihrer Klasse oder ihrer Rasse erfahren. Aber diese Diskriminierung erreicht nichtsdestotrotz alle, vereinigt in einer gemeinsamen Lage, die man Féminitude nennen könnte.«[223]

Woher der Begriff *Féminitude* stammt und wer ihn verwendet, wird an dieser Stelle jedoch nicht gesagt. Der Begriff wird ohne weitere Angaben und Erklärungen verwandt. Allerdings legt der wenige Zeilen später eingesetzte Vergleich mit dem Widerstand von Schwarzen nahe, dass die Orientierung am Begriff *Négritude* auch bei Collin präsent war. »Wirft man einem Schwarzen vor, zu kämpfen, weil er selbst an der *Négritude* gelitten hat?«,[224] fragt Collin in Bezug auf feministischen Widerstand.

In eine ähnliche Richtung weist die Verwendung des Begriffs *Féminitude* bei Françoise d'Eaubonne[225]. Sie benutzt den Begriff ebenfalls, ohne ihn explizit als

---

222 | Françoise Collin (1928–2012) war Philosophin und Schriftstellerin. 1973 hat sie die *Cahiers du GRIF* gegründet, die von 1973 bis 1978 in 24 Ausgaben erschienen sind. Die zunächst in Brüssel herausgegebenen *Cahiers du GRIF* entwickelten sich zur ersten feministischen Theorie-Zeitschrift im französischsprachigen Raum. Jede Ausgabe war einem Thema gewidmet wie Hausarbeit (N° 2 1974), Politik (N° 6 1975), Kinder (N° 9/10 1975), Sprache (N° 12 und 13 1976), Gewalt (N° 14/15 1976), Lesben (N° 20 1978) etc. Die erste Ausgabe (1973) widmete sich ganz der Frage: Wozu Feminismus? Von 1982 bis 1997 wurde das Zeitschriftenprojekt in Paris fortgesetzt. Alle Ausgaben sind auf dem Internetportal *Persée* einsehbar.

223 | »Être femme, c'est être assurée de subir, de la naissance à la mort, une discrimination basée sur la seule appartenance sexuelle. [...] Pour certaines femmes, cette discrimination vient s'ajouter à celle qu'elles subissent du fait de leur classe, ou de leur race. Mais elle les atteint néanmoins toutes, réunies dans une condition commune que l'on a pu nommer la féminitude.« *Les Cahiers du GRIF* N° 1 (1973), S. 5.

224 | »Reproche-t-on à un Noir de combattre parce qu'il a souffert lui-même de la négritude?« Ebd.

225 | Françoise d'Eaubonne (1920–2005) war Schriftstellerin und Intellektuelle. Mit Simone de Beauvoir seit dem Erscheinen von *Das andere Geschlecht* in Kontakt stehend, radikalisierten sich ihre politischen Positionen in der Erfahrung vom Mai 68. Ihr Name ist heute vor allem mit dem Begriff ›Ökofeminismus‹ verbunden, den sie in der französischen Variante *écoféminisme* 1974 in ihrem Buch *Le féminisme ou la mort* (*Feminismus oder Tod*, dt. 1975) prägte.

Neologismus einzuführen und zu erklären. In ihrer Schrift *Le féminisme ou la mort* (1974) spielt der Begriff *Féminitude* eine prominente Rolle, figuriert im Titel des ersten Teils des Buches, *La féminitude ou la subjectivité radicale*, und dient im Folgenden als Bezeichnung für die »konstruierte Weiblichkeit«, die Frauen in einer phallokratischen Gesellschaft zugewiesen werde.[226] Diese »erfundene Differenz« enthalte die abgespaltenen negativen Seiten der Männer, die d'Eaubonne auch ›Nicht-Frau‹ (*non-femme*) nennt: Passivität, Masochismus, Mehrdeutigkeit. Diese konstruierte Weiblichkeit, das »Unglück des Frau-Seins« stehe im Konflikt mit der »realen Differenz«, der ›echten‹ Weiblichkeit, *Féminité*. »Die Féminitude ist ein Mythos; aber Weiblichkeit, das existiert, da ja *die Frauen* existieren.«[227] *Féminitude* bezeichnet in d'Eaubonnes Darstellung der Situation von Frauen folglich Weiblichkeitsvorstellungen, welche eben diese Lebenssituation, diese Existenz ›als Frauen‹ bestimmen. Das beinhaltet Verhaltensvorgaben und Handlungsmöglichkeiten ebenso wie Wahrnehmung und Selbstwahrnehmung bis hin zu Ausbeutung und Gewalt. Diese Weiblichkeitsvorstellungen und gleichermaßen Existenzbedingungen grenzt d'Eaubonne von einer Weiblichkeit (*Féminité*) ab, die »durch biologische, jeder Kultur vorgängige Merkmale konstituiert ist, welche durch diese aber grundlegend verändert werden können.«[228] Feminismus bedeute, so d'Eaubonne, die »Bewusstwerdung der Féminitude, des Unglücks, Frau zu sein«.[229]

Eine weitere Verwendung findet der Begriff *Féminitude* im einleitenden Text der ersten Ausgabe der Zeitschrift *Questions féministes* (1977), in dem das politische wie theoretische Programm der Zeitschrift dargelegt wird. Als *Féminitude* wird hier ein spezifischer »Moment« in der historischen Entwicklung der Situation von Frauen sowie gleichermaßen eine politische Haltung verstanden. Diese wird hier auch als ›Ideologie der neuen Weiblichkeit‹ bezeichnet. Der erste »Moment« in der historischen Entwicklung und Bewusstseinsbildung gleichermaßen ist mit »Féminité« (Weiblichkeit) überschrieben. »Oder«, heißt es ergänzend, »alles steht zum Besten im Zustand der Belagerung«.[230] Die belagerten, eingeschlossenen Frauen seien mit

---

226 | Vgl. d'Eaubonne 1974, S. 35 f.

227 | »La féminitude est un mythe; mais la féminité, ça existe, puisque *les femmes* existent.« (Hervorhebung im Original). Ebd., S. 36.

228 | »[...] la féminitude n'est en rien identifiable avec la féminité, celle-ci n'étant constituée que par l'ensemble des traits biologiques préexistant à toute culture, mais susceptibles d'être profondément modifiés par elle [...].« Ebd., S. 47. Als Beispiel für diese kulturelle Veränderung »biologischer Merkmale« führt d'Eaubonne an dieser Stelle das Verschwinden des Stillens von Säuglingen an.

229 | »[...] la prise de conscience de la féminitude, du malheur d'être femme, s'effectue aujourd'hui dans une contradiction et une ambiguïté qui annoncent la fin du même malheur.« Ebd., S. 249.

230 | »Premier moment: Féminité. Ou: ›Tout est pour le mieux dans l'état de siège‹.« *Questions féministes* N° 1 (1977), S. 14.

ihrer Situation zufrieden und akzeptierten die Erklärungen, mit denen ihre Lage, d.h. Ausbeutung und Abhängigkeit, gerechtfertigt werden. Die Wenigen, die auf individueller Ebene die Weiblichkeit, d.h. diese Situation, ablehnten, würden verrückt oder getötet, so die Beschreibung dieses ersten Moments der »Schlacht«[231]. Der zweite Abschnitt beziehungsweise die zweite Phase ist mit »Féminitude« überschrieben – »oder Bewegung der Anerkennung* der Frauen«.[232] Es komme zur Einsicht in die eigene Lage, nämlich in die Tatsache, »belagert«, d.h. in Abhängigkeit gehalten und ausgebeutet zu werden. Allerdings führe diese »Bewusstwerdung« nicht zu einem Angriff auf die »Belagerungsringe«, sondern vielmehr zu einem Rückzug und Affirmation des »eigenen Wertes«.[233] Damit werde sich jedoch auf den Effekt anstatt auf die Ursache konzentriert.

»Diese Féminitude, vergleichbar der Négritude, diese beanspruchte Differenz – aber als ›Bessere‹, dieser *kulturelle Feminismus*, vergleichbar dem *kulturellen Nationalismus* der Schwarzen, führen sie dazu, dass man *seinen Hunger stillen* kann?«[234]

Die Antwort ist klar, es brauche dazu den »dritten Moment« des Feminismus, »oder der Frauenbefreiungsbewegung. Oder: Die sozialen Wurzeln der Differenz angreifen.«[235] Dies könne nur durch die Analyse der Unterdrückung von Frauen geschehen. Weiter heißt es:

»Es handelt sich also nicht darum, uns, Frauen, zurückzugewinnen, sondern unsere Freiheit. Wir haben nicht nur unsere Féminitude zu befördern [...]. Es geht darum, das System der sozialen Geschlechter zu analysieren, um es zu zerstören. Es geht darum, die Belagerung zu durchbrechen [...].«[236]

---

231 | Der Abschnitt ist überschrieben: »Weiblichkeit, Féminitude, Feminismus: die drei ›Momente‹ der Schlacht.« (»Féminité, féminitude, féminisme: les trois ›moments‹ de la bataille.«) Ebd.

232 | »Second moment: Féminitude. Ou mouvement de re-connaissance des femmes.« Ebd.

* ›Anerkennung‹ oder auch ›Wiedererkennen‹, die Schreibweise *re-connaissance* legt beide Bedeutungen nahe.

233 | Vgl. ebd., S. 14 f.

234 | »Cette féminitude, semblable à la négritude, cette différence revendiquée mais ›en mieux‹, ce *féminisme culturel*, semblable au *nationalisme culturel* noir, feront-ils que l'on puisse *se nourrir à sa faim*?« (Hervorhebungen im Original). Ebd., S. 15.

235 | »Troisième moment: Féminisme. Ou mouvement de libération des femmes. Ou: attaquer les racines sociales de la différence.« Ebd.

236 | »Ce n'est pas nous, les femmes, qu'il s'agit de reconquérir, c'est notre liberté. Nous n'avons pas seulement à promouvoir notre féminitude. [...] Il s'agit d'analyser, pour le détruire, le système des sexes sociaux. Il s'agit de forcer le siège [...].« Ebd., S. 18.

Die drei Phasen oder »Momente der Schlacht« entsprechen somit drei verschiedenen Bewusstseins- und Widerstandsgraden von Frauen, wobei die reklamierte weibliche Besonderheit selbst als *Féminitude* bezeichnet wird. Das dieser Verwendung zugrunde liegende Verständnis des Vorbildes *Négritude* als ›Schwarzer Nationalismus‹ entspricht dabei den Intentionen der literarischen Bewegung kaum noch.

Die in den *Questions féministes* geprägte Verwendungsweise des Begriffs *Féminitude* als Widerstandsform, die in der Behauptung und Beanspruchung einer weiblichen Besonderheit besteht, findet sich in der Zeitschrift *La Revue d'en face* wieder. In ebenfalls kritischer Absicht wird sich hier mit der »Idee der Féminitude« auseinandergesetzt und nach der Bedeutung der *Féminitude* für den Feminismus gefragt.[237] Formulierungen wie »als Frau ...«, »wir, Frauen, erklären ...«, aber auch »Frauensprache«, »Frauenschrift«, »Frauenschrei« oder »Frauenkörper« werden als Ausdruck dieser »Idee« dargestellt, die in »gewissen Texten« aufgefunden worden sei.[238] Die Idee der *Féminitude* besage, dass »es [...] ein weibliches ›Sein‹ [gibt], welches die Weise zu Denken, zu Handeln und zu Fühlen bestimmte, die der Gruppe der Frauen eigen sei.«[239] Von der Formulierung besonderer Forderungen seien einige zur Beanspruchung von Besonderheit gelangt; vom Recht, anders zu sein, hätten einige ein Recht auf *die* Differenz abgeleitet.[240]

Die Kritik, die hier mit dem Begriff und an der Idee der *Féminitude* formuliert wird, richtet sich folglich gegen die Vorstellung einer weiblichen Besonderheit, einem besonderen weiblichen Wesen. Es sind insbesondere zwei Aspekte, die dabei im Fokus der Kritik stehen: Zum einen das Argument, die weibliche Besonderheit im Denken, Handeln und Fühlen leite sich aus Merkmalen des weiblichen Körpers ab, zum anderen das Projekt, diese physiologischen Eigenheiten in einer weiblichen Sprache oder einem weiblichen Schreiben zum Ausdruck zu bringen.

Die wenigen Namen, die fallen, Hélène Cixous, Annie Leclerc und die Zeitschrift *Sorcières*[241], stehen stellvertretend für eine »Strömung« der Frauenbewegung. Da mit diesen Namen sehr verschiedene Ansätze und theoretische wie literarische Praktiken verbunden sind, scheint dieser sogenannte *courant de la*

---

237 | Vgl. *La Revue d'en face* N° 4 (1978), S. 17–29.

238 | Vgl. ebd., S. 18.

239 | »Les expressions ›en tant que femmes‹ et ›des femmes‹ correspondent parfaitement à la définition de la féminitude: il y aurait un ›Être‹ féminin qui déterminerait les modes de penser, d'agir, de sentir, propre au groupe des femmes.« Ebd.

240 | Ebd.

241 | Die Zeitschrift ist von 1976 bis 1982 erschienen. Die Zeitschrift wollte weiblicher Kreativität zum Ausdruck verhelfen; neben dem Schreiben – *Sorcières* war ein zentraler Publikationsort der *Écriture féminine* – ging es auch um Malerei und/oder Filme von Frauen.

féminitude allerdings am ehesten in der Wahrnehmung der Kritiker_innen existiert zu haben.[242]

Der Begriff *Féminitude* hat sich relativ rasch in der hier vorliegenden Bedeutung etabliert[243] und funktioniert bis heute als Bezeichnung, die in kritischer Absicht sowohl bestimmten Ansätzen, aber auch bestimmten Akteur_innen wie beispielsweise Annie Leclerc oder Antoinette Fouque zugedacht wird.[244] In Darstellungen der Geschichte der Frauenbewegung der 1970er Jahre wird der Begriff ebenfalls häufig in deskriptiver Weise verwandt. In der geläufigen Unterscheidung von drei Strömungen oder Lagern ist dann von ›Klassenkampf-‹, ›radikalem‹ und ›*Féminitude*-Feminismus‹ die Rede.[245] Interessanterweise scheint der Begriff jedoch nicht zum Vokabular der so benannten Gruppen und Akteur_innen selbst gehört zu haben. Weder in den Zeitschriften von *des femmes* noch in Texten von Hélène Cixous oder Annie Leclerc ist mir dieser Begriff begegnet.[246] Lediglich Antoinette Fouque bezieht sich in einem Interview aus dem Jahr 2009 auf die *Négritude*-Bewegung und schlägt vor, die »Kultur« [sic] von Frauen *Féminitude* zu nennen, »so wie Aimé Césaire von *Négritude* gesprochen hat«.[247]

Es bleibt somit unklar, wann und in welchem Zusammenhang genau der Begriff *Féminitude* in Umlauf gekommen ist, eindeutig dürfte hingegen die Orientierung am Vorbild der Bezeichnung *Négritude* sein.[248] Die anfängliche Bedeutungsoffen-

---

242 | Neben Annie Leclerc und Hélène Cixous ist Luce Irigaray eine bevorzugte Zielscheibe der Kritik. Siehe beispielhaft den Beitrag *Pouvoir »phallomorphique« et psychologie de »la Femme«* in der Zeitschrift *Questions féministes* N° 1 (1977), S. 91–119. Siehe weiterhin die Auseinandersetzung von Christine Delphy mit Annie Leclercs Schrift *Parole de femme,* zuerst erschienen unter dem Titel *Protoféminisme et antiféminisme* in *Les Temps modernes* (30, N° 346 [1975], S. 1469–1500), erneut in Delphy 2009, S. 207–243.

243 | Vgl. beispielhaft *La Revue d'en face* N° 8 (1980), S. 49 und N° 10 (1981), S. 15.

244 | Vgl. beispielhaft für viele Dubesset/Thébaud 2005, Absatz 117; Mossuz-Lavau 1997, S. 259; Picq 2011, S. 325; Tahon 1990, S. 98; Fourest 2008, S. 16.

245 | Vgl. beispielhaft für viele Rochefort 2004, S. 114 f.

246 | Dieser Eindruck basiert auf der systematischen Untersuchung der Zeitschriften *Le Quotidien des femmes* und *Des Femmes en mouvements,* der Lektüre von Annie Leclercs *Parole de femme* sowie der Untersuchung der im Folgenden besprochenen Texte von Hélène Cixous.

247 | »Il s'agit pour les femmes de naître dans le monde puisque aujourd'hui encore elles n'y naissent pas, c'est-à-dire qu'elles n'arrivent pas à imposer l'universalité de leur civilisation. Il faudrait peut-être appeler celle-ci ›féminitude‹ comme Aimé Césaire a parlé de ›négritude‹.« Bourseiller 2009, S. 88.

248 | Diesen Ursprung legt auch der Eintrag *Féminitude* im Wörterbuch *Petit Robert* nahe: »[...] vom lateinischen Radikal Femina ›Femme‹ nach Négritude; Merkmale, die allen Frauen gemeinsam sind«; (»[...] du radical du latin femina ›femme‹ d'après négritude; caractère propre à l'ensemble des femmes«). Vgl. Rey-Debove, Josette (Hg.): *Le nouveau Petit Robert*, Paris 2008. Dass dieser Eintrag in den *Robert* aufgenommen wurde, belegt, dass der Neologismus *Féminitude* kein exklusiv feministisches

heit des Begriffs hat sich zunehmend verengt. Der Begriff ist zu einer alternativen, nicht weniger unpräzisen Bezeichnung für sogenannten ›Differenzfeminismus‹ geworden, die in distanzierender Absicht bis heute Verwendung findet – ohne die zugrunde liegende Analogie zu reflektieren.

3.3 Aneignungen des ›dunklen Kontinents‹

Die Bedeutung der Kolonialismus-Metaphorik für die Formulierung des ›Problems‹ der Frauenbewegung und damit letztlich für ihre Konstituierung selbst wird auch an den vielfältigen Aneignungen der kolonialen beziehungsweise Freud'schen Metapher des ›dunklen Kontinents‹ im Sprachgebrauch der Frauenbewegung deutlich. Dabei scheint die koloniale Herkunft des Bildes gerade seine Attraktivität auszumachen.[249] Sigmund Freud nutzt in seinem in deutscher Sprache verfassten Aufsatz *Die Frage der Laienanalyse* (1926) die englische Formulierung *dark continent*, um die Unkenntnis der Psychologie über die Sexualität erwachsener Frauen zu beschreiben.[250] Dadurch, dass er die Metapher in englischer Sprache übernommen habe, stelle Freud die direkte Verbindung zur Kolonialisierung Afrikas her, so Ranjana Khanna in ihrer Studie über Kolonialismus als Hintergrund der Entwicklung und Verbreitung der Psychoanalyse.[251] Frauen würden dadurch als den ›Primitiven‹ vergleichbare rätselhafte und unheimliche Wesen entworfen. Mary Ann Doane beschreibt die durch die Metapher vorgenommene Verknüpfung als Konstruktion einer »metonymischen Kette […], die kindliche Sexualität, weibliche Sexualität und rassifizierte Andersheit [verknüpft]«.[252] Die Trope *dark continent* in Freuds Text verweise auf die zeitgenössische Verschränkung der Kategorien rassifizierter und geschlechtlicher Differenz.[253] Die von Freud vorgenommene Übertragung der kolonialen Bezeichnung für den afrikanischen Kontinent auf die weibliche Sexualität wird im feministischen Sprachgebrauch aufgegriffen und ausgebaut, wie ich im Folgenden zeigen werde. Zentral ist dabei immer die rhetorische Verschränkung von Kolonialismus und Frau-Sein, wie sie auch in den

---

Vokabular ist, sondern auch Eingang in die Umgangssprache gefunden hat – als alternative Bezeichnung für ›Weiblichkeit‹ (*féminité*), folgt man der Erklärung der Wörterbuchredaktion.

249 | Die Metapher zur Bezeichnung Afrikas zirkuliert seit den 1870er Jahren, geprägt durch Henry Morton Stanleys Reisebericht *Through the Dark Continent* (1871).

250 | Vgl. Freud 2000 [1926], S. 303.

251 | Vgl. Khanna 2003.

252 | »A metonymic chain is constructed wich links infantile sexuality, female sexuality, and racial otherness.« Doane 1991, S. 210.

253 | »The dark continent trope indicates the existence of an intricate historical articulation of the categories of racial difference and sexual difference.« Vgl. ebd., S. 212.

Bildern der ›kolonialisierten Frau‹ oder in der Forderung der ›Entkolonialisierung der Frau‹ zum Ausdruck kommt.

Insbesondere im Umfeld der Gruppe *Psychanalyse et Politique* ist Sigmund Freuds Beschreibung weiblicher Sexualität als ›dunkler Kontinent‹ für weitere metaphorische Verarbeitungen aufgegriffen worden. Dabei wird explizit an die koloniale Bedeutungsschicht der Metapher angeknüpft. Antoinette Fouque beispielsweise nutzt die Doppeldeutigkeit des bekannten Bildes, um von der ›Entkolonialisierung des weiblichen Körpers‹ zu sprechen.

»Der Uterus hat nicht aufgehört, zu produzieren, er muss entkolonialisiert werden. So wie der dunkle Kontinent immer existiert hat, und so, wie die Frage nicht lautet, was tun, damit er existiert, sondern was tun, damit er sich entkolonialisiert. Darin besteht der Krieg, der geführt werden muss [...].«[254]

In dem in *Des Femmes en mouvements* wiedergegebenen Gespräch geht es um Kreativität von Frauen, die hier mit Fruchtbarkeit im biologischen Sinne kurzgeschlossen und als *gestation* bezeichnet wird, was sowohl Schwangerschaft wie Entstehung bedeuten kann. Frauen »sind Produzentinnen von Körper, also von Sprache«, sie schaffen »sprechendes Lebendiges«, so Fouque.[255] Daher liegt in ihren Augen im Uterus die besondere Kraft weiblicher Kreativität, die es zu befreien gelte. Die Formel von der ›Entkolonialisierung des Uterus‹ hat sich im Umfeld von *Psychanalyse et Politique* lange gehalten, wie die Überschrift zu einem Beitrag in einem von Antoinette Fouque herausgegebenen Sammelband aus dem Jahr 2008 belegt: *Von der Entkolonialisierung der Völker zur Entkolonialisierung des Uterus und zur Befreiung der Frauen.*[256]

In Texten von Hélène Cixous[257] ist das Bild des ›dunklen Kontinents‹ ebenfalls Grundlage für vielfältige Assoziationen. Da dieses Bild für Cixous' feministisches Projekt, für die Entwicklung der *Écriture féminine*, von zentraler Bedeutung ist, gehe ich im Folgenden ausführlich auf die Cixous'sche Wendung dieses Bildes

---

254 | »L'utérus n'a pas cessé de produire, il faut le décoloniser. De même que le continent noir a toujours existé, et que la question ce n'est pas comment faire pour qu'il existe, mais comment faire pour qu'il se décolonise. Là se situe la guerre à mener [...].« *Des Femmes en mouvements* N° 53/54 (1981), S. 15.

255 | Vgl. ebd.

256 | *De la décolonisation des peuples à la décolonisation de l'utérus et à la libération des femmes.* Sellier 2008, S. 201.

257 | Hélène Cixous ist eine bekannte französische Autorin und Theoretikerin. Insbesondere in der US-amerikanischen Rezeption gilt Cixous aufgrund ihrer Arbeiten zum ›weiblichen Schreiben‹ als eine der Repräsentant_innen des sogenannten *French Feminism* (neben Luce Irigaray und Julia Kristeva). Zu dieser Rezeptionsgeschichte siehe kritisch Delphy 1995; Winter 1997; Braidotti 2000. Cixous bewegte sich in den 1970er und 1980er Jahren im Umfeld der Gruppe *Psychanalyse et Politique*. Das wird an ihrer Präsenz in den Zeitschriften von *des femmes* deutlich; darüber hinaus ist ein großer Teil ihres Werkes im Verlag *des femmes* erschienen.

ein.[258] In ihrem bekannten Aufsatz *Das Lachen der Medusa* (*Le rire de la méduse*)[259] stellt Cixous das Bild des ›dunklen Kontinents‹ in einer Fußnote als Männerfantasie dar. Im Text greift sie vor allem das Attribut ›dunkel‹ beziehungsweise ›schwarz‹[260] auf. Frauen würden im »Dunkeln« gehalten und gleichzeitig werde ihnen eingeredet, dass sie »dunkel« seien.[261]

»In der Tat kann man einsperren, verlangsamen, mit dem Trick der Apartheid erfolgreich sein, aber nur für eine Weile. Sobald sie [*elles*] anfangen zu sprechen, kann man ihnen im gleichen Moment wie ihren Namen beibringen, dass ihre Region schwarz ist: Weil du Afrika bist, bist du schwarz. Dein Kontinent ist schwarz. Das Dunkle ist gefährlich. Im Dunkeln siehst du nichts, du hast Angst. Beweg dich nicht, du riskierst zu stürzen. Geh vor allen Dingen nicht in den Wald. Und den Horror vor dem Dunkel, den haben wir verinnerlicht.«[262]

Mit der Assoziationskette von Apartheid über Afrika zur Angst im Dunkeln werden Bilder des Weiblichen im Symbolischen der patriarchalen Gesellschaft aufgezeigt, die später durchkreuzt und positiv umgedeutet werden. »Wir, die Frühreifen, die Verdrängten der Kultur, die schönen Münder mit Knebeln verschlossen [...] – wir sind »schwarz« *und* wir sind schön.«[263] Der ›dunkle Kontinent‹, so heißt es im Folgenden, sei weder dunkel (*noir*) noch unerforschbar. Er sei noch unerforscht, da man »uns« glauben gemacht habe, er sei zu schwarz um erforschbar zu sein.[264]

---

258 | Mir ist die Bedeutung der Metapher in Cixous' *Écriture-féminine*-Texten aufgefallen, als ich diese bezüglich der Verwendung des Neologismus *Féminitude* untersucht habe.

259 | Der Aufsatz ist zuerst 1975 in der Zeitschrift *L'Arc* erschienen und bereits wenige Monate später ins Englische übersetzt worden (erschienen in *Signs*). Der Aufsatz wurde in den USA (und auch in Deutschland) als bedeutender feministischer Essay rezipiert. Eine deutsche Übersetzung liegt jedoch erst seit 2013 vor.

260 | Der ›dunkle Kontinent‹ wird als *continent noir* übersetzt. Als Adjektiv bedeutet *noir* ›schwarz‹, die Abverbialkonstruktion *dans le noir* bedeutet wiederum ›im Dunkeln‹, als Substantiv kann *le noir* die Farbe ›Schwarz‹, ›das Dunkel‹ und ›der Schwarze‹ heißen.

261 | »[...] malgré l'énormité du refoulement qui les a maintenues dans ce ›noir‹ qu'on essaie de leur faire reconnaître comme leur attribut, [...].« Cixous 1975b, S. 39.

262 | »On peut en effet incarcérer, ralentir, réussir trop longtemps le coup de l'Arpartheid, mais pour un temps seulement. On peut leur apprendre, dès qu'elles commencent à parler, en même temps que leur nom, que leur région est noire: parce que tu es Afrique, tu es noire. Ton continent est noir. Le noir est dangereux. Dans le noir tu ne vois rien, tu as peur. Ne bouge pas car tu risques de tomber. Surtout ne va pas dans la forêt. Et l'horreur du noir, nous l'avons intériorisée.« Ebd., S. 41.

263 | »Nous, les précoces, nous les refoulées de la culture, les belles bouches barrées de bâillons [...] – nous sommes ›noires‹ *et* nous sommes belles.« (Hervorhebung im Original). Ebd.

264 | »Le ›Continent noir‹ n'est ni noir ni inexplorable: Il n'est encore inexploré que parce qu'on nous a fait croire qu'il était trop noir pour être explorable. Et parce qu'on veut nous faire croire que ce qui nous intéresse c'est le continent blanc, avec ses monuments au Manque. Et nous avons cru.« Ebd., S. 47.

»Beeilen wir uns: der Kontinent ist nicht so dunkel, dass er nicht betreten werden könnte. Ich bin oft dort gewesen.«[265]

Das Bild des ›dunklen Kontinents‹ ist an dieser Stelle von grundlegender Bedeutung für die Entwicklung und Veranschaulichung der *Écriture féminine*, die als solche nicht konzeptualisiert und definiert werden kann beziehungsweise darf und daher über Bilder und Assoziationen eher dargestellt und ausgeführt denn erklärt wird. ›Weiblichkeit-schreiben‹ heißt, die bisher verbotenen ›Territorien‹ zu betreten, über Körpererfahrungen, Begehren und sexuelle Lust zu schreiben beziehungsweise diese als Ausgangspunkt für die Intervention und Aneignung von Sprache zu nutzen. Denn darum geht es, darum, das »Gesetz zu sprengen« und die Sprache »zum Bersten« zu bringen.[266] Um die Möglichkeiten alternativer Äußerungs- und Schreibweisen auszuloten und vorzuführen, eignet sich Cixous die ›Männerfantasie‹ an, ohne jedoch deren kolonialen Gehalt zu reflektieren, sondern gerade diesen in erneuter Metaphorisierung nutzend.

Im ebenfalls 1975 erschienenen Text *Sorties*[267] tritt neben das Spiel mit der Freud'schen Metaphorik die Beschreibung von kolonialem Rassismus, welche das erzählende Ich im kolonialisierten Algerien beobachtet hat. Es gibt in diesem Text eine mit *Das Lachen der Medusa* identische Passage zur Metapher des ›dunklen Kontinents‹. Von der oben bereits zitierten Assoziationskette geht der Text über in eine biografische Passage, überschrieben: »Wie eine Frau zum Schreiben kommt«[268]. Algerien wird hier als biografischer Ausgangspunkt des erzählenden Ich eingeführt. Durch die Begegnung zweier Wege in der Diaspora sei sie/ich in Algerien geboren, heißt es in Anspielung auf die Zugehörigkeit zum Judentum der Eltern. Sie/ich wisse aus Erfahrung, was man sich nicht vorstellen könne: das, was das »französischeAlgerien«[269]

---

265 | »Hâtons-nous: le continent n'est pas d'un noir impénétrable. J'y suis souvent allée.« Ebd.

266 | »Maintenant, je-femme vais faire sauter la Loi: éclatement désormais possible, et inéluctable; et qu'il se fasse, tout de suite, *dans* la langue.« (Hervorhebung im Original). Vgl. ebd., S. 49.

267 | *Sorties* ist der Beitrag von Hélène Cixous im gemeinsam mit Catherine Clément herausgegebenen Band *La jeune née* (1975), in dem es um Hysterie und Psychoanalyse geht. Dieser Text ist eine Mischung aus theoretischer Argumentation, autobiografischen Passagen, fiktionalen Passagen und Kommentaren zu literarischen Figuren und Figuren der griechischen Mythologie. Zentraler Inhalt sind, wie in den anderen in dieser Zeit erschienenen Texten, die Aneignung von Sprache und Schrift und Weiblichkeit.

268 | »La Venue d'une Femme à l'écriture«. Cixous 1975a, S. 127. Zwei Jahre später veröffentlicht Cixous einen Essay, der ganz der Frage des Zugangs zur Schrift beziehungsweise zum Schreiben gewidmet ist. *La venue à l'écriture* (1977) steht mit den hier besprochenen Texten in enger Verbindung. Gemeinsam können sie als programmatische Grundlage der *Écriture féminine* gelten. In allen Texten wird neben dem Frau-Werden und Frau-Sein die Erfahrung von Kolonialherrschaft, Rassismus und Antisemitismus besprochen.

269 | Cixous schreibt *l'algeriefrançaise* in einem Wort, um die koloniale Konstruktion des ›französischen Algerien‹ zu benennen. *Algérie française* war die umgangssprachliche Bezeichnung für die Kolonie und das spätere Departement in Nordafrika.

gewesen sei. Dafür müsse man es erlebt und erlitten haben. Dieser erste Eindruck habe sie/ich geprägt:

»Von diesem ersten Schauspiel habe ich alles gelernt: Ich habe gesehen, wie die weiße (›französische‹) überlegene plutokratische ziviliserte Welt ihre Macht einführte, indem sie Bevölkerungen verdrängte, die plötzlich ›unsichtbar‹ geworden waren. ›Unsichtbar‹ wie es die Proletarier, die Einwanderer, die Minderheiten sind, die nicht die richtige ›Farbe‹ haben. Die Frauen. Unsichtbar als Menschen.«[270]

An Frauen habe sie damals nicht gedacht, wird in einer Fußnote hinzugefügt. Der bestimmende und offensichtlichste Konflikt vor ihren Augen war der »Kampf bis zum Tod« der Kolonialmacht gegen ihre Opfer. Im Hintergrund seien die Auswirkungen des Vichy-Regimes hinzugekommen.[271] Einige Passagen weiter folgt dann eine direkte Verknüpfung der kolonialen Situation mit der Situation von Frauen. Das erzählende Ich beginnt sich als Frau wahrzunehmen, gleichzeitig markiert der Algerienkrieg das Ende der Kindheit.

»Mein Körper folgt nicht mehr unschuldig meinen Absichten. Ich bin eine Frau. Nun wird alles kompliziert. [...] der Feind breitet sich aus: Gegen mich sind nicht nur die Klassenfeinde, die Kolonialisten, die Rassisten, die Bourgeois, die Antisemiten. Hinzu kommen die ›Männer‹.«[272]

Die Situation von Frauen wird hier als der kolonialen Situation vergleichbar beschrieben. Die Mechanismen der Unterdrückung scheinen identisch zu sein, wobei die koloniale Herrschaft die offensichtlichere ist. Von diesem »Schauspiel« habe sie/ich alles gelernt. Vor dem Hintergrund dieses »Schauspiels« begreife sie/ich die Situation von Frauen. Kolonialismus wird hier als historische Tatsache und Erfahrung des erzählenden Ich eingeführt und dann übertragen auf die Erfahrung des Frau-Seins. Neben der Freud'schen Metapher des ›dunklen Kontinents‹ ist in diesem Text somit Kolonialismus auch als Erfahrung präsent. Beide, Metapher wie Erfahrung, verschmelzen in der Umschreibung von Frau-Sein beziehungsweise Weiblichkeit.

Im dritten Text aus dem Jahr 1975, dem Prosatext *Souffles*, geht es ebenfalls um Weiblichkeit und Schreiben und das Schreiben von/über Weiblichkeit. *Souff-*

---

270 | »De ce premier spectacle, j'ai tout appris: j'ai vu comment le monde blanc (›français‹) supérieur ploutocratique civilisé instituait sa puissance à partir du refoulement de populations soudains devenus ›invisibles‹ comme le sont les prolétaires, les travailleurs immigrés, les minorités qui n'ont pas la bonne ›couleur‹. Les femmes. Invisibles en tant qu'humains.« Cixous 1975a, S. 128.

271 | Vgl. ebd., S. 245.

272 | »Mon corps ne sert plus innocemment mes desseins. Je suis une femme. Alors tout se complique. [...] l'ennemi se généralise: contre moi, il n'y a pas seulement les adversaires de classe, les colonialistes, les racistes, les bourgeois, les antisémites. S'y ajoutent les ›hommes‹.« Ebd., S. 137.

les ist der am meisten fiktionale Text der drei hier besprochenen Texte. In *Souffles* ›praktiziert‹ Cixous die *Écriture féminine* eher als sie zu thematisieren. Das Bild des ›dunklen Kontinents‹ ist auch hier präsent. Cixous setzt es als strukturierende Figur ein, vor allem in der Variante des Gegensatzes Schwarz und Weiß. Schwarz fungiert als Synonym für Weiblichkeit, hergeleitet als Bezeichnung beziehungsweise Attribut des weiblichen Geschlechts und damit direkte Entsprechung des ›dunklen Kontinents‹. Weiß steht entsprechend für Männlichkeit, wobei ›der Weiße‹ auch als Personifikation von Gott und Vater in einer Person auftritt, gegen den sich das zur Frau werdende kleine Mädchen auflehnt. Obwohl auch in diesem Text auf die Herkunft der Metapher vom ›dunklen Kontinent‹ angespielt wird – es ist regelmäßig von »Onkel Freud« die Rede – entwickelt das Bild hier eine ganz eigene Dynamik. Man könnte sagen, dass Cixous hier in der Aneignung der Freud'schen Metapher am Weitesten geht, indem sie sie zum Ausgangspunkt der im Text zentralen Dichotomie von Schwarz und Weiß als Umschreibungen von Weiblichkeit und Männlichkeit werden lässt.

Wie gesehen, setzt Cixous gezielt die koloniale Bedeutungsschicht der Metapher ein, um Weiblichkeit zu (be-)schreiben. Gleichzeitig thematisiert sie das französische Kolonialregime in Algerien und zieht Parallelen zur Unterdrückung von Frauen. Das Nebeneinander von kolonialer Metaphorik und der Beschreibung konkreter kolonialer Gewalt wirkt irritierend, und zwar umso mehr, wenn Metaphorik und konkrete Anschauung sich gerade nicht stören, sondern im Gegenteil wechselseitig verstärken.

Dass die Metapher des ›dunklen Kontinents‹ über die Gruppe *Psychanalyse et Politique* und deren näheres Umfeld hinaus in der Frauenbewegung zirkulierte, beweist die bis heute angestimmte Hymne des MLF. Die erste Strophe lautet:

»Wir Frauen, die wir ohne Vergangenheit sind. Wir Frauen, die wir keine Geschichte haben. Seit Anbeginn sind wir, die Frauen, der dunkle Kontinent.«[273]

Hier werden Frauen mit Afrika als kolonialisiertem Kontinent gleichgesetzt, indem die koloniale Charakterisierung der Geschichtslosigkeit aufgerufen und mit der Metapher des ›dunklen Kontinents‹ verknüpft wird. Auch hier wird explizit an die koloniale Bedeutungsschicht der Metapher angeknüpft. Es folgt der Refrain, in dem mit dem Bild der Sklaverei eine weitere Metapher der Kolonialisierung prominent

---

273 | »Nous, qui sommes sans passé, les femmes, Nous qui n'avons pas d'histoire. Depuis la nuit des temps, les femmes, Nous sommes le continent noir.« Die Hymne des MLF ist im Frühjahr 1971 entstanden. Sie wird auf die Melodie des Moorsoldatenliedes gesungen, das 1933 von Gefangenen des KZ Börgermoor im Emsland komponiert wurde. Der Text der MLF-Version ist auf [http://chantsdeluttes.free.fr/feminisme/pages%20feminisme/hymnedumlf.html] [01.08.2012] einsehbar. Hörbar ist die Hymne auf [http://www.youtube.com/watch?v=_sNVRZe5shU] [01.08.2012].

eingesetzt wird, um die es im folgenden Kapitel ausführlich gehen wird: »Erhebt euch, versklavte Frauen! Sprengen wir unsere Ketten! Auf! Auf!«[274]

Die Metaphorik der Kolonialisierung hat den Sprachgebrauch der Frauenbewegung vor allem in den 1970er Jahren geprägt. Der überwiegende Teil der hier diskutierten Beispiele stammt aus Zeitschriften und Texten dieser Zeit. Insofern kann gesagt werden, dass die Metaphorik der Kolonialisierung in ihren verschiedenen Varianten – von der Setzung als Befreiungsbewegung über die Aneignung kolonialer Metaphorik bis hin zu Wortschöpfungen in Anlehnung an antikoloniale Bewegungen – für die Konstituierung der Frauenbewegung als diskursivem Ereignis von zentraler Bedeutung war. Die offensichtlich für die Akteur_innen selbst völlig unproblematische Gleichsetzung der Situation *weißer* Frauen mit kolonialer Unterwerfung und Ausbeutung irritiert in mehrfacher Hinsicht. Zum einen irritiert das Nebeneinander von metaphorischem Sprechen und dem Wissen um die faktischen Gewaltverhältnisse, das in den untersuchten Zeitschriften zwischen den Zeilen beziehungsweise in Äußerungen Schwarzer Frauen und Migrant_innen zum Ausdruck kommt. Zum anderen irritiert die Wiederholung der Verschränkung von Kolonialisierung und Weiblichkeit in der feministischen Kolonialismus-Metaphorik. Ist in der Kolonialzeit die Kolonialisierung in Metaphern von Weiblichkeit beschrieben worden – wie beispielsweise im Bild des ›jungfräulichen Landes‹ –, so wird nun die Situation *weißer* Frauen in Metaphern der Kolonialisierung gefasst. Die koloniale Verknüpfung von Kolonialisierung und Weiblichkeit scheint die Umschreibung der Unterdrückung von Frauen als ›Kolonialismus‹ nicht zu stören. Die Attraktivität der Kolonialismus-Metaphorik für den kollektiven Selbstentwurf habe ich bislang vor allem auf den direkten politischen Kontext der Frauenbewegung, die radikale Linke und deren Begeisterung für den antikolonialen Widerstand, zurückgeführt. Dass diese Metaphorik eine bis in die Entstehungsgeschichte des Frauenrechtsdiskurses reichende Geschichte hat, werde ich im folgenden Kapitel am Beispiel von ›Sklaverei‹ als Metapher ausführlich darlegen.

274 | »Levons-nous, femmes esclaves, et brisons nos entraves. Debout! Debout!« Ebd.

4. »Erhebt euch, versklavte Frauen«. Metaphoriken der Sklaverei

Das metaphorische Sprechen von Sklaverei[275] stellt eine besondere Version des Kolonialismusvergleichs dar. Es findet sich ebenfalls vorwiegend in Texten aus den 1970er Jahren. Die Rede von der ›Sklaverei der Frauen‹ (*esclavage des femmes*) dient der Zustandsbeschreibung, woraus wiederum Befreiung und Freiheit als Ziele abgeleitet werden. Dabei wird auf ein bereits etabliertes Repertoire zurückgegriffen beziehungsweise wird ein bereits etabliertes Vokabular aktiviert. Denn Metaphoriken der Sklaverei reichen bis in die Entstehungsgeschichte des Frauenrechtsdiskurses zurück und begründen diesen gleichermaßen. Aufgrund dieser besonderen historischen Dimension und ihrer Bedeutung für das Gerechtigkeitsprojekt des Feminismus – über den französischen Kontext hinaus – werde ich im Folgenden an den Entstehungskontext der politischen Metaphorik erinnern (4.1). Im Sprachgebrauch der Frauenbewegung bezieht sich das metaphorische Sprechen von Sklaverei in erster Linie auf Ehe und Familie, insbesondere Mutterschaft, und damit auf die primären Ansatzpunkte des feministischen Widerstandes. Das Bild der Befreiung aus der Situation der Versklavung wird dabei gegen das dominante Paradigma der Linken, den Klassenkampf, ins Feld geführt und dient der Politisierung des Privaten (4.2). Jenseits der rhetorischen Strategien werden die historischen Phänomene der Plantagensklaverei und der feudalistischen Leibeigenschaft jedoch auch als heuristisches Mittel der Analyse und Theoretisierung des Geschlechterverhältnisses herangezogen (4.3).

275 | Damit sind sowohl die wortwörtlichen Formulierungen ›Frauen als Sklaven‹ oder ›Sklaverei der Frauen‹, aber auch Bilder wie ›in Ketten liegen‹ oder ›Ketten sprengen‹, ›gefesselt sein‹, ›Eigentum sein‹ gemeint.

4.1 Kontextualisierung der Sklavereimetaphorik

Der Vergleich der Situation *weißer* Frauen mit der Situation von Sklaven in den Kolonien entspringt dem gleichen historischen Moment wie der Frauenrechtsdiskurs selbst. Die Entstehung des modernen bürgerlichen Subjektes, gekoppelt an Transformationen im Verständnis von Eigentum und Besitz, ist der historische Ausgangspunkt für die Reklamation des Subjektstatus für Frauen, die aus dem Bereich des Menschlich-Männlichen und damit aus dem Kreis der zu Subjektivität, Autonomie und Souveränität befähigten Personen ausgeschlossen waren.

Dieser historische Moment besteht in miteinander verschränkten ökonomischen, kulturellen und politischen Entwicklungen:

- Industrialisierung und die Herausbildung der kapitalistischen Produktionsweise sowie die Ausbeutung von Rohstoffen, Boden und menschlicher Arbeitskraft in den Kolonien sind die Bedingungen von Wohlstand und technischem Fortschritt in den westlichen Metropolen. Sie bringen eine tiefgreifende Umgestaltung der Arbeitsbedingungen und -verhältnisse und damit auch der Geschlechterarrangements mit sich.
- Auf der Ebene der Weltdeutung entwickelt sich ein neues Verständnis von Menschsein und menschlicher Gemeinschaft, in dem individuelle Freiheit zum höchsten politischen Wert avanciert. Das freie Individuum gehört nur sich selbst – keinem irdischen oder himmlischen Herren, so die grundlegende Idee der Aufklärung. Als solches ist es Teil einer Gemeinschaft, die im Interesse aller funktioniert und in der alle über die gemeinsamen Interessen befinden. Das Individuum ist nicht mehr Subjekt eines Herren, sondern Subjekt seiner selbst: ein autonomes und souveränes Subjekt. Zur Autonomie befähigt wird dieses Subjekt durch seine Vernunftbegabung – und genau an dieser Stelle setzt das Ausschlussverfahren ein. Nicht alle menschlichen Wesen gelten als Vernunftwesen – im Umkehrschluss fallen sie aus dem Bereich des Menschlichen heraus. Frauen und Kolonialisierten[276] wird die Vernunftbegabung abgesprochen, damit können sie auch nicht autonome und souveräne Subjekte sein.
- Damit gelten die im Zuge der verschiedenen Revolutionen Ende des 18. Jahrhunderts formulierten Menschen- und Bürgerrechte auch nicht für sie. Bürgerrechte regeln das Befinden über die gemeinsamen Interessen. Interessen hatte aber nur derjenige zu haben, der über Besitz verfügte – daher war der Kreis derjenigen, die an der Geburtsstunde der bürgerlichen Gesellschaft in den Genuss von Menschen- und Bürgerrechten kamen, ziemlich überschaubar.

---

276 | Damit meine ich sowohl die Bewohner_innen kolonialisierter Gebiete als auch versklavte Menschen, die zwischen diesen Gebieten verschleppt worden sind.

Die Revolutionen in Frankreich und in Amerika Ende des 18. Jahrhunderts gelten gemeinhin als die Geburtsstunde der bürgerlichen Gesellschaft mit ihrem Gleichheitsdiskurs, der in erster Linie ein Rechtsdiskurs ist: ›Gleiche Rechte für alle Bürger‹ und ›vor dem Gesetz sind alle gleich‹ sind die beiden zentralen und bis heute gültigen Formeln. Aus diesem Gründungsnarrativ ausgeschlossen sind die zeitgleich ablaufenden Erhebungen in der Karibik, allen voran die Revolution auf Saint-Domingo. Für die Zeitgenossen waren diese Freiheitskämpfe jedoch sehr präsent und bestimmten die öffentliche Debatte in Europa.[277] Sklaverei wurde durchaus als Widerspruch zu den Idealen der Aufklärung und dem Gleichheitsversprechen der entstehenden bürgerlichen Gesellschaft wahrgenommen und auch so diskutiert. Im Moment der Französischen Revolution gab es überall in Europa, vor allem aber in Frankreich und Großbritannien, starke abolitionistische Positionen und Bewegungen.

Diese langen historischen Prozesse und die konkreten revolutionären Ereignisse bilden den Hintergrund der bereits viel beschriebenen Neubestimmung von Geschlechterdifferenz und Geschlechterverhältnis in der entstehenden bürgerlichen Gesellschaft.[278] Der Punkt, der an dieser Stelle interessiert, ist der argumentative und faktische Ausschluss von Frauen von Subjektstatus und Bürgerrechten im Zuge dieser Entwicklungen und der Widerstand dagegen, der zentral über eine Engführung der Situation von Frauen und Sklaverei funktionierte. In dieser Engführung spielen zwei Momente eine Rolle: Zum einen der Einsatz der Figur des Sklaven als Anti-These zum autonomen und souveränen Subjekt in der Freiheitsphilosophie der Aufklärung, zum anderen die Kritik an kolonialer Sklaverei und die damit einhergehenden Forderungen nach dem Ende von Verschleppung und Ausbeutung, die vor allem Ende des 18. Jahrhunderts lauter wurden.

Sklaverei als politische Metapher der Freiheits- und Subjekttheorie des 18. Jahrhunderts

Die Idee des modernen Subjekts ist auf grundlegende Weise mit seinem realen Spiegel, der Institution der Sklaverei, verbunden.[279] Die Figur des Sklaven als Anti-These zum autonomen und souveränen Subjekt verbreitete sich genau in der Zeit, in der die reale Praxis der Verschleppung und Ausbeutung von Menschen in den Kolonien ihren Höhepunkt erreichte und in der Sklaverei zum Rückgrat des ökonomischen Systems Europas geworden ist. Die Spannung zwischen der Theoretisierung von Freiheit als natürlichem Zustand von Menschen und als unaufhebbares Recht auf der einen Seite und der faktischen Freiheitsberaubung, Verschleppung und Aus-

277 | Vgl. Buck-Morss 2000.

278 | Vgl. für viele Fraisse 1995; Hausen 1976; Honegger 1991.

279 | Vgl. Buck-Morss 2000; 2011; Broeck 2006; 2008; 2011; Gilroy 1993; Mbembe 2013.

beutung von Millionen auf der anderen Seite hat die Denker der Zeit offensichtlich kaum tangiert. Im Gegenteil wurde Sklaverei als notwendige soziale Institution ausgewiesen (Hobbes), wurden koloniale Sklaven als Eigentum definiert und in der Setzung von Eigentum als Grundlage von Freiheit gleichsam in diese integriert (Locke) oder wurde zeitgenössische Sklaverei schlichtweg verschwiegen, während unterworfene Bevölkerungen der Kolonien als ›Edle Wilde‹ idealisiert worden sind (Rousseau).[280] Wenn John Locke in der Eröffnung der *Treatises* Sklaverei jedoch als einen »wertlosen und elenden Zustand des Menschen« bezeichnet, dann spricht er nicht von den Verschleppten in den Kolonien, sondern vom »Englishman«, der (seine eigene) Versklavung ablehnen und überwinden sollte.[281] Wie den Denkern der Aufklärung ging es auch den Revolutionären in Frankreich in ihrem Kampf gegen die »Sklaverei des Feudalismus« kaum um die zeitgenössische koloniale Sklaverei. Slogans wie »Frei leben oder sterben« oder »Eher Tod denn Sklaverei« bezogen sich auf die Situation im Hexagon und der Kampf galt in erster Linie der Überwindung feudaler Besitzverhältnisse.[282] Sowohl im Denken der Aufklärung als auch im revolutionären Diskurs ist ›Sklaverei‹ zu einer Metapher geworden, die ›Freiheit‹ als höchsten und universellen Wert antithetisch bestimmt und die eingesetzt worden ist, um feudale Herrschaft zu skandalisieren und um für den Umsturz zu mobilisieren. Dabei ist die Verbindung zur zeitgenössischen kolonialen Sklaverei gekappt worden, so Sabine Broeck.

»In dem Prozess, in dem Sklaverei zu einer Metapher für unterdrückte Menschen gemacht worden ist [...], ist jegliche Referenz auf Versklavung und die vorherige gewalttätige massenhafte Kommodifizierung von Menschen aus dem Begriff der Sklaverei entfernt worden.«[283]

Die Fixierung von Sklaverei in einer Metapher scheint die Denker des 18. Jahrhunderts vor der Affizierung durch reale Verbrechen und reales Leiden geschützt zu haben. Gleichzeitig verboten handfeste ökonomische Interessen die Wahrnehmung der eigenen Paradoxien.[284]

---

280 | Zu den Positionen der Aufklärer vgl. Buck-Morss 2000.

281 | »[...] vile and miserable estate of Man«. Für Argumentation und Zitate siehe Broeck 2006, S. 159.

282 | Zitate Buck-Morss 2000, S. 836. Susan Buck-Morss weist auf die ökonomischen Interessen der Revolutionäre hin. In der Konstitutionellen Versammlung (1789–1791) hatte jeder zehnte Abgeordnete Interessen in Saint-Domingo.

283 | »In the process of making slavery a metaphor for oppressed human beings [...] the sign of slavery was emptied out of any reference to enslavement and to the prior generative modern violent mass commodification of human beings.« Broeck 2011, S. 17.

284 | Buck-Morss weist nicht nur auf die kolonialen Geschäfte der Revolutionäre in Frankreich hin, sondern deutet auch die Verwicklungen von Thomas Hobbes und John Locke ins Kolonialsystem an. Vgl. Buck-Morss 2000, S. 825 ff.

Sklaverei als Gründungsfigur des Frauenrechtsdiskurses und populäre Metapher im Feminismus

So wie im Denken der Aufklärung und in den Revolutionen der neue Wert der Freiheit über die Metaphorik der Sklaverei bestimmt worden ist, so wurde die gleiche Metaphorik auch im Frauenrechtsdiskurs eingesetzt, um den Ausschluss von Frauen von Freiheitsrechten und Gleichheitsversprechen zu skandalisieren. Dabei stellten die Debatten um Abolition im Europa des ausgehenden 18. Jahrhunderts das produktive Umfeld für die Entstehung des Frauenrechtsdiskurses dar.[285] Ein prominentes Beispiel für die Personalunion im Kampf gegen Sklaverei und für Frauenrechte ist Olympe de Gouges. In ihrem Theaterstück *L'esclavage des noirs, ou l'heureux naufrage* prangert sie die koloniale Sklaverei als unmenschlich und im Widerspruch zu den »Rechten der Natur« stehend an.[286] Wendet sie sich in diesem Stück und in anderen Stellungnahmen in der zeitgenössischen Diskussion dezidiert gegen die koloniale Sklaverei, so fordert sie mit ihrer 1791 verfassten *Déclaration des droits de la femme et de la citoyenne* die Frauen Frankreichs auf, sich aus ihrer Versklavung zu befreien. »Frau, wach auf!« (*Femme, réveille-toi!*) – mit diesen Worten eröffnet sie den die Artikel ihrer Frauenrechtserklärung begleitenden Text, in dem sie die Ungerechtigkeit der Revolutionäre anprangert, die sich für ihre eigene Befreiung aus den feudalen Ketten – beziehungsweise aus »der Sklaverei« wie es im Original heißt – auf die Kraft der Frauen gestützt hätten, diese dann aber nicht an den Errungenschaften der Revolution, an Freiheit und Wohlstand, teilhaben lassen wollten.[287] Männer kauften ihre (Ehe-)Frauen wie Sklaven an den Küsten Afrikas, andere Wege zu Wohlstand gäbe es für Frauen nicht. Abhilfe könne nur die gerechte Aufteilung von Gütern und öffentlichen Ämtern zwischen Männern und Frauen bringen.[288] Aus der Skandalisierung der Verschleppung und Ausbeutung von Menschen in den französischen Kolonien wird hier die Skandalisierung der Recht- und Besitzlosigkeit von Frauen in der

---

285 | Allerdings wurde dieser Zusammenhang weitaus weniger untersucht und diskutiert als der Konnex zwischen Abolitionismus und Frauenbewegung in den USA einige Jahrzehnte später. Der Zusammenfall von Abolition und Frauenrechtsbewegung in den USA wurde mittlerweile umfassend aufgearbeitet und auch in seinen problematischen Aspekten untersucht. Vgl. Dietze 2013.

286 | Das Stück ist in den 1780er Jahren entstanden. Bereits 1785 versuchte de Gouges es noch mit dem Titel *Zamor et Mirza, ou l'heureux naufrage* bei der Comédie Française zur Aufführung zu bringen. Das gelang aber erst im Dezember 1789. Die Aufführung provozierte heftige Auseinandersetzungen und das Stück wurde schnell wieder abgesetzt. De Gouges selbst wurde von Sklavereibefürwortern angegriffen und verteidigte sich öffentlich. Diese Vorgänge werden von Ruth Jung geschildert. Vgl. Jung 1989, S. 80 ff.

287 | Postambule zur *Déclaration des droits de la femme et de la citoyenne*. De Gouges 2003 [1791], S. 20.

288 | Vgl. ebd. S. 22 f.

Metropole. Interessanterweise verfasste de Gouges die *Déclaration* im gleichen Jahr, in dem die Revolution von Saint-Domingo begonnen hat. Die Vermutung liegt nahe, dass der Aufruf an Frauen, aufzuwachen und ihren Anteil an der Bürgerlichen Revolution zu erkämpfen, vom Freiheitskampf in der Karibik inspiriert war.

Ähnliches gilt für Mary Wollstonecraft, die sich ebenfalls öffentlich gegen die koloniale Sklaverei wandte,[289] bevor sie ihre Schrift *A Vindication of the Rights of Woman* (1792) formulierte. Darin setzte sie die bereits populäre Sklavereimetaphorik gezielt und systematisch zur Skandalisierung der Situation von *weißen* Frauen ein. Wie auch Kirsten Raupach feststellt, diente »der populäre Sklavereidiskurs [...] Wollstonecraft als metaphorisches Repertoire, um vor dem Hintergrund von Sklavenrevolution und Abolitionismusbewegung einen Frauenrechtsdiskurs zu führen«.[290]

Beide Schriften, die *Déclaration* und die *Vindication*, werden heute als Gründungstexte des modernen europäischen Frauenrechtsdiskurses angesehen. In dieser berechtigten Würdigung wird allerdings der zeithistorische Kontext ihrer Entstehung häufig einseitig auf die Freiheitsphilosophie der Aufklärung und die bürgerlichen Revolutionen festgelegt. Dass gerade auch die Revolutionen in der Karibik die Selbstermächtigung und die Befreiung der *weißen* Frauen denkbar werden ließen und dass diese damit zum Vorbild für Widerstand und Revolution von Frauen in den Metropolen werden konnten, scheint aus der Erinnerung an die Anfänge des modernen Frauenrechtsdiskurses gefallen zu sein.

Stellte der Abolitionismus als Hintergrund des sich formierenden Frauenrechtsdiskurses noch eine Verbindungslinie zwischen Sklavereimetaphorik und zeitgenössischer kolonialer Sklaverei dar, so ging diese Möglichkeit des Brückenschlags im Denken zwischen Metropolen und Kolonien zunehmend verloren. Übrig bleibt die Metaphorik, die sich in der Regel auf die bürgerliche Ehe bezieht. Diese durchzieht den Frauenrechtsdiskurs der folgenden Jahrhunderte in seinen verschiedenen Ausprägungen.[291] Im sozialistischen Feminismus der Jahrhundertwende zum 20. Jahrhundert trifft die Figur der versklavten Ehefrau, der Haussklavin, auf den ›Lohnsklaven‹ und geht eine argumentative Verbindung mit ihm ein: Die soge-

---

289 | Siehe die Schrift *A Vindication of the Rights of Men* (1790), in der sie die institutionalisierte Sklaverei verurteilt. Zum Zusammenfall von Sklavereikritik und Sklavereimetaphorik in den Schriften von Mary Wollstonecraft siehe Ferguson 1992 und Raupach 2002.

290 | Raupach 2002, S. 84.

291 | Die ungebrochene Popularität der Metaphorik bis weit ins 20. Jahrhundert hinein wird an der Studie von Barbara Holland-Cunz zur Gleichheitsfrage in der feministischen Ideengeschichte deutlich (Holland-Cunz 2003). Problematisch ist hier jedoch, dass Holland-Cunz die Rede von der Versklavung reproduziert, ohne sie zu problematisieren. Zur Nutzung der Sklavereimetaphorik von Feminist_innen im Frankreich des 19. Jahrhunderts siehe Cottias 2004.

nannte Frauenfrage gilt den Sozialist_innen als Teil der allgemeinen sozialen Frage, die in einer zukünftigen sozialistischen Gesellschaft gelöst sein würde. Das Ende des ›Lohnsklaven‹ soll auch das Ende der ›Haussklavin‹ bringen. Diese Verbindung wird vom materialistischen Feminismus der 1970er Jahre wieder gelöst beziehungsweise umgedeutet. Hier gilt die Arbeit der Haussklavin als ermöglichende Grundlage der Lohnsklaverei. »Die Produktivität von Lohnsklaverei basiert auf nicht entlohnter Sklaverei«, kritisieren beispielsweise Mariarosa Dalla Costa und Selma James.[292]

Auf die Bedeutung von Sklaverei für die materialistische Analyse der radikalen Feminist_innen in Frankreich werde ich im Kapitel 4.3 eingehen, zuvor jedoch das metaphorische Sprechen von Sklaverei der Frauenbefreiungsbewegung nachzeichnen.

4.2 »Wir werden nie mehr Sklavinnen sein«[293]

Der Vergleich der Situation von (Ehe-)Frauen mit Versklavung findet sich vor allem in den frühen Texten der Frauenbefreiungsbewegung. Als starker Kontrapunkt zur angestrebten Befreiung war dieser Vergleich ein bevorzugter Slogan. Prominentes Beispiel für die unproblematische, da nicht problematisierte, Verwendung und Allgegenwärtigkeit der Sklavereimetaphorik ist die bereits erwähnte Hymne der Frauenbefreiungsbewegung, die 1971 entstand und bei Demonstrationen und Veranstaltungen gesungen wurde und auch heute noch angestimmt wird.[294] Der Refrain der Hymne, der nach jeder der fünf Strophen wiederholt wird, ist ein Aufruf beziehungsweise eine Selbstbeschwörung der »versklavten Frauen«, sich zu erheben und die Ketten zu sprengen: »Erhebt euch, versklavte Frauen! Sprengen wir unsere Ketten! Auf! Auf!«[295]

Dass die Befreiung möglich ist, wird wiederum mit dem Bild der *marrons* zum Ausdruck gebracht. Der Begriff *marron* ist vom spanischen Wort *cimarrón* abgeleitet, das im lateinamerikanischen Spanisch ein entlaufenes Haustier bezeichnet. In den amerikanischen Kolonien sind fliehende Sklaven (afrikanischer Herkunft) als *marrons* – im englischsprachigen Kontext als *maroons* – bezeichnet worden. Im Neologismus spiegelt sich der Status der verschleppten Menschen wieder: Als Haus-

---

292 | »The productivity of wage slavery based on unwaged slavery.« Vgl. Dalla Costa/James 1972, S. 31.

293 | »Plus jamais nous serons des esclaves.« Beschriftung einer Zeichnung im *Torchon brûle* N° 0 (1970), S. 6.

294 | So beispielsweise auf der Demonstration gegen Gewalt gegen Frauen, die am 5. November 2011 in Paris stattgefunden hat. Zu hören unter [http://feministesentousgenres.blogs.nouvelobs.com] Beitrag vom 21.11.2011 mit dem Titel »Féministes, tant qu'il faudra!«; Video 2 ab Minute 1:50 und Video 3 am Anfang und ab Minute 4:43 [01.08.2012].

295 | »Levons-nous, femmes esclaves, et brisons nos entraves. Debout! Debout!« Vgl. Anmerkung 273.

tieren gleichgestellt gelten sie als Besitz. Dieses Bild wird von Monique Wittig in ihren politischen Essays eingesetzt. Der Vergleich der Figur der Lesbe mit entflohenen Sklaven dient ihr dazu, die Möglichkeit des Entkommens aus dem politischen System der Heterosexualität denkbar zu machen.[296] Das Bild findet sich aber auch in einem Beitrag der Zeitschrift *Paris féministe* in den späten 1980er Jahren. Im Beitrag wird, wie häufig in den 1980er Jahren, das Verschwinden der Frauenbewegung von der öffentlichen Bühne beklagt und zu feministischem Aktivismus aufgerufen. Das Bild der *marrons*, das in der Überschrift zunächst als Wortspiel auftaucht und am Ende des Beitrages erklärt wird,[297] soll hier deutlich machen, dass sich Aktivismus lohnt, da Freiheit möglich ist, sich Freiheit genommen werden kann. In der Form der Erinnerung an die fliehenden Sklaven auf den Antillen erfährt die Sklavereimetaphorik hier eine besondere Wendung, die auf den Hintergrund der spezifisch französischen Kolonialgeschichte verweist. Der Bezug auf die *marrons* ist im nationalen Kontext Frankreichs sinnvoll, hier kann dieser Bezug als Hinweis auf die Möglichkeit von Freiheit verstanden werden. Und doch wird das Wortspiel erklärt. Beides, der Einsatz genau dieses Bildes wie seine dennoch notwendig erscheinende Erklärung, verweist meiner Ansicht nach auf die doppelte Struktur beziehungsweise Form des Kolonialen als zugleich anwesende und abwesende Dimension der kollektiven Erinnerung und Selbstverständigung. Es wird damit eine Vergangenheit aufgerufen, die nicht in die nationalen Geschichtsschreibungen eingegangen ist und auch aus der Erinnerung an die bürgerlichen Revolutionen des 18. Jahrhunderts gelöscht zu sein scheint – die dennoch immer wieder aufblitzt und – wie hier – in Bildern und Metaphern präsent ist.

Die in Bewegungszeitschriften zirkulierende Metaphorik bezieht sich in der Regel auf Ehe und Familie und die Ausbeutung der Arbeitskraft von Frauen im Haushalt, wobei insbesondere Mutterschaft mit Bildern der Sklaverei belegt oder direkt als Versklavung bezeichnet wird. Ehe und Familie werden als zentrale Institutionen der patriarchalen Gesellschaft und Stützpfeiler der kapitalistischen Produktionsweise ausgewiesen: In der Familie und durch die Ehe werden Frauen unterworfen und ausgebeutet. In diesem Zusammenhang ist wiederholt vom Ehe- und Hausfrauendasein als Haus(halts)-Sklaverei (*esclavage domestique*) die Rede.[298] Dabei sollte Liebe keine Sklaverei sein, heißt es beispielsweise im *Torchon brûle.*

---

296 | Ich gehe im nächsten Kapitel ausführlich auf die Sklavereimetaphorik in den Texten Wittigs ein.

297 | Die handschriftliche Überschrift lautet »Chauds, les marrons, chauds!!«. Damit preisen im Herbst die Kastanienverkäufer_innen ihre Ware an. Am Ende des Textes wird dann aber daran erinnert, dass man auf den Antillen die fliehenden Sklaven *marrons* genannt hat (»Rappel: les marrones et marrons étaient aux Antilles les esclaves qui s'enfuyaient pour être libres«). Vgl. *Paris féministe* N° 38 (1987), S. 15.

298 | Dabei wird auch auf die Herkunft dieser Formulierung, hier konkret auf Schriften Lenins, verwiesen. Vgl. *Libération des femmes, année zéro* (1972 [2. Aufl.]), S. 99.

»Liebe darf keine Sklaverei sein«, diese Forderung steht am Ende einer langen Liste von Tätigkeiten wie Putzen, Kochen, Kinder versorgen bis hin zu sexueller Verfügbarkeit, die, da angeblich aus ›Liebe‹ geleistet, nicht als Arbeit anerkannt würden.[299] Die Metaphorik taucht in nahezu allen von mir untersuchten Zeitschriften aus den 1970er Jahren auf. Der Sklavereivergleich scheint folglich unabhängig von der theoretischen Orientierung beziehungsweise der Zugehörigkeit zu einer Fraktion der Bewegung eingesetzt worden zu sein. Wie die Rassismusanalogie wird der Sklavereivergleich auch in umgekehrter Richtung eingesetzt, wenn die Ausbeutung der Arbeit von Frauen als älteste Form der Sklaverei ausgewiesen wird.[300]

Neben der globalen Bezeichnung von Ehe- und Hausfrauendasein als Sklaverei findet sich die Metaphorik vor allem in der Auseinandersetzung mit dem Thema Mutterschaft im Kontext der Kampagne für die Liberalisierung von Verhütung und Schwangerschaftsabbruch. Es sind zwei Aspekte an Mutterschaft, die als Sklaverei skandalisiert werden. Zum einen geht es um den Zwang zur Reproduktion, dem Frauen ausgesetzt seien. Zum anderen wird die Ausbeutung von Sorgearbeit in einem weiteren Sinne als Sklaverei bezeichnet. Die Interpretation von Mutterschaft als Sklaverei findet sich vor allem in Texten des radikalen Feminismus und ist Bestandteil der kapitalismuskritischen Analyse des Geschlechterverhältnisses. Mutterschaft wird als der zentrale Ort von Ausbeutung und Unterdrückung von Frauen identifiziert, einer Ausbeutung, auf der das System der kapitalistischen Produktionsverhältnisse beruhe. »Die Reproduktion von Menschen und die Produktion der für ihre Aufzucht notwendigen Dienstleistungen, basiert in unserer Gesellschaft vollständig auf der unentgeltlichen Arbeit von Frauen, das heißt, auf ihrer Versklavung«, heißt es beispielsweise in einem Beitrag zur Doppelnummer des *Partisans* im Jahr 1970.[301] Ein anderer Beitrag im gleichen Heft weist Mutterschaft in der kapitalistischen Gesellschaft als Sklaverei aus und fordert neben der Veränderung der sozialen Bedingungen von Mutterschaft überhaupt die freie Wahl dieser Erfahrung und Lebensweise: »[…] Kinder, die gewünscht sind, unter solchen sozialen Bedingungen aufziehen können, dass es keine Sklaverei mehr ist.«[302] Dass

---

299 | »L'amour ne doit pas être l'esclavage.« *Le Torchon brûle* N° 1 (1970), o. S.

300 | Hier beispielhaft im Umfeld der Gruppe *Psychanalyse et Politique*. In einem Bericht über ein Treffen der sogenannten Mütter- und Hausfrauengewerkschaft (CSDF) heißt es: »Die CSDF engagiert sich für die Abolition der ältesten Form der Sklaverei […].« (»C'est pour l'abolition du pus vieil esclavage que la CSDF engage l'action, concrètement, chaque jour, dans chacun de nos lieux d'activité.«) *Des Femmes en mouvements* N° 97 (1982), S. 26.

301 | »[…] notre société qui repose entièrement, pour la reproduction des êtres humains et la production des services nécessaires à leur élevage, sur le travail gratuit des femmes, c'est-à-dire sur leur esclavage.« *Libération des femmes, année zéro* (1972 [2. Aufl.]), S. 48.

302 | »[…] pouvoir élever les enfants qu'on désire dans des conditions sociales telles que ça ne soit plus un esclavage.« Ebd., S. 99.

Frauen Mutterschaft ablehnen, sei der Einsicht geschuldet, dass sie sich in dieser Gesellschaft damit versklaven, wird in *La Revue d'en face* erklärt.[303]

Ein besonderes Beispiel für diese Perspektive ist das Buch *Maternité esclave* (1975), dass ein Autor_innenkollektiv aus den Reihen der *Féministes révolutionnaires*[304] in den Jahren 1971 bis 1973 verfasst hat. Das Buch stellt eine Intervention in die Verhandlungen um Deutung und Strategie im feministischen Kampf für Legalisierung von Verhütung und Schwangerschaftsabbruch dar und richtet sich sowohl an ein feministisches wie auch an ein weibliches, nicht unbedingt feministisches Publikum. Es vereint ideologiekritische Passagen mit praktischen Informationen über Menstruation, Empfängnis und ihre Verhütung sowie den Geburtsvorgang. Mutterschaft wird als der zentrale Ort der Unterdrückung von Frauen ausgewiesen.[305] Warum Mutterschaft (in einer kapitalistischen Gesellschaft) Sklaverei sei oder versklavende Effekte habe, wird in mehrfacher Hinsicht bestimmt. Ein zentraler Faktor sei die Kontrolle der weiblichen Reproduktionsfähigkeit, die durch den Zugang zu Verhütungsmitteln in die Hände der Frauen selbst gelangen könnte, so die Autor_innen. Ein anderer Aspekt sei die Ausbeutung dieser Fähigkeit des weiblichen Körpers für die Produktion der Arbeitskräfte der Zukunft. Weiterhin geht es um die ideologische Überhöhung von Mutterschaft zur Verschleierung eben jener Ausbeutung, um die Zurichtung von Mädchen und jungen Frauen auf ihre zukünftige Rolle sowie um die alleinige Zuständigkeit von Müttern nicht nur für die Versorgung der Kinder, sondern des gesamten Haushaltes gleich mit. Alle diese Aspekte machen in den Augen der Autor_innen aus Mutterschaft Sklaverei. Ihren Kampf für die Legalisierung von Verhütung und Schwangerschaftsabbruch sehen sie allerdings nur als eine notwendige Etappe auf dem Weg zur Überwindung von Ehe und Familie an.[306] Es seien diese Institutionen, in denen Frauen eingesperrt, unterworfen und ausgebeutet werden.

Wie in vielen anderen Texten der Zeit gibt es auch hier eine Passage, in der feministischer Widerstand mit dem Widerstand anderer ausgebeuteter und unterworfener Gruppen verglichen wird. Genauer geht es um das Vergessen dieses Widerstandes in der hegemonialen Geschichtsschreibung und im kollektiven

---

303 | »Une part du refus des maternités vient de la conscience que dans le cadre de cette société les femmes en sont esclave.« *La Revue d'en face* N° 7 (1979), S. 28.

304 | Die Selbstbezeichnung taucht vor allem in der Zeitschrift *Le Torchon brûle* und damit in den frühen Jahren der Bewegung auf. Die in den so unterzeichneten Beiträgen formulierten Positionen sind dem radikalen Feminismus zuzuordnen.

305 | Vgl. *Maternité esclave* (1975), S. 5.

306 | »Lutter pour l'avortement et la contraception n'a pas de sens pour nous si cela ne sert pas à ébranler et à faire éclater à long terme le mariage et la famille, qui maintiennent l'esclavage des femmes et des enfants et constituent la base, comme on l'a déjà démontré, des systèmes sociaux autoritaires.« Vgl. ebd., S. 307.

Gedächtnis. Die Vergleichsgruppen sind hier interessanterweise Schwarze, die während der gesamten Dauer der Sklaverei immer wieder revoltiert hätten, und »Indianer« [sic], die während der spanischen Kolonisation wiederholt Widerstand gleistet hätten. Genau wie deren Kämpfe würde auch der Kampf von Frauen verleugnet oder lächerlich gemacht und damit dem Vergessen anheimgegeben.[307] Warum aber gerade versklavte Schwarze und kolonialisierte ›Indianer‹? Legt die Metaphorik der ›Sklaverei‹ genau diese Vergleichsgruppen nahe?

Betrachtet man den Kontext des Buches, den Kampf um Selbstbestimmung und reproduktive Rechte für Frauen, dann erscheinen beide, Metaphorik und Vergleich, doppelt problematisch. Denn an den Rändern der Kampagne für die Legalisierung von Verhütung und Schwangerschaftsabbruch zirkulierte Wissen über die Situation von Frauen in den ehemaligen Kolonien, den sogenannten *Départements* beziehungsweise *Territoires d'outre-mer* (DOM/TOM), deren Problem nun gerade nicht der Zwang zur Mutterschaft, sondern das Vorenthalten derselben war. So enthält beispielsweise das 1973 verfasste Programm einer der zentralen Akteure im Kampf für reproduktive Rechte, des MLAC, einen Absatz zur Situation in den DOM/TOM.

Das *Mouvement de libération de l'avortement et de la contraception* (MLAC) ist 1973 als Verein gegründet worden, um Mediziner_innen, die Schwangerschaftsabbrüche vornehmen, vor Gericht verteidigen zu können. Der Gründung vorangegangen war ein Manifest von Ärzt_innen, die sich zur Praxis des Abbruchs bekannten und die Legalisierung des Schwangerschaftsabbruchs forderten. Ziel des Vereins war es, die Anerkennung des Schwangerschaftsabbruchs als legale medizinische Leistung durchzusetzen, wobei die Kosten von der Sozialversicherung übernommen werden sollten. Beide Ziele sind mit dem *Loi Veil* 1975 erreicht worden, woraufhin sich der Verein wieder aufgelöst hat. Neben dem politischen Kampf leistete der Verein Aufklärungsarbeit, unterstützte Reisen ins Ausland und unterhielt Zentren, in denen die im Verein aktiven Ärzt_innen Schwangerschaftsabbrüche vornahmen. Das besondere am MLAC war seine Zusammensetzung. In ihm waren Ärzt_innen aktiv, die aus der *Groupe d'information santé* kamen, Angehörige des *Planning familial*, Mitglieder linker Gewerkschaften und Parteien – und Frauen, die auch im MLF aktiv waren. Innerhalb der Frauenbewegung war das MLAC gerade aufgrund dieser Zusammensetzung nicht unumstritten.[308]

---

307 | Vgl. ebd., S. 303.

308 | Zur Geschichte des MLAC siehe Zancarini-Fournel 2003; zum Verhältnis von MLAC und MLF siehe Pavard 2009.

Der entsprechende Absatz lautet:

»Die Freigabe von Abtreibung und Verhütung bedeutet: [...] das Ende der Ungleichbehandlung in Sachen Verhütung, die in der Metropole eingeschränkt wird, insbesondere für Minderjährige, und die in den DOM/TOM durch eine rassistische und malthusianische Politik gefördert wird.«[309]

Von der 1976 gegründeten *Coordination des femmes noires* werden Zwangssterilisationen ebenfalls zum Thema gemacht, was in diversen Flyern und Berichten über deren Veranstaltungen deutlich wird.[310] In einer 1978 erschienenen Broschüre weisen sie ebenfalls auf die Praxis der Zwangssterilisation auf den Antillen, aber auch in Frankreich hin.[311] Im *Torchon brûle* findet sich ebenfalls ein Hinweis auf die Praxis der Zwangssterilisation – diesmal sogar in der Metropole. Unter der Überschrift *In den HLM*[312] werden ›Zeugnisse‹ (*témoignages*) von Frauen aus der *Banlieue* zusammengefasst. En passant wird im Text erwähnt, dass diese »schwarzes Blut« in den Adern hätten oder arabischer Herkunft seien. Einleitend wird festgestellt, dass die Frauen sich nicht über die »Ursache ihres Leidens«, über die »unerbittliche und harte Welt der Männer« im Klaren seien. Daran anschließend werden verschiedene Rollen von Männern aufgezählt, unter anderen die des Arztes, welcher der Frau mit Bauchschmerzen mal eben ungefragt die Eierstöcke entferne.[313]

An diesen Beispielen wird deutlich, dass Wissen um Zwangssterilisationen in den 1970er Jahren zirkulierte.[314] Dieses Wissen ist jedoch nicht in einen Zusammenhang mit dem Kampf für die Legalisierung von Verhütung und Schwangerschaftsabbruch gebracht worden beziehungsweise hat es keinen Eingang in die Auseinandersetzung mit Körper, Sexualität und Selbstbestimmung gefunden, die in der *weißen* Frauenbewegung geführt worden ist. Die Formel der *Maternité esclave*, der Mutterschaft als Sklaverei, macht die von Zwangssterilisation betroffenen Frauen in den DOM/TOM und im Hexagon doppelt unsichtbar: als Nachkommen von Sklav_innen, denen Mutterschaft versagt wird.

---

309 | »La Liberté de l'avortement et de la contraception implique: [...] la suppression des inégalités d'une contraception qui est réprimée en métropole, pour les mineurs en particulier, et favorisée par une politique raciste et malthusienne dans les DOM/TOM.« MLAC (1973).

310 | Zum Hintergrund und zur politischen Arbeit der *Coordination des femmes noires* siehe Kapitel 5.

311 | Vgl. Coordination des femmes noires (1978), S. 12.

312 | HLM steht für *Habitation à loyer modéré* und bezeichnet sozialen Wohnungsbau.

313 | Vgl. *Le Torchon brûle* N° 2 (1971), o. S.

314 | Im untersuchten Material finden sich weitere Texte, in denen die Praxis der Zwangssterilisation thematisiert wird. Allerdings nicht mit Bezug auf Frankreich oder die französischen Kolonien wie in den angeführten Beispielen, sondern es geht um Frauen ›woanders‹, beispielsweise in Indien und Tunesien (*La Revue d'en face* N° 7 [1979], S. 27), in den USA (*Libération des femmes, année zéro* [1972; 2. Aufl.], S. 88 f.), in Latein- und Südamerika (*Des Femmes en mouvements* N° 5 [1978] und N° 6 [1979]).

Die rhetorische Verknüpfung von Mutterschaft und Sklaverei verschwindet gegen Ende der 1970er Jahre. Ein Grund dafür mag die veränderte Perspektive auf Mutterschaft innerhalb der Frauenbewegung sein, die nunmehr eine Beschäftigung mit Erfahrungen von Mutterschaft bis hin zu deren Aufwertung und Überhöhung zuließ.[315] Zudem war es seit der endgültigen Legalisierung von Verhütung und Schwangerschaftsabbruch im Jahr 1979 möglich, sich für oder gegen Kinder zu entscheiden. Neben der veränderten rechtlichen und politischen Situation und der differenzierteren Auseinandersetzung mit Mutterschaft liegen weitere Gründe für den Wandel der sprachlichen Formen und das Verschwinden der Metaphorik in der Entwicklung der Bewegung selbst. Mit Beginn der 1980er Jahre hat der feministische Aktivismus andere Formen angenommen. In der voranschreitenden Institutionalisierung der politischen, sozialen wie akademischen Arbeit verliert der Kampf um Befreiung seine Vehemenz und wechselt das sprachliche Register. Dennoch haben sich Spuren der revolutionären Befreiungsmetaphorik bis in die Gegenwart erhalten, wenn über die Situation ›anderer‹ Frauen gesprochen[316] oder aber die bereits mehrfach erwähnte Hymne des MLF angestimmt wird.

4.3 Sklaverei und Leibeigenschaft als explikative Modelle

Neben der simplen Aufrufung des Begriffs ›Sklaverei‹, der die Funktion der Skandalisierung der Lebensumstände von Frauen sowie der Legitimierung der Forderungen der Bewegung erfüllt, dienen das historische Phänomen der Plantagensklaverei in Nord- und Südamerika und auf den Antillen sowie die feudalistische Leibeigenschaft in Europa auch als explikative Modelle in der Analyse und Theoretisierung des Geschlechterverhältnisses im Rahmen der in den 1970er Jahren formulierten materialistischen Analyse des radikalen Feminismus.

Dem bereits besprochenen Manifest *Pour un mouvement de libération des femmes* – in der Autorschaft von Monique Wittig[317] – sind die Definitionen der Begriffe ›Leibeigene/r‹ (*serve, serf*) und ›Knechtschaft‹ beziehungsweise ›Leibeigenschaft‹

---

315 | Siehe beispielhaft den Beitrag über das Thema Mutterschaft und dessen Verhandlung in der Frauenbewegung in *La Revue d'en face* aus dem Jahr 1980, der Analyse der verschiedenen Positionen und Intervention in die Debatte gleichermaßen ist. Vgl. *La Revue d'en face* N° 8 (1980), S. 45–52.

316 | So in der Zeitschrift *Paris féministe* im Kontext der zweiten Welle der Kopftuchdiskussion Mitte der 1990er Jahre. Die Autor_in positioniert sich deutlich gegen ›den Islam‹ und beschreibt die Situation von Frauen in islamisch geprägten Ländern unter anderem als *esclavage domestique*. Bei dem Beitrag handelt es sich um die späteste Fundstelle der Sklavereimetaphorik im untersuchten Material. Vgl. *Paris féministe* N° 165 (1995), S. 23.

317 | Vgl. Anmerkung 159.

(*servitude*) aus dem Wörterbuch *Le Petit Robert* vorangestellt. Im zitierten Eintrag zu ›Knechtschaft‹ dient das Geschlechterverhältnis als Beispiel: »Die Knechtschaft, in welcher der Mann die Frau [sic] hält.«[318] Das Bild der Knechtschaft, in dem *der* Mann *die* Frau hält, wird im Verlauf des Textes aufgegriffen und zu einem Argument weiterentwickelt, dass als Antwort auf zwei der zahlreich im Text verteilten und hervorgehobenen Zitate gelesen werden kann. Von August Bebel wird die Feststellung, dass die Gemeinsamkeit von Frau und Arbeiter die Unterdrückung sei,[319] und von Friedrich Engels die Phrase »Der Mann ist der Bourgeois, die Frau der Proletarier [sic]«[320] wiedergegeben. Dem hält Wittig entgegen, dass Frauen aufgrund ihrer »Verknechtung« in der Familie nicht mit dem Proletarier im Marx'schen Sinne gleichzusetzen seien. Im Gegensatz zum doppelt freien Arbeiter seien Frauen nicht frei, ihre Arbeitskraft auf dem Markt zu verkaufen, da diese zu großen Teilen in unentgeltlicher Hausarbeit und Kindererziehung gebunden sei. Diese Leibeigenschaft (*servage*) sei ein Rest Feudalismus in der modernen Industriegesellschaft. Mit der Identifizierung von Ehe und Familie als die primären Orte der Unterdrückung und Ausbeutung von Frauen macht Wittig deutlich, dass die Befreiung sich nicht einfach über die Veränderung der kapitalistischen Produktionsverhältnisse ereignen wird, sondern dass es ebenfalls eine grundlegende Veränderung auf der Ebene von Ehe und Familie geben muss. Diese hätte wiederum direkte Auswirkungen auf Produktionsverhältnisse und bürgerlichen Staat. In dieser hier nur sehr verkürzt wiedergegebenen Argumentation geht es in erster Linie um die Legitimation einer autonomen Frauenbewegung und ihrer Forderungen. In ihrer Darstellung der Situation von Frauen als primär Ehefrauen und Mütter verwendet Wittig die Begriffe ›Sklaverei‹ (*esclavage*) und ›Leibeigenschaft‹ (*servage*) synonym, wobei ›Leibeigenschaft‹ weit häufiger vorkommt als ›Sklaverei‹. Verweise und Zitate im Text legen nahe, dass Wittig an die Tradition der Sklavereimetaphorik in den Texten sozialistischer Autor_innen anschließt. Gleichzeitig finden sich im Text Anspielungen auf die koloniale Vergangenheit Frankreichs und das historische Phänomen der Plantagensklaverei in den französischen Kolonien. Die Metaphorik wirkt dadurch eigentümlich konkret. Der Begriff der Leibeigenschaft wiederum kann aus Wittigs Herleitung des Klassenantagonismus stammen: Aus Leibeigenen seien nach der (bürgerlichen) Revolution von 1789 ›Lohnsklaven‹ geworden, argumentiert Wittig mit Verweis auf Lenin. Diese Geschichte überträgt sie auf das Geschlechterverhältnis:

»Da wir jetzt theoretisch die gleichen Rechte wie Männer haben, wird uns diese Abscheulichkeit sehr deutlich: In den modernen Gesellschaften existiert eine Art Arbeit, die keinen Tauschwert hat. Das ist

318 | »La servitude où l'homme tient la femme.« Wittig et al. 1970, S. 13.

319 | »La femme et le travailleur ont tous deux ceci en commun qu'ils sont des opprimés.« Ebd., S. 14.

320 | »L'homme est le bourgeois, la femme le prolétaire.« Ebd. Vgl. hierzu Anmerkung 167.

die Arbeit, die wir im Haushalt verrichten. Diese bedeutet eine enorme Größe an sozial notwendiger Produktion […]. Wir nennen diese Arbeit Knechtarbeit [*travail servile*].[321]

In ihrem ebenfalls 1970 erschienenen Grundlagentext *L'ennemi principal* legt Christine Delphy eine sehr ähnliche, aber bereits um einiges ausgefeiltere Argumentation vor. In Abgrenzung von der linken Referenztheorie Marxismus entwickelt Delphy hier die Grundzüge einer materialistischen Analyse der Unterdrückung von Frauen, deren zentraler Einsatz das Verhältnis von Frauen zur Produktion beziehungsweise die Position von Frauen in Produktionsverhältnissen ist. Delphy argumentiert, dass auch die von Frauen in Haushalt und Familie geleistete Arbeit produktiv sei, und führt dabei die Unterscheidung von zwei Produktionsweisen ein, der industriellen Produktionsweise (*mode industriell*) und der familiären Produktionsweise (*mode familial*). Der Unterschied zwischen beiden Produktionsweisen bestehe nun aber nicht in der Höhe der Gegenleistung für eine ausgeführte Arbeit und auch nicht in der unterschiedlichen Bewertung von Lohn und Unterhalt, sondern vielmehr in der Art des Produktionsverhältnisses. Wie bereits Wittig unterstreicht auch Delphy die individuelle Abhängigkeit der Ehefrau im Gegensatz zum abstrakten Verhältnis von Kapitalist und Proletarier. Der Lohnempfänger verkaufe seine Arbeitskraft, die Ehefrau gebe sie. Das familiale Produktionsverhältnis, das in der unentgeltlichen Leistung von Arbeit im Rahmen einer umfassenden und persönlichen Beziehung bestehe, stellt für Delphy ein Verhältnis der Sklaverei (*rapport d'esclavage*) dar. Aufgrund der sehr großen Wahrscheinlichkeit, dass eine Frau irgendwann in ihrem Leben verheiratet sei, könne man sagen, so Delphy, dass alle Frauen dazu bestimmt seien, in dieses familiale Produktionsverhältnis einzutreten. Als Gruppe in diesem Produktionsverhältnis bildeten Frauen eine Klasse – als Kategorie von Menschen, die qua Geburt dazu bestimmt seien, Teil dieser Klasse zu werden, bildeten Frauen zudem eine Kaste.[322] In einer Fußnote weist Delphy an dieser Stelle auf sprachliche Parallelen zwischen den Bezeichnungen für Ehefrau und Sklaven hin: Die Begriffe ›Frau‹ (*femme*) und ›Ehefrau‹ (*épouse*) würden synonym verwandt, ebenso verhalte es sich mit den Bezeichnungen für ›Leibeigene‹ (*serf*) und ›Slaven‹ (*slave*). Eine große Anzahl von Slaven seien Leibeigene gewesen, so sei mit der Zeit das Wort ›Slave‹ als Synonym für ›Leibeigener‹ (*serf*) verwandt worden – woraus sich wiederum das Wort ›Sklave‹ (*esclave*) entwickelt hätte.

---

321 | »Maintenant que nous avons théoriquement les mêmes droits que les hommes, ce qui nous apparaît clairement c'est cette monstruosité: il existe dans les sociétés modernes une sorte de travail qui n'as pas de valeur d'échange, c'est le travail que nous faisons à la maison. Il représente une masse énorme de production socialement nécessaire. […] Nous l'appelons, ce travail, travail servile.« Vgl. Wittig et al. 1970, S. 15.

322 | Vgl. Delphy 2009 [1970], S. 51.

Die hier aufscheinende Idee vom genuinen Zusammenhang von Kategorie und sozialem Verhältnis stellt eine der zentralen Linien der materialistischen feministischen Analyse dar, wie sie in der Folge von Personen wie Christine Delphy, Nicole-Claude Mathieu, Colette Guillaumin, Paola Tabet, Monique Wittig und anderen entwickelt und hauptsächlich in der Zeitschrift *Questions féministes* publiziert worden ist.

In der weiteren Ausführung dazu, dass die Aneignung und Ausbeutung ihrer Arbeit in der Ehe eine gemeinsame Unterdrückung (*oppression commune*) für alle Frauen bedeutet, argumentiert Delphy mit einer weiteren Analogie: Die Ehefrauen der Bourgeois seien nicht automatisch auch Bourgeoises, das wäre genauso, wie anzunehmen, dass der Sklave eines Plantagenbesitzers ebenfalls im Besitz der Plantagen sei. Mit der Behauptung, dass Ehefrauen zur Klasse ihres Ehemannes gehören, werde die Tatsache verschleiert, dass sie per definitionem zu einer anderen Klasse gehörten beziehungsweise im Inneren der Arbeiterklasse, zu der die Mehrheit der arbeitenden Frauen gehöre, eine »überausgebeutete« Kaste bildeten. Und es werde ebenso verschleiert, dass zusätzlich zu den kapitalistischen Produktionsverhältnissen ein weiteres Produktionssystem bestehe, in welchem Ehemänner und Ehefrauen antagonistische Klassen bildeten.

Wie Monique Wittig spricht auch Christine Delphy sowohl von Leibeigenschaft (*servage*) als auch von Sklaverei (*esclavage*). Wie gesehen, sind beide Verwendungsweisen theoretisch begründet und haben die Funktion, das Herrschaftsverhältnis, in dem sich Frauen befinden, als vom Klassenverhältnis unabhängiges soziales Verhältnis auszuweisen, für dessen Transformation beziehungsweise Abschaffung es einen eigenständigen, vom Klassenkampf unabhängigen Kampf brauche, der direkt in der ›Keimzelle‹ der kapitalistischen Gesellschaft ansetzt: in der Ehe und in der Familie. Eine weitere Ausarbeitung dieser Analyse liefert Colette Guillaumin in ihrem Aufsatz *Pratique du pouvoir et idée de Nature*, der in zwei Teilen 1978 in N° 2 und N° 3 der *Questions féministes* erschienen ist.[323] Guillaumin unterscheidet in ihrer Argumentation zwei Ebenen des Machtverhältnisses, in dessen Rahmen sich die Aneignung (*appropriation*) von Frauen vollziehe. Zum einen geht es um das soziale Verhältnis von Männern und Frauen, das sie ebenfalls als Klassenverhältnis entwirft (Teil eins des Aufsatzes). Zum anderen geht es um die ideologische Absicherung dieses Machtverhältnisses, die auf der Argumentationsfigur ›Natur‹ aufbaue (Teil zwei des Aufsatzes). Guillaumin betont in ihrer Darstellung die physische Dimension des familiären Ausbeutungsverhältnisses und bezieht Sexualität als Ort von Unterwerfung und Ausbeutung in die Analyse ein.[324] Wie Wittig und Delphy unterstreicht auch Guillaumin den besonderen Charakter des

---

323 | Erneut in Guillaumin 1992.

324 | Diese Dimension blieb bei Delphy als Forschungsdesiderat lediglich angedeutet. Vgl. Delphy 2009 [1970], S. 55.

Geschlechterverhältnisses. Es handele sich nicht wie beim Verhältnis von Kapitalist und Proletarier um den Aufkauf von Arbeitskraft, sondern um ein Verhältnis, dass in der direkten physischen Aneignung der ganzen ›Produktionseinheit‹ von Arbeitskraft bestehe. Diese Aneignung – sowohl der Gruppe der Frauen als Ganze als auch des individuellen Körpers jeder einzelnen Frau – vollziehe sich über verschiedene Formen, so Guillaumin: in der Aneignung von Zeit, in der Aneignung der ›Produkte‹ des Körpers, in sexuellem Zwang und in der Aufgabe der Sorge für andere. Diese Mechanismen der Unterwerfung und Ausbeutung bedeuteten eine komplette Aneignung der gesamten Person, ihrer Zeit, ihres Körpers, ihrer Individualität. Diese Art der Aneignung sei nicht allein den Geschlechterverhältnissen eigen, sondern sei auch für Sklaverei und Leibeigenschaft charakteristisch. Analog zu diesen Begriffen schlägt Guillaumin die Neuschöpfung *Sexage* zur Bezeichnung des Geschlechterverhältnisses als eigenständigem Klassenverhältnis vor: Was in der Ökonomie des Grundbesitzes als ›Sklaverei‹ (*esclavage*) und ›Leibeigenschaft‹ (*servage*) bezeichnet werde, könne in der modernen Haushaltsökonomie mit dem Begriff *Sexage* bezeichnet werden.[325] In der Darstellung der einzelnen Mechanismen der Aneignung verweist Guillaumin in Fußnoten auf die Nähe beziehungsweise Vergleichbarkeit mit verschiedenen Formen von Sklaverei oder Leibeigenschaft. Was die Aneignung der ›Produkte‹ des Körpers anbelangt, so sei das Verhältnis der *Sexage* am ehesten mit moderner Plantagensklaverei vergleichbar, da auch hier die Verfügungsgewalt über die Kinder in den Händen der Herren lag. Im Abschnitt zur sexuellen Verfügbarkeit folgt wiederum ein Hinweis auf das feudale ›Recht der ersten Nacht‹.

Im zweiten Teil des Aufsatzes zur ideologischen Dimension des Herrschaftsverhältnisses zwischen den Geschlechtern spielt vor allem der Vergleich mit der modernen Plantagensklaverei eine zentrale Rolle. Frauen und Sklaven der Plantagen werden als die beiden Gruppen dargestellt, deren Unterwerfung und Ausbeutung sich nicht nur ähneln – es geht um die Aneignung der gesamten Person, ihres Körpers wie ihrer Individualität –, sondern bei denen auch die Begründung ihrer besonderen sozialen Position vergleichbar sei: In beiden Fällen werde die Existenz als spezifische Gruppe über eine vermeintliche innere Bestimmung, eine spezifische Natur, erklärt, die wiederum an einem konstanten symbolhaften Zeichen festgemacht werde. Es sei zudem immer die ›Differenz‹ der unterdrückten Gruppe, die erklärungsbedürftig erscheine. Guillaumin verweist an dieser Stelle auf die Rolle der modernen Wissenschaften im Prozess der Konstituierung von ›Frauen‹ und ›Schwarzen‹ als besondere Gruppen. Der historische Zusammenfall von der Aneignung und dadurch Konstitution spezifischer Gruppen von Menschen und die Entwicklung moderner Wissenschaften bilde zwar den Kontext und die Bedingung sowohl für Verhältnisse der *Sexage* als auch für Verhältnisse der Sklaverei, aber

---

325 | Vgl. *Questions féministes* N° 2 (1978), S. 9.

mittlerweile existiere einzig das Geschlechterverhältnis als unhinterfragtes Ausbeutungsverhältnis, so Guillaumin weiter. Die Vorstellung einer besonderen Natur der ehemals versklavten Menschen existiere durchaus noch, aber diese lebten nicht mehr in einem Verhältnis der kompletten Aneignung und Unterwerfung. Zudem gäbe es Kontroversen um deren vermeintliche Natur. Im Fall von Frauen gäbe es hingegen weder Kontroversen, noch habe sich deren faktische Situation verändert. Die politische Konsequenz aus der Naturalisierung der Unterwerfung beziehungsweise der dadurch entstehenden Gruppe bestehe darin, dass jeglicher Protest gegen Unterdrückung und Ausbeutung nicht als politische Intervention anerkannt, sondern als die gesellschaftliche Ordnung bedrohendes Naturereignis wahrgenommen und abgewehrt werde. Die Aufgabe feministischer Theorie sei daher, das bislang Ungedachte des vermeintlich Bekannten zu denken.

Der konzeptionelle Begriff *Sexage* sollte einen Beitrag dazu leisten. In dem er den Aspekt der Aneignung hervorhebt, sollte der Begriff das in der radikalen Linken verbreitete Vokabular von ›Unterdrückung‹ und ›Ausbeutung‹ konkretisieren. Frauen würden nicht (nur) unterdrückt und ausgebeutet (wie Arbeiter), sondern in ihrer Persönlichkeit und Körperlichkeit vereinnahmt, eben ›angeeignet‹ wie Sklaven, so das Argument. Guillaumins erklärtes Anliegen war es zudem, dem sich schnell verbreitenden Begriff ›Sexismus‹ ein materialistisch fundiertes Konzept, wenn nicht entgegen, so doch zur Seite zu stellen.[326]

Zusammenfassend lässt sich festhalten, dass in der materialistischen feministischen Analyse das Geschlechterverhältnis über den Rekurs auf Sklaverei und Leibeigenschaft als Ausbeutungsverhältnis erklärt wird. Ähnlichkeiten werden sowohl auf der Ebene der Strukturmerkmale – nicht allein Ausbeutung von Arbeitskraft, sondern Aneignung der ganzen Person – als auch auf der Ebene der ideologischen Absicherung des Ausbeutungsverhältnisses – Naturalisierung der Unterwerfung – festgestellt. Der Vergleich insbesondere mit der Plantagensklaverei des 18. und 19. Jahrhunderts erfüllt somit eine grundlegende heuristische Funktion in der materialistischen Analyse des Geschlechterverhältnisses.

Eine besondere Verarbeitung erfährt diese Analyse und der ihr innewohnende Sklavereivergleich durch Monique Wittig, die die materialistische Analyse des radikalen Feminismus in einen radikalen ›Lesbianismus‹ weiterentwickelt hat. Wie gezeigt, spielen Sklaverei und Leibeigenschaft bereits im Manifest von 1970 eine tragende Rolle. Auch im kurz zuvor erschienenen fiktionalen Text *Les Guérillères* wird insbesondere das Institut der Ehe mit Sklaverei verglichen und an ein (utopisches) Jenseits der Sklaverei erinnert, das zur Not auch zu erfinden sei.[327] In

---

326 | Vgl. dazu Mathieu 2000, S. 209.

327 | Beispielhaft: »Sie sagen: Es gab eine Zeit, in der du keine Sklavin gewesen bist, erinnere dich … Oder, zur Not, Erfinde!« (»Elles disent: Il y a eu un temps où tu n'as pas été esclave, souviens-toi … Ou,

den politischen Essays wiederum dient das Bild des entflohenen Sklaven dazu, die Möglichkeit des Entkommens aus dem politischen System der Heterosexualität zu verdeutlichen. Die Sklavereimetaphorik erfüllt hier eine systematische Funktion, sie dient der Konturierung des politischen Programms Wittigs, das ›Lesbianismus‹ als Weg der Befreiung von ›Frauen‹ aus dem System der Heterosexualität vorsieht.[328] Der revolutionären Figur der Lesbe ist Sklaverei eingeschrieben – »Lesben sind entflohene Frauen [*des femmes marrons*]«, sagt Wittig,[329] die Bezeichnung für flüchtige Sklaven nutzend. Die Utopie der Flucht aus der heteronormativen Zweigeschlechterordnung funktioniert über Bilder der Plantagensklaverei, die als solche unproblematisiert bleiben und romantisiert werden.

Der heterosexuelle Vertrag sichere das Klassenverhältnis von Männern und Frauen ab, jedoch nur in und durch dieses Klassenverhältnis gebe es ›Frauen‹ als unterworfene und ausgebeutete, sprich versklavte Gruppe, so Wittig. Aus dieser Situation gebe es nur einen Ausweg: Vertragsbruch, Frauen sollten den heterosexuellen Vertrag brechen. Das Jenseits des Geschlechterverhältnisses als Klassenverhältnis, das hier anklingt, besteht in der kompletten materiellen wie emotionalen Unabhängigkeit von Männern, in der Frauen keine ›Frauen‹ mehr seien. Dieses Jenseits haben Lesben in Wittigs Augen bereits erreicht, denn »Lesben sind keine Frauen«.[330] »Wir sind Überläufer aus unserer Klasse ebenso wie die flüchtigen Sklaven in Amerika es waren durch ihre Flucht aus der Sklaverei […].«[331] Dieses Bild der entflohenen Sklaven, der *marrons*, als Beschreibung der Figur der Lesbe setzt

---

à défaut, invente.«) Wittig 1969, S. 126. Weitere Fundstellen der Sklavereimetaphorik in *Les Guérillères* sind die Seiten 153, 156, 162, 166, 195.

328 | ›Lesbianismus‹ bedeutet bei Wittig nicht Identitätspolitik und/oder Separatismus, sondern bezeichnet vielmehr eine »kognitive Praxis«, das Ausbrechen aus dem straighten Denken, der *pensée straight*. Die ›Lesbe‹ sei das einzige Konzept, das sie kenne, schreibt Wittig, das jenseits beziehungsweise außerhalb (*au-delà*) der Geschlechtskategorien stehe – und damit die (Denk-)Möglichkeit eines Jenseits der heteronormativen Zweigeschlechtlichkeit anzeige und deren Überwindung denkbar werden lasse. Vgl. Wittig 2007b [1980], S. 52. Zur ›Lesbe‹ als konzeptioneller Figur Wittigs siehe auch de Lauretis 2002.

329 | »Les lesbiennes sont des femmes marrons, des échappées – partie – de leur classe.« Wittig 2007, S. 69. Das Zitat findet sich im Aufsatz *A propos du contrat social*, der zuerst 1989 mit dem Titel *On the Social Contract* in *Feminist Issues* 9, N° 1 erschienen ist.

330 | »Les lesbiennes ne sont pas des femmes«, Wittig 2007a [1980], S. 61. Die Aussage »Lesben sind keine Frauen« beendet den Aufsatz *La pensée straight*, der 1978 Grundlage eines Vortrags in New York war und 1980 in der N° 7 der *Questions féministes* erschienen ist. In dieser Version folgt dem Aufsatz außerdem ein Postskriptum, das erklärt, dass jede Frau, die unabhängig von einem Mann lebe, keine Frau sei. In der 1980 in der Zeitschrift *Feminist Issues* (1, N° 1) erschienenen englischen Version gibt es das Postskriptum noch, in der Essaysammlung *The Straight Mind* (1992)/*La pensée straight* (2007; zuerst 2001) ist es verschwunden.

331 | »Nous sommes transfuges à notre classe de la même façon que les esclaves ›marrons‹ américains l'étaient en échappant à l'esclavage […].« Wittig 2007b [1980], S. 52.

Wittig zum ersten Mal 1980, am Ende des Aufsatzes *On ne naît pas femme*,[332] ein. In der Einleitung, die der 1992 in englischer Sprache erschienenen Sammlung ihrer politischen Essays vorangestellt ist, greift sie das Bild ebenfalls auf:

»In schrecklicher Not, genau wie es für Leibeigene und Sklaven gewesen ist, können Frauen ›wählen‹ Ausreißerinnen zu sein und versuchen, aus ihrer Klasse oder Gruppe auszubrechen (wie Lesben es tun) [...]. Es gibt kein Entrinnen (denn es gibt keinen Ort, keine andere Seite des Mississippi, kein Palästina, kein Liberia für Frauen). Es bleibt, auf eigenen Füßen zu stehen als Entflohene, als flüchtige Sklavin, als Lesbe.«[333]

Die gleiche, geringfügig überarbeitete Einleitung eröffnet die zuerst 2001 erschienene französische Ausgabe, die entsprechende Passage ist jedoch identisch geblieben. Diese Fortsetzung der Sklavereimetaphorik bis weit in die 1990er Jahre hinein ist in dieser Form einzigartig im Kreis der materialistischen Feminist_innen und überrascht um so mehr, als Wittig seit 1976 in den USA gelebt und an US-amerikanischen Universitäten unterrichtet hat. Die Kritik an Sexismus-Rassismus-Analogien und der Mobilisierung von Sklaverei als Illustration der Situation *weißer* Mittelklassefrauen scheint bei ihr nicht angekommen zu sein oder nicht zum Überdenken der von ihr eingesetzten Metaphorik geführt zu haben. In der Sekundärliteratur wird die Metaphorik ebenfalls nicht problematisiert. Mir sind nur sehr wenige Texte bekannt, in denen überhaupt das Bild der fliehenden Sklaven als Umschreibung der Figur der ›Lesbe‹ erwähnt wird – ohne es jedoch zu hinterfragen.[334] Auch innerhalb der Gruppe um die *Questions féministes* ist diese Metaphorik aufgegriffen und ohne jeglichen Kommentar zitiert worden. So von Nicole-Claude Mathieu in ihrem zentralen Text *Identité sexuelle/sexuée/de sexe*. Wittig habe die Lesbe als der »Klasse der Frauen« entfliehendes Subjekt – »wie fliehende Sklaven aus ihrer Klasse« – bestimmt, heißt es da.[335]

---

332 | Der Aufsatz *On ne naît pas femme* erschien zuerst in *Questions féministes* N° 8 (1980); wieder in Wittig 1992 (engl.) und Wittig 2007 (frz.). Auch in diesem Fall handelt es sich um ein ausgearbeitetes Vortragsmanuskript. *On ne naît pas femme* war der Beitrag Wittigs zur Tagung *Le deuxième sexe, 30 ans après*, die 1979 in New York stattgefunden hat und bei der die Spannungen zwischen den Lagern der französischen Frauenbewegung deutlich zu spüren und in einer direkten Konfrontation von Hélène Cixous und Monique Wittig zu erleben waren. In den *Questions féministes* wird davon berichtet. Vgl. *Questions féministes* N° 7 (1980), S. 103–109.

333 | »In desperate straits, exactly as it was for serfs and slaves, women may ›choose‹ to be runaways and try to escape their class or group (as lesbians do) [...]. There is no escape (for there is no territory, no other side of the Mississippi, no Palestine, no Liberia for women). The only thing to do is to stand on one's own feet as an escapee, a fugitive slave, a lesbian.« Wittig 1992, xiii.

334 | Siehe beispielhaft Griffin-Crowder 2002, S. 170 f.

335 | »[...] la définissant comme sujet ›transfuge à la classe des femmes‹, comme les esclaves marrons le furent à la leur.« Mathieu 1991a, 260.

5. De-/Thematisieren von Rassismus und Kolonialismus

Der Bezug auf Rassismus, Kolonialismus und Sklaverei als Mittel zur Benennung und Problematisierung der Situation von Frauen war in den frühen 1970er Jahren die hegemoniale Form der Thematisierung von Rassismus und Kolonialismus im Sprachgebrauch der Frauenbewegung. Dennoch sind Rassismus und Kolonialismus als soziale Wirklichkeit und historische Macht- und Ausbeutungsverhältnisse in den untersuchten Zeugnissen der Frauenbewegung ebenfalls präsent. Und dies in zweifacher Weise: Zum einen in Form von Andeutungen einer Realität, die das metaphorische Sprechen gleichsam durchbrechen, aber nicht zu stören scheinen. Zum anderen durch Wortmeldungen von Frauen, die Rassismuserfahrungen mitteilen und Kolonialismus als eine Vergangenheit in Erinnerung rufen, die ihre Realität nach wie vor prägt. Deren Interventionen werden von der *weißen* Frauenbewegung durchaus wahrgenommen, allerdings nur partiell aufgegriffen. Es handelt sich in beiden Fällen um Formen der Dethematisierung von Rassismus und Kolonialismus durch die *weiße* Frauenbewegung, welche das metaphorische Sprechen rahmen. Im einen Fall werden rassistisch motivierte Gewalt und Diskriminierung angesprochen, aber nicht zum Thema gemacht, im anderen Fall wird die Benennung von rassistischer Gewalt und (neo-)kolonialer Abhängigkeit und Ausbeutung nicht oder nur in sehr spezifischer Weise gehört.

Ich werde im Folgenden zunächst auf die (seltenen) Hinweise auf rassistisch motivierte Gewalt und Diskriminierung in den untersuchten Zeitschriften eingehen (5.1). In den Zeitschriften finden sich zudem Spuren von feministischem Aktivismus, der Rassismus und Kolonialismus als zentrale Probleme und Felder politischer Intervention behandelt. Diesen Aktivismus an den Rändern der Frauenbewegung werde ich anschließend am Beispiel der *Coordination des femmes noires* beschreiben (5.2). Anhand der politischen Agenda dieser Gruppe lässt sich das Misslingen der Verständigung in der Frauenbewegung nachvollziehen und das Dethematisieren von Rassismus und Kolonialismus im *weißen* Feminismus veranschaulichen (5.3). Mit dem Blick auf die Ränder der Bewegung soll dieses Kapitel das hegemoniale Sprechen der *weißen* Frauenbewegung dezentrieren. Im Aufbau dieses Buches stellt es zudem die Verbindung zwischen den beiden Formen des Sprechens von Rassismus und Kolonialismus her.

5.1 Andeutungen

In den frühen Jahren der Bewegung war, wie in den vorangegangenen Kapiteln gezeigt, der Vergleich die zentrale Form der Thematisierung von Rassismus. Der Begriff ›Rassismus‹ diente zur Beschreibung und damit Benennung der Unterdrückung von Frauen, blieb dabei selbst aber unbestimmt. Neben dem metaphorischen Sprechen finden sich in den untersuchten Zeitschriften jedoch auch Hinweise auf rassistisch motivierte Gewalt und Diskriminierung. Diese sind meist als kurze Mitteilung gehalten oder treten zwischen den Zeilen als kurze Erwähnungen zutage. In beiden Formen werden die angeführten Fälle nicht weiter kommentiert oder explizit als Rassismus ausgewiesen.

Beispielhaft für diese Form der Andeutung ist eine Randnotiz im *Torchon brûle* vom Mai 1971. Unter der Überschrift »Gewalt überall!«[336] werden verschiedene gewaltsame Übergriffe, in drei Fällen mit Todesfolge, aufgezählt und geschildert. Betroffen sind zwei junge Männer im Alter von 17 und 18 Jahren, ein junger Mann nordafrikanischer Herkunft und ein junges Mädchen. Es wird gefolgert, dass es in Frankreich gefährlich sei, jung, Migrant oder Frau zu sein. Diese Zeilen weisen darauf hin, dass es Gewalt gegen Einwanderer nordafrikanischer Herkunft gegeben hat und diese in der Frauenbewegung auch wahrgenommen wurde. Allerdings steht die knappe Notiz für sich, ohne eine weitergehende Problematisierung der Vorkommnisse. Die reine Aufzählung der Gewaltopfer und ihre Reduzierung auf je ein Merkmal – jung, eingewandert, weiblich – vermittelt den Eindruck, dass es auch hier in erster Linie darum geht, Gewalt gegen Frauen als ein ernstzunehmendes Problem auszuweisen.

Schilderungen von Erfahrungen, die Frauen mit Rassismus als Diskriminierungsstruktur machen, sind in den 1970er Jahren absolute Einzelfälle und lösen keine weiter reichende Reflexion über die unterschiedlichen Lebensbedingungen von Frauen aus. Es bleibt beim bloßen Hinweis, wie im Fall der folgenden Äußerung, die ohne weitere Kommentierung wiedergegeben wird:

> »Eine farbige Frau sein.
> 1975: Jahr der Frau, 1976: Jahr des Negers [sic], 1977: Wird es das Jahr der farbigen Frau sein? Ich habe nicht die Absicht bis 1977 zu warten, um Arbeit zu finden! In diesem Jahr hat man mir aus rassischen [sic] Motiven zwei Mal das Recht auf Arbeit verweigert. Ich bin Mestizin, in Paris geboren, von einer französischen Mutter und einem Vater aus Guinea.«[337]

---

336 | »La violence partout«. *Le Torchon brûle* N° 1 (1971), o. S.

337 | »Être femme de couleur. 1975: Année de la femme, 1976: Année du nègre, 1977: Sera-t-elle l'année de la femme de couleur? Je n'ai pas l'intention d'attendre 77 pour trouver du travail! Cette année, par deux fois, on m'a refusé le droit au travail pour des motifs raciaux. Je suis métisse, née à Paris, de mère française et de père guinéen.« *Le Quotidien des femmes* N° 8 (1975), S. 1.

In dieser Aussage wird die Diskriminierung, die Schwarze Frauen auf dem französischen Arbeitsmarkt erfahren, explizit benannt. Da sie aber in keiner Weise kommentiert oder aufgegriffen wird, verhallt sie scheinbar ungehört.

Ein weiteres Beispiel für diese Form der Andeutung findet sich in einem Beitrag über Frauenarbeit im Supermarkt.[338] Hier wird die Präsenz von Frauen nordafrikanischer Herkunft, den sogenannten *femmes immigrées*[339], in der französischen Arbeitswelt in den 1970er Jahren deutlich.

Femmes immigrées ist zwar als ›Migrantinnen‹ zu übersetzen, bezieht sich im französischen Kontext der 1970er und 1980er Jahre aber auf Frauen nordafrikanischer Herkunft, die als Ehefrauen von Arbeitsmigranten wahrgenommen worden sind. Ledige Arbeitsmigrant_innen und im Exil lebende politische Aktivist_innen sind mit dem Begriff eher nicht gemeint beziehungsweise werden sie nicht als *femmes immigrées* assoziiert. Die Bezeichnung *immigré* ist mit der Arbeitsmigration in der zweiten Hälfte des 20. Jahrhunderts verbunden. Während in den 1960er und frühen 1970er Jahre noch von ›eingewanderten Arbeitern‹ (*travailleurs immigrés*) gesprochen wurde, hat sich in der Folge der Begriff *immigré* etabliert, der zudem die Herkunft aus Nordafrika nahelegt. Für andere Gruppen in der Arbeitsmigration ist demgegenüber die nationale Herkunft als Bezeichnung beibehalten worden wie beispielsweise *les portugais* oder *les turcs*. Schwarze Menschen sind mit diesem Begriff eher nicht assoziiert worden, da sie auch aus den französischen Überseegebieten stammen und damit die französische Staatsbürgerschaft besitzen können. Die Zuwanderung aus den ehemals kolonialisierten Gebieten des subsaharischen Afrikas ist zu diesem Zeitpunkt im Verhältnis zu Nordafrika als Herkunftsregion zudem deutlich geringer ausgefallen. Mittlerweile werden auch Schwarze Menschen als *immigré* bezeichnet. In der Umgangssprache hat der Begriff *immigré* die Bezeichnung *étranger* so gut wie ersetzt. Für die nachfolgenden Generationen hat sich der Zusatz *issue de l'immigration* etabliert, der wohl am ehesten mit der deutschen Floskel ›Migrationshintergrund‹ übersetzt werden kann. Diese Formulierung wird bis heute gebraucht; als neueste, euphemistische Form kann *issu de la diversité* gelten, die seit Beginn der 2000er Jahre zirkuliert.

Allerdings geht es weniger um ihre Erfahrungen, als vielmehr um die Feststellung, dass Frauen generell am Arbeitsmarkt benachteiligt seien. Sogar nordafrika-

---

338 | *Les Femmes s'entêtent* (1974), S. 1755 ff.

339 | Aufgrund der besonderen Konnotation werde ich den Begriff *femmes immigrées* nicht übersetzen. Von ›Migrant_innen‹ spreche ich bezogen auf Personen mit einer Migrationsgeschichte im Allgemeinen.

nische Männer würden eher aufsteigen als französische Frauen. Welche Chancen sollten da erst die *femmes immigrées* haben? Diese Frage bleibt jedoch eine rhetorische Frage, denn der Fokus der Argumentation liegt auf dem Zusammenspiel von Kapitalismus und Patriarchat. Die Ausbeutung von Frauen auf dem Arbeitsmarkt werde durch die Ausbeutung in Familie und Ehe bestimmt, so das Fazit der Autor_in. Im Tenor der Zeit folgert sie, dass daher eine antikapitalistische Revolution zur Befreiung der Frauen nicht ausreiche. Dass *femmes immigrées* nicht nur als Frauen, sondern auch aufgrund ihrer nordafrikanischen Herkunft Benachteiligung am Arbeitsmarkt erfahren, wird hier somit zwar angedeutet, aber nicht ausgeführt. Da es in der Argumentation um den Interessenzusammenhang von Kapitalismus und Patriarchat geht, werden andere Diskriminierungsstrukturen nicht zum Thema.

Diese Erklärung lässt sich verallgemeinern. In den 1970er Jahren stand die besondere Unterdrückung von Frauen *als* Frauen im Zentrum feministischer Analysen. Dass die Lebenssituation von Frauen auch durch andere Differenzierungs- und Diskriminierungslinien bestimmt werden kann, kommt am Rande vor, wird aber selten als Problematik oder Frage aufgegriffen; wenn überhaupt, dann als Frage nach Klassenunterschieden zwischen Frauen. Das Bemühen ging eindeutig in die Richtung, das Gemeinsame an der Situation von Frauen festzustellen, Gemeinschaft in der Unterdrückung zu behaupten und davon ausgehend eine Bewegung aller Frauen auszurufen: Frauen vereint im Kampf für ihre Freiheit. Inwiefern die Orientierung an Rassismus als Modell und Metaphorik für die Beschreibung der Situation und Unterdrückung von Frauen gerade dazu beigetragen hat, Rassismus selbst nicht weiter zu problematisieren, bleibt eine offene Frage. Festzustellen bleibt allerdings, dass sich die Veränderung im Vokabular, das Verschwinden des Vergleichs, nahezu zeitgleich mit einer wachsenden Aufmerksamkeit für rassistisch motivierte Gewalt und Diskriminierung vollzogen hat.[340]

5.2 Stimmen an den Rändern der Bewegung

Das metaphorische Sprechen von Rassismus und Kolonialisierung prägte in den frühen 1970er Jahren den Sprachgebrauch der Frauenbewegung. Es gab aber auch andere Stimmen, welche sehr wohl die faktischen Gewaltverhältnisse des französischen Kolonialismus und deren andauernden Effekte in den ehemaligen Kolonien wie in der Metropole zum Thema machten. Ich werde im Folgenden auf diese Stimmen an den Rändern der Frauenbewegung eingehen.

---

340 | Auf die Auseinandersetzung mit Rassismus als sozialer Wirklichkeit werde ich in den anschließenden Kapiteln 6 und 7 eingehen.

Das von bell hooks geprägte Bild vom Zentrum und seinen Rändern beschreibt die Frauenbewegung in Frankreich gut, wenn man die Frauenbefreiungsbewegung, den MLF, als Zentrum und die vielen Gruppen und einzelnen Personen, die sich ebenfalls (auch) über die Identitätskategorie ›Frauen‹ und den politischen Kampf für Gerechtigkeit für ›Frauen‹ definiert haben, als Ränder betrachtet.[341] Bezogen auf die feministische Diskursproduktion lag die Definitionsmacht bei der Frauenbefreiungsbewegung, welche die Themen der kollektiven Mobilisierung und die politischen Begriffe setzte. In den untersuchten Zeitschriften wird die Diskursmacht des MLF sehr deutlich, da hier ›andere‹ Frauen sehr wohl präsent sind, aber nur selten mit eigener Stimme sprechen und nicht gehört zu werden scheinen.

In der Dynamik des politischen Aufbruchs der späten 1960er Jahre haben sich auch Gruppen von Frauen, die aus unterschiedlichen Gründen nach Frankreich eingewandert sind, gebildet. In den 1970er Jahren enstanden beispielsweise die *Groupe latino-américain des femmes* (1972), die *Association des femmes marocaines en France* (1972), der *Cercle des femmes brésiliennes* (1975), die *Groupe de femmes latino-américaines* (1977), die *Groupe femmes algériennes* (1977), das *Collectif des femmes chiliennes* (1979).[342]

Diese Gruppen identifizierten sich nicht nur über ihre nationale beziehungsweise regionale Herkunft, sondern waren auch in ihren Zielen maßgeblich auf die politische Situation in den jeweiligen Ländern und Regionen gerichtet. Der Großteil der sich in diesen Gruppen engagierenden Aktivist_innen kam aus politischen Organisationen von Exilant_innen, die häufig Teil der radikalen Linken waren und ihren Aktivismus auf die politischen Verhältnisse und Regime in den Herkunftsländern richteten. Da sie explizit als Frauengruppen auftraten und sich auf Feminismus bezogen, sind sie auch als Teil der Frauenbewegung der 1970er Jahre in Frankreich anzusehen. Spuren dieser Gruppen in den Zeitschriften der Bewegung legen zudem nahe, dass es Kontakt zum MLF im engeren Sinne gegeben hat. In der Regel handelt es sich dabei um Berichte oder Interviews, in denen Aktivist_innen als Repräsentant_innen des politischen Kampfes im Herkunftsland adressiert werden und ihnen die Solidarität der *weißen* Frauenbewegung versichert

---

341 | Vgl. hooks 1984.

342 | Unter dem Namen *TRACES* (Spuren) wird seit einigen Jahren ein Archiv zur Geschichte des politischen Aktivismus von Migrant_innen in Frankreich aufgebaut. Treibende Kraft hinter diesem Projekt ist Claudie Lesselier, die selbst aus der radikalen Linken und der Frauen- und Lesbenbewegung kommt und seit vielen Jahren für die Rechte von Papierlosen kämpft. Im Jahr 2004 wurde auf Basis des Archivmaterials eine Ausstellung präsentiert. Der Katalog zur Ausstellung enthält eine detaillierte Chronologie der Jahre 1971 bis 2003. Vgl. Lesselier 2007. Neben diesem Katalog sei verwiesen auf Châabane 2008.

wird. Neben diesen Gruppen bereits politisierter Frauen sind auch Frauen, die als Ehefrauen von Arbeitsmigrant_innen nach Frankreich gekommen waren, kollektiv aktiv geworden. So finden sich beispielsweise Spuren des Protestes von algerischen Frauen, die gemeinsam gegen rassistische Polizeigewalt protestiert haben, oder Hinweise auf eine Frauengruppe im *Comité des travailleurs algériens* und deren Veranstaltungen zur Situation von Frauen in den Herkunftsgesellschaften und im Aufnahmeland.[343]

Die Coordination des femmes noires

Eine Besonderheit im feministischen Aktivismus der 1970er Jahre stellt die 1976 gegründete *Coordination des femmes noires* dar. In ihr trafen sich Frauen von den Antillen und aus verschiedenen afrikanischen Staaten sowie Afroamerikaner_innen. Die nationale oder regionale Zugehörigkeit trat jedoch angesichts ihrer ›sichtbaren Differenz‹ in den Hintergrund. Es war der Blick der Mehrheitsgesellschaft und die durch diesen Blick vollzogene Homogenisierung und Gruppierung, auf die die Frauen der *Coordination* reagierten, indem sie sich unter der Bezeichnung ›Schwarz‹ versammelten. Und dies lange Zeit bevor ›Schwarz‹ eine intelligible politische Kategorie in Frankreich werden sollte. In einem Interview erklärt Gerty Dambury, seit 1978 Mitglied der *Coordination*, die Selbstbezeichnung Schwarz wie folgt:

> »Das heißt wir selbst, die wir uns unter dem Namen Coordination des femmes noires versammelt haben, haben den Begriff Schwarz als einen Verweis auf den ersten Zugang, den die Leute zu uns haben, benutzt: das, was sie als erstes sehen, ist, dass wir schwarz sind, das heißt, unsere Differenz ist sichtbar.«[344]

Sich als Schwarze Frauen zu organisieren, stellt angesichts der sonst eher nationalstaatlichen Rahmung des zeitgenössischen politischen Aktivismus eine Besonderheit dar. Erst Mitte der 2000er Jahre ist ›Schwarz‹ in Frankreich zu

343 | Der Hinweis auf die *Commission femme* im *Comité des travailleurs algériens* findet sich in der Zeitschrift *Des Femmes en mouvements* (vgl. N° 2 [1978], S. 5). In N° 5 1978 gibt es zudem einen Bericht über Frauen maghrebinischer Herkunft in Lyon und deren gemeinsame Aktivitäten bezogen auf die Migrationssituation (*Des Femmes en mouvements* N° 5 [1978], S. 45). Siehe auch Guyot/Padrun 1977.

344 | »C'est-à-dire que nous mêmes qui nous sommes rassemblées sous l'appellation Coordination des femmes noires, on a utilisé le terme noir comme une référence à la première rencontre que les gens ont avec nous: ce qu'ils voient d'abord, c'est que nous sommes noires, c'est-à-dire que notre différence est visible.« Schieweck 2011, S. 20. Die Untersuchung von Schieweck ist die erste und bislang einzige mir bekannte wissenschaftliche Beschäftigung mit der *Coordination des femmes noires*.

einem (an-)erkannten politischen Begriff geworden, unter dem eine soziale Gruppe Sichtbarkeit für sich beanspruchen kann. Deutlich wird diese Entwicklung an der Gründung des *Conseil représentatif des associations noires de France* (CRAN) im Jahr 2005. Die Möglichkeit, politische Forderungen mit Bezug auf eine Gruppenidentität vorzubringen, stellt eine grundlegende Veränderung in der politischen Kultur Frankreichs dar. Das republikanische Gleichheitsgebot, das Gleichgültigkeit gegenüber der Verschiedenheit der Staatsbürger proklamiert, faktisch jedoch die Dethematisierung von Diskriminierung bedeutet, ist unter Druck geraten. Dennoch ist fraglich, ob die neue Politik der Sichtbarkeit – ablesbar an Begriffen wie ›sichtbare Minderheiten‹ (*minorités visibles*) oder auch ›Diversität‹ in der öffentlichen Debatte um Migration und Integration – tatsächlich eine Veränderung des Umgangs der französischen Mehrheitsgesellschaft mit Minderheiten und ein Bewusstsein für Mechanismen der Ausgrenzung anzeigt oder nicht doch einfach nur eine weitere Form der Entnennung von Diskriminierung bedeutet.[345]

Dass der Bezug auf die Identitätskategorie ›Schwarz‹ allerdings nicht von allen als unproblematisch angesehen worden ist, wird an einem offenen Brief an die *Coordination* deutlich, der in der Zeitschrift *Histoires d'elles* abgedruckt ist. Darin formuliert eine ehemalige Aktivistin der *Coordination* ihr Unbehagen an der Kategorie ›Schwarz‹, die sie nicht nur als Aneignung und Besetzung der Zuschreibung einer Hautfarbe wahrnimmt sondern auch als Herstellung einer »Afrikanität«, mit der sie nicht viel anfangen könne. Sie formuliert ihren Einwand:

»Paradoxerweise bringt uns der Kolonialismus, der dort isolierte, hier zusammen, Antillaise, Afrikanerinnen und Unbestimmbare. Dieses Unbestimmte neben solch schönen und noblen Etiketten hat in mir das Begehren geweckt, zu verstehen, warum die Mischung* so schwer zu leben ist.«[346]

Es folgt eine Argumentation, die als im besten Sinne queer *avant la lettre* bezeichnet werden kann. Dem Bezug auf stabile Identitätskategorien wird das Begehren danach, nicht benannt und normiert (»*nommée-normée*«) werden zu wollen, und eine Existenz in Bewegung und Komplexität entgegengehalten.

---

345 | Zur Kategorie ›Schwarz‹ im politischen Raum Frankreichs siehe Poiret 2010, zum Begriff der ›sichtbaren Minderheiten‹ siehe Macé 2007, allgemein zur paradoxen politischen Situation von Minderheiten in Frankreich siehe Fassin/Fassin 2009 sowie Ndiaye 2008.

346 | »Le colonialisme, moindre des paradoxes, qui isolait là-bas, nous mêlait ici, antillaises, africaines et indéfinissables. Cet indéfini à côté de si belles et si nobles étiquettes m'a donné le désir de comprendre pourquoi le métissage* était si dur à vivre.« Vgl. *Histoires d'elles* N° 8 (1979), S. 7.
* Ich übersetze *métissage* mit ›Mischung‹, da es im Deutschen kein dem französischen Wort äquivalenten, neutralen Begriff gibt.

Die Frauen, die sich in der *Coordination* verbunden haben, waren Student_innen, Arbeiter_innen und Hausfrauen mit verschiedenen Migrationsgeschichten.[347] Viele von ihnen engagierten sich bereits in Unterstützungsgruppen für nationale Befreiungskämpfe beziehungsweise politischen Widerstand in Ländern Afrikas, und von einigen ist bekannt, dass sie bereits vor der Gründung der *Coordination* in der Frauenbewegung aktiv waren. Als Teil der radikalen Linken hatten sie eine geteilte politische Herkunft mit der großen Mehrheit der MLF-Aktivist_innen, zu denen sich die *Coordination* auch nach wie vor zugehörig fühlte.[348] Neben der Selbstverortung in der Frauenbewegung bekannte sich die *Coordination* aber auch eindeutig zum Kampf gegen Kolonialismus und Imperialismus – bezogen auf die Situation auf den Antillen wie in afrikanischen Ländern, aber auch bezogen auf die Lebensbedingungen in der Metropole. In dieser doppelten Verortung vertrat die *Coordination* einen Selbstvertretungsanspruch Schwarzer Frauen, vor allem in den sie betreffenden Fragen:

> »Wir haben gemeinsame Probleme mit Schwarzen Männern, gemeinsame Probleme mit allen Frauen aber auch Probleme, die spezifisch uns Schwarze Frauen betreffen. Daher besteht die Notwendigkeit eines gemeinsamen, aber auch eines spezifischen Kampfes.«[349]

Die Einladung zur ersten Veranstaltung der *Coordination* am 29. Oktober 1977 verdeutlicht die gemeinsamen und die spezifischen Probleme. Hier werden »ver-

---

347 | Als solche stellen sich die Frauen der *Coordination* selbst vor. Siehe beispielsweise die Einladung zu ihrer ersten öffentlichen Veranstaltung im Oktober 1977. Dort heißt es: »Seit Mai 1976 haben sich Schwarze Frauen, darunter Studentinnen, Arbeiterinnen und Arbeitslose sowie Hausfrauen, zusammengeschlossen, um eine autonome Bewegung zu bilden: die Coordination des femmes noires.« (»Depuis mai 1976, des femmes noires étudiantes, travailleuses et chômeuses, femmes au foyers, se sont regroupées pour former un mouvement autonome: la Coordination des femmes noires.«) Flugblatt, 1977; in: DOS Femmes noires, Bibliothèque Marguerite Durand.

348 | Die Präsenz der *Coordination* in der Zeitschrift *Rouge* weist auf die Verbindung zur *Ligue communiste révolutionnaire* (LCR) hin, deren Sprachrohr *Rouge* war. Das Dossier »Femmes noires« der Bibliothèque Marguerite Durand enthält dazu eine Sammlung von Artikeln. Gerty Dambury wiederum ist ein gutes Beispiel für die plurale Selbstverortung in radikaler Linken und Frauenbewegung sowie im Aktivismus gegen das zeitgenössische Migrationsregime. Siehe ihre Selbstbeschreibung in Laroche/Larrouy 2009, S. 49. Hinweise auf die Verortung in der Frauenbewegung finden sich in den Stellungnahmen der Aktivist_innen mehrfach. Siehe beispielhaft *Libération* vom 17.05.1980; in: DOS Femmes noires, Bibliothèque Marguerite Durand.

349 | »Nous avons des problèmes en commun avec les hommes de couleur, avec toutes les femmes mais aussi des problèmes qui sont spécifiques à nous, femmes noires. D'où la nécessité d'une lutte commune et d'une lutte spécifique.« Zitat im Beitrag über die *Coordination* und der geplanten *Journée des femmes noires* in der *Libération* vom 28.10.1977; in: DOS Femmes noires, Bibliothèque Marguerite Durand.

schiedene Unterdrückungen« aufgezählt, die Schwarze Frauen erfahren und gegen die sie kämpfen:

»Diskriminierung auf dem Arbeitsmarkt, Abwertung von Hausarbeit, institutionalisierte Polygamie, ›Schläge und Verletzungen‹, Zwangssterilisation, Beschneidung, Infibulation, Kolonialismus, Neokolonialismus, Imperialismus in all seinen Formen, beginnend mit Rassismus«.[350]

Neben der Aufzählung von Diskriminierungsstrukturen und Gewaltverhältnissen werden konkrete Praxen benannt: Polygamie, Zwangssterilisation, Beschneidung und Infibulation. Die Tatsache, dass institutionalisierte Polygamie, Beschneidung und Infibulation Frauen von den Antillen nicht in der gleichen Weise betroffen haben wie Frauen in beziehungsweise aus afrikanischen Gesellschaften macht deren Koalition um so bemerkenswerter. Und es wird angesichts des oben aufgezählten Themenspektrums noch einmal deutlicher, dass es vor allem die Situation in der Diaspora und der Blick der Mehrheitsgesellschaft war, welche Schwarze Frauen in Frankreich zu einer Gruppe haben werden lassen. Alltägliche Rassismuserfahrungen und ein spezifischer Sexismus stellen die gemeinsame Kondition Schwarzer Frauen in Frankreich dar. »Gemeinsam ist uns die Situation als Minderheit, der Rassismus, dem wir tagtäglich ausgesetzt sind, der übersteigerte Sexismus [...]«,[351] bestätigt eine Aktivist_in.

Bereits 1978 kam es jedoch zu einer Spaltung der *Coordination*, wofür Divergenzen bezüglich der strategischen Ausrichtung der Gruppe verantwortlich gemacht werden. In einem Zeitungsbericht werden »Orientierungsprobleme in der schwierigen Verbindung der Kämpfe entlang der Dimensionen Klasse, Rasse und Geschlecht« als Grund für die Teilung in zwei Gruppen angegeben.[352] In diesem Beitrag wird auch die zukünftige Aufgabenteilung deutlich: Diejenigen, die als *Mouvement des femmes noires* weitermachen, fokussieren ihren Aktivismus auf die Themen Polygamie und Beschneidung, wohingegen die *Coordination des*

---

350 | »Dans le cadre des luttes qu'elles mènent contre les diverses oppressions qu'elles subissent: discrimination sur le marché du travail, dévalorisation du travail ménager, polygamie institutionalisée, ›coups et blessures‹, stérilisation forcée, excision, infibulation, colonialisme, néo-colonialisme, impérialisme sous toutes ses formes, à commencer par le racisme«. Flugblatt, 1977; in: DOS Femmes noires, Bibliothèque Marguerite Durand.

351 | »En commun, nous avons notre situation de minoritaires, le racisme auquel nous sommes quotidiennement exposées, le sexisme exacerbé par des fantasmes sans fondements – à croire que nous, femmes noires, nous avons une sexualité particulière, source de jouissance particulière, nous serions des sous femmes et en même temps des super femmes, et nous voulons être des femmes libres [...].« *Libération* vom 17.05.1980; in: DOS Femmes noires, Bibliothèque Marguerite Durand.

352 | »Problèmes d'orientation dans la difficile articulation lutte de classe, de race et de sexe«. *Libération* vom 3./4.06.1978; in: DOS Femmes noires, Bibliothèque Marguerite Durand.

femmes noires die Antikapitalismus- und Antiimperialismus-Perspektive ins Zentrum stellt.[353]

Allianzen mit Schwarzen Männern oder *weißen* Frauen waren allerdings nicht ohne Weiteres möglich. Bereits mit ihrer ersten öffentlichen Veranstaltung im Oktober 1977 haben die Frauen der *Coordination* in der Szene der sogenannten revolutionären Bewegungen für Unruhe gesorgt. In einem Zeitungsbericht wird die heftige Abwehr beschrieben, auf die ihr Auftritt als autonome Bewegung Schwarzer Frauen gestoßen ist.[354] Jene *Journée des femmes noires* war in erster Linie an Schwarze Frauen gerichtet und sollte der Vernetzung und Politisierung dienen. Im Publikum, immerhin 300 bis 350 Personen, befanden sich neben Frauen von den Antillen und aus Afrika auch Feminist_innen vom MLF sowie Aktivist_innen diverser linker Politgruppen. Die Diskussion konnte nicht wie geplant stattfinden, da sich die Vertreter_innen der *Coordination* über Stunden hinweg rechtfertigen mussten. Der Widerstand kam von »ihren Kameraden (Männern wie Frauen), revolutionären marxistisch-leninistischen Aktivisten« heißt es im Bericht.[355] Hauptargument der Gegner einer eigenständigen Organisation Schwarzer Frauen war die in der radikalen und populär-marxistisch informierten Linken geläufige Unterscheidung von Haupt- und Nebenwiderspruch, hier bezogen auf den Kampf gegen Imperialismus und Kolonialismus. Die Frauenfrage werde sich wie alle ›kulturellen‹ [sic] Fragen in und durch die nationale Befreiung und das Ende des westlichen Imperialismus lösen. Wie andere Aktivist_innen der Frauenbewegung auch, mussten sich die Frauen der *Coordination* anhören, dass ihre Anliegen ›kleinbürgerlich‹ seien, und dass es wichtigere, bedeutendere Probleme zu lösen gebe. Die *Coordination* machte im Gegenzug ihr Bestehen auf Unabhängigkeit unmissverständlich klar:

> »Wir wollen nicht wie die algerischen Frauen als Sprungbrett für eine nationale Befreiung herhalten und hinterher nach Hause geschickt werden [...]. Daher grenzt sich die Coordination von jeder Partei, jeder politischen Organisation ab, die die Spezifik der Unterdrückung und des Kampfes von Frauen verleugnet.«[356]

---

353 | Im Gespräch mit Nicola Schieweck bestätigt Gerty Dambury rückblickend diese Aufgabenteilung. Vgl. Schieweck 2011, S. 29.

354 | *Libération* vom 2.11.1977; in: DOS Femmes noires, Bibliothèque Marguerite Durand.

355 | »Une opposition qui ne venait pas de la droite ou de raciste ou de misogynes avoués. Mais de leurs camarades (hommes et femmes) militant(e)s-révolutionnaires-marxistes-léninistes.« *Libération* vom 2.11.1977; in: DOS Femmes noires, Bibliothèque Marguerite Durand.

356 | »Nous ne voulons pas, comme les femmes algériennes, servir de tremplin à une lutte de libération nationale pour être renvoyées après à la maison [...]. En conséquence, la coordination se démarquera de tout parti, de toute organisation politique qui nierait la spécificité de l'oppression et de la lutte des femmes.« *Libération* vom 2.11.1977; in: DOS Femmes noires, Bibliothèque Marguerite Durand.

Trotz dieses eindeutigen Bekenntnisses war auch das Verhältnis zur *weißen* Frauenbewegung nicht unproblematisch. Gerty Dambury erinnert sich an interne Diskussionen darüber:

»Ist unsere Bewegung ein Ableger der Bewegung der weißen Frauen? Betreffen uns deren Forderungen? Oder müssen wir einen anderen Weg finden? Wir leben hier, aber die Probleme stellen sich für uns nicht auf die gleiche Weise. Wir müssen einen anderen Zugang finden und dafür sorgen, dass wir verstanden werden.«[357]

Und genau darin, in der Verständigung, bestand die Schwierigkeit. Von Seiten der *weißen* Frauenbewegung ist die Existenz der *Coordination* sehr wohl wahrgenommen worden. Davon zeugen verschiedene Beiträge über die Aktivitäten der Gruppe in feministischen Zeitschriften, in Zeitschriften der radikalen Linken sowie in der Tageszeitung *Libération*.[358] Allerdings bedeutet Wahrnehmung nicht zwangsläufig, dass die Positionen der *Coordination* auch gehört und verstanden werden. Ausgehend von den Positionen und Forderungen der *Coordination* werde ich im Folgenden nachzeichnen, welche Aspekte von der *weißen* Frauenbewegung aufgegriffen, wie sie verstanden und welche offensichtlich nicht gehört worden sind.

Den Verweis auf den Algerienkrieg und die Beteiligung von algerischen Frauen am antikolonialen Widerstand kann ich an dieser Stelle nur hervorheben. Diese Anspielung ist als Hinweis auf die Bedeutung des Algerienkrieges für die radikale Linke zu werten.

357 | »Mais on était un peu divisée à l'intérieur: Est-ce que notre mouvement est une excroissance du Mouvement des femmes blanches? Est-ce que leurs revendications nous concernent? Ou faut-il trouver un autre biais pour les aborder? Nous vivons ici mais les problèmes ne se posent pas de la même façon chez nous, il faut trouver un biais et que cela soit compris.« Gerty Dambury in Laroche/Larrouy 2009, S. 49.

358 | In Bewegungszeitschriften beispielsweise in *Histoires d'elles* N° 4 (1978), S. 18; N° 6 (1978), S. 18 f.; N° 8 (1979), S. 7; N° 17 (1979), S. 6; in *Des Femmes en mouvements* N° 1 (1977/78), S. 40 ff.; N° 28 (1980), S. 28 f.; N° 36 (1980), S. 28 f.; in *La Revue d'en face* N° 6 (1979), S. 33; in *Le Temps des femmes* N° 2 (1978), Rubrik *Vie de groupes*. Auf die Verbindung zur radikalen Linken weisen Beiträge in *Rouge*, der Zeitschrift der LCR hin. Siehe DOS Femmes noires, Bibliothèque Marguerite Durand. Die im Dossier »Femmes noires« enthaltenen Beiträge der linken Tageszeitung *Libération* sind alle bis auf einen von Martine Storti. Diese war aktives Mitglied der Frauenbewegung, Teil der Redaktion von *Histoires d'elles* (1977–1980) und bezeichnet sich selbst als den Revolutionären Feminist_innen zugehörig. Storti wird bis heute als Feminist_in und Veteran_in der Frauenbewegung der 1970er Jahre vorgestellt und tritt als solche auf. Siehe Storti 2010.

5.3 »Un dialogue de sourdes«.[359] Miss-Verständigung

Es sind drei Themenfelder, an denen sich die Verständigungsschwierigkeiten in besonderer Weise zeigen lassen: 1. Körper und Sexualität, 2. Kolonialismus und Migrationsregime, 3. Beschneidung und Polygamie als ›spezifische Probleme‹.[360]

Körper und Sexualität

Die Forderung nach Selbstbestimmung vor allem und gerade auch über den eigenen Körper war eines der zentralen Motive der Frauenbewegung der 1970er Jahre. So ging es in den frühen 1970er Jahren in politischer Hinsicht vor allem um die Legalisierung von Verhütung und Schwangerschaftsabbruch und auf kollektiver wie individueller Ebene um die Aneignung von Wissen und (Selbst-)Kontrolle über das, was mit dem und im eigenen Körper geschieht. Sexualisierte Gewalt bildete einen weiteren Schwerpunkt des feministischen Aktivismus ebenso wie die Auseinandersetzung mit Sexualität und dem Zusammenhang von Heterosexualität und Geschlechterverhältnis. Die *Coordination des femmes noires* teilte die Forderung nach Selbstbestimmung und körperlicher Unversehrtheit und forderte wie die *weiße* Frauenbewegung: »Freies Verfügen über unseren Körper«.[361] Dieser Slogan findet sich in einer Broschüre, die die *Coordination* im Juli 1978 veröffentlicht hat. Diese Broschüre diente der Selbstdarstellung der *Coordination*, ihrer politischen Ziele und Aktivitäten. Neben Abschnitten zu kultureller sowie politischer Repression gibt es auch ein Kapitel »Sexualität und Verhütung«. Themen sind sexuelle Selbstbestimmung und Kenntnis des eigenen Körpers; zudem geht es um Abtreibungsregime in Afrika am Beispiel der Republik Kongo. Beide passen in den Themenkomplex ›Körper und Sexualität‹, wie er in der Frauenbewegung diskutiert worden ist. Mit dem dritten Schwerpunkt in diesem Kapitel wird die feministische Forderung nach Selbstbestimmung und Wahlfreiheit allerdings um eine Dimension

---

359 | Einen *dialogue de sourds* führen bedeutet soviel wie ›aneinander vorbeireden‹ oder sich (bewusst) nicht verstehen wollen. In einem Beitrag in der Zeitschrift *Histoires d'elles* benutzt ein Mitglied der *Coordination des femmes noires* dieses Bild, um den Kontakt zur Frauenbefreiungsbewegung zu beschreiben und Maternalismus sowie die Instrumentalisierung der Gruppe durch die *weiße* Bewegung zu kritisieren. Vgl. *Histoire d'elles* N° 6 (1978), S. 19.

360 | Mit dem Vorgehen, die Positionen der *Coordination* mit denen des MLF zu spiegeln, orientiere ich mich an Nicola Schieweck, die eine ähnliche Einteilung vornimmt. Sie unterscheidet »große Themen des MLF« (d. h. Körper und Sexualität), »Konsens-Themen« (hier bespricht sie den Umgang mit Beschneidung und Polygamie) und »abwesende Themen in den Debatten des MLF« (hier bespricht sie die Abwesenheit von Migration und insbesondere der Situation von Migrant_innen in den Auseinandersetzungen des MLF). Vgl. Schieweck 2011, S. 24 ff.

361 | »Disposer de notre corps librement«. Coordination des femmes noires (1978), S. 10.

erweitert. Unter der Überschrift »Verhütung und Politik« führen die Autor_innen eine globale Perspektive in die Diskussion um Verhütung und Schwangerschaftsabbruch ein, indem sie auf die Kehrseite des Zwangs zu Mutterschaft hinweisen: das Vorenthalten des Rechtes auf Mutterschaft. Verwiesen wird auf die »Verteidiger von Ordnung und Moral, die im Westen ›*Lasst sie leben*‹ schreien und gleichzeitig die ›*galoppierende Demografie von people of color*‹ stoppen« wollen.[362] In der Folge geht es anhand von Beispielen um die Praxis der Zwangssterilisation, die minorisierte Frauen in Großbritannien, den USA oder Südafrika erleiden. Aber auch in französischen Krankenhäusern werde Zwangssterilisation an Migrant_innen von den Antillen, aus Subsahara- und Nordafrika praktiziert, heißt es.[363] Ebenso auf der Insel La Réunion, wo Frauen und Mädchen zudem bereits seit 20 Jahren die Pille nehmen könnten, und so zu Versuchskaninchen in der Entwicklung der hormonalen Verhütung geworden seien. Auch auf den Antillen seien Schwarze Frauen von dieser »skrupellosen Politik« betroffen.[364] Die Autor_innen stellen unumwunden klar, worum es dabei geht: Frankreich solle *weiß* bleiben.

Wie bereits anhand der Einladung zur *Journée des femmes noires* im Oktober 1977 gesehen, war das Thema Zwangssterilisation auf der Agenda der *Coordination* fest verankert. In den untersuchten Zeitschriften taucht es Ende der 1970er Jahre nur vereinzelt auf, und wenn, dann nicht bezogen auf Frankreich und seine ehemaligen Kolonien und zudem entbunden von jeglicher Problematisierung kolonialer Gewaltverhältnisse. Die rassistische Dimension dieser frauenfeindlichen Praxis wird zwar gesehen, aber in ein ›woanders‹ verschoben.[365]

---

362 | »Contraception et politique – ou comment des *debre* défenseurs de l'ordre moral crient ›*laissez les vivre*‹ en occident et stoppent la ›*demographie galopante des gens de couleurs*‹.« (Hervorhebungen im Original). Ebd., S. 11.

363 | »En France: La stérilisation forcée est aussi pratiquée dans les hôpitaux sur des femmes immigrées des Antilles, d'Afrique Noire et d'Afrique du Nord.« Ebd., S. 12.

364 | »Aux Antilles: Les femmes noires sont violées de la même façon par cette politique sans scrupules.« Ebd.

365 | Ein Hinweis auf Wissen um Zwangssterilisation als bevölkerungspolitische Maßnahme in den 1970er Jahren findet sich in einem Beitrag der *Revue d'en face* aus dem Jahr 1979, der auf die Familienpolitik der Regierung Giscard reagiert. Die Autorin setzt die pro-natalistischen Maßnahmen der Regierung ins Verhältnis zu Zwangssterilisationen, die sie allerdings nach Indien und Tunesien verlagert (vgl. *La Revue d'en face* N° 7 [1979], S. 27). Vergleichbare Darstellungen finden sich in *Des Femmes en mouvements*, hier geht es um Zwangssterilisationen und Tests von Verhütungsmitteln an Frauen in Süd-Amerika sowie Zwangssterilisationen und Rassismus in den USA (vgl. *Des Femmes en mouvements* N° 5 [1978], S. 22 f. und N° 6 [1979], S. 28 ff.). Im erwähnten Heft der *Revue d'en face* findet sich außerdem eine Grafik gegen Zwangssterilisationen (S. 42), offensichtlich übernommen aus dem US-Kontext, sowie die Übersetzung eines Textes einer US-amerikanischen Gruppe (CARASA aus New York) über die Bevölkerungspolitik der US-Regierung. Hier geht es sowohl um die Legalisierung

Der Kampf für die Legalisierung von Verhütung und Schwangerschaftsabbruch war *das* Mobilisierungsthema der frühen 1970er Jahre. In der Kampagne fand die Problematik der Zwangssterilisation allerdings keine Erwähnung, obwohl Wissen um diese Praxis durchaus in der Frauenbewegung zirkulierte, wie das Programm des MLAC von 1973 belegt. Hier wird der Widerspruch im Umgang mit reproduktiven Rechten zwischen der Metropole und den DOM/TOM explizit benannt.[366]

Und auch die Präsenz Schwarzer Frauen in der Frauenbewegung legt nahe, dass die Problematik der verwehrten Mutterschaft auch schon vor deren Organisierung als *Coordination des femmes noires* bekannt gewesen sein dürfte. Sie wurde jedoch nie Teil der feministischen Agenda, sondern blieb, wenn überhaupt, ein ›andere‹ Frauen betreffendes Randphänomen.[367] Diese Ausblendung hat verschiedene Dimensionen. In personaler Hinsicht werden Ungleichheitsverhältnisse innerhalb der Frauenbewegung greifbar. Die Stimmen Schwarzer Frauen hatten nicht das gleiche Gewicht wie andere, was an ihrer vergleichsweise geringen Zahl gelegen haben mag, aber auch auf ein Aufmerksamkeitsdefizit der *weißen* Feminist_innen schließen lässt. Damit im Zusammenhang steht die Formulierung des politischen Gegenstandes ›Selbstbestimmung über Körper und Sexualität‹, die allein die Problematik des Zwangs zur Mutterschaft, aber nicht das Vorenthalten von Mutterschaft (an-)erkennt. Die Anerkennung eines ›Rechtes auf Mutterschaft‹ fällt aus der Forderung nach Selbstbestimmung und Wahlfreiheit heraus und war offensichtlich als solche nicht lesbar. Schließlich wird an der Nicht(an)erkennung von Zwangssterilisation und -verhütung als zu bekämpfende Praxen deutlich, dass trotz Bekenntnis zu ›internationaler Solidarität‹ die feministische Debatte sehr selbstbe-

---

und Finanzierung von Schwangerschaftsabbrüchen als auch um Zwangssterilisationen (vgl. *La Revue d'en face* N° 7 [1979], S. 43–48). Bereits die Anordnung der Texte spricht für sich: Der Beitrag über die pro-natalistischen Maßnahmen der Regierung und deren rassistischer Unterton findet sich in der Rubrik »Theorie«, die Übersetzung aus den USA in der Rubrik »Erde der Frauen«. Ein weiterer Hinweis findet sich in den *Cahiers du féminisme* (vgl. *Cahiers du féminisme* N° 8 [1979], S. 22 ff.). Der mehrseitige Beitrag steht ebenfalls im Kontext der erneuten Kampagne für die Legalisierung von Verhütung und Schwangerschaftsabbruch Ende der 1970er Jahre. Hier wird von einer internationalen Kampagne gesprochen, in der Wahlfreiheit (*le droit de choisir*) im doppelten Sinne gemeint sei: Es gehe sowohl um das Verbot von Geburtenkontrolle als auch um den Zwang dazu. Als Beispiele werden Politiken in verschiedenen Ländern des Südens angeführt, die vom US-amerikanischen Imperialismus gesteuert seien. Erwähnt werden ebenfalls Zwangssterilisationen in den USA. In diesem Beitrag werden zwar neokoloniale Abhängigkeitsverhältnisse benannt, allerdings dem sogenannten US-Imperialismus zugewiesen.

366 | Für den genauen Wortlaut siehe Seite 116 in diesem Buch.

367 | Und das auch erst in der zweiten Welle der Legalisierungskampagne Ende der 1970er Jahre. Es liegt nahe, dass diese partielle Wahrnehmung in der *weißen* Frauenbewegung bereits ein Effekt der Interventionen minorisierter Stimmen war.

züglich verlaufen ist. Die Erweiterung der Perspektive in Richtung Antillen und die ehemaligen Kolonien in Afrika, aber auch auf die Situation von Migrant_innen in der Metropole, welche die *Coordination* in die Diskussion eingebracht hat, ist nicht aufgegriffen worden. Rassismus und Kolonialismus waren keine expliziten Themen der feministischen Diskussion und Reflexion. Daher ist die Problematisierung der französischen Bevölkerungspolitik in den ehemaligen Kolonien und die Aufdeckung neokolonialer Abhängigkeitsverhältnisse, die in der Auseinandersetzung mit dem feministischen Thema ›Körper und Sexualität‹ durch die *Coordination des femmes noires* enthalten sind, offensichtlich auch nicht als die Frauenbewegung tangierende Probleme gehört und verstanden worden.

Kolonialismus und Migrationsregime

An der Ausblendung der Problematik von Zwangssterilisation und -verhütung ist bereits die Abwesenheit einer über die bloße Geste des Vergleichs hinausgehenden Auseinandersetzung mit Rassismus und Kolonialismus in der *weißen* Frauenbewegung deutlich geworden. Die postkoloniale Migration nach Frankreich war in den 1970er Jahren ebenfalls noch kein Thema der *weißen* Frauenbewegung. Die *femmes immigrées* tauchten erst in den 1980er Jahren am feministischen Horizont auf. Zuvor sind ›andere‹ Frauen vor allem in der Ferne wahrgenommen worden als revolutionäre Streiter_innen in nationalen Befreiungsbewegungen oder als Aktivist_innen in politischen Widerstandsbewegungen im globalen Süden, im faschistischen Spanien oder in Osteuropa. Großes Interesse bestand darüber hinaus für die Frauenbewegungen in anderen Ländern.

Ganz anders die *Coordination des femmes noires*. Deren zentrales Anliegen war die Bildung einer Gemeinschaft Schwarzer Frauen, die in Frankreich lebten und dort ähnliche Erfahrungen machten. Die Migrationssituation war die Verbindung zwischen Frauen verschiedener nationaler, regionaler wie sozialer Herkunft, die durch den und im Blick der Mehrheitsgesellschaft zu einer Gruppe geworden sind. »Die Coordination des femmes noires, das sind Frauen, die dem sozialen wie politischen Ghetto, in das sie die Migration rüde geworfen hat, ein Ende machen wollen«,[368] lautet der erste Satz der bereits zitierten Broschüre. In der einführenden Selbstdarstellung wird auch deutlich, dass sich der Aktivismus der *Coordination* auf die Herkunftsländer wie auf die Metropole gleichermaßen bezieht. Deutlich werden auch die Dimensionen dieser politischen Arbeit: Es geht ebenso um das Klassenverhältnis wie um Unterdrückung und Ausbeutung entlang der Achsen ›Rasse‹ und Geschlecht. Damit waren die Frauen der *Coordination* ihrer Zeit weit

---

368 | »La Coordination des femmes noires, ce sont des femmes qui veulent que cesse le ghetto social et politique dans lequel elles sont durement rejetées dans l'immigration.« Coordination des femmes noires (1978), S. 1.

voraus, denn der *weiße* Feminismus stritt zur gleichen Zeit um das Verhältnis von Klassenkampf und Frauenbewegung. Dass Klasse, ›Rasse‹ und Geschlecht miteinander verflochtene und interagierende Differenzierungs- und Hierarchisierungsachsen bilden, wurde im feministischen Mainstream erst später Gegenstand von Diskussion und Reflexion.

Ausgehend von der gemeinsamen Erfahrung in Frankreich intervenieren die Frauen der *Coordination* in verschiedene Richtungen: Neben den Benachteiligungen und Aggressionen, die sie in der französischen Mehrheitsgesellschaft erfahren, kritisieren sie die patriarchalen Strukturen in ihren Herkunftsländern sowie die Instrumentalisierung von Frauen und Frauenrechten in den nationalen Befreiungskämpfen und sie formulieren deutliche Kritik an Kolonialismus und neokolonialer Abhängigkeit. Dabei geht es zum einen um die Effekte der kolonialen Unterwerfung und Ausbeutung in den ehemaligen Kolonien, um die Erinnerung an das Sklavereisystem und um neokoloniale Abhängigkeitsverhältnisse, zum anderen aber auch um die aktuelle Migration aus den ehemaligen Kolonien in die Metropole, die von der *Coordination* als direkte Folge kolonialer Gewalt- und Ausbeutungsverhältnisse und Aspekt von Neokolonialismus verstanden wird. So beschreiben sie beispielsweise die französische Anwerbepolitik auf den Antillen als Form von Menschenhandel, an anderer Stelle bezeichnen sie Migration aus den nordafrikanischen Kolonien als neuen Sklavenmarkt[369] oder setzen die Situation von Migrant_innen in Frankreich in Bezug mit kolonialer Sklaverei.[370]

Die Kritik richtet sich gegen das ›Büro zur Entwicklung der Migration in den Überseegebieten‹, das sogenannte BUMIDOM (*Bureau pour le développement des migrations dans les départements d'outre-mer*), das junge Mädchen mit

369 | In der entsprechenden Passage geht es um Marokko und das Regime von Hassan II., das hier als »Vasall des amerikanischen, deutschen und französischen Imperialismus« bezeichnet wird. Dieses Regime habe dem marokkanischen Volk die Unabhängigkeit geraubt. Wie in der Kolonialisation würden weiterhin Rohstoffe und Menschen ausgebeutet; »[...] Rohstoffreserve, aber auch neuer Sklavenmarkt, unter dem Namen ›Migration‹.« (»[...] un régime valet des impérialismes américain, allemand, et précisément français. [...] Tirant profit d'une indépendance volée au peuple marocain par la classe au pouvoir, il [le régime, AO] a continué, comme au beau temps de la colonisation, à pomper les matières premières, à maintenir une marché privilegé, à exploiter non seulement les richesses mais aussi les hommes (c'est-à-dire les hommes et les femmes): réserve de matières premières, mais aussi nouveau marché aux esclaves, sous le nom ›immigration‹.«) Ebd., S. 30.

370 | Unter der Überschrift »Das Ende der Sklaverei, wann war das noch?« (»L'abolition de l'esclavage, c'était quand déjà?«) werden Schicksale von Migrant_innen geschildert, die bei der *Coordination des femmes noires* Beistand gesucht haben. Vgl. *Histoires d'elles* N° 6 (1978), S. 18.

Eheversprechen nach Frankreich locken würde, wo sie dann direkt in der Sex-Industrie landen würden.[371] Das BUMIDOM wurde 1963 eingerichtet, um die Arbeitsmigration von den sogenannten Übersee-Departementen der Antillen (La Réunion, Guadeloupe, Martinique) zu organisieren. Die angeworbenen Arbeitskräfte sind in einfache Positionen im öffentlichen Dienst, vor allem bei der Post, im Gesundheitswesen, im Baugewerbe sowie in der Automobilindustrie, vermittelt worden.

Im Zusammenhang von Migration und Kolonialismus sehen sie auch die Verbindung zwischen ihrem Aktivismus in Frankreich und dem Kampf für Unabhängigkeit in Afrika und auf den Antillen:

»In unseren Ländern stellt sich das Problem des Kolonialismus, der die Migration hervorbringt, die uns entwurzelt, und wenn unser Kampf gegenwärtig hier stattfindet, so unterstützen wir doch alle Länder, die für ihre Unabhängigkeit kämpfen.«[372]

Bezogen auf die Situation in Frankreich richtet sich die Kritik sowohl gegen die Einwanderungspolitik der Regierung aber auch gegen die Nicht-Wahrnehmung der Migrant_innen und ihrer Lebensbedingungen durch die Mehrheitsgesellschaft.

»Sprechen wir endlich über die *Apartheid in Frankreich*! Warum immer über die Schwarzen der Anderen reden? Sprechen wir von den Migranten *hier, jetzt, heute in Frankreich*!«[373]

Diese Aufforderung könnte sich auch direkt an die Frauenbewegung richten, die ebenfalls über die ›Schwarzen der Anderen‹ redet, sich aber nicht mit dem französischen Kolonialismus in seinen historischen und aktuellen Formen und den von rassistischer Ausgrenzung geprägten Lebensbedingungen von Migrant_innen auseinandersetzt. Gerty Dambury bestätigt die Abwesenheit einer solchen Auseinandersetzung:

---

371 | Vgl. Coordination des femmes noires (1978), S. 16. Ich kann diesem Vorwurf an dieser Stelle nicht nachgehen, möchte aber die Problematisierung der Praxis des BUMIDOM durch die *Coordination des femmes noires* hervorheben. In einem Beitrag in *Rouge* über die *Coordination* wird deren Kritik an BUMIDOM ebenfalls aufgegriffen. *Rouge* vom 2.03.1978; in: DOS Femmes noires, Bibliothèque Marguerite Durand.

372 | »Dans nos pays respectifs se pose le problème du colonialisme qui crée l'immigration où nous nous retrouvons déracinées, et si notre lutte se passe actuellement ici, nous sommes à l'écoute et solidaires [avec] tous les pays qui luttent pour leur indépendance.« Coordination des femmes noires (1978), S. 32.

373 | »Parlons enfin de *l'apartheid en france*! Pourquoi débattre des noirs des autres? Parlons des immigrés *ici, maintenant, aujourd'hui en france*!« (Hervorhebungen im Original). Ebd., S. 13.

»Innerhalb der Frauenbewegung haben wir nie die Tatsache der Kolonialisation analysiert, es gab nicht genug Schwarze Frauen in der Bewegung, um diese Debatte zu führen; wir waren um die 40, höchstens ...«[374]

Awa Thiam, eine der zentralen Figuren der *Coordination des femmes noires* und dann des *Mouvement des femmes noires*, geht in ihrem Buch *La parole aux négresses* (1978), um das es noch ausführlicher gehen wird, auf das Reden über die ›Schwarzen der Anderen‹ ein und problematisiert den Vergleich der Situation von Frauen und Schwarzen im Sprachgebrauch des europäischen Feminismus:

»Europäische Feministinnen haben ihre Unterdrückung und Ausbeutung oft mit der der Schwarzen in den USA oder in Schwarzafrika [sic] verglichen. So hieß es in einer Botschaft, die Kate Millet den Organisatorinnen ›Zehn Stunden gegen Vergewaltigung‹[375] zuschickte: ›Die Vergewaltigung ist das für die Frauen, was das Lynchen für die Schwarzen ist.‹ Es sieht so aus, als könnte eine Gleichsetzung Frauen/Schwarze (als unterdrückte Menschen) und Vergewaltigung/Lynchen stattfinden. Das ist ein Irrtum. Vergleichen wir nur vergleichbare Dinge. Eine buchstäbliche Gleichsetzung zwischen der Frau und dem Schwarzen ist nicht gerechtfertigt. Man kann weiblichen Geschlechts sein und der schwarzen Rasse angehören. Wenn die Vergewaltigung das für die Frauen bedeutet, was das Lynchen für die Schwarzen ist, was ist dann mit der Vergewaltigung schwarzer Frauen durch schwarze Männer? Um dem Satz von Kate Millet jede Zweideutigkeit zu nehmen, muss man präzisieren, dass es sich dabei um weiße Frauen handelt, was sie ja nicht sagt. In diesem Fall bleibt die zuvor betonte Gleichsetzung bestehen, ist aber kaum gerechtfertigt. Wo befindet sich darin die schwarze Frau? Europäische Feministinnen, die Gefallen an dieser falschen Gleichung finden: Lage der Frauen (man höre weiße Frauen [auch wenn es nicht gesagt wird, AO]) = Lage der Schwarzen, scheinen es nicht zu wissen. Genauso wie jene, die sagen ›die Frauen sind die [Schwarzen, AO] der Menschheit‹. Was oder wer sind dann die Schwarzen Frauen, die [*Négresses*, AO]? Die Schwarzen der schwarzen Männer der Menschheit? Man könnte meinen, es gäbe keine [*Négresses*, AO]. In Wirklichkeit werden sie hier gerade von denen verleugnet, die vorgeben, für die Befreiung aller Frauen zu kämpfen.«[376]

Neben dieser deutlichen Kritik an der unreflektierten Nutzung des Rassismusvergleichs im Sprachgebrauch der *weißen* Frauenbewegung und der damit vollzogenen Verleugnung der Lebenswirklichkeiten und Erfahrungen Schwarzer Frauen wird auch noch eine andere Dimension des feministischen Aktivismus problematisiert: die Fokussierung auf die Lage von Frauen bei gleichzeitiger Ausblendung anderer

---

374 | »Nous n'avons jamais analysé le fait des colonisations à l'intérieur du Mouvement des femmes, il n'y avait pas assez de femmes noires dans le Mouvement pour porter ces débats; nous étions une quarantaine, tout au plus ...« Gerty Dambury in Laroche/Larrouy 2009, S. 49.

375 | Diese Veranstaltung der Frauenbewegung hatte im Juni 1976 in Paris stattgefunden.

376 | Thiam 1978, S. 154 [dt. 1981, S. 108]. Ich habe mich an der vorliegenden Übersetzung orientiert, aber in einigen Passagen andere Worte gewählt.

Herrschaftsverhältnisse. Die Bewegung Schwarzer Frauen könne sich angesichts neokolonialer Ausbeutungsverhältnisse und angesichts der Situation von Migrant_innen in Frankreich nicht auf die Themen Beschneidung und Polygamie beschränken; ebenso wenig könne man angesichts der Apartheid in Südafrika nur gegen die spezifische Unterdrückung von Frauen kämpfen, so Awa Thiam bei einer Veranstaltung.[377] Sie würde sich nicht nur als Frau, sondern auch als Afrikanerin und als Migrantin äußern, hatte sie bereits eingangs festgestellt. Wenn Feministin sein hieße, sich nur darauf zu beschränken, die spezifische Unterdrückung von Frauen zu bekämpfen, dann würde sie sagen, dass die Bewegung Schwarzer Frauen keine Feministinnen seien. Obwohl sie natürlich ihre europäischen Schwestern im Kampf für die Legalisierung von Verhütung und Schwangerschaftsabbruch unterstützen.[378]

Das Bestehen auf der Mehrdimensionalität ihres Aktivismus wird auch in anderen Stellungnahmen der *Coordination des femmes noires* deutlich. Für Frauen von den Antillen oder aus afrikanischen Gesellschaften gäbe es neben den »Frauenproblemen« noch andere Probleme, die maßgeblich im Kolonialismus und seinen Nachwirkungen gründen. Daher glaube sie nicht, so ein Mitglied der *Coordination* in einem Interview, dass sich Schwarze Frauen in der französischen Frauenbewegung wiedererkennen könnten.[379]

Diese Äußerungen machen die Begrenzungen einer Analyse und Problemdefinition greifbar, die in einer ›Hauptfeind‹-Logik verhaftet ist. In dieser Perspektive sind alle Frauen von patriarchaler Unterdrückung und Ausbeutung betroffen, die zwar nach Klassenpositionen (sehr selten auch nach Position im *Race*-Verhältnis) variieren können, die aber dennoch die Lebenswirklichkeit und Erfahrungen von Frauen in grundlegender, ja primärer Weise bestimmen. Dass in bestimmten Situationen andere Macht- und Gewaltverhältnisse als mindestens genauso oppressiv wenn nicht gar wirkmächtiger erfahren werden können, gerät dabei aus dem Blick und wird in dieser Perspektive undenkbar. Die beschworene Gemeinsamkeit in der Unterdrückung (*oppression commune*) unterschlägt diejenigen, für die ›das Patriarchat‹ nicht der alleinige Ursprung allen Übels ist. Diese Ausblendung manifestiert sich unter anderem im strategisch-heuristischen Vergleich zwischen der Lage *der*

---

377 | Ich beziehe mich hier auf einen Beitrag in der Zeitung *Libération* (17.05.1980), in dem von einer nicht näher spezifizierten Veranstaltung berichtet wird. Nach einem kurzen einführenden Absatz werden Wortbeiträge von Aktivist_innen des *Mouvement des femmes noires* wiedergegeben. Awa Thiam wird hier nur als »Awa, *africaine*« eingeführt – ich gehe aber davon aus, dass es sich um Awa Thiam handelt, da es, soweit mir bekannt, keine weitere Person mit diesem Namen im *Mouvement des femmes noires* gegeben hat.

378 | Vgl. *Libération* vom 17.05.1980; in: DOS Femmes noires, Bibliothèque Marguerite Durand.

379 | Das Zitat befindet sich in einem Interview, dass in der Broschüre der *Coordination des femmes noires* ab Seite 34 abgedruckt ist. Zur interviewten Person gibt es keinen Namen, lediglich den Hinweis, dass sie von den Antillen stamme. Vgl. Coordination des femmes noires (1978), S. 36.

Frauen und der Lage *der* Schwarzen. Die Frage nach dem Zusammenhang zwischen der Dethematisierung von Kolonialismus und Rassismus einerseits und der Anziehungskraft gerade dieser Gewaltverhältnisse als metaphorischer Zugriff auf das Geschlechterverhältnis andererseits drängt sich auf. Ist die Verdrängung Voraussetzung der Metaphorisierung? Bedeutet metaphorisches Sprechen zwangsläufig Verdrängung? Und wer kann sich die Metaphorisierung leisten?

Wie gezeigt ist der Vergleich in den verflochtenen Geschichten von Frauenrechtsdiskurs beziehungsweise Feminismus und Abolitionismus beziehungsweise Antirassismus angelegt. Geschichten, aus denen Schwarze Frauen als Akteur_innen herausgefallen sind. Das stellt auch die *Coordination des femmes noires* fest:

> »Ausgehend von der Auseinandersetzung mit unseren Erfahrungen als Frauen und als Schwarze [Frauen, AO] ist uns bewusst geworden, dass die Geschichte der Kämpfe in unseren Ländern, aber auch in der Migration eine Geschichte ist, in der wir verleugnet und verfälscht [*falsifiées*] werden.«[380]

Am Ende der Broschüre greifen sie diesen Gedanken noch einmal auf: »Wir werden unsere Geschichte anders machen!!!«,[381] heißt es da.

Beschneidung und Polygamie als ›spezifische Probleme‹

Beschneidung, Infibulation und institutionalisierte Polygamie waren feste Bestandteile der Agenda der *Coordination des femmes noires*. In ihrer politischen Arbeit ging es ihnen zum einen darum, auf ihre Herkunftsgesellschaften einzuwirken und gleichzeitig ihre Landsleute in der Migration von der Grausamkeit und Antiquiertheit dieser Praxen zu überzeugen. Zum anderen sollte die Mehrheitsgesellschaft informiert und sensibilisiert werden. In der Tat gelang es der *Coordination*, mit diesen Themen eine gewisse Aufmerksamkeit zu erreichen.

In der Frauenbewegung wurde vor allem das Thema Beschneidung rasch aufgegriffen. Bereits 1975 hatte Benoîte Groult in ihrem Buch *Ainsi soit-elle* diese Praxen skandalisiert.[382] 1982 bildete sich ein *Comité pour l'abolition des mutilations sexuelles* (CAMS), das vor allem auf der Ebene des Rechtes aktiv geworden ist. Im gleichen Jahr wurde die *Groupe femmes pour l'abolition des mutilations sexuelles et autres pratiques affectant la santé des femmes et des enfants* (GAMS) gegründet, in der Schwarze Frauen und *weiße* Feminist_innen gemeinsam aktiv waren und

---

380 | »A partir de la confrontation de notre vécu en tant que femmes et en tant que noires, nous avons pris conscience que l'histoire des luttes, dans nos pays et dans l'immigration, est une histoire dans laquelle nous sommes niées, falsifiées.« Ebd., S. 1.

381 | »Nous allons faire notre histoire différemment!!!«. Ebd., S. 38.

382 | Das Buch ist 1985 mit dem Titel *Ödipus' Schwester. Zorniges zur Macht der Männer über Frauen* in deutscher Übersetzung erschienen. Benoîte Groult ist Schriftstellerin und Journalistin.

sind.[383] Die Aufmerksamkeit des feministischen Aktivismus richtete sich zunächst auf afrikanische Gesellschaften. Beschneidung und Infibulation wurden ganz klar als Probleme von Frauen ›woanders‹ identifiziert. Dass diese Praxen auch in der Metropole präsent sind, wurde erst einige Jahre später zum Gegenstand feministischer Auseinandersetzung und Intervention.[384] Die Hinweise der *Coordination des femmes noires* auf in Frankreich durchgeführte Beschneidungen blieben in den 1970er Jahren ungehört. Dennoch kann gesagt werden, dass die Themen Beschneidung, Infibulation und institutionalisierte Polygamie von der *weißen* Frauenbewegung aufgegriffen worden sind. Sie sind gehört worden, weil sie als ›spezifische Probleme‹ von Frauen lesbar waren und in den Kampf der Frauenbewegung gegen die Unterdrückung und Ausbeutung von Frauen, gegen ›das Patriarchat‹, eingegliedert werden konnten. So lässt sich Beschneidung über die Dimension des Körpers in die Formel von der Gemeinsamkeit in der Unterdrückung (*oppression commune*) hineinholen.[385] Polygamie wiederum passt zur Kritik an Ehe und Familie als die zentralen Institutionen der Unterdrückung und Ausbeutung von Frauen.

Dieses partielle Ankommen in der *weißen* Frauenbewegung bedeutet jedoch auch die Reduzierung Schwarzer Frauen auf diese Themen. Die Selbstverortung der *Coordination des femmes noires* im Antikolonialismus blieb ebenso außen vor wie ihre Problematisierung der durch Rassismuserfahrungen bestimmten Situation von Migrant_innen. Die Besprechung des Buches *La parole aux négresses* (1978) von Awa Thiam durch Martine Storti in der *Libération* macht diese Reduzierung

---

383 | Grund für die Existenz von zwei zeitgleich im gleichen Gebiet antretende Gruppen waren Meinungsunterschiede bezogen auf die Strategie im Kampf gegen Beschneidung. Während CAMS den Weg des Rechtes wählte und für eine Kriminalisierung der Praxen kämpfte, trat GAMS für Aufklärung und Konfliktvermeidung ein. Beide Gruppen sind immer noch aktiv. Im Internet CAMS [http://www.cams-fgm.net/index.php/category/Accueil] und GAMS [http://www.federationgams.org/] [23.07.2012].

384 | Mit den ersten Gerichtsverfahren gegen Eltern und/oder Beschneider_innen in Frankreich in den 1980er Jahren wurde die Existenz dieser Praxen in Frankreich selbst zum Thema. Eine Chronologie der Rechtsprechung findet sich unter [http://www.cncdh.fr/IMG/pdf/Etude_et_propositions_sur_la_pratique_des_mutilations_sexuelles_feminines_en_France.pdf] [02.03.2012]. Die Frage der rechtlichen Verfolgung dieser Praxen war Ende der 1980er Jahre Anlass einer Debatte um ›kulturelle Differenz‹, die auch die Frauenbewegung beschäftigte. Siehe dazu Kapitel 6.3.

385 | Beispielhaft Benoîte Groult: »Der Chef eines Schwarzen Landes [sic] und ein Direktor in einem kapitalistischen Land haben nichts gemeinsam, wir aber, wir können die Erniedrigung und Unterdrückung fühlen, die eine verstümmelte Frau in Afrika erleidet. Ich spreche dabei noch gar nicht von politischen Ansichten, ich spreche vom sexuellen und körperlichen Eindruck.« (»Le chef d'un pays noir et un directeur dans un pays capitaliste n'ont rien en commun mais nous, nous pouvons sentir l'humiliation et l'oppression que subit une femme mutilée en Afrique. Sans même parler du point de vue politique, je parle du point de vue sexuel et physique.«) Das Zitat stammt aus einem Interview, das in der Zeitschrift *Le Quotidien des femmes* erschienen ist. Vgl. *Le Quotidien des femmes* N° 9 (1976), S. 7–10, Zitat S. 9.

greifbar.[386] Sie eröffnet den Artikel mit einem Hinweis auf den Tag der Schwarzen Frauen im Oktober 1977, an dem sich Schwarze Frauen getroffen hätten, »um von ihrer Unterdrückung und von ihren Kämpfen zu sprechen, die in vielerlei Hinsicht denen der Europäerinnen gleichen, aber auch verschieden sind.«[387] Diese erste öffentliche Äußerung habe Reaktionen von Polit-Aktivist_innen hervorgerufen, die nicht akzeptieren wollten, »dass ihre Schwarzen Schwestern ihre Kämpfe als Frauen für genauso bedeutsam halten wie die antiimperialistischen oder antikolonialen Kämpfe. Genauso bedeutsam und nicht als Widerspruch.«[388] Aber Schwarze Frauen fingen dennoch an, das Wort zu ergreifen, wie das Buch von Awa Thiam zeige.

Nach einem längeren Zitat aus dem Buch stellt Storti fest, dass die »elende Lage« Schwarzer Frauen durch eine dreifache Unterdrückung, nämlich aufgrund von Geschlecht, ›Rasse‹ und Klasse, bestimmt sei.[389] Dann werden allerdings nur Ehe, Polygamie, Beschneidung und Infibulation als Themen des Buches aufgezählt. Dass Thiam sich ebenso dem Verhältnis von Feminismus und Revolution widmet und nach den Möglichkeiten eines gemeinsamen Kampfes von Europäer_innen und Schwarzen Frauen fragt, wird nicht erwähnt. Es scheint so, als ob Storti den dritten Teil des Buches, aus dem auch die bereits zitierte Kritik am unreflektierten Vergleich der Lage *der* Frauen mit der Lage *der* Schwarzen stammt, nicht zur Kenntnis genommen hat. Abschließend beschreibt sie das Buch als »manchmal ungeschickt, aber voller Wut und Revolte«; es sei von einer Frau geschrieben, die wisse, dass der Kampf lange dauern werde, denn der »Langstreckenlauf« gegen das Patriarchat müsse verschiedene Hindernisse aufheben, wobei die Identifikation mit *weißen* Frauen nicht das geringste sei.[390]

---

386 | Vgl. *Libération* vom 3./4.06.1978; in: DOS Femmes noires, Bibliothèque Marguerite Durand. Es ist auffällig, dass in keiner der untersuchten Bewegungszeitschriften das Buch besprochen worden ist.

387 | »Je me souviens de la ›journée des femmes noires‹ en octobre dernier à Paris. Des femmes noires vivant provisoirement ou non en France s'étaient réunies là pour dire leur oppression et leurs luttes semblables à bien des égards à celles des Européennes, différentes aussi.« *Libération* vom 3./4.06.1978; in: DOS Femmes noires, Bibliothèque Marguerite Durand.

388 | »Une première prise de parole publique qui ne manqua pas de susciter des réactions, notamment celles des militant et des militantes politiques qui n'apprécièrent pas que leurs sœurs noires estiment leurs luttes de femmes aussi importantes que les luttes anti-impérialistes ou anti-colonialistes. Aussi importantes et non contradictoires.« Ebd.

389 | »Une ›misérable condition‹ marquée par une triple oppression, celle du sexe, de la race et de la classe.« Ebd. Diese Aufzählung der Kategorien ist deshalb bemerkenswert, da sie zu dieser Zeit nur äußerst selten im Sprachgebrauch der *weißen* Frauenbewegung auftaucht – und wenn, dann immer bezogen auf minorisierte Frauen.

390 | »*La parole aux négresses*: un livre parfois maladroit mais plein de colère et de révolte, écrit par une femme qui sait que la lutte sera longue; c'est que la ›course de fond‹ engagée contre le patriarcat doit lever plusieurs obstacles. Pour les femmes noires, celui de l'identification aux blanches, fussent-elles féministes, n'est pas le moindre.« Ebd.

Indem Storti *La parole aux négresses* ausschließlich als Positionierung gegen ›das Patriarchat‹ liest, entgeht ihr die Dimension der Selbstermächtigung und antikolonialen Dezentrierung, die ebenfalls in den Aussagen Thiams enthalten ist. Dass diese Verkürzung der Positionen kein Einzelfall war, wird in der Kritik einer Aktivist_in der *Coordination des femmes noires* am reduzierenden Blick der Mehrheitsgesellschaft deutlich:

»Wir lassen uns nicht mehr ethnologisieren, anthropologisieren [...]. Denn genau darum geht es: Um diesen voyeuristischen, infantilisierenden, herablassenden, nachsichtigen Blick, der sich auf die Schwarze Frau richtet, sobald sie sich rührt. [...] Leider bin ich diesem voyeuristischen Blick auch bei Frauen begegnet, die sich für die Befreiung der Frau aussprechen und die uns nur über unsere Verstümmelungen sprechen hören wollen [...].«[391]

Auf diesen »*dialogue de sourdes*« würden sie mittlerweile verzichten.[392] Versuche, mit *weißen* Frauen auch über andere Themen zu sprechen, sind offensichtlich gescheitert.

In der Reduzierung Schwarzer Frauen auf das Thema Beschneidung lassen sich zwei miteinander verbundene Probleme ausmachen. Zum einen die Frage der Darstellung beschnittener Körper in der feministischen Problematisierung von Beschneidung, zum anderen die Frage der Sprecher_innenposition. Gerty Dambury spricht ebenfalls vom unerträglichen Blick *weißer* Frauen, die sich zu einer Frage äußerten, die mit ihnen nichts zu tun habe. »Die beschnittenen Frauen hatten das Gefühl, dass man ihre Intimität in der Öffentlichkeit ausstellte für Leute, die urteilten ohne sich auszukennen«,[393] so Dambury weiter. Eine andere Aktivist_in der *Coordination* kritisiert die Ausstellung Schwarzer Frauenkörper ebenfalls:

---

391 | »Nous ne nous laisserons plus ethnologiser, anthropologiser [...]. Car c'est bien de cela qu'il s'agit: de ce regard voyeur, infantilisant, condescendant, indulgent, qu'on porte sur la femme noire dès qu'elle de met à bouger. [...] Ce regard voyeur, je l'ai malheureusement rencontré chez des femmes qui se disent pour la libération de la femme, et qui ne voulaient nous écouter parler que sur nos mutilations: scarifications (sur notre visage), tatouages (sur nos corps), infibulations et excisions (sur notre sexe).« *Histoires d'elles* N° 6 (1978), S. 19.

392 | »A ce dialogue de sourdes dans lequel nous étions sommés de n'être que des femmes anthropologiques, nous avons renoncé.« Ebd. *Dialogue de sourds*, wörtlich ›Dialog der Tauben‹ ist, wie bereits erwähnt, eine Redewendung, die bewusstes Missverstehen zum Ausdruck bringt.

393 | »Sur la question de l'infibulation et l'excision, on n'était pas d'accord sur la manière de l'aborder: avec un regard que nous ne pouvions pas supporter, le point de vue des femmes blanches, un aspect culturel dans lequel elles n'entraient pas. [...] les femmes excisées avaient le sentiment qu'on mettait leur intimité sur la place publique, face à des gens qui jugeaient sans connaître.« Gerty Dambury in Laroche/Larrouy 2009, S. 49.

»Die Klitoris der Schwarzen Frau war niemals so international. [...] Unser Geschlecht ist noch nie so oft fotografiert, ›herangezoomt‹ worden. Es breitet sich aus, krümmt sich, öffnet sich in Farbe oder in Schwarz-Weiß auf dem Cover all dieser feministischen Zeitschriften, wo der Frauenkörper sonst meist abwesend ist. Ich habe alte Ausgaben dieser Zeitschriften durchgeblättert, ohne irgendeine Spur eines so grausam enthüllten Frauenkörpers zu finden.«[394]

Bezogen auf die Abbildungen beschnittener Frauen in feministischen Zeitschriften weist Nicola Schieweck auf die zum gleichen Zeitpunkt beginnende Auseinandersetzung mit Pornografie hin, in der gerade die erniedrigende Abbildung anonymer Frauenkörper kritisiert werde. Am augenfälligsten werde dieser (nicht gesehene) Zusammenhang in der Zeitschrift *Questions féministes*, wo Pornografie-Kritik und das Thema Beschneidung nebeneinander beziehungsweise nacheinander in einem Heft (N°8, 1980) präsentiert würden.[395] Dass die Kritik an der Ausstellung von Frauenkörpern völlig unverbunden neben der Ausstellung von Frauenkörpern stehen kann, verweist einmal mehr auf den Sonderstatus des Themas Beschneidung.

Mit der Frage der Abbildung eng verbunden ist die Frage nach der Sprecher_innenposition. Wer sollte über diese Praxen sprechen dürfen? Diese Frage war auch innerhalb der *Coordination* nicht unumstritten. Während die einen die Strategie verfolgten, prominente Frauen für das Thema zu gewinnen und die breite Öffentlichkeit anzusprechen, verwahrten sich andere dagegen, dass in ihrem Namen und über ihre Körper gesprochen werde.[396]

Dass die Frage der Sprecher_innenposition auch für *weiße* Frauen unbequem war, wird wiederum an einem Beitrag in *Le Monde* nachvollziehbar, der im Dossier ›Schwarze Frauen‹ der Bibliothek Marguerite Durand enthalten ist. Gegenstand des Beitrages mit dem Titel »Schwarz, meine Schwester«[397] ist eine Fernsehsendung, in der eine *weiße* Ethnolog_in und eine Schwarze Frau über Beschneidung und Infibulation sprechen. Während die Ethnolog_in mit vollem Namen und Verweis auf ihre Arbeiten vorgestellt wird, wird die Schwarze Frau mit Vornamen und entlang der Kategorien Alter, Nationalität und Klasse eingeführt: »Bantini, diese junge

394 | »Le clitoris de la femme noire n'a jamais été aussi international. [...] Notre sexe n'a jamais été autant photographié, ›zoomé‹. Il s'étale, se tord, s'entr'ouvre en couleurs ou en noir et blanc à la une de tous ces magazines féministes, où le corps de la femme est le plus souvent absent. J'ai feuilleté d'anciens numéros de ces journaux sans trouver nulle part de trace d'un corps de femme si cruellement dévoilé.« *Histoires d'elles* N° 11 (1979), S. 5. Die Zeitschriften, die auch namentlich erwähnt werden, sind: *Courage* (BRD), *Effe* (Italien), *Choisir* und *F Magazine* (Frankreich).

395 | Vgl. Schieweck 2011, S. 31. In *Questions féministes* N° 8 (1980) sind der Übersetzung eines Aufsatzes von Fran P. Hosken zwei Fotos einer namenlosen beschnittenen Frau beigefügt.

396 | Vgl. Gerty Dambury in Laroche/Larrouy 2009, S. 49 und Schieweck 2011, S. 29.

397 | »Noire, ma sœur«. *Le Monde* vom 20/21.05.1979, S. 11; in: DOS Femmes noires, Bibliothèque Marguerite Durand.

Frau aus Mali, Korrektorin in einer großen Druckerei«.[398] In der Wiedergabe dieser Begegnung treten zwei Dinge zutage: Zum einen wird vermittelt, wie sehr die Wahrnehmung Schwarzer Frauen durch die Themen Polygamie, Beschneidung und Infibulation bestimmt ist, zum anderen wird das Unverständnis deutlich, mit dem auf den Anspruch Schwarzer Frauen auf Selbstvertretung reagiert wird. So wird die Zurückweisung *weißen* Expert_innentums von der Autor_in des Beitrages als unhaltbare Einstellung bewertet und als Kulturrelativismus (miss-)verstanden. Die Zurückweisung – »In ihren Augen können in diesem Zusammenhang nur Frauen der gleichen Hautfarbe Schwestern sein«[399] – scheint bei der Autor_in zudem ein Gefühl der Enttäuschung auszulösen, das auch in den untersuchten Zeitschriften spürbar wird, wenn es um das Verhältnis von *weißen* und Schwarzen Frauen geht. Dass es in den untersuchten Zeitschriften sehr selten um das Verhältnis von *weißen* und Schwarzen Frauen geht, habe ich bereits festgestellt. Eine der wenigen Passagen, in denen das Verhältnis überhaupt thematisiert wird, findet sich in einem Beitrag in *Paris féministe* aus dem Jahr 1989. Es handelt sich um einen Bericht über einen Besuch von Aktivist_innen aus Burkina Faso und Bangladesh, die Vertrauen und Hoffnung in die Unterstützung durch Feminist_innen im Westen setzten, so die Autor_in des Berichtes. Diese Offenheit stehe im Kontrast »zu den häufigen kollektiven Verurteilungen ›weißer‹ Frauen, insbesondere Feministinnen, durch afrikanische in Frankreich lebende Frauen, die uns pauschal des Neokolonialismus, der Ausbeutung der Dritten Welt, der Fremdenfeindlichkeit, gar des Rassismus beschuldigen.«[400] In dieser Nebenbemerkung wird das Gefühl der Enttäuschung über die Zurückweisung der angebotenen Solidarität deutlich spürbar.

Jeder der drei hier dargestellten thematischen Komplexe – Körper und Sexualität, Kolonialismus und Migrationsregime, Beschneidung und Polygamie als ›spezifische‹ Themen – spiegelt den *weißen* Feminismus auf je besondere Weise wider und leuchtet dabei Zonen des Ungesagten und Ungedachten aus. So wurde zunächst deutlich, dass neben dem metaphorischen Sprechen von Rassismus, Kolonialismus und Sklaverei auch Auseinandersetzungen mit den konkreten Gewaltverhältnissen stattgefunden haben. Diese sind allerdings nicht in die *weiße* Frauenbewegung

---

398 | »Bantini, cette jeune Malienne, correctrice dans une grande imprimerie«. Ebd.

399 | »Elle est contre la polygamie, elle est contre l'excision sous toutes ses formes. Jusque-là, pas de problème. Cependant, si elle ne craint pas d'attaquer ces rituels barbares devant les Noires, elle ne supporte pas que des Blanches les dénoncent. Dans ces circonstances, ne sont sœurs à ses yeux que les femmes de même couleur.« Ebd.

400 | »Et je ne pouvais pas m'empêcher de penser, par contraste avec cette rencontre avec des femmes qui mettaient leur confiance et un peu de leur espoir en nous, aux fréquentes culpabilisations collectives des femmes ›blanches‹, des féministes en particulier, par des femmes africaines vivant en France, nous taxant d'emblée et en bloc de néo-colonialistes, exploiteuses du tiers-monde, xénophobes voire racistes.« *Paris féministe* N° 86 (1989), S. 18.

vorgedrungen beziehungsweise von ihr aufgegriffen worden. Das metaphorische Sprechen wirkt vielmehr als Dethematisierung konkreter Gewalt- und Ausbeutungsverhältnisse und konkreter Diskriminierungsstrukturen, die das Geschlechterverhältnis und die Gruppe der Frauen durchkreuzen. Eine Begleiterscheinung, oder besser, eine Dimension dieses Dethematisierens besteht im Nicht- oder Missverstehen von Äußerungen minorisierter Stimmen. Besonders eindrucksvoll ist die Ausblendung der Problematik der verwehrten Mutterschaft aus dem zentralen feministischen Themenkomplex ›Körper und Sexualität‹ – obwohl Wissen darum zirkulierte.

Aber auch die Diskussionen zum Thema ›Arbeit‹ wären mit Sicherheit anders verlaufen, wenn die globale Dimension der geschlechtlichen Arbeitsteilung bedacht worden wäre. Auch hier ist Wissen zirkuliert, das nicht aufgenommen wurde, wie beispielsweise die von der *Coordination des femmes noires* vorgebrachte Kritik an den Praxen des BUMIDOM. Eine zentrale Aufgabe dieses ›Büros zur Entwicklung der Migration in den Überseegebieten‹ (*Bureau pour le développement des migrations dans les départements d'outre-mer*, BUMIDOM) war die Anwerbung ungelernter aber auch qualifizierter Arbeitskräfte gerade für Hausarbeit und Pflege. Die Problematik der *Care Migration* ist erst in jüngerer Zeit Gegenstand feministischer Diskussion.[401]

In der Interviewsammlung *Des femmes immigrées parlent* wird ein weiteres Miss-Verstehen bezogen auf den Komplex ›Arbeit‹ geschildert: Aktivist_innen des MLF konnten die Forderung von Migrant_innen nach einem Lohn für Hausarbeit nicht verstehen. In ihren Augen war Erwerbsarbeit der einzige Weg in die Unabhängigkeit und Befreiung; die Entlohnung von Hausarbeit würde Frauen auf die Hausfrauen-Rolle festlegen. Dass es aber für viele Migrant_innen nicht möglich war, zusätzlich zu Kinderbetreuung und Haushaltsarbeit auch noch einer externen Erwerbsarbeit nachzugehen, wurde nicht gesehen. Für sie wäre eigenes Geld ein erster Schritt in die Unabhängigkeit, formulieren es die interviewten Frauen.[402]

Aufgegriffen wurden demgegenüber die Themen Beschneidung und Polygamie, die entlang des Paradigmas der ›Gemeinsamkeit in der Unterdrückung‹ (*oppression commune*) als besonders grausame Beispiele der Unterdrückung von Frauen gedeutet werden konnten. Die Kehrseite dieser Anerkennung war die Reduzierung Schwarzer Frauen auf diese Themen. Beschneidung und Polygamie prägten die Wahrnehmung Schwarzer Frauen und machten alles, was sie sonst noch zu sagen hatten, unverständlich. Vor allem ihr Bestehen darauf, für sich selbst zu sprechen, wurde nicht verstanden und als entfremdeter Kulturrelativismus gedeutet.

---

401 | Für den französischen Kontext siehe beispielhaft zwei Hefte der Zeitschrift *Cahiers du CEDREF*: N° 10 (2003) mit dem Titel *Genre, travail et migrations en Europe* sowie N° 16 (2008) mit dem Titel *Femme, genre, migrations et mondialisation: un état des problématiques*.

402 | Vgl. Guyot/Padrun 1977, S. 94 ff.

Nicht- und Missverstehen minorisierter Stimmen sind Ausdruck der Machtverhältnisse innerhalb der Bewegung. Sie sind aber gleichermaßen Ausdruck der zeitgenössischen Wahrnehmung und Verhandlung von Kolonialismus und Sklaverei. Mit dem Schlagwort des ›Internationalismus‹, häufig als ›internationale Solidarität‹ verklausuliert, wird eine Distanz zwischen den ehemaligen Kolonien und der Metropole geschaffen und zum Ausdruck gebracht, welche in der Trennung von ›uns hier‹ und ›denen dort‹ die verflochtenen Geschichten des Kolonialismus in Vergessenheit geraten lässt. Diese Distanz betrifft auch die Menschen, die aus den ehemaligen Kolonien nach Frankreich gekommen sind. Sie leben und arbeiten zwar in Frankreich, bleiben in der Wahrnehmung der Mehrheitsgesellschaft wie auch der radikalen Linken aber ›(wo)anders‹. Das belegt die Rede von den *travailleurs immigrés*, die eben nicht Arbeiter wie alle anderen sind, nur zu gut. In der Wahrnehmung Schwarzer Frauen durch den *weißen* Feminismus findet sich diese Distanz wieder. Sie werden, wenn überhaupt, dann als Repräsentant_innen des ›Woanders‹ gesehen. Gleichzeitig und paradoxerweise werden sie aber auch zu ›Gleichen‹ gemacht, sie werden gemäß der Formel von der ›Gemeinsamkeit in der Unterdrückung‹ (*oppression commune*) in die hegemonialen Deutungen der Situation von Frauen eingefügt. Sie sind somit ›Andere‹ und ›Gleiche‹ zugleich.

Das metaphorische Sprechen bringt Rassismus und Kolonialismus zur Sprache, verschiebt sie im gleichen Moment aber in einen anderen Kontext. Dadurch werden die konkreten Gewaltverhältnisse ebenfalls verschoben, sie werden zur Sprache gebracht, aber nicht besprochen, sie werden der Auseinandersetzung entzogen, *de*-thematisiert. Die Stimmen, die von Gewalterfahrungen berichten und die historischen Tatsachen von Ausbeutung und Verschleppung zum Thema machen, verunsichern die Dethematisierung im hegemonialen Sprechen nicht. Sie werden von der *weißen* Frauenbewegung zwar gehört, aber nicht beziehungsweise nur partiell verstanden. Mit diesem Effekt der Dethematisierung, welche Missverstehen beinhaltet, stellt das metaphorische Sprechen von Rassismus und Kolonialismus im Sprachgebrauch der *weißen* Frauenbewegung ein Symptom der *kolonialen Aphasie* dar, wie sie von Ann Laura Stoler beschrieben wird. Durch den metaphorischen Gebrauch der Begriffe ›Rassismus‹, ›Kolonialismus‹ und ›Sklaverei‹ und ihrer semantischen Felder wird das Wissen um Rassismus als Gewaltverhältnis und dessen Geschichte in Kolonialismus und Sklaverei gleichsam eingeschlossen und dem sprachlichen und damit kognitiven Zugriff entzogen. Dass die Thematisierung von Rassismus als Gewaltverhältnis und gesellschaftlichem Problem, die in den frühen 1980er Jahren einsetzt, nicht unbedingt eine Öffnung der verschlossenen Wissensbestände bedeutet, werde ich in den folgenden Kapiteln zeigen.

6. Rassismus als Gewaltverhältnis und gesellschaftliches Problem

Das metaphorische Sprechen von Rassismus, Kolonialismus und Sklaverei prägte die rhetorischen Strategien der Frauenbefreiungsbewegung vor allem im Moment ihrer Konstituierung in den frühen 1970er Jahren. Um Wut und Unbehagen auszudrücken und Situationen zu benennen, für die es noch keine Worte gab, ist auf den Vergleich mit Rassismus sowie kolonialer Unterwerfung und Ausbeutung zurückgegriffen worden. Dass es genau diese Beispiele waren, ist zum einen mit dem direkten politischen Umfeld der sich formierenden Frauenbefreiungsbewegung zu erklären. Zum anderen werden damit historische Verbindungen aufgerufen, über die sich die Frauenbefreiungsbewegung in die lange Tradition feministischen Widerstandes stellt.

In der zweiten Hälfte der 1970er Jahre verändert sich die Sprache der Frauenbewegung. Der direkte Rassismusvergleich verschwindet, das Wort ›Sexismus‹ hat sich etabliert und funktioniert auch ohne Verweis auf Herkunft und Kontext. Gleichzeitig wird Rassismus als Deutungsmuster wie als gesellschaftliche Realität und Erfahrung von Migrant_innen explizit benannt und diskutiert. Es handelt sich dabei um eine weitere Form des Sprechens insbesondere von Rassismus, das Rassismus als konkretes Phänomen, als Herrschaftsverhältnis wie Einstellung und Verhaltensweise benennt. Im untersuchten Material wird Rassismus in erster Linie im Zusammenhang mit Migration und der Lebenssituation von *femmes immigrées* zum Thema gemacht (6.1). Der zweite Komplex, in dem Rassismus thematisiert wird, sind Fragen der reproduktiven Rechte (6.2). Rassistische Bilder in konservativer und rechtspopulistischer Rhetorik gegen die Liberalisierung von Verhütung und Schwangerschaftsabbruch stehen ebenso in der Kritik wie die bevölkerungspolitische Verschränkung von pro-natalistischen Rhetoriken und Maßnahmen mit restriktiver Einwanderungspolitik. Der Kampf um Anerkennung und Legitimität innerhalb der radikalen Linken ist der dritte Bereich, in dem Rassismus zur Sprache kommt (6.3). Rassismus erscheint hier als ein Gewaltverhältnis, dessen Bekämpfung in Konkurrenz zu den Anliegen der Frauenbewegung gebracht worden ist. In allen drei Themenkomplexen wird auch die koloniale Vergangenheit auf je besondere Weise in Erinnerung gerufen – ohne jedoch Gegenstand weiterführender Auseinandersetzung und Reflexion zu werden.

6.1 Migration und *femmes immigrées*

Den zentralen Anlass für die Auseinandersetzung mit Rassismus bietet das Thema Migration. Die bei Weitem häufigste Thematisierung von Rassismus findet bezogen auf das Migrationsregime und die Erfahrungen von Migrant_innen, insbesondere Einwanderern aus dem Norden Afrikas, statt. So werden die Maßnahmen der Regierung, Zuwanderung zu beschränken, regelmäßig als fremdenfeindlich und rassistisch kritisiert. Die soziale Situation von Migrant_innen wird beschrieben, Diskriminierung und Ausgrenzung werden problematisiert. Rassistisch motivierte Diffamierung und Gewalt sind ebenso Gegenstand wie Proteste und Widerstand gegen Übergriffe von Rechtsextremen oder der Polizei. Interessant ist dabei die unterschiedliche Gewichtung des Themas in den untersuchten Zeitschriften.[403] Erscheinen sie häufig und mit dem primären Ziel der Information der Leser_innen, dann sind auch vergleichsweise zahlreiche Informationen zu den Themen Migration und Rassismus enthalten.[404] In den Zeitschriften, die seltener erscheinen und einen eher theoretischen Anspruch haben, werden Migration und Rassismus kaum zum Thema gemacht.[405]

Zeitdiagnose Rassismus und die Entdeckung der *femmes immigrées*

Die wachsende Aufmerksamkeit für die Lage von Einwanderern aus den Maghrebstaaten und das Problem Rassismus spiegelt eine gesamtgesellschaftliche Entwicklung wider. Proteste gegen Diskriminierung und Ausschluss aus der Mehrheitsgesellschaft der sogenannten zweiten Generation haben das Bild der Einwanderer nordafrikanischer Herkunft in der Öffentlichkeit verändert und Bewusstsein für ihre von Ausgrenzung gekennzeichnete Lage geschaffen. In der Frauenbewegung beginnt man, sich für Migrant_innen zu interessieren. Es gab zwar bereits zuvor Kontakte zu politischen Aktivist_innen in Migrant_innenorganisationen und zu Frauen im politischen Exil in Frankreich, aber diese sind nicht als besondere Gruppe von Frauen wahrgenommen worden, wie es bei den *femmes immigrées* nunmehr der Fall ist.

So erscheint beispielsweise in den *Cahiers du féminisme* 1983 ein Schwerpunkt zur Situation der *femmes immigrées*.[406] Darin gibt es sieben Beiträge in unterschied-

---

403 | Dabei handelt es sich um Zeitschriften, die in den späten 1970er und in den 1980er Jahren erschienen sind. Bis zur Mitte der 1970er Jahre war Migration kein Thema in den untersuchten Zeitschriften.

404 | Es handelt sich dabei um die Zeitschriften *Cahiers du féminisme, Paris féministe* und *Des Femmes en mouvements*.

405 | Das sind *La Revue d'en face* und die *Nouvelles Questions Féministes*.

406 | *Cahiers du féminisme* N° 26 (1983), S. 6 ff.

lichen Formaten (Berichte, Analysen sowie Interviews), in denen auf die Einwanderungspolitik der Regierung, die Situation am Arbeitsmarkt, aber auch ausführlich auf die Lebenswirklichkeit der in Frankreich geborenen und aufgewachsenen Töchter eingegangen wird. Zudem wird über politischen Aktivismus und Selbstorganisation berichtet. Anlass für den Schwerpunkt zu diesem Thema sei der Protestmarsch *Marche pour l'égalité et contre le racisme* heißt es in der Einleitung.[407] Diesen antirassistischen Protest wolle man unterstützen und mit dem vorliegenden Schwerpunktthema die Reflexion anregen und vertiefen.

Nach Unruhen in den Vorstädten von Marseille und Lyon in den Jahren 1981 und 1982 formierte sich ausgehend von Gruppen in den Lyoneser Vorstädten eine Protestbewegung von Jugendlichen der sogenannten zweiten Generation. Anlass und Mobilisierungsgrundlage der Bewegung waren gewaltsame Tode von Jugendlichen in Auseinandersetzungen mit der Polizei. Neben diesem konkreten Auslöser und dem Protest gegen rassistisch motivierte Gewalt kann die Bewegung als Intervention auf zwei Ebenen verstanden werden: In sozio-ökonomischer Hinsicht ging es um soziale Ausgrenzung, in politischer Hinsicht um Anerkennung. Aufenthalts- und Bürgerrechte waren zentrale politische Forderungen. Öffentlich sichtbar wurde diese Bewegung durch einen Protestmarsch im Herbst 1983. Die *Marche pour l'égalité et contre le racisme* war am 15. Oktober 1983 in Marseille gestartet und wurde nach Stationen in verschiedenen französischen Städten am 3. Dezember 1983 in Paris mit einer großen Demonstration begrüßt. Von der breiten Öffentlichkeit zunächst ignoriert hat das Interesse nach dem gewaltsamen Tod eines jungen Algeriers in Südfrankreich und der Verwicklung von französischen Armeeangehörigen in diesen Vorfall sowie der öffentlichen Entrüstung darüber schlagartig zugenommen. Der Protestmarsch wurde zu einem bedeutenden Ereignis, das auch von offizieller Seite nicht mehr ignoriert werden konnte. Bei ihrem Eintreffen in Paris wurden die *marcheurs* nicht nur von Hunderttausenden in den Straßen empfangen, sondern auch von Präsident Mitterand im Elysée-Palast. Neben Subventionen für einige Vereine und Jugendprojekte hat der Protestmarsch jedoch keine faktische Veränderung der Politik erreicht. So folgte 1984 beispielsweise eine weitere Verschärfung der Zuwanderungsregeln und auch die Lebensbedingungen in den *Cités*[408] veränderten sich nicht. Allerdings

---

407 | Vgl. ebd., S. 7.

408 | *Cité* ist die Bezeichnung für Hochhaussiedlungen, die meist an den Rändern großer Städte platziert sind. Die deutsche Entsprechung ›Siedlung‹ transportiert nicht die besonderen Konnotationen von Ausgrenzung und Armut, die mit dem Wort *Cité* verbunden sind, daher behalte ich den französischen Begriff bei. Siehe auch Anmerkung 4.

wurde vermittelt durch die Protestbewegung Rassismus nun von einer breiten Öffentlichkeit als gesamtgesellschaftliches Problem wahrgenommen und eine neue Form antirassistischen Aktivismus enstand in der Folge. Ebenso war das Thema Einwanderung von nun an in den Medien und damit in der Öffentlichkeit präsent.

Die Redaktion bestätigt einleitend eine Zunahme von Rassismus. Die im einführenden Text verwendeten Formulierungen ›rassistische Eskalation‹ (*escalade raciste*) und ›Ansteigen des Rassismus‹ (*montée du racisme*) finden sich in den 1980er Jahren regelmäßig in Beiträgen zum Thema Einwanderung und sind als Formeln anzusehen, die eine kollektive Zeitdiagnose zum Ausdruck bringen. Sie sind in der Regel in den einleitenden Abschnitten platziert und weisen Rassismus als schwerwiegendes gesellschaftliches Problem der Zeit aus. Belegt wird die Zeitdiagnose mit Verweisen auf die Wahlerfolge des rechtsextremen *Front National* sowie auf rassistisch motivierte Gewalttaten. So auch in der Einleitung zum Schwerpunkt der *Cahiers du féminisme*. Hier wird der Wahlerfolg des *Front National* in Dreux angeführt, der mit ›rassistischer Propaganda‹ vor allem in einfachen und benachteiligten Schichten habe überzeugen können. Weiterhin wird an rassistische Übergriffe erinnert, durch die in mehreren französischen Städten Jugendliche zu Tode gekommen oder verletzt worden sind. Aber auch die repressive Einwanderungspolitik der Regierung wird als Ausdruck der Stimmung im Land angeführt.

Die Gemeinde Dreux liegt im Westen des Großraums Paris. Der Erfolg des *Front National* in Dreux bei den Kommunalwahlen im September 1983 war ein einschneidendes Ereignis von nationaler Bedeutung und wird bis heute als solches erinnert. Mit dem Wahlergebnis von Dreux war die Existenz und der Einfluss des *Front National* auf der politischen Bühne nicht mehr zu leugnen beziehungsweise zu ignorieren. Mit dem Auftreten des *Front National* als einflussreiche politische Kraft ist ›Einwanderung‹ von einem sozialen zu einem politischen Thema geworden.[409]

Die Feststellung eines ›Anstiegs von Rassismus‹ lässt diesen als ein plötzlich auftauchendes Phänomen erscheinen. Allerdings bringt diese Formulierung eher die Wahrnehmung der Mehrheitsgesellschaft respektive des *weißen* Feminismus zum Ausdruck, als dass sie eine qualitative Veränderung der Situation von Migrant_innen in Frankreich beschreibt. Die großen Veränderungen des Migrationsregimes sind mit dem Zuwanderungsstopp bereits zehn Jahre zuvor vollzogen worden und rassistische Gewalt und Ausgrenzung haben den Alltag von Einwanderern auch in den Jahrzehnten zuvor geprägt.

---

409 | Siehe dazu Bouchoux 1990.

> Die Zuwanderung aus den Kolonien beziehungsweise ehemaligen Kolonien erreichte während der Zeit des Wirtschaftsaufschwungs der Nachkriegszeit, während der sogenannten *trente glorieuses* (1945–1975), ihren quantitativen Höhepunkt. Die Wirtschaftskrise der 1970er Jahre veränderte die französische Einwanderungspolitik. Die aktive Anwerbung von Arbeitskräften wurde beendet, 1974 verhängte die französische Regierung einen Zuwanderungsstopp. Die ›neue‹ Einwanderungspolitik nach dem formalen Ende der Arbeitsmigration sollte nach offiziellen Verlautbarungen zwei Schwerpunkte verfolgen: Kontrolle und Beschränkung von Zuwanderung sowie maximale Reduzierung illegaler Zuwanderung einerseits, ›Integration‹ der bereits in Frankreich lebenden Einwanderer andererseits. Während bezogen auf die Regulierung von Zuwanderung in den folgenden Jahren immer wieder neue Vorhaben entwickelt und Gesetze vorgelegt worden sind, blieb die ›Integration‹ der im Land lebenden Zugewanderten lange Zeit dem Zufall überlassen. Die Lebensbedingungen der Arbeitsmigrant_innen standen bereits vor dem Zuwanderungsstopp nicht im Zentrum des politischen Interesses und waren dementsprechend schlecht. Sie sollten – zumindest im Fall der maghrebinischen Einwanderer – ja auch nicht lange bleiben.[410]

Lediglich die Wahlerfolge des *Front National* stellen eine neue Entwicklung dar. Fremdenfeindlichkeit und reaktionäre Ansichten erhalten nun Stimme und Gesicht und sind damit nicht mehr zu ignorieren. Gleichermaßen haben die lauter werdenden Proteste der zweiten Einwanderergeneration zu einem Bewusstseinswandel der Mehrheitsgesellschaft geführt. Soziale Ausgrenzung und rassistisch motivierte Gewalt werden nunmehr als Probleme wahrgenommen und erkannt. In der Formel vom ›Ansteigen des Rassismus‹ kommt diese neue Aufmerksamkeit zum Ausdruck.

Im Schwerpunkt der *Cahiers du féminisme* geht es dann allerdings hauptsächlich um die *femmes immigrées*, deren rechtliche Situation und Lebenswirklichkeit. Rassismus wird in den Beiträgen als Bestandteil ihrer Lebenssituation genannt, der Begriff bleibt in seiner Bedeutung allerdings vage beziehungsweise sind verschiedene Bedeutungsebenen möglich. Die Beispiele reichen von Beleidigungen über Diskriminierung am Arbeitsmarkt bis hin zur fremdenfeindlichen Propaganda von Rechtsextremen. Rassismus – als Beschimpfung, Gewalt oder Benachteiligung – erscheint als Horizont der Mehrheitsgesellschaft. Von weitaus größerer Bedeutung scheint in den Augen der Autor_innen jedoch die Position der *femmes immigrées* in Familie und Herkunftsgesellschaft zu sein. Denn in den Beiträgen des Schwerpunktes nimmt dieses Thema insbesondere bezogen auf die Töchter der Einwanderer großen Raum ein. Tradition und Familienstrukturen werden als Hindernisse

---

410 | Zur Besonderheit der postkolonialen Migration im Unterschied zur Arbeitsmigration aus süd- und osteuropäischen Ländern siehe Blanchard 2006a.

auf deren Weg in die Unabhängigkeit dargestellt, die zu Identitätskonflikten, im schlimmsten Fall zu Drogenkarrieren oder Selbstmord führten.

Diese Verknüpfung von Rassismus der Mehrheitsgesellschaft und repressiver Einwanderungspolitik auf der einen Seite und der Unterdrückung in Familie und Herkunftskultur auf der anderen, findet sich im Zusammenhang mit *femmes immigrées* häufig. Unter der Überschrift ›Rassismus‹ wird häufig ein Schwenk auf deren Lebenssituation vollzogen. So auch in *Des Femmes en mouvements*, wo regelmäßig über antirassistische Initiativen und den Protest von Migrant_innen gegen die repressive Einwanderungspolitik der Regierung und gegen prekäre Lebensbedingungen berichtet wird. Wenn Frauen in diesen Berichten vorkommen, dann steht jedoch ihre Situation in der »muslimischen Familie«[411] im Vordergrund. Beispielhaft sei auf einen Bericht über die Lebenssituation von Jugendlichen in den *Cités* verwiesen.[412] Aufhänger ist der Mord an einem Jugendlichen algerischer Herkunft in Vitry und der anschließende Protest der Bewohner_innen der Siedlung, in der die Gewalttat stattgefunden hat.

Vitry ist ein klassischer Arbeitervorort im Süden von Paris, der sich im Verlauf der 1970er Jahre zu einem sozialen Brennpunkt mit hoher Arbeitslosigkeit entwickelt hat. Getötete Jugendliche und gewaltsame Proteste haben Vitry bereits mehrfach in die Schlagzeilen gebracht. Im Jahr 2002 ist in Vitry Sohane Benziane verbrannt worden, wogegen sich Protest unter dem Slogan ›*ni putes ni soumises*‹ formiert hat, der schließlich zur Gründung der gleichnamigen Organisation führte.

Jugendliche in den *Cités* seien dem alltäglichen Rassismus der Polizei ausgesetzt und spürten tagtäglich die Segregation, heißt es da. Dann folgt der Schwenk auf die Lebenssituation von Frauen: »Für die *femmes immigrées* verschärft die Ghetto-Situation das Weggesperrt-Sein.«[413] Sie würden die Wohnungen nicht verlassen und seien des Französischen nicht mächtig. Ihre Töchter wiederum seien zwischen zwei Kulturen gefangen. Zudem stünden sie in der *Cité* unter der Kontrolle ihrer Brüder, die Familie entscheide über die Ehe und verbiete die Fortsetzung der Ausbildung. Von rassistisch motivierter Polizeigewalt und der prekären Wohnsituation als Ausdrücke eines Diskriminierungsverhältnisses verschiebt sich somit der Fokus in die »musli-

---

411 | Die Formulierung taucht häufiger auf. Siehe beispielhaft *Des Femmes en mouvements* N° 19 (1980), S. 14. Dabei verweist das Wort *musulman* zu diesem Zeitpunkt weniger auf eine explizit religiöse, sondern vielmehr auf eine kulturelle Zugehörigkeit. Um Religion wird es erst in der zweiten Hälfte der 1980er Jahre, spätestens mit Beginn der Kopftuchdiskussionen 1989, gehen.

412 | Der Titel des Beitrages lautet: *16 Jahre alt sein im Beton* (*Avoir 16 ans dans le Beton*), *Des Femmes en mouvements* N° 19 (1980), S. 14.

413 | »Pour les femmes immigrées, cette situation de ghetto ne fait qu'aggraver leur enferment.« Ebd.

mische Familie«. Frauen kommen hier in erster Linie als Opfer ihrer Ehemänner vor oder als Töchter und als solche zerrissen zwischen zwei Kulturen. Dieses Bild des Identitätskonfliktes taucht bezogen auf die sogenannte zweite Generation regelmäßig auf. So auch im angeführten Schwerpunkt der *Cahiers du féminisme*. Über die Beteiligung junger Frauen am Protestmarsch heißt es hier dann auch: »Das ist eine Form für sie, nein zum Rassismus zu sagen, aber ohne Zweifel auch zur alltäglichen Unterdrückung, die sie insbesondere im Rahmen der Familie erfahren.«[414]

In der Wahrnehmung des *weißen* Feminismus sind die *femmes immigrées* somit zwar auch von Rassismus betroffen, explizit benannt werden spezifische Effekte der repressiven Einwanderungspolitiken und Diskriminierung am Arbeitsmarkt. Als zentrale Probleme werden jedoch die Positionen in der Familie und Community[415] aufgefasst. Diese Darstellung entspricht der hegemonialen Deutung des Patriarchats als globales System, dem alle Frauen gleichermaßen unterworfen sind. Rassismus, der die gesamte Gruppe der Einwanderer betrifft, erschwere die Situation der *femmes immigrées* zusätzlich, so die verbreitete Auffassung. So wird die Festlegung von Frauen auf ihre Rolle als Hausfrauen, Mütter und vor allem Hüter_innen der Familienehre an einigen Stellen mit der festgestellten ›Zunahme des Rassismus‹ erklärt. Die Zurückweisung durch die Mehrheitsgesellschaft provoziere das Festhalten an Werten und Traditionen, von denen einige besonders gefährlich für Frauen seien. Zudem trage die französische Gesetzgebung zur »Aufrechterhaltung der Tradition des Herkunftslandes« bei. Indem sie Frauen keinen eigenen, vom Ehemann unabhängigen Status und damit keine rechtliche Existenz gewähre, halte die französische Einwanderungspolitik Frauen in einer Situation der Abhängigkeit von Ehemann oder Vater.[416] Die verschiedenen Maßnahmen zur Regulierung von Zuwanderung der linken wie rechten Regierungen werden regelmäßig als repressiv kritisiert und dabei als ›Rassismus‹ bezeichnet. So ist in den Zeitschriften von »politisch-rassistischer Repression«[417] oder vom »repressiven und rassistischen Charakter der Maßnahmen der Regierung«[418] die Rede. Beschrieben werden dann in der Regel die restriktiven Aufenthaltsbestimmungen oder die mit dem Kampf gegen illegale Einwanderung gerechtfertigten Identitätskontrollen von Migrant_innen. Das Vorenthalten von Bürgerrechten wird ebenfalls als Diskriminierung kritisiert.

---

414 | »Une manière pour elles de dire non au racisme mais aussi, sans doute, à l'oppression quotidienne qu'elles subissent, dans le cadre familial en particulier.« *Cahiers du féminisme* N° 27 (1984), S. 10.

415 | Im Material ist von *communauté*, ›Gemeinschaft‹, die Rede. Ich greife hier auf den Anglizismus ›Community‹ zurück, da dieser treffender als das unspezifische Wort ›Gemeinschaft‹ ist.

416 | Vgl. *Cahiers du féminisme* N° 26 (1983), S. 11.

417 | »Montée alarmante de la répression politico-raciste qui fait apparaître le visage fasciste de la démocratie libérale.« *Des Femmes en mouvements* N° 29 (1980), S. 15.

418 | »Non, aucun discours ne pourra masquer le caractère répressif et raciste des mesures gouvernementales.« *Cahiers du féminisme* N° 30 (1984), S. 6.

Dabei geht es in erster Linie um das Wahlrecht, das Migrant_innen vorenthalten ist. Die Gewährung des Wahlrechtes auf Kommunalebene versprechen die Sozialisten seit den 1980er Jahren in jedem Wahlkampf. Das Versprechen ist jedoch bis heute nicht eingelöst. Zuletzt hat die französische Regierung nach dem Wahlsieg des *Front National* bei den Europawahlen im Jahr 2014 einen Rückzieher gemacht. Von einer Neuregelung hätten vor allem Personen nordafrikanischer Herkunft profitiert. Die Frage des Wahlrechtes als zentraler Ausdruck des Bürger_innenstatus ist im Fall der in Frankreich lebenden Algerier, Marrokaner und Tunesier aufgrund der kolonialen Dimension besonders brisant. Denn die kolonialisierten Bewohner_innen der Kolonien unterlagen einem besonderen Statut, sie waren ›Indigene‹ und als solche zwar Staatsangehörige, aber eben keine Staatsbürger. Sie waren ›französische Subjekte‹ ohne Bürgerrechte. Diese »rechtliche Monstrosität« der Staatszugehörigkeit ohne Rechte bilde nach wie vor »das rechtliche Fundament für die marginalisierte Situation ›indigener‹ Migranten in der Metropole«, so Dominique Schnapper.[419] Der *Code de l'indigénat* galt zunächst in Algerien, dann aber auch in anderen Kolonien. Algerien ist im Jahr 1848 zum Teil Frankreichs erklärt worden.

In der Auseinandersetzung mit dem Migrationsregime nimmt die ›Regelung des Familiennachzugs‹ (*regroupement familial*) einen zentralen Stellenwert ein. Diese wird in ihren Folgen für die *femmes immigrées* beschrieben: Rechtliche wie ökonomische Abhängigkeit vom Ehemann, da der Aufenthaltstitel nur vermittelt über ihn gewährt ist und nachreisende Ehefrauen keine Arbeitserlaubnis bekommen; Illegalität, wenn die Voraussetzungen des Familiennachzugs nicht erfüllt werden; als Folgen Schwarzarbeit und Ausbeutung sowie kein Zugang zu Sozialleistungen oder medizinischer Versorgung; drohende Abschiebung bei Trennung vom Ehemann oder dessen Tod. An diese Darstellung schließt sich die Forderung nach einem autonomen Aufenthaltsstatus für die *femmes immigrées* an. Diese Forderung wird als Bestandteil des feministischen Kampfes gegen Rassismus verstanden. So heißt es in den *Cahiers du féminisme*: »Der Kampf für diesen Status ist integraler Bestandteil des Kampfes gegen Rassismus und für Gleichheit; und er ist ebenso Teil des Kampfes für die Befreiung der Frauen.«[420] In der Zeitschrift *Paris féministe* wiederum findet die Diskussion der rechtlichen Situation von Migrant_innen unter der Überschrift ›Sexismus und Rassismus‹ statt. Das *regroupement familial*

---

419 | »Cette ›monstruosité juridique‹ qui fabriquait du national sans citoyenneté, constitue les soubassements juridiques de la situation ›marginalisée‹ des migrants ›indigènes‹ en métropole.« Zitiert nach Blanchard 2006a, S. 182.

420 | »La lutte pour ce statut est partie intégrante de la lutte contre le racisme et pour l'égalité; elle l'est aussi du combat pour la libération des femmes.« *Cahiers du féminisme* N° 30 (1984), S. 6.

wird hier als sowohl rassistische wie auch sexistische Diskriminierung bezeichnet. Denn es seien Frauen, die vom Gesetzgeber als minderwertig, als weniger wichtig angesehen würden beziehungsweise sei es das Frau-Sein, an dem der Status des Minderwertigen festgemacht werde.[421]

Die Formel ›Sexismus und Rassismus‹, mit der die Situation von *femmes immigrées* häufig beschrieben wird, kann somit Verschiedenes bedeuten. Zum einen wird darunter die Einstellung der Mehrheitsgesellschaft gegenüber Migrant_innen gefasst, die wiederum Einfluss auf die Lebenssituation von *femmes immigrées* in Familie und Community habe. Zum anderen wird der rechtliche Status der *femmes immigrées* als abhängige Ehefrauen als zugleich rassistische und sexistische Regelung angesehen. Es wird aber auch oft von einer ›doppelten Unterdrückung‹ gesprochen, die *femmes immigrées* als Frauen und als Migrant_innen erfahren würden.[422] Die Annahme ist hier, dass sich Sexismus beziehungsweise die Unterdrückung *als* Frau und Rassismus beziehungsweise die Unterdrückung *als* Migrantin addieren.

Äußern sich Vertreter_innen der zweiten Generation selbst, dann wird auch die Verschränkung beider Verhältnisse beschrieben. Im Hass auf den Anderen erlebten sie auch den Hass und die Missachtung von Frauen, schreiben beispielsweise die *Nanas Beurs*.[423]

Der Verein *Nanas Beurs* ist im Umfeld des Protestmarsches *Marche pour l'égalité et contre le racisme* im Jahr 1985 entstanden. Wie der Bewegung der *marcheurs* im Allgemeinen geht es auch den *Nanas Beurs* um Anerkennung und Teilhabe an der französischen Gesellschaft. Besonderes Anliegen ist es, die Erfahrungen von Frauen in der postkolonialen Migration sichtbar zu machen. Frauen und Mädchen seien vom Rassismus der Mehrheitsgesellschaft auf eine spezifische Weise betroffen. Hinzu komme häufig Unterdrückung und Gewalt in den Familien und dem direkten sozialen Umfeld der *Cités*. Der feministische antirassistische Aktivismus der *Nanas Beurs* richtet sich gleichermaßen an die Mehrheitsgesellschaft wie an migrantische Communitys. Zur *weißen* Frauenbewegung bestehen enge Kontakte, worauf nicht zuletzt die Präsenz der *Nanas Beurs* in den untersuchten Zeitschriften hinweist.

Der Name des Vereins nimmt zwei umgangssprachliche Wendungen auf: *Nanas* steht im umgangssprachlichen Französisch für ›Frauen‹, *Beur* wiederum

---

421 | Vgl. *Paris féministe* N° 18 (1985), S. 19.

422 | »Vivant dans la double oppression en tant que femmes et en tant que immigrées [...]«, heißt es beispielsweise in *Paris féministe* N° 19 (1984), S. 7.

423 | »Dans la haine de l'autre, nous subirons aussi la haine de la femme.« In *Paris féministe* N° 18 (1985), S. 19.

ist eine Variante des französischen Wortes *Arabe*, das zunächst von Jugendlichen nordafrikanischer Herkunft als Selbstbezeichnung in durchaus provozierender Absicht genutzt worden ist. Der Begriff wurde von der Mehrheitsgesellschaft vergleichsweise rasch aufgegriffen (Eintrag in den *Robert* bereits 1985) und in eine Identitätszuweisung verwandelt. *Beur* fungiert mittlerweile auch als Genre-Bezeichnung für Literatur, Musik oder Film und ist, wie Abdellali Hajjat erläutert, zum Begriff für die ›assimilierbaren‹ laizistischen Migrant_innen geworden.[424] Aufgrund dieser Vereinnahmung wurde der Begriff von Jugendlichen selbst bereits in den 1980er Jahren wieder abgelehnt. Spuren von diesem Kampf um die (Selbst-)Benennung finden sich auch in den untersuchten Zeitschriften.[425]

Die übliche Form, in der junge Frauen der zweiten Generation in den Zeitschriften zu Wort kommen, ist die sogenannte *témoignage*[426]. Als journalistisches Mittel dienen die in einen kommentierenden Text eingebauten O-Töne als Beleg des Gesagten und versprechen darüber hinaus eine besondere Authentizität. Die in den kurzen Interviews oder Zitaten zu Wort kommenden jungen Frauen werden in den untersuchten Zeitschriften als eine Art *native informant* behandelt, welche dem *weißen* Publikum Einblicke in die Welt der *Cités* und der *femmes immigrées* vermitteln. Letztere haben in den untersuchten Zeitschriften keine Stimme; die *témoignage* ist die der Töchter-Generation zugewiesene Äußerungsform.

Die Exklusivität der *témoignage* als Äußerungsform von Migrant_innen beziehungsweise ihrer Töchter wird am Beispiel eines weiteren Schwerpunktes der *Cahiers du féminisme* besonders anschaulich.[427] Dieser Schwerpunkt ist dem Thema ›Jugend‹ gewidmet und enthält mehrere Interviews mit jungen Frauen, unter anderem zur Frage von Feminismus und politischem Engagement. Interessant ist die ins Auge springende Trennung zwischen *weißen* Frauen und Frauen maghrebinischer Herkunft. Während die einen als politische Aktivist_innen adressiert werden, werden die anderen über ihre ethnische Zugehörigkeit präsentiert. »Christine, Anne, Sylvia, Nathalie und die anderen«[428] und »Zwischen Abschottung und Assimilation. Sechs junge Frauen maghrebinischer Herkunft legen Zeugnis ab«,[429] lauten bereits die Überschriften der Interviews.

---

424 | Vgl. Hajjat 2013.

425 | Vgl. beispielhaft *Cahiers du féminisme* N° 35 (1986), S. 17.

426 | Wörtlich ›Zeugenaussage‹ oder ›Zeugnis‹. Im Deutschen würde man von ›Augenzeugenbericht‹ oder der ›Schilderung von Erfahrungen‹ sprechen.

427 | Vgl. *Cahiers du féminisme* N° 35 (1986), S. 14 ff.

428 | »Christine, Anne, Sylvia, Nathalie et les autres«. Ebd., S. 14.

429 | »Entre repli et l'assimilation. Six jeunes Maghrébines témoignent«. Ebd., S. 16.

Schwarze Frauen

Während die *femmes immigrées* und ihre Töchter als Betroffene rassistischer Gewalt und Ausgrenzung in den Blick geraten, bleiben Schwarze Frauen von dieser Aufmerksamkeit nach wie vor ausgenommen. Ihre Situation und ihre Erfahrungen werden nicht im gleichen Maße wahrgenommen. Rassismuserfahrungen Schwarzer Frauen werden so gut wie nicht thematisiert. In den untersuchten Zeitschriften finden sich lediglich drei Texte, in denen diese explizit benannt werden. Neben der bereits erwähnten Notiz in *Le Quotidien des femmes* aus dem Jahr 1975[430] handelt es sich um einen bereits 1978 verfassten Text mit dem Titel *Es ist nicht lustig, heute eine Negerin* in Frankreich zu sein!*,[431] der mit dem Namen Marie-Thérèse Rouil[432] unterzeichnet ist. Erschienen ist der Text in der Rubrik *Documents* der Zeitschrift *Nouvelles Questions Féministes* im Jahr 1985. Die Redaktion hat lediglich die Information hinzugefügt, dass der Text bereits 1978 für das *F Magazine* geschrieben wurde, dort dann aber nicht gedruckt worden sei – sowie ein aussagekräftiges »ohne Kommentar«. Der dritte Text ist ein 1978 in *Des Femmes en mouvements* erschienenes Interview.[433] Alle drei Texte sind direkte Äußerungen Schwarzer Frauen, die kommentarlos wiedergegeben werden. Zudem handelt es sich um Stimmen von Frauen, die von den Antillen stammen oder ein Elternteil afrikanischer Herkunft haben. Frauen aus afrikanischen Ländern südlich der Sahara tauchen demgegenüber allein über ihre ›spezifischen Probleme‹, in erster Linie Beschneidung und Polygamie, vermittelt auf. Die wenigen Frauen dieser Region, die in den Zeitschriften zu Wort kommen, sprechen auch ausschließlich dazu. Über ihre Erfahrungen in der Mehrheitsgesellschaft herrscht Schweigen. Das Bild der beschnittenen und in polygamer Ehe lebenden ›schwarzafrikanischen‹[434] Frau erfährt erst durch die Berichterstattung über die Kämpfe der sogenannten ›Papierlosen‹ (*Sans-papiers*) in den 1990er Jahren eine Veränderung. Seitdem werden Frauen etwa aus Mali oder der Elfenbeinküste auch als politische Subjekte wahrgenommen.

---

430 | Siehe Anmerkung 337.

431 | *Ce n'est pas drôle d'être aujourd'hui une négresse* en France!*; *Nouvelles Questions Féministes* N° 11/12 (1985), S. 135–141.

* Das Wort *négresse* bedeutet hier eine Aneignung der Beleidigung, die mit der *Négritude*-Bewegung eingesetzt hat. Siehe auch Awa Thiams Einsatz des Wortes *négresses*. Aus diesem Grund habe ich mich an dieser Stelle für die Übersetzung und Verwendung des Wortes entschieden. Vgl. auch Anmerkung 376.

432 | Marie-Thérèse Rouil ist eine von den Antillen stammende Schriftstellerin und Journalistin.

433 | *Des Femmes en mouvements* N° 12/13 (1978/79), S. 26–29.

434 | Ich verwende den kolonialen Begriff hier mit Überlegung, da ich an dieser Stelle auf das Deutungsmuster hinweisen möchte, dass mit dem Stereotyp der beschnittenen und in polygamer Ehe lebenden Afrikanerin verbunden ist.

In den angeführten Texten werden verschiedene Formen rassistischer Diskriminierung beschrieben. Neben Erfahrungen bei Arbeits- und Wohnungssuche kommen die Segregation am Arbeitsmarkt wie auch im öffentlichen Leben allgemein zur Sprache, ebenso Beleidigungen und Gewalt. Die Erfahrung, entgegen aller Versprechungen und der öffentlichen Rhetorik nicht als französische Staatsbürger_innen (an-)erkannt zu werden, ruft Wut und Enttäuschung hervor. Doch werden nicht allein die Erfahrungen im Hier und Jetzt geschildert, sondern diese werden zudem in einen historischen Kontext eingebettet. Kolonialismus und Sklavereigeschichte erscheinen als Hintergrund der aktuellen Verhältnisse. Der Moment der Migration von den Inseln in die Metropole fungiert dabei als eine Art Verbindung zwischen der Schilderung der in wirtschaftlicher wie politischer Hinsicht prekären Lebensbedingungen dort und den von Ablehnung und Benachteiligung geprägten Erfahrungen hier. Damit wird auch eine Verbindung zwischen verschiedenen Formen des *Race*-Verhältnisses als Gewalt- und Herrschaftsverhältnis hergestellt: zwischen Kolonialismus und Sklavereisystem mit ihren Auswirkungen auf die Lebensbedingungen der Gegenwart, der organisierten Arbeitsmigration als einer neuen Form der Verschleppung und dem Alltagsrassismus in der Metropole.

Kolonialismus und Sklavereigeschichte

Durch den Kontakt zu Frauen aus den ehemaligen Kolonien wird somit auch die gemeinsame Geschichte greifbar und konkret. Allerdings handelt es sich hier ebenfalls eher um Spuren im Material als um eine eigenständige Thematisierung und Auseinandersetzung.

In den frühen Jahren der Bewegung war die Kolonialgeschichte Frankreichs kein Thema, sondern ›Kolonialismus‹ diente wie auch ›Rassismus‹ als metaphorischer Bezug für die Beschreibung und Skandalisierung der Lage von Frauen. Wenn überhaupt, dann taucht die koloniale Vergangenheit in den untersuchten Zeitschriften als biografische Notiz am Rande auf. So beispielsweise in einer Notiz über die Abschiebung einer Frau und ihrer Kinder nach Algerien in *Le Torchon brûle* aus dem Jahr 1971. Im Hinweis auf ihren Ehemann, der ein *Harki* gewesen sei, klingt der Algerienkrieg an.[435]

Ab dem Moment, in dem Frauen aus dem Maghreb als *femmes immigrées* im Blickfeld der Zeitschriftenautor_innen auftauchen und deren Situation in Frankreich, aber auch in ihrer ›Herkunftskultur‹ erörtert wird, finden sich auch vermehrt Hinweise auf die Kolonialgeschichte, insbesondere Algeriens. Vor allem der Algerienkrieg erscheint als prägendes Ereignis. Am häufigsten wird der Krieg in wiedergegebenen Äußerungen von Frauen algerischer Herkunft erwähnt, entweder als eigene Erinnerung oder als Erfahrung der Eltern. Aber auch in Beiträgen über die

---

435 | Vgl. *Le Torchon brûle* N° 1 (1971), S. 14.

Situation in Algerien stecken Kolonialisation und Befreiungskrieg den Hintergrund für eine Aktualität ab, in der, je nach Zeitpunkt, Frauen in traditionellen Rollen gefangen sind beziehungsweise nach ihrer Beteiligung an den Befreiungskämpfen wieder in diese Rolle gedrängt werden (späte 1970er Jahre), in der ihre Rechte durch aktuelle Gesetzgebungen eingeschränkt werden und sie dagegen protestieren (*Code de la famille*, 1980er Jahre) oder aber in der Frauenrechtler_innen um ihr Leben fürchten müssen (1990er Jahre mit der Islamischen Heilsfront).

Nach der Unabhängigkeit Algeriens von Frankreich errichtete die Nationale Befreiungsfront (*Front de libération nationale*, FLN) eine Sozialistische Volksrepublik Algerien mit Einparteiensystem. Die FLN war wie die kommunistischen Parteien des Ostblocks als Kaderpartei organisiert. Frauen waren an der Macht nicht beteiligt und sollten sich nach dem Willen des FLN nur unter dem Dach der UNFA (*Union nationale des femmes algériennes*) organisieren. Der Gleichschaltung der UNFA waren Auseinandersetzungen vorausgegangen, in denen Frauen, die am Befreiungskampf beteiligt waren, ebenfalls um Beteiligung am Aufbau der Republik Algerien kämpften.[436] Seit 1984 gilt in Algerien ein Familienrecht, das die Rechte von Frauen massiv einschränkt und Frauen im Fall einer Scheidung erheblich benachteiligt. Erst eine Reform Anfang 2005 hat einige Regelungen entschärft wie etwa das Vormundschaftsrecht des Mannes über die Ehefrau. Dennoch sind Frauen nach wie vor in der Ehe, bei Scheidung, beim Sorgerecht und im Erbrecht benachteiligt. In den 1990er Jahren erlebte Algerien bürgerkriegsartige Auseinandersetzungen, bei denen zahlreiche Zivilist_innen getötet wurden. Das Militär hatte Anfang der 1990er Jahre das Erstarken der Islamischen Heilsfront (*Front islamique du salut*, FIS) zu verhindern versucht. Diese antwortete mit Anschlägen auf Sicherheitskräfte, aber auch Massakern an der Zivilbevölkerung. Insbesondere progressive Journalist_innen, Künstler_innen, Gewerkschafter_innen oder Politiker_innen standen im Fokus der Angriffe. Unter den Opfern waren auch Frauenrechtler_innen.

Die Verhältnisse in den französischen Überseegebieten, vor allem auf den Antillen, werden ebenfalls in den späten 1970er Jahren zum Thema in den untersuchten Zeitschriften. Und auch hier sind es vor allem Frauen aus den sogenannten *Départements d'outre-mer*, die aus den Regionen berichten. Die wirtschaftliche wie politische Situation wird dabei regelmäßig als direkte Folge beziehungsweise als andauernde Kolonialisierung durch Frankreich dargestellt. Guadeloupe sei zu einer Konsum-Kolonie gemacht worden,[437] Martinique ein kolonialisiertes Land,[438]

---

436 | Zur Frauenbewegung in Algerien siehe Talahite 1998.

437 | Vgl. *Des Femmes en mouvements* N° 12/13 (1978/79), S. 27.

438 | Vgl. *Cahiers du féminisme* N° 13 (1980), S. 37.

Französisch-Guayana in Wirklichkeit eine Kolonie,[439] die Antillen seien die letzten Kolonien Frankreichs,[440] heißt es. Das Sklavereisystem wird als historischer Hintergrund in der Regel angedeutet, in Formulierungen wie »Guayana ist bevölkert von Sklavennachfahren«,[441] oder: »vor hundert Jahren herrschte Sklaverei«, »als die Sklaverei abgeschafft worden ist und die Sklaven Land erhalten haben [...]«.[442]

Zum Thema gemacht wird das Sklavereisystem lediglich in drei Texten. Zum einen in einem Bericht über die Feier zum Ende der Sklaverei auf der Insel La Réunion, was am 20. Dezember 1981, 133 Jahre später, zum ersten Mal offiziell gewürdigt worden ist.[443] Zum anderen in zwei Aufsätzen der Soziologin Arlette Gautier[444], die in den Zeitschriften *Nouvelles Questions Féministes* (1985) und *Cahiers du féminisme* (1989) erschienen sind.[445] In beiden Aufsätzen geht es um Frauen im Sklavereisystem beziehungsweise um die Beteiligung von Frauen an Aufständen. Beide Aufsätze stellen Forschungsergebnisse dar.

Kolonialismus taucht im untersuchten Material als eine Vergangenheit auf, die in die Gegenwart ausstrahlt und dadurch die Situation von Frauen (mit-)bestimmt – und das sowohl bezogen auf Nordafrika als auch auf die *Departements d'outre-mer.* Die Thematisierung von Kolonialismus und Sklaverei in den untersuchten Zeitschriften macht deutlich, dass in der Perspektive der *weißen* Frauenbewegung Kolonialismus vor allem mit Algerien und den Antillen verbunden worden ist. Es ist zu vermuten, dass die Abwesenheit von Subsahara-Afrika und Asien als Gebiete kolonialer Expansion etwas mit der Abwesenheit beziehungsweise Nicht-Wahrneh-

---

439 | Vgl. *Le Quotidien des femmes*, Sondernummer vom 3. März 1975, S. 8.

440 | Vgl. *Des Femmes en mouvements* N° 24 (1980), S. 17.

441 | »En Guyane, pays peuplé de descendants d'esclaves métissés [...].« *Le Quotidien des femmes*, Sondernummer vom 3. März 1975, S. 8.

442 | »Il y a cent ans, c'était l'esclavage«, und: »Quand l'esclavage a été aboli, et que les esclaves ont eu des terres [...].« *Des Femmes en mouvements* N° 7 (1978), S. 27.

443 | *Des Femmes en mouvements* N° 72/73 (1981/82), S. 16.

444 | Arlette Gautier ist Soziologin mit dem Spezialgebiet historische Demografie und Bevölkerungspolitik; die Studie zu Frauen im Sklavereisystem der Antillen ist ihre Doktorarbeit, die 1985 unter dem Titel *Les sœurs de Solitude. Les femmes esclaves aux Antilles françaises* erschienen ist. Das Buch ist mit geändertem Untertitel im Jahr 2010 erneut aufgelegt worden – dem neuen Interesse an der Kolonialgeschichte Frankreichs entsprechend.

445 | Das gesamte Heft der *Nouvelles Questions Féministes* N° 9/10 von 1985 ist den Antillen gewidmet. Arlette Gautier ist Herausgeber_in des Heftes, ihr Beitrag mit dem Titel *Unter der Sklaverei, das Patriarchat* (*Sous l'esclavage, le patriarcat*) ist jedoch der einzige mit einer historischen Perspektive, in den anderen geht es um aktuelle Geschlechterverhältnisse und Familienstrukturen. Der Aufsatz in den *Cahiers du féminisme* steht im Zusammenhang mit dem 200. Jahrestag der Französischen Revolution. Er trägt den Titel *Die Rolle von Frauen bei der Abschaffung der Sklaverei* (*Le rôle des femmes dans l'abolition de l'esclavage*).

mung von Frauen aus diesen Regionen zu tun hat. In den untersuchten Zeitschriften sind Frauen aus Afrika vor allem als Betroffene von Polygamie und Beschneidung präsent. Lediglich in den 1970er und dann wieder in den 1990er Jahren sind sie auch als politische Subjekte wahrgenommen worden – in den 1970er Jahren als antikoloniale Aktivist_innen, in den 1990er Jahren als Aktivist_innen der *Sans-papiers*-Bewegung. Frauen aus Asien sind in den untersuchten Zeitschriften nur vereinzelt als Geflüchtete präsent.

Weiterhin wird deutlich, dass es in erster Linie Frauen aus den betreffenden Regionen waren, die auf die gemeinsame Geschichte aufmerksam gemacht haben. Denn Kolonialismus und Sklaverei werden vor allem von ihnen benannt und als in seinen Effekten andauerndes historisches Erbe in Erinnerung gerufen. Die eigene Position im aktuellen Nord-Süd-Verhältnis und die Verantwortung, die sich aus der kolonialen Vergangenheit für *weiße* Feminist_innen im postkolonialen Frankreich ergibt, werden erst später diskutierte Fragen.[446] Das von Arlette Gautier herausgegebene Antillen-Heft der *Nouvelles Questions Féministes* aus dem Jahr 1985 ist zu dieser Zeit eine absolute Ausnahme und macht deutlich, dass es durchaus Versuche gegeben hat, eine Reflexion über Differenzlinien innerhalb des *weißen* Feminismus anzustoßen und diese explizit auf die französische Kolonialgeschichte zu beziehen. In der Einleitung zum Heft heißt es gleich im ersten Satz, dass die Ausgabe aus dem Bedürfnis heraus entstanden sei, eine Lücke zu schließen.

> »In der Tat ist der Feminismus weitestgehend weiß geblieben, obwohl Frankreich multiethnisch ist. Die ›Stimmen des schwarzen Feminismus‹ waren nicht zu hören – zumindest haben wir sie nicht gehört [...]. Von den Antillen ausgehend diese Reflexion zu beginnen, bedeutet, sich mit vielfachen Unklarheiten und wechselseitigen Missverständnissen auseinanderzusetzen.«[447]

Diese Aufforderung ist offensichtlich ebenfalls ungehört geblieben, denn in den untersuchten Zeitschriften finden sich keinerlei Spuren einer solchen Diskussion.

Eine besondere Form, die französische Kolonialgeschichte aufzurufen, findet sich in der Auseinandersetzung der Frauenbewegung mit ihrem direkten Umfeld, der radikalen Linken. Dieser wird vorgeworfen, Diktaturen bedingungslos zu unterstützen. Im Interesse der antiimperialistischen Solidarität und Freundschaft

---

446 | So in einem Beitrag in der Zeitschrift *Marie pas Claire* aus dem Jahr 1995 (N° 5, S. 17). Dabei handelt es sich allerdings um die einzige Fundstelle einer solchen Auseinandersetzung im untersuchten Material.

447 | »En effet, le féminisme est resté largement blanc alors même que la France est multi-ethnique. Les ›voix du féminisme noir‹ ne se sont pas fait entendre – ou du moins nous ne les avons pas entendues – alors qu'aux États-Unies et en Grande-Bretagne elles remettent en question une certaine vision monolithique, aussi bien en termes de race que de classe, du féminisme. Plus précisement choisir les Antilles pour amorcer cette refléxion, c'est se situer au cœur d'ambiguités multiples et réciproques.« *Nouvelles Questions Féministes* N° 9/10 (1985), S. 5.

würde die Verletzung von Frauenrechten billigend in Kauf genommen. Schuldgefühle wegen der kolonialen Vergangenheit würden die Linke blockieren und verhinderten Kritik an Praxen, die in der Metropole selbst nicht geduldet würden. Das Argument des Schuldgefühls ist eine geläufige Figur in der Kulturrelativismus-Debatte, die an den Themen ›Beschneidung‹ und ›Kopftuch‹ geführt und um die es im Folgenden noch gehen wird. Der Verweis auf die Kolonialgeschichte taucht hier – vermittelt über den Verweis auf (vermeintliche) Schuldgefühle – auf, bleibt aber selbst gänzlich abstrakt.

Festzuhalten bleibt an dieser Stelle, dass über die Wahrnehmung der Proteste von Migrant_innen und vor dem Hintergrund der kollektiven Zeitdiagnose einer Zunahme von Rassismus insbesondere der Begriff ›Rassismus‹ eine Konkretisierung erfahren hat. Aus der Metapher sind konkrete Ereignisse und Erfahrungen geworden. Rassismus wird im Sprachgebrauch der *weißen* Frauenbewegung nunmehr als Diskriminierungsstruktur und Ausgrenzungspraxis benannt, wobei verschiedene Phänomene als ›rassistisch‹ qualifiziert werden: das Migrationsregime mit seinen Regelungen, Vorschriften und Steuerungsmaßnahmen, aber auch rechtsextreme Propaganda und gegen Migrant_innen gerichtete Gewalt. Die koloniale Dimension des aktuellen Migrationsregimes wie rassistischer Übergriffe bleibt jedoch weitgehend ausgeblendet. Auch hier sind es wieder marginalisierte Stimmen, welche die Kolonial- und Sklavereigeschichte sowie die jüngere Vergangenheit des Algerienkrieges in Erinnerung rufen.

6.2 Reproduktive Rechte

Eine andere Form der Thematisierung von Rassismus findet sich in Reaktionen auf Angriffe gegen die gerade erst erkämpfte Selbstbestimmung von Frauen in Fragen der Reproduktion. Ging es zuvor um das Migrationsregime und Praxen der Ausgrenzung und Diskriminierung, so steht hier Rassismus als Deutungsmuster und rhetorische Strategie in der Kritik. Dabei handelt es sich um Kritiken am Einsatz rassistischer Bilder und Argumente in rechtskonservativer Natalitätsrhetorik, aber auch in offiziellen Begründungen familienpolitischer Maßnahmen, um die Problematisierung des Zusammenfalls von pro-natalistischen Maßnahmen auf der einen und restriktiver Zuwanderungspolitik auf der anderen Seite sowie um Kritiken an antisemitischen Ausfällen von Abtreibungsgegner_innen.

Natalitätsrhetorik und pro-natalistische Familienpolitiken

Kontext für die feministischen Kritiken an rassistischen Bildern in rechtskonservativer Natalitätsrhetorik ist eine Debatte über die demografische Entwicklung, die zunächst im Zusammenhang mit der ›Überprüfung‹ des Veil-Gesetzes 1979 entbrannt war und die sich weit in die 1980er Jahre hineingezogen hat.

Das sogenannte Veil-Gesetz, das die Liberalisierung des Schwangerschaftsabbruchs vorsieht, ist im Januar 1975 zunächst ›auf Probe‹ und erst 1979 definitiv verabschiedet worden. Vorangegangen war eine breite Mobilisierung der Öffentlichkeit für die Liberalisierung von Verhütung (*Loi Neuwirth*, verabschiedet 1967; in Kraft erst 1974) und Schwangerschaftsabbruch. Für die Frauenbewegung war das Thema der reproduktiven Rechte das zentrale Mobilisierungsthema in den frühen 1970er Jahren.

Von Konservativen und der Katholischen Kirche war der mit der Liberalisierung des Schwangerschaftsabbruchs angeblich drohende Geburtenrückgang zur demografischen Katastrophe aufgebaut worden. Die Giscard-Regierung hatte die Rhetorik aufgegriffen, zudem eine Kampagne für ein drittes Kind gestartet und einen ›Mutterlohn‹ (*salaire maternel*) für die Kinderbetreuung zu Hause versprochen. Die demografische Entwicklung wurde auch Thema im Präsidentschaftswahlkampf 1980. Im Verlauf der 1980er Jahre sind von linken wie rechten Regierungen regelmäßig neue familienpolitische Programme aufgelegt worden, die ebenso regelmäßig in den untersuchten Zeitschriften als reaktionär und frauenpolitisch bedenklich ausgewiesen worden sind. Dass die Einschränkung von Frauenrechten mit rassistischen Argumenten legitimiert werde, ist dabei durchgängig Bestandteil der feministischen Kritik. So wird beispielsweise in *Paris féministe* im Dezember 1985 gefragt:

»Wie oft haben wir nicht Abtreibungsgegner rassistische Argumente nutzen sehen (›die Verteidigung des Westens gegen die Horden aus der Dritten Welt‹), um ihren Feldzug gegen Frauenrechte zu rechtfertigen?«[448]

Frauen würden im rechten Demografiediskurs auf die Geburtenrate reduziert, heißt es in einem anderen Beitrag im gleichen Heft,

»[...] zu hoch oder nicht hoch genug, je nach Farbe ihrer Haut. Der Uterus von Frauen steht im Zentrum dieser rassistischen Inszenierung: auf der einen Seite die ›überbordende Fekundität‹ der ›Nicht-Europäerinnen‹, auf der anderen immer weniger ›französische Geburten‹.«[449]

Beispielhaft für die Interpretation der pro-natalistischen Rhetorik nicht allein als Bedrohung für die gerade erst erkämpfte Selbstbestimmung von Frauen, sondern

---

448 | »[...] combien de fois n'a-t-on pas vue les adversaires de l'avortement utiliser des arguments racistes (›la défense de l'Occident contre les hordes du Tiers-Monde‹) pour justifier leurs croisades contre les droits des femmes?« *Paris féministe* N° 18 (1985), S. 21.

449 | »[...] les femmes se réduisent à un taux de fécondité, trop ou pas assez élevé selon la couleur de leur peau. L'utérus des femmes est au centre de cette mise en scène raciste: d'un côté, la ›fécondité déferlante‹ des ›non européennes‹ – de l'autre, de moins en moins de ›naissances françaises‹.« Ebd., S. 26.

zudem als bevölkerungspolitische Intervention mit rassistischen Untertönen ist auch ein Schwerpunkt der *Revue d'en face* von 1979. Unter dem Titel »Rassismus, Sexismus und familialistische Offensive« werden pro-natalistische Rhetorik und Politiken diskutiert.[450] Konservative Kräfte würden ein Untergangsszenario entwerfen, das »Aussterben« des französischen Volkes prophezeien und Schreckensbilder von hereinbrechenden hungernden und rachsüchtigen Horden zeichnen, so die hier formulierte Einschätzung.[451] Dass auch der Kampagne für ein drittes Kind eine ganz bestimmte Vorstellung von Nation und Bevölkerung zugrunde liegt, bringt wiederum eine in den *Cahiers du féminisme* erschienene Karikatur zum Ausdruck.

Quelle: *Cahiers du féminisme* N° 38 (1986), S. 5

»Sie haben Anrecht auf eine Unterstützung für das dritte Kind – vorausgesetzt es ist weiß«, lautet der einem Beamten in den Mund gelegte Text, der einer vierköpfigen Familie gegenübersteht.[452]

Die Zeichnung entspricht, zumindest in Paris, der Realität. Im November 1984 hatte der Rat der Stadt unter Bürgermeister Jacques Chirac entschieden, die Unterstützung für Eltern, die nach der Geburt des dritten Kindes in Betreuungsurlaub gehen, deutlich zu erhöhen, um im gleichen Atemzug diese Unterstützung nicht-französischen Familien ganz zu streichen. »Frankreich braucht Nachwuchs, ja, aber weißen Nachwuchs«, wird diese Entscheidung in *Paris féministe* ironisch kommentiert.[453] Von Rechten sei man diese Logik gewohnt, heißt es weiter, aber nun verkaufe auch die Regierung ihre pro-natalistische Politik mit »nationalistischen, um nicht zu sagen rassistischen Argumenten«.[454] So habe auch Präsident François Mitterand seinen Familienplan als Frage des nationalen Überlebens präsentiert.

---

450 | »Racisme, sexisme et offensive familialiste«. *La Revue d'en face* N° 7 (1979), S. 25 ff.

451 | Vgl. ebd., S. 29. Neben Rassismus werden in der entsprechenden Passage auch Schuldgefühle wegen des Kolonialismus angeführt. Beide machten es leicht, Phantasmen von hungernden und rachsüchtigen Horden aufleben zu lassen, die über die geschwächte alte Welt hereinbrechen, heißt es.

452 | *Cahiers du féminisme* N° 38 (1986), S. 5.

453 | »La France a besoin de petits, oui, mais de petits blancs.« *Paris féministe* N° 18 (1985), S. 22.

454 | »Du côté de la droite, cette logique n'est pas nouvelle. Mais voilà que le gouvernement de gauche, à son tour, se met à nous vanter les charmes du foyer et de la maternité […]. Et voilà que ce gouvernement utilise lui aussi des arguments nationalistes, voires racistes, pour justifier cette politique nataliste.« Ebd.

Familien- und Zuwanderungspolitik = Bevölkerungspolitik

Neben der rassistischen Rhetorik in der Debatte um die Liberalisierung des Schwangerschaftsabbruchs sowie später in Begründungen familienpolitischer Maßnahmen wird zudem eine Verbindung zwischen der kritisierten Familienpolitik und der Zuwanderungspolitik der Regierung hergestellt.

Der Familiennachzug ist im Oktober 1984 im Rahmen einer allgemeinen Verschärfung des Migrationsregimes neu geregelt worden. Nun muss die Genehmigung zum Familiennachzug bereits vor der Einreise der betreffenden Personen eingeholt werden, bislang konnte dies auch in Frankreich geschehen. Das heißt in der Praxis, dass nicht mehr mit einem Touristenvisum eingereist werden kann. Weitere Maßnahmen waren die Zusammenfassung von Aufenthalts- und Arbeitserlaubnis in einem Dokument, ein strengeres Vorgehen gegen Personen ohne Papiere sowie der Ausbau von Polizei- und Grenzsicherungskräften.

Die Neuregelung des Familiennachzugs, die auf Geburtensteigerung zielenden familienpolitischen Maßnahmen sowie die neuen Anreize zu Teilzeitarbeit werden als parallele Entwicklungen interpretiert, mit der die Regierung auf Wirtschaftskrise und Arbeitslosigkeit reagiert.

Gesetze zur Ausweitung von Teilzeitarbeit wurden im Dezember 1980 (für den öffentlichen Sektor) und im Januar 1981 (für die Privatwirtschaft) verabschiedet. Sie eröffnen überhaupt erst die Möglichkeit, Einstellungen auf Teilzeitbasis vorzunehmen. In den Zeitschriften wird die Deregulierung am Arbeitsmarkt kritisiert und vor Abhängigkeit vom besser verdienenden Ehemann und Armutsrisiko für (Ehe-)Frauen gewarnt.

Beide Gruppen, ›Frauen‹ und ›Einwanderer‹ (*immigrés*), sollen vom Arbeitsmarkt verdrängt werden, so die Interpretation. Es sei kein Zufall, dass in diesen Krisenzeiten Frauen und Einwanderer gleichzeitig angegriffen würden, heißt es beispielsweise in den *Cahiers du féminisme*, denn:

»... es sind immer diese beiden Kategorien, die man als erste für die Arbeitslosigkeit verantwortlich macht. Den einen schlägt man eine Prämie für ein drittes Kind und dessen Betreuung vor, den anderen eine ›Hilfe zur Heimkehr‹.«[455]

Die Gleichzeitigkeit von pro-natalistischer Familienpolitik auf der einen und repressiver Zuwanderungspolitik auf der anderen Seite wird als Verbindung von Sexismus und Rassismus beschrieben. Rassismus und Sexismus gingen oft Hand in Hand, heißt es in den *Cahiers du féminisme* einleitend. »Rassismus reimt sich immer auf Sexismus«, schlussfolgert man in *Paris féministe* angesichts des Zusammentreffens der zwei Maßnahmen: »die einen zurück an den Herd, die anderen zurück nach Hause«.[456] Die hier beschriebene Kopplung von Rassismus und Sexismus bezieht sich auf eine parallele Entwicklung, die zwei Gruppen nebeneinander oder eben zeitgleich betrifft: Migrant_innen und Frauen. Damit unterscheidet sich diese Verhältnisbestimmung von der oben beschriebenen Addition beider Unterdrückungsstrukturen in der Situation der *femmes immigrées.*

Die feministische Positionierung gegen Rechtsextreme wird ebenfalls mit der Verknüpfung von Sexismus und Rassismus begründet. Wer »Respekt für das Leben« fordere und gleichzeitig behaupte, es gebe »zu viele Einwanderer«, der kann nicht alle Leben meinen, so eine Stellungnahme in *Paris féministe.*[457] Die Angriffe auf das liberalisierte Abtreibungsrecht von rechtskonservativen und rechtsextremen Parteien und mehr noch die gewaltsamen Übergriffe auf Kliniken durch Abtreibungsgegner_innen sind vor allem in den 1990er Jahren zu einem Schwerpunkt feministischen Aktivismus geworden. In dieser Auseinandersetzung findet sich eine weitere Problematisierung von Rassismus und zwar bezogen auf die antisemitische Rhetorik der militanten Abtreibungsgegner_innen.

---

455 | »Ce n'est pas par hasard qu'apparaît ce lien entre les attaques contre les femmes et celles contre les immigrés: en période de crise, ce sont toujours ces deux catégories que l'on désigne en priorité comme les responsables du chômage. Aux unes on propose alors la prime au troisième enfant en cas de retour au foyer, aux autres, ›l'aide au retour‹ au pays.« *Cahiers du féminisme* N° 30 (1984/85), S. 6. Im nächsten Heft widmet sich ein ganzes Schwerpunktthema den frauen- und fremdenfeindlichen Positionen und Politiken von Chirac als Bürgermeister von Paris. Der Schwerpunkt trägt den Titel: *Paris: soziales Labor der Rechten.* Siehe *Cahiers du féminisme* N° 31 (1985), S. 10 ff.

456 | »Pour les unes, le retour au foyer; pour les autres, le retour au pays. La boucle est de nouveau bouclée. Racisme rime toujours avec sexisme.« *Paris féministe* N° 18 (1985), S. 27.

457 | Vgl. *Paris féministe* N° 34 (1986), S. 13.

Anti-IVG[458] und Antisemitismus

In den späten 1980er Jahren entwickeln Abtreibungsgegner_innen nach dem Vorbild der amerikanischen *Pro-Life*-Bewegung militante Formen des Protestes.[459] Deren Aktionen werden in der Frauenbewegung als massive Bedrohung für die erkämpften Rechte von Frauen angesehen. Doch nicht allein die Überfälle auf Kliniken sorgen für Entsetzen, sondern auch die Propaganda, die die Aktionen begleitet. Indem sie Schwangerschaftsabbrüche als »schlimmsten Genozid aller Zeiten« ausweisen, würden Abtreibungsgegner Revisionismus betreiben und die Shoah relativieren, heißt es in der Zeitschrift *ProChoix*.[460]

Die Zeitschrift *ProChoix* ist im Zuge der Auseinandersetzung mit sogenannten ›Lebensschützern‹ Mitte der 1990er Jahre entstanden. Der Widerstand gegen die Lebensschützer-Bewegung im Besonderen, gegen rechte Gruppierungen und Ideologien im Allgemeinen gehören vor allem in den Anfangsjahren zum zentralen Inhalt der Zeitschrift. Der Titel *ProChoix* ist allerdings von Anfang an auch als Wahlfreiheit in anderen Lebensbereichen wie Lebensform und Sexualität, Sterben oder Glaube verstanden worden. So hat beispielsweise die Diskussion um das Lebenspartnerschaftsgesetz (PACS) in *ProChoix* im Unterschied zu anderen Zeitschriften der Frauenbewegung großen Raum eingenommen. Die Zeitschrift erscheint bis heute und ist vor allem wegen ihrer Position in der Laizitätsdebatte nicht unumstritten.

Hier wird die Argumentation der ›Lebensschutz‹-Aktivist_innen wie folgt zusammengefasst:

»Die Entgleisungen der Lebensschützer, Föten mit Personen gleichzusetzen, sind gut bekannt ... Weniger bekannt ist, dass dieses Postulat weit davon entfernt ist, nur ein einfaches Argument im Kampf gegen Abtreibung zu sein. Tatsächlich dient es einem historischen Relativismus erster Güte. Denn Föten einmal mit Personen, und damit abgetriebene Föten mit ermordeten Kindern gleichgesetzt, haben die Lebensschützer sehr bald systematische Vergleiche zwischen deren Schicksal und dem Schicksal der von den Nazis ermordeten Juden entwickelt. Wenn nun abgetriebene Föten Juden sind, dann werden nicht abgetriebene Föten zu ›Überlebenden‹, die die Föten verteidigenden Lebensschützer

---

458 | IVG ist die Abkürzung für *Interruption volontaire de grossesse* (wörtlich: ›freiwillige Unterbrechung der Schwangerschaft‹). Im allgemeinen Sprachgebrauch wird immer nur die Abkürzung genutzt, so auch bezogen auf die Gegner_innen, die als Anti-IVG bezeichnet werden.

459 | Der Gesetzgeber hat auf die Angriffe reagiert und 1993 mit dem Neiertz-Gesetz die »Beeinträchtigung des freiwilligen Schwangerschaftsabbruchs« zur Straftat erklärt, die mit Gefängnis- und Geldstrafen geahndet wird.

460 | Vgl. *ProChoix* N° 3 (1998), S. 2.

zu ›Widerstandskämpfern‹ [*résistants*] und die Verteidiger der Abtreibung zu Nazis. Danach überdrehen die gut geölten Mechanismen des Relativismus ein bisschen … Sie laufen oft auf eine Banalisierung und manchmal gar auf eine Negation der Shoah hinaus zugunsten des ›größten Verbrechens gegen die Menschlichkeit‹: Abtreibung. Die Rhetorik und das lexikalische Feld, das die Lebensschützer entwickelt haben, stellt heute eines der lebendigsten Laboratorien des Negationismus dar. In 20 Jahren haben sie es geschafft, eine beachtliche Anzahl von Abtreibungsgegnern zu Antisemiten und Relativisten zu machen.«[461]

Es folgt eine detaillierte Analyse des Diskurses der Lebensschützer_innen, welche die hier zusammengefasste Argumentationskette mit Beispielen unterfüttert. Am Ende wird die besondere Wendung nachvollzogen, welche die sowieso schon krude Argumentation nimmt, wenn sie verschwörungstheoretisch die Liberalisierung des Abtreibungsrechtes, nicht selten mit Verweis auf die Person Simone Veil, als Komplott von Juden darstellen. Und da Juden ein solches Komplott entwerfen und umsetzen könnten, würde das in der Wahrnehmung der Lebensschützer heißen, dass sie auch nicht vernichtet worden seien, dass es also keinen Genozid gegeben haben kann. »Von einem abgründigen Antisemitismus ergriffen, gelingt den Lebensschützern die unglaubliche Wendung, abgetriebene Föten mit nicht vernichteten Juden gleichzusetzen.«[462]

Die Analyse und Kritik am Antisemitismus im Diskurs der Lebensschützer_innen ist Teil des feministischen Aktivismus gegen Rechtsextreme. Dieser bezieht sich vorrangig auf das reaktionäre Frauen- und Familienbild rechtsextremer Gruppierungen und Parteien, insbesondere des *Front National*, und auf die Aktivitäten von militanten Lebensschützer_innen, die enge Verbindungen ins rechtsextreme Lager haben.[463] Als Teil der politischen Linken stehen Feminist_innen rechtsex-

---

461 | »On connait bien les dérapages provie tendant à assimiler les foetus à des personnes … Ce que l'on sait moins, c'est que ce postulat est loin d'être un simple argument de lutte contre l'avortement. En fait, il sert surtout la soupe à un relativisme historique de premier ordre. Car une fois les foetus assimilés à des personnes et donc les foetus avortés à des enfants assassinés, les provie ont très tôt developpé des comparaisons systématiques entre leur sort et celui connu par les juifs sous le nazisme. Or si les foetus avortés sont des juifs, les foetus non avortés deviennent dès lors des ›survivants‹, les provie défendant les foetus des ›résistants‹ et les partisans de l'avortement, des nazis. Après quoi, les mécanismes bien huilés du relativisme s'emballe un peu plus … Aboutissant comme souvent à une banalisation et parfois même à une négation de la Shoah au profit du ›plus grand crime contre l'humanité‹: l'avortement. La rhétorique et le champ lexical développés par les provie constitue à ce jour l'un des laboratoires les plus vivaces du négationisme. En 20 ans, elle a su faire basculer un nombre considérable d'opposants à l'IVG dans l'antisémitisme et le relativisme.« *ProChoix* N° 3 (1998), S. 2.

462 | »Rattrapé par un antisémitisme viscéral, les provie réussissent l'extraordinaire pari d'assimiler les foetus avortés à des juifs non exterminés.« Ebd.

463 | Zum Hintergrund der Lebensschützer-Bewegung in Frankreich siehe Venner 1995.

tremem Gedankengut und rechten Aktivitäten generell ablehnend gegenüber. Rassistisch motivierte Gewalttaten von Rechtsextremen werden regelmäßig verurteilt. Aber das zentrale Problem, dass Feminist_innen mit Rechtsextremen haben, sind deren Angriffe auf Frauenrechte. Auf dieser Ebene bewegt sich auch die Analyse der Lebensschutz-Rhetorik. Die Thematisierung von Rassismus bezogen auf reproduktive Rechte betrifft somit die Ebene der Rhetorik politischer Gegner. Rassistische Begründungen im Demografiediskurs und antisemitische Bilder der Abtreibungsgegner stellen hier die zentrale Thematisierung von Rassismus dar. Hinzu kommt die Feststellung der Kopplung von Sexismus und Rassismus, wenn der Zusammenhang von pro-natalistischen Maßnahmen und restriktiver Einwanderungspolitik aufgezeigt wird.

6.3 Legitimität innerhalb der Linken

Eine weitere Form der Thematisierung von Rassismus tritt in den Auseinandersetzungen der Frauenbewegung mit ihrem politischen Umfeld zutage. Das Verhältnis von Frauenbewegung und Organisationen der radikalen Linken ist durch eine besondere Nähe, aber auch durch heftige Konflikte bestimmt. In diesen Konflikten ist die Frage der Legitimität und politischen Relevanz der Frauenbefreiungsbewegung auch über das Thema Rassismus ausgefochten worden. So hat sich der feministische Aktivismus wiederholt gegen den Vorwurf verteidigen müssen, rassistisch motiviert zu handeln oder zumindest rassistischen Einstellungen Vorschub zu leisten. In die andere Richtung lautet der Vorwurf, im Namen von ›internationaler Solidarität‹ und Antirassismus die Verletzung von Frauenrechten in Kauf zu nehmen. Diese Auseinandersetzungen prägen auch die feministische Einstellung zum Antirassismus. Als politische Haltung gehört Antirassismus zum proklamierten Selbstverständnis der *weißen* Frauenbewegung, das Verhältnis zum politischen Aktivismus ist jedoch überaus spannungsreich.

Konfliktfelder in der Auseinandersetzung mit der radikalen Linken

Der Kampf um Anerkennung innerhalb der radikalen Linken war immer auch ein Kampf mit sexistischen Einstellungen und Ansichten innerhalb linker Politgruppen. Insbesondere das Thema sexualisierter Gewalt gegen Frauen hat heftige Reaktionen und Abwehr hervorgerufen, auf die von der Frauenbewegung wiederum mit dem Verweis auf den Umgang mit rassistisch motivierter Gewalt reagiert worden ist. Rassismus wird in diesen rhetorischen Strategien als Gewaltverhältnis aufgerufen, das als politisches ›Problem‹ anerkannt ist.

Konfliktfeld Gewalt

Neben der Legalisierung von Verhütung und Schwangerschaftsabbruch war ab Mitte der 1970er Jahre Gewalt gegen Frauen das zentrale Thema feministischer Mobilisierung. Die Frauenbewegung kämpfte unter anderem dafür, dass sexualisierte Gewalt gegen Frauen den Status des Kavaliersdeliktes verliert und strafrechtlich angemessen verfolgt wird. Die Forderung, Vergewaltigung als Straftat und nicht mehr nur als Vergehen anzuerkennen, provozierte heftigen Widerspruch innerhalb der radikalen Linken, die darin einen Rückgriff auf die Institutionen der Bourgeoisie sahen. Dies allerdings nur bezogen auf Vergewaltigung, im Fall von rassistisch motivierten Gewalttaten hatte man mit dem Ruf nach Recht und Strafe offenbar kein Problem. In einer Ausgabe der Kolumne *Chroniken des Alltagssexismus* wird diese Ambivalenz anlässlich eines konkreten Falls sexualisierter Gewalt beschrieben:

»In der Linken, und sogar unter uns, wurde Zeter und Mordio geschrien: Wir würden die bürgerliche, weiße, kapitalistische Justiz anerkennen, legitimieren, bestätigen. Freundinnen redeten von der sexuellen Misere der Einwanderer, bezeichneten uns als Verbündete der Bullen, linke (?) Journalisten erinnerten uns daran, dass eine kleine Penetration immerhin nicht Dachau sei und einige unserer Ex-Verbündeten vom FHAR legten bei der erstbesten Gelegenheit in allen Zeitschriften, die ihnen offen standen, los.«[464]

Der *Front homosexuel d'action révolutionnaire* (FHAR) bestand in den frühen 1970er Jahren im Zusammenschluss von Lesben und Schwulen im Kontext beziehungsweise als Teil der radikalen Linken. Viele der im FHAR aktiven Lesben engagierten sich gleichzeitig auch in der Frauenbefreiungsbewegung. In Form und Zielsetzung waren sich FHAR und MLF sehr nah. Spektakuläre öffentlichkeitswirksame Aktionen und Theorie- und Reflexionsarbeit in kleinen Gruppen sowie Interventionen in die radikale Linke hinein waren der Modus Operandi beider Bewegungen und beide verfolgten das Ziel, den »Umsturz der Sitten«[465]

---

464 | »Ce fut à gauche, et même parmi nous, un tollé: nous reconnaissions, légitimions, reconduisions la Justice bourgeoise, blanche, capitaliste. Des femmes, des amies nous parlaient de la misère sexuelle des immigrés, nous traitaient des alliés des flics, des journalistes de gauche (?) nous rappelaient qu'une petite pénétration ce n'était tout de même pas Dachau; certains de nos ex-alliés du FHAR se déchaînaient à la première occasion venue dans tous les journaux qui leurs étaient ouverts.« *Le Sexisme ordinaire* (1979), S. 173.

465 | »Die totale Revolution besteht nicht nur im erfolgreichen Streik oder in der Festsetzung eines Chefs, der euch nervt; Revolution heißt auch, den Umsturz der Sitten zu akzeptieren, ohne Einschränkung. Je schwerer euch das erscheint, je weniger ihr versteht, desto mehr könnt ihr sagen, dass ihr auf dem richtigen Weg seid«, so der FHAR an die Adresse der linken Kampfgenoss_innen in der Zeitschrift *Tout!*. (»La révolution totale ce n'est pas seulement réussir une grève sauvage, séquestrer un patron qui vous fait chier: c'est aussi accepter le bouleversement des mœurs, sans restriction. Plus

in die Revolution der radikalen Linken zu integrieren. Interessant an der politischen Rhetorik des FHAR ist die Gleichzeitigkeit der Affirmation einer homosexuellen Identität und die Kritik beziehungsweise das Unterlaufen identitärer Setzungen – viele Jahre vor *queer politics.*

Verwiesen wird auf die Zeitschrift *Libération,* in welcher Kritik an der feministischen Forderung nach Strafverfolgung von Vergewaltigung formuliert und gleichzeitig affirmativ von der Gerichtsverhandlung in einem rassistisch motivierten Mordfall berichtet werden könne. »Man solle rassistische und sexistische Verbrechen nicht verwechseln«, wird in den *Chroniken* der Tenor der *Libération* wiedergegeben.[466] Dass in der Linken mit zweierlei Maß gemessen würde, wird auch in den *Questions féministes* festgestellt. Über die Klagen des MRAP[467] würde sich niemand aufregen, ein Vergewaltiger schockiere anscheinend weniger als ein Rassist, heißt es hier in einem Beitrag über sexualisierte Gewalt gegen Frauen.[468]

Besonders kompliziert wurde die Diskussion in Fällen, in denen die Täter nicht französischer Herkunft waren. Die oben zitierte Kolumne bezieht sich bereits auf so einen Fall, wie der Verweis auf die vermeintliche sexuelle Notlage von Einwanderern zeigt. Die Rede von der ›sexuellen Notlage‹ (*misère sexuelle*) der *immigrés* scheint eine geläufige Floskel in der linken Solidaritätsbewegung gewesen zu sein, um Debatten über sexualisierte Gewalt abzuwehren. Bis zum Rassismusvorwurf gegen diejenigen, die Übergriffe öffentlich machten, war es dann nicht mehr weit.

In *Les Femmes s'entêtent*, dem Sonderheft der *Temps modernes* von 1974, wird ein Fall geschildert, der für Aufruhr sorgte und diverse Stellungnahmen in linken

---

ça vous paraîtra dur, moins vous comprendrez, plus vous pourrez dire que vous êtes sur le bon chemin.«) *Tout!* N° 12 (1971), S. 8. *Tout!* ist eine von der maoistischen Splittergruppe *Vive la révolution* (VLR) herausgegebene Zeitschrift, die in den Jahren 1970–1971 erschienen ist. Das Heft N° 12 (Titel: *Libre disposition de notre corps* [*Über unseren Körper verfügen*]) ist als ›Pornografie‹ verboten worden und brachte Jean-Paul Sartre, der als Herausgeber der Zeitschrift firmierte, eine Anklage wegen ›Verstoßes gegen die guten Sitten‹ ein.

466 | »Sur la même page de Libération parut à l'époque un article condamnant celles qui demandaient que le viol soit jugé en Assises, et un autre se félicitant du renvoi du procès du brigadier Marquet (assassin d'un travailleur immigré, Mohamed Diab) devant les mêmes Assises … Il ne fallait pas confondre crimes racistes, et crimes sexistes.« *Le Sexisme ordinaire* (1979), S. 173.

467 | MRAP steht für *Mouvement contre le racisme et pour l'amitié entre les peuples.* Diese NGO ist 1949 in Reaktion auf die Shoah sowie den Zweiten Weltkrieg entstanden und gilt als eine der traditionellen Organisationen im Feld des linken Antirassismus.

468 | Vgl. *Questions féministes* N° 7 (1980), S. 101. Im zitierten Beitrag geht es darum, Gewalt gegen Frauen als politisches Problem zu begründen. Dafür setzt die Autorin den Vergleich mit rassistischer Gewalt ein. Auf diesen Beitrag gehe ich in Kapitel 2.1 ausführlich ein.

Blättern wie der *Libération* und *Le Nouvel Observateur* provoziert hat. Beschrieben werden hier nicht allein der Fall – eine Vergewaltigung im Milieu linker Solidaritätsstrukturen – und die Konstellation – Täter wie Opfer sind Teil der gleichen Soligruppe, kommen beide aus kolonialisierten Ländern und gehören minorisierten Gruppen an –, sondern vor allem die Reaktionen auf das Öffentlichmachen der Vergewaltigung innerhalb der Unterstützungsgruppe wie auch darüber hinaus. Der Betroffenen und den sie unterstützenden MLF-Aktivist_innen wird vorgeworfen, mit der Thematisierung einer Vergewaltigung durch einen Schwarzen Mann dem antirassistischen Kampf zu schaden und selbst rassistisch zu sein.[469] Dass dieser Vorwurf kein Einzelfall ist, wird ebenso deutlich gemacht:

»Aktivistinnen [*femmes militantes*] in den revolutionären Organisationen der *travailleurs immigrés* werden durch Aktivisten [*militants immigrés*] vergewaltigt und man verbietet ihnen, über die Vergewaltigung zu sprechen unter dem Vorwand, dass das dem Kampf gegen Rassismus schaden würde; der Kampf gegen Sexismus muss Rassismus den Vorrang lassen, immer entsprechend dem Verhältnis zwischen Hauptsache und nachgeordnetem Kampf. Zum Beispiel hat eine Frau, die [...] von einem arabischen Aktivisten vergewaltigt worden ist, die Vergewaltigung nicht anzeigen dürfen, da der Aktivist Araber war.«[470]

Weiter heißt es, dass es ebenso verboten sei, Vergewaltigungen öffentlich zu machen, »wenn die Täter Farbige [sic] sind, mit der Begründung, dass das den Rassismus verschärft, den sie bereits erfahren.«[471] An diesen Verweisen wird deutlich, dass es sich bei der Diskussion nicht um isolierte Vorfälle, sondern um einen integralen Bestandteil der Auseinandersetzung der Frauenbefreiungsbewegung mit ihrem direkten Umfeld gehandelt hat. Der Vorwurf, mit der Thematisierung von sexualisierter Gewalt der revolutionären Sache im allgemeinen und dem antirassistischen, antiimperialistischen Kampf insbesondere zu schaden, war Teil der Rhetorik, auf die Feminist_innen reagiert haben. Vor diesem Hintergrund erscheint der Vergleich von sexualisierter Gewalt gegen Frauen mit rassistisch motivierter Gewalt als sinnvolle Argumentation.

---

469 | Vgl. *Les Femmes s'entêtent* (1974), S. 1881 ff.

470 | »Des femmes militantes dans des organisations révolutionnaires de travailleurs immigrés se font violer par des militants immigrés et on leur interdit de parler du cas de leur viol sous prétexte que cela nuit à la lutte contre le racisme; la lutte contre le sexisme doit laisser la priorité au racisme, toujours en vertu du rapport entre la lutte principale et la lutte secondaire. Par exemple, une femme a été violée par un militant arabe dans un immeuble occupé, dans ce même quartier; elle n'a pu dénoncer son viol parce que le militant était arabe.« Ebd., S. 1881.

471 | »[...] interdiction de parler des viols publiquement, si les auteurs sont des gens de couleur, sous prétexte que cela aggrave le racisme qu'ils subissent déjà.« Ebd., S. 1885.

Konfliktfeld Kulturrelativismus

Neben dem Thema Gewalt stellt die in der radikalen Linken beschworene ›internationale Solidarität‹ einen weiteren Konfliktbereich dar. Der Vorwurf lautet hier, dass mit dem geforderten ›Respekt kultureller Unterschiede‹ gewaltvolle Praxen toleriert würden, die in der französischen Mehrheitsgesellschaft niemals akzeptiert werden würden. Es sind vor allem zwei Themen, anhand derer diese Auseinandersetzung geführt worden ist: die Beschneidung weiblicher Genitalien[472] und das Kopftuch muslimischer Frauen. In dieser Kulturrelativismus-Debatte geht es immer auch um das Verhältnis von Sexismus und Rassismus oder eher um das Verhältnis der Kämpfe gegen Sexismus und gegen Rassismus beziehungsweise ›Imperialismus‹. In beiden Fällen stellen Feminist_innen fest, dass Frauenrechte einem höheren Ziel geopfert würden: der Solidarität mit unterdrückten Völkern und dem Kampf gegen Rassismus.

Beschneidung

Die Diskussion um die Bewertung von Beschneidung und den adäquaten Umgang damit wurde in der Frauenbewegung Mitte der 1980er Jahre virulent, als vermehrt Fälle in Frankreich bekannt geworden sind. Das Thema als solches war in der feministischen Auseinandersetzung nicht zuletzt durch die Aktivitäten der *Coordination des femmes noires* bereits zuvor präsent, wurde allerdings immer bezogen auf Praktiken außerhalb Frankreichs diskutiert. Beschneidung und Infibulation galten in der feministischen Deutung als eine besonders extreme Form von Gewalt gegen Frauen und der Kontrolle weiblicher Körper und Sexualität. »Beschneidung ist eine der extremsten Formen der Unterdrückung, die Frauen in patriarchalen Gesellschaften erleiden«, heißt es bereits 1976 auf einem Flugblatt der Frauenbewegung, das in den *Cahiers du féminisme* abgedruckt ist.[473] Anfang der 1980er Jahre nehmen die Hinweise auf Fälle in Frankreich zu und mehrere Prozesse führen zu einer Debatte über die Frage der Strafverfolgung. Innerhalb der Frauenbewegung bestand Konsens über die Ablehnung und Verurteilung von Beschneidung und Infibulation, Divergenzen herrschten jedoch in der Frage nach den angemessenen Strategien im Vorgehen gegen diese Praxen in Frankreich, aber auch in afrikanischen Gesell-

---

472 | Im Französischen wird zwischen *Excision* (Beschneidung weiblicher Genitalien) und *Circoncision* (Beschneidung der Penisvorhaut) unterschieden, im Deutschen wird in beiden Fällen von ›Beschneidung‹ gesprochen. Ich verwende das Wort ›Beschneidung‹ bezogen auf die Beschneidung weiblicher Genitalien. ›Verstümmelung‹ übernehme ich lediglich in Zitaten.

473 | »L'excision n'est qu'une des formes extrêmes de l'oppression subie par les femmes dans les sociétés patriarcales.« *Cahiers du féminisme* N° 22 (1982/83), S. 28.

schaften.[474] Daher entstanden nahezu zeitgleich zwei feministische Kollektive gegen Beschneidung, in denen jeweils *weiße* und Schwarze Frauen gemeinsam aktiv waren. Die *Commission pour l'abolition des mutilations sexuelles* (CAMS) konzentrierte sich vor allem auf die Ebene des Rechtes und trat in mehreren Prozessen als Nebenklägerin auf. Demgegenüber setzte die *Groupe femmes pour l'abolition des mutilations sexuelles et autres pratiques affectant la santé des femmes et des enfants* (GAMS) eher auf Aufklärung und Sozialarbeit, forderte aber ebenfalls einen eindeutigen strafrechtlichen Umgang mit Beschneidung. Eine dritte Gruppe, die das Thema auf ihrer Agenda hatte, war das *Mouvement pour la défense des droits de la femme noire* (MODEFEN), das ebenfalls Anfang der 1980er Jahre in direkter Nachfolge und Kritik am *Mouvement des femmes noires* entstanden ist.[475] Diese Gruppe Schwarzer Frauen verfolgte bezogen auf Beschneidung und Infibulation ebenfalls die Doppelstrategie aus Aufklärung und Verbot.

Während Feminist_innen ein gesetzliches Verbot und einen eigenen Straftatbestand forderten, gab es in der Linken Stimmen, die die Beschneidung weiblicher Genitalien als kulturelle Praxis werteten und zu Toleranz gegenüber ›anderen‹ Kulturen und deren Traditionen aufriefen. Besonderes Aufsehen hat eine Petition in einer anthropologischen Zeitschrift hervorgerufen, mit der Wissenschaftler_innen verschiedener Disziplinen gegen die »Kriminalisierung von Beschneidung« protestierten.[476] Die anschließende Debatte hat auch Spuren in den untersuchten Zeitschriften hinterlassen. Hier wird vor allem auf den Vorwurf des Ethnozentrismus reagiert, der in der Petition den Gegnern von Beschneidung gemacht wird. »Für die Unterzeichner des Aufrufes handelt es sich bei der Kritik an diesen Praxen um Ethnozentrismus, gar Rassismus, und um den Willen, unsere westlichen Werte durchzusetzen«, wird in den *Cahiers du féminisme* der Standpunkt der Petition zusammengefasst. »Aber zu akzeptieren, dass ein kleines Mädchen oder eine Frau verstümmelt wird, weil sie Afrikanerin ist und die

474 | Beschneidung war nicht nur Thema der feministischen Debatte, sondern auch Gegenstand feministischer Forschung, wie der *Call for Papers* für die große Tagung 1982 in Toulouse belegt. Hier taucht Beschneidung als ein mögliches Thema auf. Vgl. *Nouvelles Questions Féministes* N° 4 (1982). Im Tagungsband ist ein Beitrag der Gruppe MODEFEN mit dem Titel *Beschneidung, Infibulation und Gesundheit* enthalten. Vgl. AFFER 1984, S. 497–504.

475 | In meinem Material finden sich widersprüchliche Angaben zum Zeitpunkt der Gründung, 1981 oder 1982.

476 | Es handelt sich um das *Bulletin du MAUSS* N° 3 (1989). Der Text der Petition ist in den *Nouvelles Questions Féministes* N° 16/17/18 (1991), S. 204 wiedergegeben. Als Disziplinen benannt werden Anthropologie, Soziologie, Philosophie und Psychoanalyse. Diese Kombination ist angesichts der deutlichen Abgrenzung gegen Ärzte und die Medizin in der Petition interessant.

Tradition ihres Landes es verlangt, ist das keine Form der Diskriminierung?«[477] Feminist_innen verteidigten in ihrem Kampf gegen die ›sexuellen Verstümmelungen‹ universelle Werte, weist auch Benoîte Groult den Vorwurf zurück. Werte, die über kulturelle Eigenheiten hinausgingen wie »das Recht des Menschen auf Integrität und Respekt seiner Person.« »Afrikaner« aus dieser »Anforderung grundlegender Würde« auszuschließen, sei viel eher Rassismus als die Forderung, diese Praxen zu verbieten.[478] Es wird aber auch auf die Ambivalenz des Verbotes hingewiesen. Wenn es allein repressiven Zwecken diene, könne es für rassistische Kampagnen vereinnahmt werden, wird in den *Cahiers du féminisme* eingewandt. Das Verbot müsse daher unbedingt mit einer Informationskampagne verbunden werden, denn Information sei die Bedingung für die Entstehung eines Problembewusstseins.[479]

Rassismus kommt in dieser Debatte folglich in Form der wechselseitigen Zuweisung vor. In der feministischen Öffentlichkeit wird der Vorwurf des Ethnozentrismus und Rassismus, der den Befürwortern eines gesetzlichen Verbotes gemacht wird, zurückgewiesen und seinerseits als rassistische Diskriminierung interpretiert: Frauen würde, bloß weil sie Afrikaner_innen seien, das Recht auf körperliche Unversehrtheit vorenthalten. In einer ganz ähnlichen Weise verläuft die Argumentation im Streit um das gesetzliche Verbot des Kopftuchs.

Kopftuch

Das Thema ›Kopftuch‹ ist ebenfalls zunächst als Problem von Frauen außerhalb Frankreichs diskutiert worden und zwar im Zusammenhang mit der Islamischen Revolution im Iran 1979. Die ›Zwangsverschleierung‹ iranischer Frauen sorgte für Zündstoff zwischen Frauenbewegung und radikaler Linken. Beispielhaft für diese Auseinandersetzung sei auf einen Beitrag in *La Revue d'en face* verwiesen, in dem aus Anlass der Ereignisse im Iran und den Kritiken an feministischen Solidaritätsaktionen für die Frauen im Iran der Umgang der Linken mit der soge-

---

477 | »Pour M. Lefeuvre* et les signataires de l'appel, dénoncer ces pratiques serait faire preuve d'ethnocentrisme, voire de racisme, et vouloir imposer nor critères d'occidentaux. Mais accepter qu'une petite fille ou une femme soit mutilée parce qu'elle est Africaine et que la tradition de son pays l'exige, n'est-ce pas une forme de discrimination?« *Cahiers du féminisme* N° 51 (1989), S. 22. * Die Soziologin Martine Lefeuvre war die Initiatorin der Petition.

478 | »Les femmes [...], qui ont fait campagne pour l'abolition de ces mutilations, défendaient un principe universel, au-delà des particularismes culturels: le droit de l'être humain à l'intégrité et au respect de sa personne. Ce serait du racisme précisément d'exclure les Africains de cette exigence de dignité fondamentale.« *Nouvelles Questions Féministes* N° 16/17/18 (1991), S. 205.

479 | Vgl. *Cahiers du féminisme* N° 22 (1982/83), S. 30.

nannten ›Dritten Welt‹ grundlegend diskutiert wird.[480] Dabei wird hart mit dem in der Linken zum guten Ton gehörenden ›Respekt der kulturellen Unterschiede‹ ins Gericht gegangen:

»In der Haltung, die sich mit dem bedingungslosen Respekt aller ›Differenzen‹ als Gipfelpunkt des Antirassismus versteht, liegt etwas zutiefst Rassistisches; eine Art Bestätigung, dass ›die Anderen‹ gut ohne das auskommen, was wir für uns selbst als unabdingbar ansehen.«[481]

Der Respekt von Unterschieden und die Zurückweisung von Ethnozentrismus seien sicherlich gerechtfertigte Positionen, allerdings dürfe das nicht die Unmöglichkeit jeder Kritik bedeuten.

»In der Linken und der radikalen Linken, französisch oder migrantisch, machen viele den Feministinnen einen Vorwurf daraus, die patriarchalen Traditionen der Dritten Welt zu kritisieren; aber sollen wir, nur um dem Vorwurf des Kulturimperialismus aus dem Weg zu gehen, unsere Augen verschließen, wenn etwas außerhalb des Westens passiert, wogegen wir, wenn es hier stattfände, protestieren würden? Es gibt nicht auf der einen Seite uns und auf der anderen Seite gute oder böse ›Wilde‹: Das Patriarchat wütet überall, auch wenn die Unterdrückung je nach Kultur unterschiedliche Formen annehmen kann.«[482]

Die Formel vom ›Respekt kultureller Unterschiede‹ wird hier als eine rassistische Geste gedeutet, die im Vorenthalten von Kritik und Auseinandersetzung besteht. Das Hauptproblem wird allerdings darin gesehen, was toleriert und akzeptiert wird: die Unterdrückung von Frauen.

---

480 | *La Revue d'en face* N° 6 (1979), S. 31 ff. Das Thema ›Beschneidung‹ spielt hier indirekt auch eine Rolle: Im Text ist eine Ankündigung für eine Veranstaltung des *Mouvement des femmes noires* platziert, bei der es darum gehen soll; der folgende Beitrag im Heft widmet sich ganz dem Thema ›Beschneidung‹. Auch hier geht es wieder um die Frage, wie weit der Respekt kultureller Unterschiede reichen darf.

481 | »Il y a d'autre part quelque chose de profondément raciste dans l'attitude qui se veut le summum de l'anti-racisme par le respect inconditionnel de toutes les ›différences‹; une sorte d'affirmation que ›les autres‹ peuvent bien se passer de ce que nous jugeons pour nous indispensable.« Ebd., S. 32.

482 | »Dans la gauche et l'extrême-gauche, française ou immigrée, beaucoup reprochent aux féministes de critiquer les traditions patriarcales du Tiers-Monde; mais devrions-nous fermer les yeux, pour ne pas prêter le flanc aux accusations d'impérialisme culturel, lorsque cela se passe hors d'Occident, sur ce contre nous luttons lorsque c'est ici que ça se passe? Il n'y a pas nous d'un côté, et de l'autre, de bons ou mauvais ›sauvages‹: le patriarcat est sauvage partout, même s'il utilise pour opprimer des formes diverses en fonction de la diversité des cultures.« Ebd., S. 34.

Mit der ersten sogenannten ›Kopftuchaffäre‹ 1989 verlagerte sich der Konflikt nach Frankreich, wie zuvor bereits beim Thema ›Beschneidung‹ geschehen.[483] Was zuerst als Problem der Frauen ›woanders‹ behandelt worden ist, wird nun zum Thema der ›anderen‹ Frauen hier. Damit scheint sich die Dringlichkeit der Auseinandersetzung zu erhöhen und auch der Begriff der ›Solidarität‹ bekommt noch einmal eine andere Bedeutung. Beide, Beschneidung und Kopftuch, werden häufig in einem Atemzug genannt. Und das sowohl bezogen auf die Frage der Kritik an ›unterdrückten Kulturen‹, aber auch als ›Probleme‹ der ›anderen‹ Frauen, denen man im Kampf gegen ihre besondere Unterwerfung Unterstützung zusichert. Beide werden zudem jeweils als »bedeutendes Zeichen der Unterdrückung von Frauen«[484] wahrgenommen, die aus diesem Grund alle Frauen gemeinsam betreffen.

Im Herbst 1989 hat der Schulverweis von drei Schüler_innen einer Mittelschule in Creil eine Diskussion um das muslimische Kopftuch losgetreten, welche die französische Gesellschaft in wiederkehrenden Wellen bis in die Gegenwart beschäftigt. *SOS Racisme* und MRAP haben sofort gegen den Ausschluss protestiert, rechte Organisationen haben wiederum Unterstützungserklärungen für den Leiter der Schule ausgesprochen. Daraus ist eine sich mehrere Monate hinziehende Debatte enstanden, die unglaublich heftig geführt worden ist und zu Verwerfungen und Brüchen in allen politischen Lagern geführt hat. Eindeutig war lediglich die Position der Rechtsextremen, die im Kopftuch ein Indiz für die Unverträglichkeit nordafrikanischer Kultur (respektive Religion) mit der französischen Mehrheitskultur sehen. In der Frauenbewegung wurde ebenfalls um die angemessene Reaktion auf den Schulverweis und um die adäquate feministische Haltung zum Kopftuch gestritten. Diejenigen, die das Kopftuch als Symbol für die Unterwerfung und Unterdrückung von Frauen deuten, werfen der antirassistischen Linken vor, sich allein von ihrer Sorge leiten zu lassen, das Kopftuchverbot könnte Rechten in die Hände spielen und den antiarabischen Rassismus befeuern. Das Kopftuchverbot als rassistisch motiviert abzulehnen, bedeute, es in Kauf zu nehmen, dass sich dieses Symbol für die Unterwerfung und Unterdrückung von Frauen in Frankreich verbreite, so die Argumentation. Die antirassistische Linke würde religiösen Fundamentalismus tolerieren und dabei Frauenrechte ignorieren. Diese Position ist von einem großen Teil der Frauenbewegung vertreten worden. Daneben gab es auch andere Einschätzungen und Meinungen. Dabei handelt es sich vor allem um abwägende Stimmen, die die Komplexität der Frage betonen und Schwierigkei-

483 | Wobei der Iran neben Algerien ein wichtiger Referenzpunkt in der Debatte um das Kopftuch von Schüler_innen in Frankreich bleibt. Vor allem das Argument, dass das Kopftuch ein Symbol für die Unterdrückung von Frauen sei, wird regelmäßig mit Verweisen auf Iran und Algerien, gewissermaßen als Bedrohungsszenarien, verbunden.

484 | »Un signe majeur de l'oppression des femmes«, heißt es bezogen auf Beschneidung in *Paris féministe* N° 19 (1984), S. 16.

ten einräumen, eine eindeutige Lösung zu finden. In Stellungnahmen wird häufig die eigene Unkenntnis der Lebenssituation muslimisch-arabischer Frauen und der Wunsch nach Austausch und Information geäußert.[485] Die Schwierigkeit der Positionierung wird wiederholt als Konflikt zwischen Antirassismus und Islamismus-Kritik dargestellt: Wie Islamismus kritisieren, ohne rassistische Vorurteile zu bedienen? Wie geht beides, Kampf gegen Islamismus und gegen antiarabischen Rassismus? Neben der Diskussion über den Kontext der Kopftuchdebatte und die Bedeutung des Tuches (Unterdrückungssymbol versus flexible Bedeutung) geht es auch um die Frage, wie konkret mit den kopftuchtragenden Schüler_innen umzugehen sei. In den Stellungnahmen, die sich dezidiert gegen einen Ausschluss vom Unterricht aussprechen, erscheinen die Mädchen tendenziell als handelnde Subjekte. Bei den Stimmen, die die konsequente Umsetzung des Laizitätsprinzips fordern, kommt eher eine Wahrnehmung der Mädchen als manipulierte Opfer zum Ausdruck. Die Forderung, die Handlungsfähigkeit arabisch-muslimischer Frauen anzuerkennen, wird dabei in erster Linie von Aktivist_innen maghrebinischer Herkunft vorgebracht und richtet sich sowohl an die Mehrheitsgesellschaft wie an den *weißen* Feminismus. Im Unterschied zur Kopftuchdiskussion in den Jahren 2003/2004 erscheint die Diskussion Ende der 1980er Jahre allerdings weit weniger polarisiert und verhärtet.

Damit setzt sich am Kopftuch, jetzt *in* Frankreich, eine Kontroverse fort, die feministischen und antirassistischen Aktivismus bereits zu anderen Gelegenheiten in Konfrontation zueinander gebracht hat. Oder anders: Feminist_innen sind bereits bei anderen Gelegenheiten in die Zwickmühle geraten, ihr Anliegen, den Kampf für Selbstbestimmung und gegen Sexismus und Gewalt, gegen ein anderes, mindestens ebenso gerechtfertigtes Anliegen, Antirassismus und Antiimperialismus, wie es in der Sprache der Zeit hieß, zu verteidigen und zu legitimieren. Davon zeugen auch die verschiedenen Versuche, das Verhältnis beider Unterdrückungsformen theoretisch wie praktisch zu klären, um die es im Folgenden noch gehen wird. Gewalt gegen Frauen und das Kopftuch sind die beiden ›Probleme‹, an denen die Verhandlungen besonders intensiv und dauerhaft geführt worden sind.

Es sind genau diese Themen, deren kontroverse Diskussion Mitte der 2000er Jahre zur Neuordnung des Feldes des feministischen Aktivismus geführt hat. Die etablierten Gruppen und Zusammenschlüsse waren dabei von zwei Seiten herausgefordert. Zum einen sahen sie sich mit einer vorher nicht in dieser ausgepräg-

---

485 | Der Schwerpunkt zum Kopftuch, der in der Zeitschrift *Paris féministe* im Herbst/Winter 1989/90 über mehrere Ausgaben erschienen ist, liefert einen guten Querschnitt feministischer Positionen, die von der Interpretation des Kopftuches als eindeutiges Unterdrückungssymbol und der Forderung nach konsequenter Umsetzung des Laizitätsprinzips in Schulen über abwägende Stellungnahmen (Kopftuch als Unterdrückungssymbol, aber Ausschluss ist keine Lösung) bis hin zu sehr komplexen Analysen (Rückbindung der Frage an Kolonialgeschichte) reichen.

ten Form dagewesenen nationalistischen Indienstnahme ihrer Positionen, insbesondere dem feministischen Grundanliegen der Selbstbestimmung von Frauen, konfrontiert. Zum anderen mussten sie mit dem Auftreten neuer Akteur_innen umgehen, die für sich beanspruchen, ebenfalls Feminist_innen zu sein, beziehungsweise im Namen des Feminismus zu sprechen. Während die einen der nationalistischen Wendung feministischer Anliegen in die Hände zu spielen scheinen (*Ni Putes Ni Soumises*), verunsichern andere den Grundkonsens, das Feminismus eine zutiefst säkulare (Denk-)Bewegung sei. So beispielsweise das im Jahr 2003 entstandene *Collectif féministes pour l'égalité* (CFPE), in dem sich muslimische und *weiße* Feminist_innen gemeinsam für Anerkennung in der Mehrheitsgesellschaft und der *weißen* Frauenbewegung engagieren.[486]

Zwischen rassistischer Vereinnahmung und Rassismusvorwurf

Die Tatsache, dass beide ›Probleme‹ auch im rechten Lager, von Rechtsextremisten bis hin zu rechten Parteien und Regierungen, aufgegriffen werden, um Einwanderer aus Nordafrika als Sicherheitsrisiko für französische Frauen und damit für die Nation als solche oder als Gefahr für die nationale Identität als zu fremde Kultur respektive Religion zu identifizieren, stellt eine weitere Herausforderung in der feministischen Auseinandersetzung mit Rassismus und Fremdenfeindlichkeit dar. Die Instrumentalisierung von Frauenrechten für rassistische und fremdenfeindliche Propaganda wird regelmäßig und bei verschiedenen Anlässen, sei es Gewalt oder das Kopftuch, aufgegriffen und diskutiert. Beispielhaft sei auf einen Vergewaltigungsfall verwiesen, der vom *Front National* unter Aneignung eines feministischen Argumentes aufgegriffen worden ist.

Die sogenannte ›Vergewaltigung vom Boulevard Magenta‹ im September 1985 war Anlass für Diskussionen und öffentlichen feministischen Protest. Der Fall taucht wiederholt in den untersuchten Zeitschriften auf, wo er zu einer Art Symbol für den Widerstand gegen sexualisierte Gewalt gegen Frauen geworden ist.

Diese Vergewaltigung sei ein »politisches Verbrechen«, wird Jean-Marie Le Pen in *Paris féministe* wiedergegeben. Wobei das ›Politische‹ sich in den Ausführungen Le Pens auf den »Angriff gegen das französische Volk« beziehe, zu dem er den Fall mache – und keineswegs auf die Denunziation von Vergewaltigung als Verbrechen gegen Frauen, wird hier weiter ausgeführt, um dann die Reaktionen der Linken auf diesen Vorfall und den feministischen Protest gegen sexualisierte Gewalt gegen Frauen zu schildern. Trotz deutlicher Abwehr der Vereinnahmung von Rechts würde ihnen von ihren linken ›Freunden‹ Rassismus vor-

---

486 | Siehe Internetauftritt und Blog der Gruppe unter [http://www.cfpe2004.fr/] und [cfpe.overblog.org] [17.12.2015].

geworfen. Der Beitrag in *Paris féministe* schließt folglich auch mit einer doppelten Abgrenzung:

»[...] wir können es nicht oft genug wiederholen: So wie wir jegliche rassistische Vereinnahmung nicht akzeptieren und anklagen, so akzeptieren wir ebenfalls nicht, dass im Namen des Antirassismus versucht wird, uns zum Schweigen zu bringen und die Bedeutung unserer Kämpfe zu verleugnen.«[487]

In der Kopftuchdiskussion war es ebenfalls notwendig, die eigene Position dezidiert als nicht rassistisch auszuweisen. »Das ist kein Rassismus ... das ist die Ablehnung von Sexismus!«, wird die Zustimmung zum oben geschilderten Schulverweis verteidigt.[488]

Die Auseinandersetzung der Frauenbewegung mit ihrem direkten Umfeld, der radikalen Linken, ist somit auch über das Thema ›Rassismus‹ ausgetragen worden. Im Kampf um Anerkennung war Rassismus das zentrale Vergleichsmoment. Der Bezug auf Schwarze, Kolonialisierte oder Einwanderer war ein rhetorisches Mittel, um politische Legitimität zu behaupten und sich nicht zuletzt gegen den Vorwurf, die antikapitalistische, antirassistische, antiimperialistische Bewegung zu spalten und damit der Revolution zu schaden, zu verteidigen. Das Verhältnis von Frauenbewegung und radikaler Linken bringt ein Kommentar in *La Revue d'en face* auf den Punkt:

»Frauen, haltet die Klappe, ihr spaltet das Proletariat, Frauen, haltet die Klappe, ihr spielt den Rassisten in die Hände [...], haltet die Klappe, man kann nicht gegen zwei Sachen auf einmal kämpfen: Unterdrückung der Frauen oder Kolonialismus. Ein *oder*, das immer exklusiv ist, das immer die Frauen von den Prioritäten ausschließt.«[489]

Der Vorwurf, Rassisten in die Hände zu spielen, war eine Variante der linken antifeministischen Abwehrrhetorik. In der feministischen Reaktion erscheint Rassismus als ein Gewaltverhältnis, dass in Konkurrenz zu den Anliegen der Frauenbewegung steht, da es als das schwerwiegendere, gewissermaßen ›echte Problem‹ behandelt wird. Während rassistisch motivierte Gewalt verurteilt und geächtet wird, wird

---

487 | »[...] nous le répéterons jamais assez: autant nous n'acceptons pas, et nous dénonçons, toute récupération raciste de nos luttes – autant nous n'acceptons pas non plus qu'au nom de l'anti-racisme on cherche à nous faire taire et à nier l'importance de notre combat.« Vgl. *Paris féministe* N° 18 (1985), S. 25.

488 | »Ce n'est pas du racisme ... ...c'est le refus du sexisme!« *Paris féministe* N° 91/92 (1989), S. 37.

489 | »Fermez-la les femmes, vous divisez le prolétariat, fermez-la les femmes vous faites le jeu des racistes [...], fermez-la, car on ne peut lutter que contre une chose à la fois: l'oppression des femmes ou le colonialisme. Un *ou* toujours exclusif, qui exclue toujours les femmes des priorités.« (Hervorhebung im Original). *La Revue d'en face* N° 6 (1979), S. 38.

Gewalt gegen Frauen nicht als gleichermaßen schwerwiegend wahrgenommen. Schlimmer noch, die öffentliche Denunziation von Übergriffen und Gewalt gegen Frauen gerät selbst unter den Verdacht, rassistisch motiviert zu sein, wenn die Täter benachteiligten, rassifizierten Gruppen angehören. Dass solche Fälle von Rechtsextremen gerne propagandistisch genutzt werden, erfordert eine Abgrenzung in zwei Richtungen: gegen die rassistische Vereinnahmung und gegen den Vorwurf, mit der Denunziation von sexualisierter Gewalt gegen Frauen genau diese Vereinnahmung zu provozieren.

7. »Dem Feminismus eine neue Dimension geben«. Feministischer Antirassismus

Die Protestbewegung von Jugendlichen aus den Vorstädten hat Rassismus in den frühen 1980er Jahren zu einem zentralen Thema in Politik und Gesellschaft werden lassen. Zu diesem Zeitpunkt war die französische Öffentlichkeit zudem vom politischen Rechtsruck alarmiert, der sich durch wiederholte Wahlerfolge des rechtsextremen *Front National* anzeigte. Im Zuge dieser Entwicklung sind die Ablehnung rechter Positionen und Antirassismus zu einem breiten, über linksradikale Kreise bis weit in die Mitte der Gesellschaft reichenden Konsens geworden. Vor allem junge Menschen engagierten sich nun vermehrt in antirassistischen Projekten. Diese Entwicklung ist innerhalb des feministischen Aktivismus aufmerksam verfolgt worden und gab Anlass zu inhaltlichen wie praktischen Neuorientierungen. Antirassismus wird als »neue Dimension des Feminismus«[490] ausgerufen und auf zwei Ebenen begründet. Zum einen wird auf die Zunahme des Rassismus verwiesen, die ein antirassistisches Engament unabdingbar werden lasse. Belegt wird diese ›Zunahme‹ oder auch ›Eskalation‹ mit Verweisen auf Wahlerfolge des *Front National,* aber auch auf die Verschärfung der ohnehin als restriktiv bezeichneten Einwanderungsregelungen. Zum anderen wird die Notwendigkeit eines dezidiert feministischen Beitrages zum Antirassismus hervorgehoben, da der antirassistische Aktivismus blind für die besondere Lage von Frauen, aber auch blind für Sexismus in den eigenen Praxen sei (7.1). Neben einer verstärkten Aufmerksamkeit gegenüber rechtsextremen Gruppierungen und Ideologien bedeutet ›feministischer Antirassismus‹ in der politischen Praxis vor allem die Hinwendung zu Migrant_innen und deren Lebensbedingungen (7.2) sowie die Auseinandersetzung mit Rassismus als Gewaltverhältnis und das Bemühen, Rassismus aus einer dezidiert feministischen Perspektive zu verstehen (7.3).

---

490 | »[...] donner une nouvelle dimension au féminisme«. *Paris féministe* N° 19 (1984), S. 3. Die Aussage, dass Antirassismus eine neue Dimension des Feminismus sei, findet sich wiederholt in den untersuchten Zeitschriften der frühen 1980er Jahre.

7.1 Frauenbewegung und antirassistischer Aktivismus

Die Problematisierung von Rassismus, die in den untersuchten Zeitschriften Ende der 1970er Jahre einsetzt, geht häufig mit einer direkten Adressierung des antirassistischen Aktivismus einher. Angesichts der starken öffentlichen Präsenz verschiedener Formen antirassistischen Aktivismus und des gestiegenen Problembewusstseins innerhalb der parlamentarischen wie außerparlamentarischen Linken reichte es für Aktivist_innen der Frauenbewegung offensichtlich nicht mehr aus, sich als selbstverständlich antirassistisch zu begreifen, sondern Antirassismus musste als eine Dimension feministischen Engagements explizit gemacht werden. Mehr als je zuvor sollten Feminist_innen ihren Platz im antirassistischen Kampf einnehmen, wird in *Paris féministe* gefordert, damit »der Kampf gegen Rassismus nicht den Kampf gegen Sexismus in Vergessenheit geraten lässt«.[491]

Die Sorge, die gestiegene Aufmerksamkeit für Antirassismus könne die Frauenbewegung mit ihrem Kampf für Selbstbestimmung von Frauen weiter in den Hintergrund rücken lassen, wird in den untersuchten Zeitschriften wiederholt geäußert.

In der Tat befand sich die Frauenbewegung in den 1980er Jahren zwischen Institutionalisierung auf der einen und zurückgehendem Aktivismus auf der anderen Seite gefangen. Feminismus hatte seine Zugkraft verloren und war aus der öffentlichen Wahrnehmung nahezu verschwunden. Die Zeitschrift *Libération* hatte bereits 1980 den Tod der Bewegung verkündet.[492] Die internen Konflikte Ende der 1970er Jahre hatten die Bewegung gelähmt und zum Rückzug vieler Aktivist_innen geführt. Der Wahlerfolg der Sozialisten im Jahr 1981 wird häufig als weiterer Einflussfaktor benannt, der dem linken politischen Aktivismus im Allgemeinen die revolutionäre Energie entzogen habe. Die Bewegung veränderte in den folgenden Jahren auch ihren Charakter von der Anti-Organisation in eine Struktur aus Vereinen und anderen institutionalisierten Formen.

---

491 | »[...] plus que jamais, les féministes doivent prendre toute leur place dans le combat anti-raciste. Mais ›toute leur place‹, cela veut dire qu'elles y sont *aussi* en tant que féministes, et que la lutte contre le racisme ne saurait faire oublier la lutte contre le sexisme.« (Hervorhebung im Original). *Paris féministe* N° 18 (1985), S. 27.

Interessant ist an einer anderen Stelle im Material die Einschließung von Antirassismus in Feminismus: »Ich bin Feministin, *also* Antirassistin, aber man kann Antirassist *und* Sexist sein! Wie die anderen ...« (»Je suis féministe *donc* antiraciste, mais on peut être aniraciste *et* sexiste! Comme les autres ...«) (Hervorhebungen im Original). *Paris féministe* N° 4 (1985), S. 6.

492 | In einem Kommentar zum 8. März 1980 titelt die *Libération*: *Die Bewegung ist tot* (*Le mouvement des femmes n'est plus*). Vgl. Schulz 2002, S. 174.

»Gegenwärtig haben wir nicht so gute Aussichten«, heißt es auch in den *Cahiers du féminisme*, »eines der wenigen derzeit existierenden Felder politischer Mobilisierung ist der Antirassismus, in den dauerhaft eine feministische Dimension integriert werden muss.«[493] Das hier formulierte Anliegen findet sich in zahlreichen Variationen in den Zeitschriften der 1980er Jahre wieder. Aber Antirassismus sollte auch eine Dimension des feministischen Aktivismus werden. So ebenfalls in den *Cahiers du féminisme*:

> »Die antirassistische Bewegung als Ganze muss jetzt auch zur Unterdrückung und zu Verbrechen gegenüber Frauen Stellung nehmen. Ebenso muss die feministische Bewegung sich im antirassistischen und internationalistischen Kampf engagieren, damit die Frauenbewegung eine Bewegung aller Frauen wird.«[494]

Die geforderte wechselseitige Unterstützung war allerdings kein einfaches Unterfangen, da das Verhältnis von antirassistischem Aktivismus und Frauenbewegung bereits in den 1970er Jahren ein gespanntes und auch in den 1980er Jahren eher von Konflikten denn Verständigung bestimmt war.[495] Dass es sich dennoch um ein besonders enges Verhältnis gehandelt hat, wird in den untersuchten Zeitschriften sehr deutlich. Hier spiegelt sich auch die Heterogenität des Feldes ›Antirassismus‹ wieder. Vom Antiimperialismus der radikalen Linken über die traditionellen Organisationen bis hin zum Aktivismus von Migrant_innen sind verschiedene Antirassismusdiskurse und -praxen in den Zeitschriften präsent.

Neben den diskursiven wie praktischen Verflechtungen mit der radikalen Linken bestanden auch enge Verbindungen zu den traditionellen Organisationen im Feld des ›Antirassismus‹. So sind die *Ligue internationale contre le racisme et l'antisémitisme* (LICRA) und die *Ligue des droits de l'homme* (LDH), vor allem aber das *Mouvement contre le racisme et pour l'amitié entre les peuples* (MRAP) in den untersuchten Zeitschriften präsent. Dies nicht allein in Ankündigungen

---

493 | »A l'heure actuelle nous n'avons pas énormément de perspectives. Un des rares terrains de sensibilisation qui existe est l'antiracisme, dans lequel il faut introduire en permanence la dimension féministe.« *Cahiers du féminisme* N° 41/42 (1987), S. 18.

494 | »Il faut maintenant que le mouvement antiraciste dans son ensemble prenne position sur l'oppression et les crimes contre les femmes. Que l'ensemble du mouvement féministe s'engage dans la lutte anti-raciste et internationaliste pour que le mouvement des femmes soit celui de toutes les femmes.« *Cahiers du féminisme* N° 35 (1986), S. 19.

495 | In der einzigen mir bekannten Sekundärliteratur zum Verhältnis von Frauenbewegung und Antirassismus in Frankreich wird von mehrfach ›verpassten Gelegenheiten‹, von wiederholten *rendez-vous manqués*, gesprochen. Vgl. Lloyd 1998.

und Berichten von Veranstaltungen sowie der Übernahme von Kampagnen, sondern durchaus auch in der Aneignung von Vokabular und Analyse, wie die Orientierung an der Formel vom ›Recht auf Differenz‹ deutlich macht.

Bezogen auf die Wahrnehmung des Aktivismus von Migrant_innen lässt sich eine Entwicklung feststellen. In den 1970er Jahren war der Aktivismus von Studierenden und Exilant_innen aus den ehemaligen Kolonien sowie Demonstrationen und Protestaktionen der *travailleurs immigrés* in den Zeitschriften in Form kleiner Notizen und kurzer Berichte enthalten. Wobei in diesem Punkt ein großer Unterschied zwischen den einzelnen Publikationen besteht: Während in häufig und regelmäßig erscheinenden Zeitschriften (vor allem *Des Femmes en mouvements*) von rassistisch motivierten Übergriffen, aber auch vom Protest gegen soziale Ausgrenzung und Rassismus berichtet wird, fehlen diese Informationen in weniger häufig erscheinenden und vor allem eher theoretisch ausgerichteten Zeitschriften fast gänzlich. Das legt nahe, dass die Situation und der Aktivismus von Migrant_innen zwar durchaus wahrgenommen wurden, diese Wahrnehmung jedoch nicht Anlass zu weiterführender Reflexion und Analyse gewesen ist. Die Situation ändert sich durch den öffentlich werdenden antirassistischen Aktivismus der sogenannten zweiten Generation nordafrikanischer Einwanderer spätestens mit dem Protestmarsch *Marche pour l'égalité et contre le racisme* im Herbst 1983, der von der Frauenbewegung aufmerksam verfolgt worden ist. In den Publikationen der Zeit erfährt die Leserin von der Existenz des sogenannten *Beur*-Aktivismus ebenso wie von internen Auseinandersetzungen um Richtung und Strategien.[496] Die Versuche von Teilen der *Beur*-Bewegung, in den Jahren 1984 und 1985 an den Erfolg der *Marche* von 1983 anzuschließen und Einigkeit herzustellen, sind ebenso Thema wie die spätestens 1985 nicht mehr abzuwendende Spaltung der Bewegung und der Aufstieg von *SOS Racisme* als Stimme und Gesicht des französischen Antirassismus in Medien und Politik.

SOS Racisme ist 1984 in der Folge des Protestmarsches *Marche pour l'égalité et contre le racisme* entstanden. Die Gründung des Vereins war der Versuch, die verschiedenen Richtungen des antirassistischen Aktivismus zusammenzubinden. Allerdings waren die führenden Köpfe des Protestes bei der Gründung nicht beteiligt, was im Feld selbst als Verdrängung des *Beur*-Aktivismus kritisiert worden ist. Von Kritiker_innen wird *SOS Racisme* als verlängerter Arm

---

496 | Der Unterschied zwischen häufig erscheinenden und nah an aktuellen Themen orientierten Zeitschriften und den seltener erscheinenden und mit eher theoretischem Anspruch gestalteten Heften setzt sich fort. Während in den *Cahiers du féminisme* und in *Paris féministe* über antirassistischen Aktivismus berichtet wird, fehlen diese Informationen in den *Nouvelles Questions Féministes*.

der Sozialistischen Partei (PS) wahrgenommen, die bereits die Gründung des Vereins massiv unterstützt hatte. Viele der SOS-Aktivist_innen haben mittlerweile führende Positionen in der Partei inne. Dank der Unterstützung durch die PS kann *SOS Racisme* aufwendige Kampagnen finanzieren und ist dadurch das öffentlich wahrgenommene Gesicht des französischen Antirassismus geworden.

Diese Entwicklung wird in *Paris féministe* kritisch verfolgt. Ein ausführlicher und informativer Beitrag über die Ereignisse der Jahre 1983 bis 1985 beginnt mit der Feststellung, dass man als antirassistische Feminist_in nicht zu den Debatten in der Antirassismus-Bewegung schweigen könne, und endet mit einer deutlichen Position gegen die Übernahme des Feldes durch *SOS Racisme*.[497] In den folgenden Jahren wird *SOS Racisme* dann zum hauptsächlichen Adressaten feministischer Kritik. Slogans und Kampagnen der Organisation werden diskutiert und als sexistisch identifiziert,[498] es wird die Vernachlässigung der spezifischen Rassismus-Erfahrungen von *femmes immigrées* problematisiert[499] und es wird auf sexistische und/oder homophobe Angriffe bei von *SOS Racisme* veranstalteten Demonstrationen und Tagungen reagiert.[500] *SOS Racisme* ist für die Frauenbewegung der Hauptgegner im Feld des antirassistischen Aktivismus geworden, was wiederum ein Zeichen für die Dominanz der Organisation im Feld ist – was aber auch auf die Verortung der Frauenbewegung in der Mehrheitsgesellschaft hinweist, denn vom antirassistischen Aktivismus in den Vorstädten ist kaum noch die Rede.

Feministische Positionierung gegen Rechts

Geschlechtsblindheit lautet ebenfalls der Vorwurf in der spezifischen Positionierung gegen den *Front National*. Das Auftreten und der zunehmende Einfluss der rechten Partei haben in der politischen Linken Schockreaktionen ausgelöst, die auch in den untersuchten Zeitschriften ihren Widerhall finden. In der Kritik am

497 | Vgl. *Paris féministe* N° 18 (1985), S. 6 f.

498 | So beispielsweise der bekannte Slogan von *SOS Racisme* »Mach meinen Kumpel nicht an!« (»Touche pas à mon pote!«) – meist präsentiert auf einer geöffneten gelben Hand. In *Paris féministe* wird gefragt: »Und meine Freundin? Existiert sie? Kämpft man auch für sie? Oder wird sie hinter ihren Typen gequetscht, wie vorher, wie immer?« (»Et ma pote? Est-ce que ça existe? Est-ce qu'on se bat pour elle? Ou bien est-ce qu'elle est écrasée, derrière son mec, comme avant, comme toujours?«). *Paris féministe* N° 4 (1985), S. 6. Weitere Kritik an Kampagen von *SOS Racisme* in *Paris féministe* N° 11 (1985), S. 11 sowie *Paris féministe* N° 54/55 (1986), S. 6.

499 | Vgl. *Paris féministe* N° 18 (1985), S. 22.

500 | Vgl. *Paris féministe* N° 4 (1985), S. 6.

Front National wird in erster Linie auf die Verknüpfung von Fremdenfeindlichkeit und reaktionären Frauen- und Familienbildern abgehoben – da die rechten Ansichten in Geschlechter- und Sexualitätsfragen gewöhnlich ignoriert würden, so die wiederholte Begründung dieses besonderen Fokus.[501] Die Verknüpfung selbst wird regelmäßig am Beispiel des rechten Sicherheitsdiskurses illustriert: Der *Front National* instrumentalisiere das Thema ›Gewalt gegen Frauen‹, indem er Gewalt als allein von Einwanderern ausgehend darstelle und diese zur Bedrohung für französische Frauen und damit für die Nation als Ganzes mache. Der andere Beleg für die Verknüpfung von fremden- und frauenfeindlichen Ansichten, der in den untersuchten Zeitschriften angeführt wird, ist der rechte Natalitätsdiskurs, der auch vom *Front National* getragen wird. Dieser spricht sich deutlich gegen die Liberalisierung von Verhütung und Schwangerschaftsabbruch aus und sieht für (französische) Frauen die Rolle als Ehefrau und Mutter vor. Die mit dem rechtspopulistischen Milieu in Verbindung stehende Lebensschützer-Bewegung wird in den folgenden Jahren zu einem weiteren zentralen Gegenstand der feministischen Auseinandersetzung mit rechten Positionen. Dabei stehen die Übergriffe militanter Lebensschützer_innen auf Kliniken, in denen Schwangerschaftsabbrüche vorgenommen werden, im Zentrum der feministischen Aufmerksamkeit; es entwickelt sich eine eigene Form feministischen Aktivismus, der gezielt gegen die Aktivitäten der Lebensschützer_innen gerichtet ist.

Die feministische Auseinandersetzung mit rechtem Gedankengut hat allerdings nicht erst mit dem Auftreten des *Front National* auf der politischen Bühne eingesetzt. Die Aktivitäten der sogenannten Neuen Rechten sind ebenfalls kritisch beobachtet worden, worauf Spuren in den Zeitschriften sowie Aufsätze einzelner Autor_innen hinweisen.[502] Deren Aneignung und Umdeutung von Argumenten und Begriffen progressiver Bewegungen wird hier bezogen auf zwei Problematiken kritisiert. Zum einen geht es um die rechte Umdeutung des Differenzbegriffs in kulturelle Inkompatibilität, mit der fremden- und vor allem einwanderungsfeindliche Positionen begründet werden, zum anderen um die Zustimmung insbesondere aus Kreisen der Neuen Rechten zur Liberalisierung des Schwangerschaftsabbruchs. Aus der Möglichkeit, Mutterschaft zu einer freien Entscheidung zu machen, werde im Diskurs der Neuen Rechten der Zwang, gesunde Kinder zu gebären, wird in *Histoires d'elles* vor der Eugenik der Neuen Rechten gewarnt.[503]

---

501 | Diese Argumentation, die das linke Publikum adressiert, ist ein fester Bestandteil der Positionierungen gegen Rechts in den untersuchten Zeitschriften. In Publikationen zum Thema taucht sie ebenfalls als Begründung für die gewählte Schwerpunktsetzung auf. Siehe beispielhaft die Einleitung zu Venner/Lesselier 1997.

502 | Siehe beispielhaft Guillaumin 1988.

503 | Vgl. *Histoire d'elles* N° 18 (1979), S. 4.

Die zeitlich versetzte Auseinandersetzung bildet Entwicklungen im rechten Lager in Frankreich ab: Das Auftreten der sogenannten Neuen Rechten, verkörpert in Gruppierungen wie GRECE (*Groupement de recherche et d'études pour la civilisation européenne*), war das erste Anzeichen einer Neuordnung und Reaktivierung des Rechtsextremismus in Frankreich nach dem Ende des Zweiten Weltkrieges und vor allem nach den Kolonialkriegen. Während die Neue Rechte an der ideologischen Neuausrichtung der antidemokratischen Rechten arbeitete und sich dabei politisch eher im Hintergrund hielt, suchte der *Front National* die politische Bühne. Der Identitätsdiskurs des *Front National* hat den Differenzdiskurs der Neuen Rechten aus der öffentlichen Wahrnehmung verdrängt, dennoch sind viele Ideen der Neuen Rechten wie beispielsweise die Annahme unüberwindbarer kultureller Unterschiede bis weit in die Mitte der Gesellschaft vorgedrungen. Die Koalition von reaktionären Katholiken und Rechtsextremen in der Lebensschützer-Bewegung stellt einen weiteren Strang rechten Aktivismus dar, der sich in Reaktion zur Liberalisierung von Verhütung und Schwangerschaftsabbruch in den 1970er Jahren formierte und aus dem vor allem in den 1990er Jahren militante Aktionen hervorgingen. Die aktuelle *Manif-pour-tous*-Bewegung hat hier ihre Wurzeln.

Die deutliche Positionierung gegen die antidemokratische Rechte und die Auseinandersetzung mit rechten Ideologien stellt eine Seite des feministischen Antirassismus dar. In der Praxis der Frauenbewegung bedeutet ›Antirassismus als neue Dimension des Feminismus‹ jedoch vor allen Dingen ein gesteigertes Interesse an der Situation von Migrant_innen im Allgemeinen und der sogenannten *femmes immigrées* maghrebinischer Herkunft im Besonderen.

7.2 ›Internationale Solidarität‹ als antirassistische Strategie

Dieses Interesse steht in direktem Zusammenhang mit der Protestbewegung der zweiten Einwanderergeneration, die in den frühen 1980er Jahren öffentliche Aufmerksamkeit auf die von rassistisch motivierter Gewalt und Ausgrenzung geprägte Lebenssituation in den Vorstädten gelenkt hat. In den untersuchten Zeitschriften gibt es seit Ende der 1970er Jahre bereits vereinzelte Berichte ›aus der *Banlieue*‹, diese beschränken sich allerdings meist auf ein Reden *über* die Situation von Frauen dort. Mit der Berichterstattung von der *Marche pour l'égalité et contre le racisme* verändert sich auch der Blick auf die *femmes immigrées*. Vor allem die Töchter erscheinen nun nicht mehr ausschließlich als Opfer patriarchaler Unterdrückung, sondern kommen als politische Subjekte selbst zu Wort. Beispielhaft sei auf den bereits angeführten Schwerpunkt in den *Cahiers du féminisme* verwiesen, der neben dem klassischen Format des ›Zeugnisses‹ (*témoignage*) auch Informationen über politischen Aktivismus von Migrant_innen und ein Interview mit Aktivist_innen eines Vereins arabischer Frauen in Frankreich enthält.[504]

Der direkte Kontakt zu Migrant_innen ist im *weißen* Feminismus als eine neue Erfahrung wahrgenommen worden, wie an Berichten aus dem *Maison des Femmes* in Paris deutlich wird. Über eine Veranstaltung zum Internationalen Frauentag, die unter der Überschrift »Feminismus und Rassismus« am 10. März 1984 im *Maison des Femmes* stattgefunden hat, heißt es beispielsweise, dass diese Begegnung »eine beachtliche Veränderung zur Situation vor einigen Jahren« darstelle.

> »Wir haben das große Bedürfnis der ausländischen Freundinnen [sic] – die diese Begegnung angeregt haben – gespürt, über ihre Lebenssituation in ihren Heimatländern genauso wie hier in Frankreich zu sprechen. Gleichzeitig gab es sicherlich bei den französischen Frauen den Bedarf, informiert zu werden, was eine beachtliche Veränderung zur Situation vor einigen Jahren darstellt, wo man sich in der Bewegung weigerte, beispielsweise Schilderungen von den spezifischen Problemen der schwarzen [sic] Frauen zu hören.«[505]

Es sei interessant, festzustellen, heißt es weiter, dass man sich in der gegenwärtigen Phase, in der die Divergenzen in der Bewegung immer stärker zutage treten, mehr um die »Frauen der Welt« sorge, als in dem Moment, in dem die Bewegung geeint war, die Frauen sich noch viel näher untereinander waren, sich aber weigerten, »ausländischen Frauen« [sic] zuzuhören.[506]

Die Formulierung ›Frauen der Welt‹ (*femmes du monde*) ist eine bis heute geläufige Formel. Sie wird sowohl in geografischer Hinsicht verwandt – bezogen auf Frauen in anderen Regionen der Erde, aber auch als Euphemismus eingesetzt, um die Unterscheidung entlang nationaler Zugehörigkeit zu vermeiden. Die hier ebenfalls verwandte Formulierung ›ausländische Frauen‹ (*femmes étrangères*) hebt diese jedoch eindeutig hervor: Hier begegnen sich französische und nicht französische Frauen, wobei *étrangères* die Doppeldeutigkeit von ›Ausland‹ und ›Fremdheit‹ transportiert. Geläufig ist in diesem Zusammenhang auch die Adressierung der ›fremden Freundinnen‹ (*copines étrangères*), der wiederum

504 | Vgl. *Cahiers du féminisme* N° 26 (1983), S. 6 ff.

505 | »Nous avons ressenti un besoin très grand des copines étrangères – qui avaient sollicité l'organisation de cette rencontre – de faire connaître leur situation telle qu'elles la vivent, aussi bien dans leur pays qu'en France. Parallèlement, il est certain qu'existait le besoin des femmes françaises d'être informées, ce qui représente un changement considérable par rapport à il y a quelques années où, dans le Mouvement, on refusait d'entendre parler des problèmes spécifiques des femmes noires, par exemple.« *Paris féministe* N° 20 (1984), S. 14.

506 | Ebd.

eine doppelte Distanzierung innewohnt.[507] Die ›Freundin‹ scheint die ›Schwester‹ nicht einfach nur abgelöst zu haben, sondern die Figur der ›Freundin‹ bringt Distanz zum Ausdruck, wie auch in der äquivalenten Anrede der ›lesbischen Freundinnen‹ (*copines lesbiennes*) deutlich wird.[508] Während mit der Figur der ›Schwester‹ Gemeinschaft hergestellt worden ist, passiert durch den Einsatz der Figur der ›Freundin‹ genau das Gegenteil: die Freundinnen werden – nicht zuletzt durch besondere Attribute – zu Anderen gemacht, mit deren Anliegen man sympathisiert, die aber außerhalb der Themen der Frauenbewegung liegen.

In der Zeitschrift *Paris féministe*, deren Redaktion ebenfalls am *Maison des Femmes* angesiedelt war, sind die einzelnen Diskussionsbeiträge und weitere Reaktionen auf die Veranstaltung wiedergegeben.[509] Diese vermitteln einen Eindruck davon, wie die ›neue Dimension‹ des Feminismus in der aktivistischen Praxis ausgesehen hat. Bereits im Leitartikel der Redaktion werden der Kontext – Spekulationen über den Tod des Feminismus und die Zunahme des Rassismus – und die Richtung, in die sich der feministische Antirassismus entwickelt, deutlich. Französische Frauen und »eingewanderte Frauen aller Nationalitäten« wollen sich gemeinsam einmischen und engagieren, »dem Feminismus eine neue Dimension geben«, und »eine internationale Solidarität mit dem Kampf der Frauen weltweit entwickeln«, heißt es da.[510] Die folgenden Beiträge geben dem Schlagwort der ›internationalen Solidarität‹ Konturen. So positioniert sich beispielsweise das Kollektiv *Les yeux ouvertes* zunächst als Gruppe »eingewanderter Frauen maghrebinischer Herkunft« bezogen auf die Situation von Migrant_innen in Frankreich, wobei Benachteiligung am Arbeitsmarkt, Fremdenfeindlichkeit und Rassismus sowie restriktive Einwanderungspolitiken die Eckpunkte der Beschreibung darstellen. Weiterhin wird die aktive Rolle von Frauen in der Protestbewegung gegen Rassismus hervorgehoben. Dann folgt ein Schwenk auf die Situation von Frauen im Maghreb, wobei deren Beteiligung an nationalen Befreiungsbewegungen festgestellt und die aktuellen Gleichstellungskämpfe erwähnt werden. Im Anschluss wird ausführlich auf die Protestbewegung in Marokko eingegangen und zu Solidarität mit dem Kampf der Frauen in Marokko aufgerufen. Abschließend werden beide ›Situationen‹ zusammengeführt:

---

507 | Siehe ebd.

508 | Kritisch zur Adressierung als ›lesbische Freundin‹ siehe Delphy in *Nouvelles Questions Féministes* 18, N° 1 (1997), S. 2.

509 | Vgl. *Paris féministe* N° 19 und N° 20 (1984).

510 | »A l'heure où le racisme et le fascisme relèvent la tête, nous voulons, nous, femmes françaises et immigrées de toutes nationalités, dire notre mot et nous mobiliser ensemble, de manière permanente, donner une nouvelle dimension au féminisme, développer une solidarité internationale avec la lutte des femmes de par le monde.« *Paris féministe* N° 19 (1984), S. 3.

»Wir, die wir in diesem Frankreich der bürgerlichen Demokratie über politischen Raum verfügen, wo aber der Rassismus sein Haupt erhebt und man keine Einwanderer mehr will, wir müssen uns solidarisieren. Es ist eine dringende Notwendigkeit für die Frauenbewegung auf internationaler Ebene, den Kampf der Frauen in Marokko, im Iran, in allen Ländern, wo dieser Kampf beginnt und mit grausamer Repression konfrontiert ist, zu unterstützen.«[511]

Diese enge Verknüpfung der Situation in Frankreich, gekennzeichnet durch Rassismus, und der Situation in verschiedenen Regionen der Welt, bevorzugt Maghreb und Iran, gekennzeichnet durch Imperialismus und patriarchale Unterdrückung, findet sich regelmäßig in Stellungnahmen zum feministischen Antirassismus.

Im *Collectif féministe contre le racisme*, das die am 10. März begonnenen Diskussionen fortsetzen soll, spielt ›internationale Solidarität‹ ebenfalls eine zentrale Rolle. Eine gleichnamige Arbeitsgruppe berichtet wenige Wochen nach ihrer Gründung von den ersten Treffen.[512]

Das *Collectif féministe contre le racisme* wurde bei der Veranstaltung am 10. März 1984 gegründet und hat bis 1987 existiert. Neben konzeptioneller Arbeit zum Verständnis von Rassismus und der Diskussion um Benennungspraxen hat das Kollektiv zu verschiedenen Anlässen Petitionen und Flugblätter verfasst sowie Beiträge insbesondere für die Zeitschrift *Paris féministe* geschrieben. Im Archiv des *Maison des Femmes* sind weitere Spuren der Arbeit der Gruppe zu finden. Es handelt sich um handschriftliche Notizen von Arbeitstreffen der Gruppe bei denen es offensichtlich neben der Planung von Veranstaltungen und Interventionen sowie dem Verfassen von Statements auch um die Frage ging, wie Rassismus aus einer feministischen Perspektive zu begreifen ist.

Auch hier wird deutlich, dass mit ›internationaler Solidarität‹ sowohl die Unterstützung von Protestbewegungen in anderen Ländern als auch der Kampf gegen Rassismus in Frankreich gemeint ist. Wobei letzterer vom Umfang der Beschreibung her einen eher nachgeordneten Stellenwert einzunehmen scheint. Als erste konkrete Schritte im Kampf gegen Rassismus werden weitere Veranstaltungen angekündigt, um das gegenseitige Kennenlernen zu befördern, da »Rassismus von der gegenseitigen Unkenntnis kommt; um Solidarität zu entwickeln, braucht es

---

511 | »Alors nous qui jouissons d'un espace politique dans cette France de la démocratie bourgeoise, et où le racisme relève la tête dans un contexte où l'on ne veut plus d'immigrés, nous devons nous solidariser, et c'est une nécessité urgente pour le Mouvement des femmes au niveau international de soutenir la lutte des femmes au Maroc, en Iran, dans tous les pays où la lutte des femmes commence et est confrontée à une répression féroce.« Ebd., S. 11.

512 | Vgl. *Paris féministe* N° 20 (1984), S. 16 f.

mehr Offenheit zwischen uns [...]«[513]. Zudem habe man beschlossen, einen Verein von Rassismusopfern zu unterstützen.

Die Feststellung, es brauche mehr Offenheit, legt Verständigungsschwierigkeiten nahe, die in den Berichten von der bereits erwähnten Veranstaltung am *Maison des Femmes* bestätigt werden. »Wir sind gezwungen, zu sprechen. Aber mit welchen Begriffen?«, bringt ein Kommentar das Unbehagen auf den Punkt.[514] Die in der Folge geschilderte Diskussion macht deutlich, wie neu und ungewohnt die Auseinandersetzung mit dem Thema Rassismus, aber auch die Kommunikation mit ›anderen‹ Frauen für die *weißen* Feminist_innen gewesen sein muss. Konkreter Anlass war die Kritik einer Schwarzen Frau – hier als ›afrikanische Frau‹ eingeführt – an der Formulierung *femmes de couleur* in der Diskussion. Damit habe sie die englische (Selbst-)Bezeichnung *Women of Color* übertragen wollen, so die englischsprachige Autorin des vorliegenden Beitrages – nicht wissend, dass diese Formulierung im Französischen rassistisch konnotiert sein könnte. Daran anschließend folgt eine allgemeine Betrachtung zu den Schwierigkeiten der Benennung, die wiederum als Ergebnis einer Diskussion von Frauen verschiedener Herkunft ausgewiesen wird. Diskutiert werden Formulierungen, die den Status als Migrant_in markieren (*femmes immigrées, femmes immigrées de deuxième génération, femmes étrangères*), oder die auf die Tatsache, nicht zur Mehrheitsgesellschaft zu gehören, verweisen (*femmes non-occidentales, femmes non-blanches*) oder die Rassifizierung (*femmes racisées*) beziehungsweise Rassismus (*femmes victimes du racisme*) benennen. Die Lösung, sich an den Selbstbezeichnungen zu orientieren, erscheine am logischsten. Was solle man aber tun, wenn ein Begriff von einigen eingefordert und benutzt, von anderen aber als rassistisch abgelehnt werde? Dass es bei den Fragen der Benennung auch um Differenzlinien zwischen Frauen geht, wird im vorliegenden Beitrag allerdings nicht weiter problematisiert, sondern als »Vielfalt der Erfahrungen von Frauen«, die nicht verleugnet werden solle, aufgelöst.[515]

An dieser Stelle ist festzuhalten, dass Antirassismus als neue Dimension des Feminismus zunächst ein verstärktes Interesse an Migrant_innen und ihren Erfahrungen und Lebenssituationen bedeutet hat. Dabei ging es nicht nur um

---

513 | »Le racisme vient de la méconnaissance des uns et des autres, pour développer la solidarité, il faut plus d'ouverture entre nous (réunions, débats, fêtes ...).« Ebd., S. 17. Das Argument der Unkenntnis und Fremdheit als Ursache für Rassismus und Fremdenfeindlichkeit ist im Feld der traditionellen Antirassismus-Organisationen verbreitet. Offensichtlich hat es den Weg in die Frauenbewegung genommen.

514 | »Nous sommes bien obligées de parler. Mais dans quels termes?« *Paris féministe* N° 19 (1984), S. 18.

515 | »Il ne s'agit pas de trouver un terme unique et globalisant qui risquerait de nier la diversité de l'expérience des femmes et les différentes façons dont le racisme se manifeste.« Ebd., S. 19.

deren Situation in Frankreich, sondern die Perspektive reichte bis in die Gleichstellungskämpfe in den jeweiligen Herkunftsländern. Die linke Formel der ›internationalen Solidarität‹ hat im Gebrauch der Frauenbewegung folglich eine spezifische Wendung erfahren. ›International‹ bezieht sich nicht nur auf andere Regionen der Welt, sondern auch auf Frankreich selbst, wo man den »fremden Freundinnen«[516], die rassistisch motivierte Gewalt und Benachteiligung erfahren, Solidarität versichert. Die Verknüpfung von Rassismus in Frankreich mit Gleichstellungskämpfen in anderen Ländern führt jedoch schnell zu einer Verschiebung der Aufmerksamkeit, wie an den Berichten aus dem *Maison des Femmes* deutlich wird. Rassismus erscheint hier als Problem der ›anderen‹ Frauen, mit denen *weiße* Feminist_innen solidarisch sein wollen – und Solidarität meint wiederum Aufmerksamkeit und Unterstützung für Gleichstellungskämpfe in den Herkunftsländern.

Antirassismus als neue Dimension des Feminismus bedeutet jedoch auch, einen eigenen, dezidiert feministischen antirassistischen Standpunkt zu entwickeln. Eine »feministische Rassismusanalyse«, die Mitte der 1980er Jahre in der Zeitschrift *Paris féministe* vorgestellt worden ist, bringt das zum Ausdruck. Handschriftliche Notizen von den Treffen des *Collectif féministe contre le racisme* am *Maison des Femmes* legen nahe, dass die in *Paris féministe* vorgelegte Analyse hier diskutiert worden ist.

Dieser Versuch, Rassismus aus einer feministischen Perspektive zu theoretisieren, ist deshalb bemerkenswert, da hier die in den Jahren zuvor entwickelten Argumente in der Begründung von Sexismus am Beispiel von Rassismus eine komplette Umkehrung erfahren. Nicht mehr Sexismus wird anhand von Rassismus erklärt, sondern Sexismus dient vielmehr als Modell, um Mechanismen und Effekte von Rassismus zu verstehen. Während die Argumentationsweise in den 1980er Jahren verbreitet gewesen zu sein scheint,[517] ist diese Form der Rassismusanalyse mittler-

---

516 | »Copines étrangères«. *Paris féministe* N° 20 (1984), S. 14. Ich habe *étranger* hier mit ›fremd‹, weiter oben mit ›ausländisch‹ übersetzt. Das Wort trägt beide Bedeutungen. In einem anderen Beitrag ist wiederum von den ›ausgewanderten‹, den ›emigrierten Freundinnen‹ (*copines émigrées*) die Rede. Die Partizipien ›eingewandert‹ (*immigré*) und ›ausgewandert‹ (*émigré*) sind in den Texten der Zeit gleichermaßen präsent, was ebenfalls als Hinweis darauf zu deuten ist, dass das Thema Migration Mitte der 1980er Jahre immer noch neu und ungewohnt war. Die Figur der ›Freundin‹ habe ich auf Seite 196 f. bereits diskutiert.

517 | In *Paris féministe* findet sich im Dezember 1986 ein Beitrag von einer Arbeitsgruppe »Sexisme et Racisme« aus Lille, in dem ganz ähnlich argumentiert wird. Der Beitrag trägt ebenfalls den Titel »Sexisme et Racisme«. Vgl. *Paris féministe* N° 36/37 (1986), S. 29 f. Auch im Bulletin des Lesbenarchivs wird in einer Besprechung zu Colette Guillaumins *L'idéologie raciste* das gleiche Argument formuliert: Die Strukturierung von Gesellschaften in Geschlechtsklassen (*classe de sexes*) sei Modell und Voraussetzung für die Gesamtheit aller Unterdrückungsverhältnisse. Vgl. *Bulletin des Archives lesbiennes* N° 3 (1983), S. 47.

weile aus der kollektiven Erinnerung verschwunden. Sie findet in keiner aktuellen Darstellung der jüngeren Geschichte der Frauenbewegung beziehungsweise der Entwicklung feministischer Theorie Erwähnung. Heute scheint es, als hätte es keinerlei Versuche gegeben, Rassismus aus einer dezidiert feministischen Perspektive zu theoretisieren.[518]

7.3 »... um *als Feministinnen* zu antworten«.[519] Ansätze einer feministischen Rassismusanalyse

Der Entwurf einer explizit feministischen Rassismusanalyse wurde in der Zeitschrift *Paris féministe* vorgelegt. Es handelt sich dabei um drei Beiträge, die im Jahr 1985 publiziert worden sind.[520] Begründet wird die Notwendigkeit einer feministischen Perspektive auf Rassismus mit der bereits wiederholt zitierten Feststellung, Rassismus und Sexismus gingen ›enge Verbindungen‹ ein, die auch hier wieder mit einem Verweis auf die Gleichzeitigkeit von pro-natalistischen Maßnahmen und restriktiver Einwanderungspolitik belegt wird. Weiterhin wird die Geschlechtsblindheit des antirassistischen Aktivismus angeführt. Der Widerstand gegen Rassismus

---

518 | Den Verweis auf Colette Guillaumin, die in jüngerer Zeit häufig als feministische Rassismustheoretikerin vorgestellt wird, halte ich an dieser Stelle für nicht zutreffend. Mit ihrer Rassismusanalyse beanspruchte Guillaumin keinen dezidiert feministischen Standpunkt. Zudem ist diese Arbeit vor ihrem Kontakt mit der Frauenbewegung und dem Kollektiv der Zeitschrift *Questions féministes* enstanden und diente vielmehr als Orientierung für das Verständnis des Geschlechterverhältnisses als Herrschaftsverhältnis und der Geschlechterdifferenz als Begründungszusammenhang für Unterdrückung und Ausbeutung.

519 | »La montée simultanée et le lien profond entre l'expression publique du sexisme et du racisme [...] me convainquent une fois de plus de la nécessité pour nous d'élaborer une analyse féministe du racisme pour pouvoir y répondre *en tant que féministes.*« (Hervorhebung im Original). *Paris féministe* N° 2 (1985), S. 18.

520 | Vgl. *Paris féministe* N° 2 (1985), S. 18; N° 10 (1985), S. 12–14 und N° 18 (1985), S. 10–14. Im ersten Beitrag, in dem von einer Protestaktion »gegen Sexismus und Rassismus« in New York berichtet wird, wird die Notwendigkeit einer dezidiert feministischen Rassismusanalyse unterstrichen und die Grundzüge der Argumentation werden bereits dargelegt. Der zweite Beitrag trägt dann die Überschrift »Vorüberlegungen für eine feministische Rassismusanalyse« (»Réflexions préliminaires pour une analyse féministe du racisme«). Dieser Text ist mit gleichnamigem Titel auch im Bulletin des Lesbenarchivs abgedruckt, was darauf hindeutet, dass er durchaus ein breiteres feministisches Publikum hatte und wahrgenommen worden ist (vgl. dort N° 3 [1985], S. 35–37). Der dritte Text wiederum ist mit »Sexismus und Rassismus« überschrieben. Dabei handelt es sich um eine zweite, in einigen Punkten umfangreichere Fassung der Rassismusanalyse, in der als Tatsache erscheint, was in den Texten zuvor noch als Frage aufgeworfen beziehungsweise als Ansicht der Autor_innen formuliert wurde.

erscheine bisher als ›neutral, nicht-vergeschlechtlicht‹ und Frauen spielten darin lediglich eine nachgeordnete Rolle.

Ausgangspunkt und gleichermaßen Grundlage der Argumentation ist die Überzeugung, dass Sexismus der ›Archetyp‹ aller Unterdrückungsverhältnisse sei und dieser somit eine Modellfunktion habe. Daher könnten die feministischen Deutungen des Geschlechterverhältnisses als Herrschaftsverhältnis maßgeblich zum Verständnis der Mechanismen und Wirkungsweisen von Rassismus beitragen, so die Annahme. Womit wiederum die Bedeutung des Feminismus für den antirassistischen Kampf unter Beweis gestellt wäre. Dieser Versuch, Rassismus ausgehend von Sexismus zu verstehen, ist insofern bemerkenswert, als dass hier die Vorzeichen der feministischen Argumentation der frühen 1970er Jahre umgekehrt werden. Nicht mehr Rassismus dient als Zugriff, um die Situation von Frauen zu verstehen und zu benennen, sondern die Unterdrückung und Ausbeutung von Frauen wird zum Modell für die Beschreibung von Rassismus gemacht. Allerdings besteht offensichtlich mittlerweile die Notwendigkeit, auch das Verhältnis von beiden Gewaltverhältnissen, von Sexismus und Rassismus, zu klären. Dabei deutet sich die Frage an, wie mit dem *Race*-Verhältnis innerhalb der Gruppe der Frauen umzugehen ist. Es sind diese drei Punkte, die den vorliegenden Entwurf einer feministischen Rassismusanalyse interessant machen.

Umkehrung der Analogie

Ermöglicht wird die Umkehrung durch die Behauptung, dass die Unterdrückung von Frauen so etwas wie den ›Archetyp‹ eines jeden Unterdrückungsverhältnisses darstellt. Diese Form der Ursprungserzählung zirkulierte bereits in den 1970er Jahren und scheint zu den geteilten Grundannahmen der Bewegung gezählt zu haben.[521] Für die Erklärung von Rassismus am (vermeintlichen) Vorbild Sexismus wird auf Versatzstücke der von radikalen Feminist_innen entwickelten materialistischen Analyse des Geschlechterverhältnisses zurückgegriffen, wie die Verwendung des Begriffs der Geschlechtsklassen (*classes de sexe*) sowie der direkte Bezug auf Colette Guillaumins vier Formen der Unterwerfung und Ausbeutung zeigen. Aber auch die Annahme eines Konsenses, der Zustimmung der Unterdrückten zu ihrer Situation, weil sie den Diskurs der Herrschenden über sie teilten, erinnert an Nicole-Claude Mathieus Auseinandersetzung mit dieser Frage.[522] Die Feststellung wiederum, dass Frauen keine anderen unterworfenen Gruppen vergleichbare Gemeinschaft bildeten, sondern isoliert voneinander lebten, findet sich bereits bei Simone de Beauvoir und

---

521 | Die Behauptung, das Geschlechterverhältnis sei das älteste Unterdrückungsverhältnis, taucht in unterschiedlichen Spielarten auf. So als älteste Form der ›Teilung‹ (*division*) (*Le Torchon brûle* N° 0 [1970], S. 6), als am längsten unterdrückte Klasse (Wittig et al. [1970], S. 13) oder aber als ›ursprüngliche Unterdrückung‹ (*domination originelle*) (*Les Femmes s'entêtent* [1974], S. 1945).

522 | Wobei Mathieu ja gerade darauf besteht, dass ›Konsens‹ im Sinne von ›Nachgeben‹ nicht unbedingt ›Zustimmung‹ bedeutet. Vgl. Mathieu 1985 sowie Oloff 2013.

in der Folge in zahlreichen anderen Überlegungen zur Besonderheit des Geschlechterverhältnisses. Somit werden hier Ansätze der Theoretisierung des Geschlechterverhältnisses herangezogen, um einen dezidiert feministischen Zugriff auf das Phänomen Rassismus zu entwickeln. Dass diese Ansätze ihrerseits an der Analyse von Rassismus als gesellschaftlichem Verhältnis und der dort wirkenden Mechanismen und Effekte orientiert sind, scheint den Autor_innen nicht bewusst zu sein.

Verhältnisbestimmung wird notwendig

Zweitens wird die Dringlichkeit ablesbar, sich über das Verhältnis beider Dominanzverhältnisse klar zu werden. Dies ist zwar kein explizites Anliegen der vorgelegten Rassismusanalyse, dennoch werden verschiedene Formen oder ›Modi‹ des Verhältnisses von Rassismus und Sexismus beschrieben.[523] Neben Ähnlichkeiten (›identische Mechanismen‹) soll es auch um Unterschiede gehen. Dafür werden unter anderem verschiedene Unterwerfungsverhältnisse beziehungsweise Formen der Aneignung beschrieben. Dabei werden allerdings weniger Unterschiede von Rassismus und Sexismus als vielmehr Verschränkungen beider Verhältnisse deutlich. Diese Spur wird jedoch nicht weiter verfolgt. Dennoch deutet sich die Notwendigkeit genaueren Nachdenkens an. Im Unterschied zur Rassismus-Sexismus-Analogie der 1970er Jahre scheint es nun nicht mehr allein darum zu gehen, Ähnlichkeiten zwischen beiden Dominanzverhältnissen festzustellen und argumentativ zu nutzen. Vor allem die Figur der ›unterworfenen Frau‹, mit der in der Analyse argumentiert wird, steigert die Komplexität und zwingt zur Verhältnisbestimmung. Aber auch auf der Ebene der Wirkungsweisen und Effekte der Gewaltverhältnisse werden Verschränkungen angedeutet: Feminisierung oder Hyper-Sexualisierung als Bestandteile rassifizierter Männlichkeiten sind das Beispiel in der Analyse, an dem die Verschränkung am deutlichsten wird.

Differenzlinien zwischen Frauen werden sichtbar

Drittens deutet sich die Möglichkeit an, nicht mehr nur die Gemeinsamkeit in der Unterdrückung aller Frauen zu sehen, sondern deren unterschiedliche sozialstrukturelle Positionierung zu thematisieren. Dass Frauen sich auf unterschiedlichen Seiten befinden können und dass Frauen der Mehrheitsgesellschaft von diesem Verhältnis profitieren, wird angedeutet. Allerdings wird die Frage nach den Machtunterschieden und -verhältnissen zwischen Frauen nicht aufgegriffen und weiterverfolgt. Die sich eröffnende Denkmöglichkeit wird sogleich durch die Feststellung wieder verschlossen, dass die rassistische Einstellung von Frauen der Mehrheitsgesellschaft lediglich Ausdruck ihrer Unterwerfung im Geschlechterverhältnis sei. Sie hätten die Perspek-

---

523 | Ina Kerner benutzt den Begriff ›Modus‹, um Formen des Rassismus-Sexismus-Verhältnisses zu beschreiben. Sie unterscheidet vier Modi des Rassismus-Sexismus-Verhältnisses: Ähnlichkeiten, Unterschiede, Kopplungen und Intersektionen. Vgl. Kerner 2009.

tive der Männer verinnerlicht und würden deren Interessen vertreten. Damit werden diese Frauen nicht nur jeglicher Verantwortung für ihr Handeln entbunden, es wird ihnen die Verantwortung regelrecht abgesprochen. Opfer, so scheint es, können nicht gleichzeitig Täter sein. Dieser Gedankengang trifft allerdings nur auf Frauen zu. Männer, auch die ›beherrschten‹, werden sehr wohl als Täter gegenüber Frauen dargestellt. In der Unterdrückung von Frauen seien alle Männer Komplizen, heißt es hier. Obwohl die eröffnete Denkmöglichkeit nicht ergriffen wird, werden dennoch Differenzlinien zwischen Frauen sichtbar. Diese auch zum Gegenstand hegemonie(selbst)kritischer Auseinandersetzung[524] zu machen, war offenbar nicht so einfach, wie an den geschilderten Begegnungen im *Maison des Femmes* deutlich geworden ist.

Das Bemühen, einen auf Grundlage feministischer Theoriebildung argumentierten antirassistischen Standpunkt zu entwickeln, lässt somit verschiedene Baustellen im feministischen Denken über Rassismus zutage treten. Ich werde abschließend die Frage nach dem Verhältnis von Sexismus und Rassismus aufgreifen, die in dem Moment virulent wird, in dem Rassismus von der Metapher zum eigenständigen Problem und Gegenstand der Reflexion wird.

Verhältnisbestimmungen

Das jeweilige Verständnis des Geschlechterverhältnisses als Herrschaftsverhältnis beziehungsweise die jeweilige Deutung der Unterdrückung von Frauen haben einen erheblichen Einfluss darauf, wie das Verhältnis von Sexismus und Rassismus im Einzelnen bestimmt wird. Auffällig dabei ist, dass sich noch keine Begriffe zur Beschreibung und Unterscheidung verschiedener Verhältnisweisen etabliert haben. Lediglich die Feststellung der engen Verbindungen, der *liens étroits*, taucht mit einiger Regelmäßigkeit auf.[525] Aber auch ohne feste Begriffe werden verschiedene Weisen der Verschränkung von Sexismus und Rassismus beschrieben, meist in Bezug auf Erfahrungen und Lebensbedingungen der *femmes immigrées*. Diese rückten, wie gesehen, in den 1980er Jahren zunehmend ins Blickfeld der Frauenbewegung.

Zur Systematisierung der verschiedenen Formen des Verhältnisses von Rassismus und Sexismus im untersuchten Material orientiere ich mich an der von Ina Kerner

---

524 | Ich übernehme den Begriff der »Hegemonie(selbst)kritik« von Gabriele Dietze (2008).

525 | Neben der Bezeichnung ›enge Verbindungen‹ (*liens étroits*) wird auch das Wort ›Verbindung‹ (*articulation*) benutzt, um die Verbindung von Sexismus und Rassismus zu benennen – ohne sie bereits zu qualifizieren. *Articulation* bedeutet so etwas wie ›Gelenk‹ oder ›Gliederung‹, was im deutschen Wort nur noch in seinem medizinischen Gebrauch enthalten ist. Im Material aus den 1980er Jahren ist der Begriff *articulation* noch selten. Mittlerweile ist er zur Standardbezeichnung für die Verknüpfung oder Verkopplung von verschiedenen sozialen Verhältnissen geworden. Es heißt dann beispielsweise »articulation des rapports sociaux de sexe, classe et race« – so im Titel eines Heftes des CEDREF aus dem Jahr 2006 (vgl. *Cahiers du CEDREF* N° 14 [2006]).

vorgeschlagenen Unterscheidung von vier Modi des Rassismus-Sexismus-Verhältnisses und den von ihr eingeführten Begriffen: Ähnlichkeiten, Unterschiede, Kopplungen und Intersektionen beziehungsweise Verschränkungen.[526] Ich nutze Kerners Begriffe, um die Formen des Verhältnisses von Rassismus und Sexismus, wie sie im Material auftauchen, zu ordnen. Dabei beziehe ich mich sowohl auf Texte, in denen explizit auf die engen Verbindungen zwischen Rassismus und Sexismus hingewiesen wird, als auch auf Beiträge, in denen die Verhältnisbestimmung nicht im Vordergrund steht, die aber dennoch das Zusammenspiel von Rassismus und Sexismus beschreiben.

Ähnlichkeiten von Rassismus und Sexismus werden in der Regel in Texten hervorgehoben, in denen der antirassistische Aktivismus adressiert wird. Dann wird betont, dass Rassismus und Sexismus auf den »gleichen mentalen Strukturen« basieren würden – was der Antirassismus endlich anerkennen solle.[527] Es wird davon gesprochen, dass Rassismus Ausdruck der Missachtung des Anderen sei, Sexismus Ausdruck der Missachtung von Frauen – und dass man beides bekämpfen müsse.[528] In beiden Fällen würden physische Merkmale zu Zeichen von Minderwertigkeit gemacht.[529] Beide seien Formen der Verachtung des Anderen, die mit der Behauptung biologischer Unterschiede die Abwertung des Anderen rechtfertigten.[530] Die

---

526 | Vgl. Kerner 2009.

527 | »Il serait temps qu'ils* comprennent que le sexisme et le racisme relèvent des mêmes structures mentales.« (* gemeint sind linke Antirassisten). In: *Paris féministe* N° 5 (1983), S. 12. Es handelt sich um einen kritischen Kommentar der Gruppe *RUPTURES* zu einer Demonstration gegen Rassismus von der LCR, in welchem antifeministische Äußerungen von Teilnehmenden der Demonstration kritisiert werden.

528 | »Comme nous dénonçons le racisme, expression du mépris à l'égard de l'autre, nous dénonçons le sexisme, expression du mépris à l'égard des femmes.« *Paris féministe* N° 11 (1985), S. 11. Beim vorliegenden Text handelt es sich um ein Flugblatt, dass bei einer Veranstaltung von *SOS Racisme* verteilt wurde, und auf dem Kritik an der Geschlechtsblindheit von *SOS Racisme* formuliert ist.

529 | »Niveaux différents? Certes. Mais structures mentales identiques, même support physique d'une construction de mépris.« *Paris féministe* N° 18 (1985), S. 8. Im Beitrag wird der feministische Slogan »Sexisme, racisme – même combat« gegen Kritik von Seiten »männlicher Individuen der Linken« (»nombre d'individus mâles de gauches«) verteidigt.

530 | »Comment en effet ne pas faire le lien ente racisme et sexisme, entre ces deux formes de mépris à l'égard de ›l'autre‹: l'autre race, l'autre sexe. Les deux s'appuient sur l'idée de différence biologique pour justifier l'infériorisation de l'autre – même si aujourd'hui il est de bon ton d'employer le terme de ›différence‹ plutôt que d'›infériorisation‹.« Ebd., S. 21. Der Beitrag stammt von der Arbeitsgruppe »Sexismus, Rassismus« der *Rencontre des Lieux de femmes* im Dezember 1985; es werden zunächst die Ähnlichkeiten zwischen Rassismus und Sexismus betont und dann deren Zusammenwirken an konkreten Beispielen beschrieben: im Sprachgebrauch des *Front National* und von Abtreibungsgegnern, im Zusammentreffen von pro-natalistischen Maßnahmen und Einwanderungspolitik und schließlich anhand der rechtlichen und sozialen Situation von *femmes immigrées* sowie deren spezifischen Gewalterfahrungen, die als eine Kombination aus Sexismus und Rassismus ausgewiesen werden.

Hervorhebung der Ähnlichkeiten hat in diesen Texten Appellfunktion und fordert die antirassistische Bewegung dazu auf, Sexismus als gleichermaßen schwerwiegendes gesellschaftliches Problem anzuerkennen und ebenfalls zu bekämpfen beziehungsweise in den eigenen Praxen zu unterlassen.

Unterschiede werden dann festgestellt, wenn behauptet wird, dass die Unterdrückung von Frauen die Urform und das Modell für alle anderen Unterdrückungsformen darstellt. Sexismus – oder Misogynie – erscheinen in dieser Perspektive als dauerhafter und grundlegender als Rassismus. Dieser könne zudem in der Komplizenschaft von Männern gegenüber Frauen aufgehoben werden, so die Annahme in der vorliegenden Rassismusanalyse. Diese Ansicht wird auch im Umfeld der Gruppe *Psychanalyse et Politique* wiederholt vorgebracht. Deren Ablehnung des Sexismus-Begriffs basiert wiederum auf der Feststellung eines weiteren Unterschiedes: nachweislich gebe es keine ›Menschenrassen‹, Antirassismus habe die ›Rasse‹-Idee als eine rassistische Erfindung entlarvt. Bezogen auf Geschlecht ließe sich eine solche Feststellung jedoch nicht treffen angesichts der Realität der sexuellen Differenz, angesichts der faktischen Existenz von Frauen und Männern. Somit scheint insbesondere ein am Begriff der sexuellen Differenz orientiertes Verständnis des Geschlechterverhältnisses die Unterscheidung von Rassismus und Sexismus/Misogynie nahezulegen – und die Annahme zu begründen, Rassismus folge dem Beispiel der Misogynie. Wenn die Unterdrückung von Frauen als Unterdrückung und Abwehr von Alterität verstanden und diese Unterdrückung als anthropologische Konstante entworfen wird, dann liegt der Schluss nahe, dass alle anderen Herrschaftsverhältnisse diese primäre Geste der Abwehr nur wiederholen. Es geht hier also weniger um Unterschiede in den Funktionsweisen und Effekten der Dominanzverhältnisse als vielmehr um die Grundannahmen bezogen auf Geschlechterdifferenz und Geschlechterverhältnis.

Die Kritik an der Rassismusanalogie im feministischen Sprachgebrauch zählt ebenfalls Unterschiede zwischen beiden sozialen Phänomenen auf.[531] Dabei geht es jedoch nicht darum, in der Unterdrückung von Frauen eine Urform von Herrschaft festzustellen, sondern die Besonderheit ›des Patriarchats‹ nachzuweisen. Das Patriarchat als Herrschaftsverhältnis weise eigene Mechanismen auf, erfordere somit eigenständige Analysen, die sich vielleicht von anderen Herrschaftsanalysen inspirieren lassen könnten, diese aber nicht eins zu eins übernehmen sollten. Anstatt der Umkehrung des Vergleichs wird hier somit vielmehr auf die Grenzen der Vergleichbarkeit abgehoben.

Andere Beiträge, vor allem die nicht differenztheoretisch argumentierenden, beschreiben keinerlei Unterschiede. Hier geht es vielmehr darum, Ähnlichkeiten und das Zusammenwirken von Sexismus und Rassismus zu zeigen.

---

531 | Siehe Kapitel 2.3.

Eine *Kopplung* von Rassismus und Sexismus wird immer dann beschrieben, wenn die mit rassistischer Rhetorik unterlegten Angriffe auf die reproduktiven Rechte von Frauen kritisiert werden. In den meisten Beiträgen, die rechte Rhetorik und die pro-natalistischen Maßnahmen der Regierung problematisieren, wird zudem auf die gleichzeitig ablaufenden Veränderungen im Migrationsregime hingewiesen. Den einen werde die Mutterrolle nahegelegt, den anderen das Recht auf Familienleben verweigert, so die wiederholte Feststellung. Ohne es als solche zu bezeichnen, verweisen die Autor_innen damit auf Bevölkerungspolitiken, in denen sexistische Diskurse und Arrangements sich mit rassistischen Diskursen und Regelungen verbinden.[532] Diese Verbindung wird als Gleichzeitigkeit[533] oder aber als zwei Seiten ein und derselben Politik beschrieben,[534] es finden sich auch Formulierungen wie »Sexismus und Rassismus zusammen«[535], »Rassismus und Sexismus gehen Hand in Hand«[536] oder »Rassismus und Sexismus reimen sich immer«[537].

Verschränkungen werden zum einen bezogen auf die Unterdrückungsverhältnisse festgestellt. So heißt es beispielsweise auf einem in *Paris féministe* abgedruckten Flugblatt, dass der Kampf gegen Rassismus, Faschismus und Antisemitismus untrennbar mit Kampf gegen Sexismus verbunden sei, da sich alle Unterdrückungsformen verschränken und wechselseitig verstärken würden.[538] Um die Verschränkung zum Ausdruck zu bringen, wird das Wort *imbriquer* verwandt. Im Material aus den 1980er Jahren findet es sich lediglich an dieser einen Stelle. Mittlerweile sind *imbriqué* beziehungsweise *imbrication* zu den Standardformulierungen geworden, mit denen im

---

532 | Ina Kerner führt ebenfalls Bevölkerungspolitiken, in denen sexistische wie rassistische Diskurse und Regelungen zusammenlaufen, als Beispiel für die Kopplung von Sexismus und Rassismus an. Vgl. Kerner 2009, S. 341 ff.

533 | »Dans le même temps«, heißt es im bereits zitierten Beitrag der Arbeitsgruppe »Sexismus, Rassismus« der *Rencontre des Lieux de femmes*; »La montée simultanée et le lien profond entre l'expression publique du sexisme et du racisme«, heißt es an anderer Stelle unter Verweis auf pro-natalistische Maßnahmen und restriktive Einwanderungspolitik. Vgl. *Paris féministe* N° 2 (1985), S. 18.

534 | Vgl. *Paris féministe* N° 18 (1985), S. 7.

535 | »[...] sexisme et racisme confondus [...].« *Cahiers du féminisme* N° 29 (1984), S. 3.

536 | »Racisme et sexisme vont souvent de pair [...].« *Cahiers du féminisme* N° 30 (1984/85), S. 6.

537 | »Racisme rime toujours avec sexisme.« *Paris féministe* N° 18 (1985), S. 27.

538 | Es handelt sich um das Flugblatt der Gruppe *Lesbiennes contre le racisme, l'antisémitisme et le fascisme*, das diese bei einer Aktion vor dem alten Frauengefängnis in Paris, *la Petite Roquette*, am 8. Mai 1985 verteilt haben. In diesem Gefängnis waren Frauen der *Résistance* und später Frauen, die im antikolonialen Widerstand aktiv waren, inhaftiert. An beide Gruppen sollte erinnert werden. Der Kampf gegen Faschismus, Rassismus und Antisemitismus sei vom Kampf gegen die Unterdrückung von Frauen, Lesben und Homosexuellen, vom Kampf gegen Sexismus nicht zu trennen, »da sich alle Unterdrückungsformen verschränken und wechselseitig verstärken« (»car toutes les oppressions sont imbriquées et se renforcent mutuellement«). *Paris féministe* N° 9 (1985), S. 13.

französischen Sprachraum die Verschränkung von Machtverhältnissen bezeichnet wird. *Imbrication* wird parallel und synonym zum Wort *Intersectionalité* gebraucht.

Im akademischen Feminismus wird das Zusammenwirken verschiedener ›gesellschaftlicher Verhältnisse‹ (*rapports sociaux*) auch mit Begriffen der *Consubstantialité* und *Coextensivité* beschrieben. Grundlage sind Arbeiten der Soziologin Danièle Kergoat[539], die bereits in den 1970er Jahren das Zusammenspiel von kapitalistischer Produktionsweise und geschlechtlicher Arbeitsteilung als ›integriertes System‹ beschrieben hat.[540] ›Klasse‹ und ›Geschlecht‹ addierten sich nicht, sondern konstruierten sich wechselseitig, so Kergoat. Der in der Tradition des materialistischen Feminismus stehende Ansatz, soziale Verhältnisse in ihrer Interaktion zu denken, bezieht mittlerweile das *Race*-Verhältnis explizit ein.[541]

Ein anderes Beispiel für die Wahrnehmung und Thematisierung der Verschränkung von Unterdrückungsverhältnissen findet sich in einem Bericht vom ersten internationalen Lesbentreffen 1985 in Genf. Hier wird eine Debatte über »die Interferenz der ›ismen‹« angeführt, in der es darum ging, »zu sehen, inwiefern die Unterdrückungen interdependent sind.«.[542]

Zum anderen werden Verschränkungen beschrieben, wenn es um die Erfahrung von *femmes immigrées* und/oder ihrer Töchter geht. Sie erlebten im Hass auf den Anderen auch den Hass und die Missachtung von Frauen, schreiben beispielsweise die *Nanas Beurs*.[543] »Sexismus geht mit Rassismus einher«, ist ihr wiederholt eingesetzter Slogan.[544] Ein anderes Beispiel findet sich in einem offenen Brief an *SOS Racisme*, der in erster Linie Kritik an einer Kampagne formuliert, aber auch auf die Geschlechtsblind-

---

539 | Danièle Kergoat forschte in den Gebieten Arbeits- und Geschlechtersoziologie und gehört zur ersten Generation feministischer Wissenschaftler_innen; sie hat die erste Geschlechterforschungsgruppe im CNRS geleitet. Kergoat war in Frauenbewegung und Gewerkschaftsarbeit aktiv.

540 | Vgl. Kergoat 1978; Kergoat 1982.

541 | Vgl. Kergoat 2009; Falquet 2008.

542 | Diese Debatte war anscheinend aber nicht sehr produktiv, es wird gar von einem *rendez-vous manqué* gesprochen: »[...] le débat sur l'interférence des ›ismes‹ visant à voir dans quelle mesure les oppression sont interdépendantes, tourna vite au psychodrame stérile.« *Paris féministe* N° 25 (1986), S. 14. Zuvor wurden bereits Konfrontationen während des Treffens beschrieben. Von Interesse ist hier jedoch lediglich die Tatsache, dass es überhaupt eine Diskussion über das Zusammenwirken verschiedener Differenzlinien gegeben hat und die Begriffe, mit denen diese wiedergegeben werden.

543 | »Dans la haine de l'autre, nous subirons aussi la haine de la femme.« *Paris féministe* N° 18 (1985), S. 19.

544 | »Le sexisme se conjugue avec le racisme.« Diese Formulierung findet sich in nahezu jeder Stellungnahme der *Nanas Beurs* aus den 1980er Jahren. Das Verb *conjuguer* verweist auf die wechselseitige Durchdringung beider Dominanzverhältnisse, bedeutet es als linguistischer Begriff doch soviel wie ›beugen‹, ›abwandeln‹. In der hier verwandten Form ist das Verb jedoch am ehesten als ›einhergehen mit‹ zu übersetzen.

heit der Interventionen von *SOS Racisme* hinweist. Dass *femmes immigrées* in besonderer Weise von Diskriminierung betroffen seien, würde ignoriert. *Femmes immigrées* stünden »an der Kreuzung der Angriffe gegen Frauen und gegen Migranten«,[545] sie seien in stärkerem Maße von Arbeitslosigkeit, Unsicherheit und Marginalisierung betroffen, zudem erführen sie Sexismus und Exotisierung. Das hier verwandte Bild der sich überkreuzenden Angriffe erinnert stark an das Bild der Kreuzung, der *intersection*, das dem heute populären Begriff der *Intersectionality* oder Intersektionalität zugrunde liegt. Bekanntermaßen dient dieses Bild Kimberlé Crenshaw dazu, Lücken im US-amerikanischen Antidiskriminierungsrecht zu verdeutlichen, das Sanktionen wegen rassistischer Diskriminierung sowie Sanktionen wegen sexistischer Diskriminierung vorsieht, aber Fälle, in denen beide Diskriminierungsformen zusammenwirken, nicht (an-)erkennt. Hier dient das Bild ebenfalls dazu, die Lebensverhältnisse von Migrant_innen als durch verschiedene Differenzlinien und Machtverhältnisse geprägte Situation zu beschreiben. Interessant ist dabei der besondere Hinweis auf die Verobjektivierung minorisierter Frauen, in der sich Sexismus mit Exotisierung verbindet.

Die Verschränkungsperspektive war in den 1980er Jahren jedoch vergleichsweise marginal. Bezogen auf die Erfahrungen und Lebensbedingungen von Migrant_innen wurde eher von einer Addition der Dominanzverhältnisse ausgegangen beziehungsweise wird in den Texten eher von ›Addition‹ denn ›Verschränkung‹ gesprochen. Standardformulierungen sind die »doppelte Unterdrückung«[546] oder die »dreifache Ausbeutung«[547]. Allerdings bleibt häufig unklar, was sich eigentlich genau ›addiert‹, denn es werden sowohl die schwierige Situation auf dem Arbeitsmarkt als auch traditionelle Familienverhältnisse beschrieben.

Die Kritik an den Regelungen des sogenannten Familiennachzuges beschreibt eine weitere Form der Verschränkung von Rassismus und Sexismus. Indem diese weder einen autonomen Aufenthaltstitel noch eine Arbeitserlaubnis vorsehen, würden die über diese Regelung nach Frankreich einreisenden Frauen in eine komplette, rechtliche wie ökonomische Abhängigkeit von ihrem Ehemann gezwungen. Der französische Staat beteilige sich damit an der Aufrechterhaltung traditioneller Familienstrukturen, heißt es beispielsweise in den *Cahiers du féminisme*.[548] In der

---

545 | »Les anti-racistes que vous êtes, ignorent-ils que les femmes immigrées, à la croisée des attaques contre les femmes et contre les immigrés, subissent plus fortement encore le chômage, l'insécurité, la marginalisation en même temps qu'elles constituent un objet permanent de fantasmes exotiques et sexistes?« *Paris féministe* N° 54/55 (1987), S. 6.

546 | »Vivant dans la double oppression en tant que femmes et en tant que immigrées [...].« beispielsweise in *Paris féministe* N° 19 (1984), S. 7.

547 | »Elles prennent conscience de la triple exploitation: de classe, de race, de sexe«, heißt es beispielsweise in *Des Femmes en mouvements* in einem Beitrag über Migrant_innen in Marseille. *Des Femmes en mouvements* N° 48 (1981), S. 21.

548 | Vgl. *Cahiers du féminisme* N° 26 (1983), S. 11.

Kritik an der Regelung des Familiennachzuges wird die Verschränkung von Sexismus und Rassismus dabei zwar nicht explizit hervorgehoben, in der Darstellung der Vorschriften und ihrer Konsequenzen wird aber deutlich, dass es sich hier um ein Zusammenspiel von rassistischen und sexistischen Faktoren handelt, die in ihren Konsequenzen nicht mehr unterscheidbar sind.

Schließlich beinhaltet auch die Kritik an der rassistischen Instrumentalisierung von Frauenrechten eine Beschreibung der Verschränkung von Sexismus und Rassismus im Sprachgebrauch des rechtsextremen *Front National*. Frauen würden hier als zu schützender ›Privatbesitz‹ dargestellt, Einwanderer wiederum als per se gewalttätig und Gefahr für Leib und Leben der zu schützenden französischen Frauen, heißt es beispielsweise in einem bereits zitierten Beitrag in *Paris féministe*, in dem ein Vergewaltigungsfall und dessen Instrumentalisierung durch Le Pen als Beispiel für die engen Verbindungen zwischen Rassismus und Sexismus angeführt wird.[549]

Die Frage danach, wie die engen Verbindungen zwischen Rassismus und Sexismus aussehen und in welchen Formen sie wen betreffen, wird, wie gesehen, in dem Moment virulent, in dem Rassismus von einer Metapher zur Realität wird. Diese Transformation, die ich hier auf der Ebene des Sprachgebrauchs der Frauenbewegung nachvollzogen habe und die auf eine Erweiterung der feministischen Wahrnehmung schließen lässt, wird im untersuchten Material auf verschiedenen Ebenen begründet. Mit dem Verweis auf die Zunahme des Rassismus wird an die gesamtgesellschaftliche Diskussion um Einwanderung und die Lebensbedingungen von Migrant_innen angeschlossen, die in den frühen 1980er Jahren zum einen durch das Auftreten des *Front National* als politischer Kraft, zum anderen durch die öffentliche Sichtbarkeit der zweiten Generation von Migrant_innen insbesondere aus den ehemals kolonialisierten Regionen Nordafrikas und deren politischen Aktivismus ausgelöst worden ist. Im Zuge der Einwanderungsdebatte der frühen 1980er Jahre wird Antirassismus zum weit über die radikale Linke hinausreichenden Feld gesellschaftlicher Mobilisierung. Die Frauenbewegung interveniert in dieses Feld, indem sie die Geschlechtsblindheit des antirassistischen Aktivismus kritisiert. Das bedeutet zum einen, auf die besondere Situation von weiblichen Migrant_innen hinzuweisen, zum anderen, sexistische und homophobe Verhaltensweisen im antirassistischen Aktivismus aufzuzeigen und zu kritisieren. Es bedeutet weiterhin, die einseitige Fokussierung auf die Fremdenfeindlichkeit der Rechtspopulisten und die Vernachlässigung von deren Ansichten in Geschlechter- und Sexualitätsfragen zu problematisieren. Die Argumentation, die feministische Analyse des Geschlechterverhältnisses könne einen besonderen Beitrag zum Verständnis und damit zur Bekämpfung von Rassismus leisten, da Rassismus mit Mechanismen funktioniere, die jenen der Unterdrückung von Frauen vergleichbar sind, ist ebenfalls als Intervention in das Feld des antirassistischen Aktivismus zu verstehen.

---

549 | Vgl. *Paris féministe* N° 18 (1985), S. 24 ff. Siehe dazu Seite 185 f. hier im Buch.

In der politischen Praxis der Frauenbewegung bedeutet Antirassismus vor allem die Hinwendung zu Migrant_innen. Diese neue Aufmerksamkeit wird in der Bewegung selbst als Veränderung wahrgenommen. Im Gegensatz zu früher – gemeint sind die bewegten 1970er Jahre – würde man den ›fremden Freundinnen‹ nun zuhören. Das Zuhören führt jedoch nicht zu einer (im Material) nachvollziehbaren Dezentrierung der eigenen Grundannahmen. Der mit dem Schlagwort der ›internationalen Solidarität‹ gesetzte Fokus auf die Gleichstellungskämpfe in den Herkunftsländern sowie die Situation von Migrant_innen in ihren Communitys verweist auf die nach wie vor intakte Überzeugung, das Patriarchat sei der Hauptfeind und Frauen bildeten eine Gemeinschaft in der Unterdrückung (*oppression commune*) – wie auch eine Gemeinschaft im Kampf gegen die Unterdrückung. Die Frage nach Differenzlinien innerhalb dieser Gemeinschaft ist greifbar, wird aber nicht diskutiert.

Die Frage der Gemeinschaft von Frauen ist für die Frauenbewegung zentral, geht es doch um die Begründung des Kollektivsubjektes des Feminismus, um das ›Wir Frauen‹. Ausgangspunkt ist dabei das Verständnis des Patriarchats als spezifisches Herrschaftsverhältnis, das Frauen an ihre (Ehe-)Männer bindet und darüber voneinander trennt. Vermittelt über Männer (Ehemänner oder Väter) kommen Frauen in den Genuss von Privilegien – oder erfahren Benachteiligungen, so die These. Allen gemeinsam sei aber die Unterwerfung und Ausbeutung im Geschlechterverhältnis, gegen die auch nur gemeinsam gekämpft werden könne. Aus der Gemeinschaft in der Unterdrückung sollte eine Gemeinschaft des Kampfes gegen die Unterdrückung werden. Der Begriff der ›Schwesternschaft‹, *Sororité*, der im französischen Kontext als direkter Gegenentwurf zur republikanischen *Fraternité* eine besondere Bedeutung hat, bringt das Bemühen um diese Gemeinschaft gut zum Ausdruck. In der Frage der Gemeinschaft sind zwei Dimensionen zu unterscheiden, die in den untersuchten Zeitschriften häufig verschwimmen. So dreht sich die Kritik an Begriff und Vorstellung der Schwesternschaft weniger um die Frage des Kollektivsubjektes des Feminismus, um das ›Wir Frauen‹, als vielmehr um die Gemeinschaft der Frauenbewegung. Intransparenz und heimliche Hegemonien würden durch die Rede von Schwesternschaft verdeckt; es werde unmöglich gemacht, Konflikte offen auszutragen und Machtfragen zu thematisieren, da ja Macht unter Schwestern nicht existiere, lautet die zeitgleich mit der Formierung der Bewegung aufkommende Kritik.[550] Als Beispiel für diese internen Konflikte werden regelmäßig die Spannungen um die Deutung von Heterosexualität angeführt. Neben dieser Auseinandersetzung mit der Frage von Sexualität und Lebensformen, die zuallererst eine Frage der Gemeinschaft der Bewegung gewesen ist, waren es Klassenunterschiede, die als

550 | Vor allem im *Torchon brûle*.

weitere Differenz zwischen Frauen wahrgenommen worden sind. Wie der Kontakt zu Arbeiter_innen und Hausfrauen hergestellt werden könne, war eine der zentralen Fragen im Moment der Formierung der Bewegung.[551] Herausforderung war, Arbeiter_innen in das ›Wir Frauen‹ zu integrieren. Dieser Fokus hat sich mit der Zeit verschoben, an die Stelle der Arbeiter_innen rückten in den 1980er Jahren die *femmes immigrées* – allerdings nach wie vor unter der Perspektive der ›Unterdrückungsgemeinschaft‹.

Dazu kommt es erst in den 2000er Jahren mit dem Auftreten neuer Akteur_innen, die beanspruchen, ebenfalls im Namen des Feminismus zu sprechen. In der verkoppelten Auseinandersetzung um Kopftuch und sexualisierte Gewalt gegen Frauen beteiligen sich zum ersten Mal muslimische Frauen mit Kopftuch sowie Frauen, welche ihren politischen Aktivismus zugleich postkolonial wie feministisch begründen. Für *weiße* Feminist_innen ist diese aktive Beteiligung eine Herausforderung, auf die sie in unterschiedlicher Weise reagieren. Christine Delphy beispielsweise freut sich über den Kontakt zu Frauen, die einen eigenen, an islamischen Grundsätzen orientierten Feminismus entwickeln würden. Warum auch nicht, fragt Delphy.[552] Andere reagieren geschockt und ablehnend.[553] Ein Grund dafür mag die Erschütterung des hegemonialen Selbstverständnisses sein, dem entsprechend Feminismus und die Befreiung von Frauen ein zutiefst säkulares Projekt seien. Dieses Selbstverständnis durchzieht die feministischen Überlegungen zum Kopftuch seit den ersten Debatten Ende der 1980er Jahre – gleich, welche Position in der Frage des Umgangs mit dem Kopftuch letzten Endes eingenommen wird. In den 2000er Jahren wird dieses Selbstverständnis brüchig, Teile des feministischen Aktivismus reagieren darauf mit einem starken Bekenntnis zur säkularen Ordnung der Gesellschaft und den Grundwerten der Republik.[554] Die gleichzeitige nationalistische Indienstnahme feministischer Positionen zur Grenzziehung zwischen einem aufgeklärten Westen und muslimischen Anderen durch Politik und Medien macht diesen positiven Bezug auf die Republik problematisch – lässt er doch die Grenzen zwischen Frauenbewegung und ›republikanischem Feminismus‹ verschwimmen.[555] Die in den 2000er

551 | Spuren davon vor allem in *Libération des femmes, année zéro* und *Le Torchon brûle.*

552 | Vgl. Delphy 2004.

553 | Vgl. Henneron 2006 sowie das Heft N° 32 (2005) der Zeitschrift *ProChoix* als Teil der Auseinandersetzung.

554 | Vgl. dazu auch Bracke 2009, S. 207 f.

555 | Auf das koloniale Fundament dieses republikanischen Feminismus kann ich an dieser Stelle nur hinweisen. Am Beispiel des Kopftuches wird die Instrumentalisierung von Frauenrechten zur Ausübung von kolonialer Herrschaft besonders deutlich. Verwiesen sei auf die Entschleierungsaktionen in Algerien. Siehe dazu für viele Fanon 2011 [1959]. Auf die Rolle der Gruppe *Ni Putes Ni Soumises* in der Formierung dieses republikanischen Feminismus habe ich einleitend verwiesen.

Jahren immer lauter werdende Kritik an den auch in Teilen der Frauenbewegung beschworenen Grundwerten der Republik trägt zur Verunsicherung bei – wird diese Kritik doch auch im Namen des Feminismus formuliert.

Für diese Kritik beispielhaft ist das Statement der *Féministes indigènes* aus dem Jahr 2007, in dem diese den etablierten antirassistischen Organisationen wie auch der *weißen* Frauenbewegung eine Absage erteilen.[556] Die *Féministes indigènes* sind Teil der *Indigènes de la République* (MIR/PIR)[557], die seit Mitte der 2000er Jahre durch Aktionen und Publikationen die französische Gesellschaft zu einer Auseinandersetzung mit der kolonialen Vergangenheit bewegen wollen. MIR/PIR stellt die republikanischen Werte, insbesondere den republikanischen Universalismus, offensiv infrage und verweist auf die historische wie die aktuelle Ungleichbehandlung, die Angehörige postkolonialer Minderheiten in Frankreich nach wie vor erfahren würden. In ihrem Appell stellen sich die *Féministes indigènes* in eine Linie mit dem antikolonialen Widerstand von Frauen und beanspruchen Selbstrepräsentation. Niemand solle in ihrem Namen sprechen. Dabei werfen sie auch der *weißen* Frauenbewegung Paternalismus und neokoloniale Gewalt vor.

Diese Interventionen machen soziale wie politische Unterschiede zwischen Frauen zum Thema und weisen Feminismus als eine plurale, vielstimmige (Denk-)Bewegung aus. Dass dies in der *weißen* Frauenbewegung als irritierend und schmerzhaft erfahren worden ist, verweist einmal mehr auf die Schwierigkeit, die eigene Weltsicht zu dezentrieren[558] – macht aber auch deutlich, dass Stimmen an den Rändern der Bewegung jetzt gehört und auch verstanden werden.

556 | Das Statement ist einsehbar unter [www.alterinfo.net/Appel-des-Feministes-Indigenes_a5995.html] [17.12.2015]. Zur Kritik der *Féministes indigènes* siehe Grewal 2009.

557 | Mit dieser Selbstbezeichnung schlagen die Aktivist_innen eine Brücke zwischen der kolonialen Vergangenheit, insbesondere der Kolonialisierung Nordafrikas, und der Gegenwart. Der 1875 zunächst in Algerien eingeführte *Code de l'indigénat* machte Algerier zu ›Eingeborenen‹ (*indigènes*). Für sie als ›Untertanen‹ (*sujets*) des französischen Staates galten andere Rechte als für französische Verwaltungsangestellte und Siedler, die als ›Bürger‹ (*citoyens*) Frankreichs angesehen worden sind. In der Formulierung *Indigènes de la République* wird somit auch die dunkle Seite der Republik zum Ausdruck gebracht, konstitutiv auf Ausschlüssen zu beruhen. Die *Indigènes de la République* sind 2004 als Bewegung (MIR) entstanden, seit 2010 sind sie Partei (PIR).

558 | Die Tatsache, dass die Kritik, die *weiße* Frauenbewegung lasse sich für rassistische Zwecke instrumentalisieren, tief am Selbstbild der kritischen linken und selbstverständlich antirassistischen Bewegung rührt, mag ein weiterer Grund für die heftigen Abwehrreaktionen sein.

8. Feminismus im postkolonialen Frankreich. Abschließende Betrachtungen

Am Ausgangspunkt dieses Buches stand die Frage nach dem Umgang mit Rassismus in der Frauenbewegung in Frankreich. Kontext und gleichsam Auslöser der Frage waren Auseinandersetzungen im Feld des feministischen Aktivismus, in denen es um feministische Positionen in und Teilhabe an der postkolonialen Gesellschaft Frankreichs ging. Neben dem Thema der sexualisierten Gewalt gegen Frauen und der Ethnisierung dieser Gewaltform war es vor allem der Umgang mit dem Kopftuch muslimischer Frauen, der zu heftigen Auseinandersetzungen und schließlich der Neuordnung des Feldes des feministischen Aktivismus geführt hat. Angesichts der Debatten um das Kopftuchverbot an öffentlichen Schulen, die sich in der Konfrontation von Verteidigung und Befürwortung, von Sexismus versus Rassismus festgefahren hatten, wurden Stimmen laut, die die Unzulänglichkeit der feministischen Reflexion über das Verhältnis beider Gewalt- und Herrschaftsformen feststellten und eine theoretische wie konzeptionelle Neuorientierung forderten. Diese Feststellung eines konzeptionellen Vakuums und der daraus resultierenden Überforderung mit der gesellschaftspolitisch brennenden Frage nach dem Zusammenhalt der postkolonialen Gesellschaft Frankreichs, war der Ausgangspunkt meiner Beschäftigung mit der Frauenbewegung in Frankreich. Ich wollte erfahren, wie es zu dieser (gefühlten) ›Ohnmacht‹ gekommen ist.

Die Frage, wie Rassismus bislang in der Frauenbewegung zum Thema gemacht worden ist, habe ich an schriftliche Zeugnisse der Bewegung, in erster Linie Zeitschriften, gestellt. Dabei hat sich gezeigt, dass Rassismus im Sprachgebrauch der Frauenbewegung in zwei zeitlich versetzt auftretenden Formen präsent ist. Der metaphorische Bezug auf ›Rassismus‹ und dessen semantisches Feld bestimmt den Sprachgebrauch der Frauenbewegung in den 1970er Jahren – während das Gewaltverhältnis Rassismus weitestgehend ausgeblendet bleibt. Dieses wird erst im Verlauf der 1980er Jahre Gegenstand der Auseinandersetzung, während zeitgleich die metaphorischen Anleihen und Vergleiche in den Hintergrund treten. Dass der metaphorische Gebrauch von ›Rassismus‹ in der Sprache der Frauenbewegung eine koloniale Dimension hat beziehungsweise ›Kolonialismus‹ und dessen Bedeutungsfeld ebenfalls als Vergleichsfolie fungieren, ist während der Untersuchung deutlich geworden. Die Sprache der Frauenbewegung ist durch eine irritierende Gleichzeitigkeit der Präsenz des Kolonialen in Vergleichen, Wortspielen und Andeutungen bei auffallender Abwesenheit der kolonialen Geschichte Frankreichs geprägt.

Das metaphorische Sprechen von ›Rassismus‹ und ›Kolonialismus‹ dient in erster Linie rhetorischen Zwecken. Beide thematischen Komplexe treten in verschiedenen Formen auf: als Herrschaftsverhältnis, als durch dieses Verhältnis konstituierte Gruppe und als Widerstandsbewegung. So ist von Rassismus, von Schwarzen (in Amerika), von der Bürgerrechtsbewegung in den USA und von *Black Power* die Rede, so wird von Kolonialismus, Kolonialisierten und nationalen Befreiungsbewegungen gesprochen. Die Vergleiche und metaphorischen Bezugnahmen dienen zum einen dazu, die Situation von Frauen zu durchdenken und das Geschlechterverhältnis als ein Herrschaftsverhältnis – *wie* Rassismus oder Kolonialismus – zu benennen. Zum anderen haben sie eindeutig legitimatorische Funktion. So wie rassistisch motivierte Gewalt gegen Schwarze geächtet wird, so soll auch sexistisch motivierte Gewalt gegen Frauen geächtet werden, so wie Kolonialismus bekämpft wird, so soll auch die Unterdrückung und Ausbeutung von Frauen bekämpft werden. Und: So wie die Schwarzen in den USA oder Menschen in den (ehemaligen) Kolonien den Kampf für Rechte und Freiheit selbst in die Hand nehmen, so nehmen auch Frauen den Kampf für Freiheit und Selbstbestimmung in die eigenen Hände.

Aber auch die feministische Analyse des Geschlechterverhältnisses ist von Vergleichen inspiriert. Erstens ist das radikale Weiterdenken der Beauvoir'schen Feststellung des ›Nicht-als-Frau-geboren-Werdens‹ des materialistischen Feminismus von der Auseinandersetzung mit rassistischen Differenzkonstruktionen beeinflusst. Die Argumente, mit denen das Geschlechterverhältnis als ein soziales Verhältnis begründet und die Naturalisierung von Herrschaft, Unterdrückung und Ausbeutung erklärt werden, folgen in großen Teilen der von Colette Guillaumin entwickelten Rassismusanalyse. Differenzierung und Veranderung, zunächst als Mechanismen der ›rassistischen Ideologie‹ beschrieben, bilden die Grundlage für das Verständnis von Geschlecht als sozialer Tatsache, das ein zentraler Einsatz des feministischen Theorieprojektes ist. Zweitens spielt der Vergleich mit feudaler Leibeigenschaft und Sklaverei, insbesondere der modernen Plantagensklaverei des 19. Jahrhunderts, eine zentrale Rolle für die Theoretisierung des Geschlechterverhältnisses als Herrschaftsverhältnis, das mit eigenen Unterdrückungs- und Ausbeutungsmechanismen funktioniere und daher nicht als Teilproblem des kapitalistischen Klassenantagonismus verstanden werden könne. Ähnlich wie bei Leibeigenschaft und Sklaverei die Ausbeutung von Arbeitskraft über die Unterwerfung des ganzen Menschen, über die Aneignung seines Körpers, seiner Persönlichkeit und seiner Lebenszeit funktioniere, so sei auch das Geschlechterverhältnis ein Ausbeutungsverhältnis, das sich über die Aneignung der ›Frauen‹ vollziehe. Der Begriff der *Sexage*, ein Neologismus aus *sexe*, *servage* und *esclavage*, soll diese besondere Funktionsweise zum Ausdruck bringen. Gleichzeitig sollte mit dieser

Konkretisierung dem sich schnell verbreitenden Begriff ›Sexismus‹ ein materialistisch fundiertes Konzept zur Seite gestellt werden, das gerade die strukturelle Seite des Geschlechterverhältnisses betont.

Als rhetorische Mittel verweisen die Rassismus- und Kolonialismusvergleiche auf die Einbindung der Frauenbefreiungsbewegung in die radikale Linke, die im Verlauf der langen 1960er Jahre genau über den Bezug auf die Befreiungskämpfe in den (ehemaligen) Kolonien und die Entdeckung der Kolonialisierten als revolutionäre Subjekte entstanden ist. Die Akteur_innen der sich formierenden Frauenbewegung nutzen das politische Vokabular, das ihnen durch ihren Aktivismus in den Organisationen und Gruppen der radikalen Linken vertraut ist und dessen Stoßrichtung sie teilen. Vor allem in den frühen Jahren der Bewegung ersetzten die Bezugnahmen etwa auf die Situation der ›Schwarzen in Amerika‹ die noch fehlenden Worte, mit denen die Lebenssituation *weißer* Frauen in Frankreich ebenfalls zum politischen Gegenstand gemacht werden konnte. Die Skandalisierung von Gewalt gegen Frauen – eines der zentralen Mobilisierungsthemen der Bewegung – über den Vergleich mit rassistisch motivierter Gewalt ist dafür ein Beispiel.

Ich begreife das metaphorische Sprechen von Rassismus und Kolonialismus als eine Form der Thematisierung, da beide Phänomene und Herrschaftsverhältnisse benannt und aktualisiert werden. Allerdings werden sie durch ihre Platzhalterfunktion gleichsam stillgestellt und der Auseinandersetzung entzogen. Durch die Geste des Vergleichens, durch das metaphorische Sprechen, werden semantische Lücken geschlossen – die Sprache für das Projekt der Frauenbefreiung musste erst ›erfunden‹ werden –, gleichzeitig wird jedoch der Fokus der Aufmerksamkeit auf die neue Bedeutung gelenkt. Der ›Rassismus gegen Frauen‹ überlagert das Gewaltverhältnis Rassismus, worauf die Absenz des Themas in den untersuchten Zeitschriften hinweist. Zudem bleibt die Reichweite des Sagbaren begrenzt, wie das Beispiel der Kampagne für die Legalisierung von Verhütung und Schwangerschaftsabbruch gezeigt hat. Mit dem Slogan der *Maternité esclave*, der Mutterschaft als Sklaverei, wird die Forderung nach reproduktiven Rechten und Selbstbestimmung von einem spezifischen Erfahrungshorizont abgeleitet. Dass zu reproduktiver Freiheit jedoch auch die selbstbestimmte Entscheidung für ein Kind gehört, ist in diesem Bild schwer denkbar. Das Wissen über Zwangssterilisation und Zwangskontrazeption, das in der Bewegung durchaus zirkulierte, hat nicht dazu geführt, dass auch das Vorenthalten von Mutterschaft Teil der Kampagne für reproduktive Rechte geworden ist. Das metaphorische Sprechen basiert somit auf spezifischen Erfahrungen und macht diese sichtbar, während es die Wahrnehmung anderer Erfahrungen verstellt.

Vor dem Hintergrund der französischen Erinnerungskultur, die bis vor Kurzem bezogen auf die koloniale Vergangenheit vor allem durch Ausblendung gekennzeichnet gewesen ist, lässt sich das metaphorische Sprechen als ein Ausdruck dieser kollektiven Vermeidung deuten, die von Ann Laura Stoler als *koloniale Aphasie* beschrieben wird. Wenn Aphasie darin besteht, Wissen zu verschließen, indem durch das Verschieben von Begriffen und Kategorien unverständliche Assoziationen produziert werden, die wiederum in Unvereinbarkeit (*incommensurability*) zerfallen, so Stoler mit Rückgriff auf Foucaults Verwendung des Aphasie-Begriffs,[559] dann kann das metaphorische Sprechen von Rassismus und Kolonialismus bei gleichzeitiger Ausblendung der faktischen Gewaltverhältnisse als ein Symptom dieser kollektiven ›Wortfindungsstörung‹ verstanden werden. Die Frauenbewegung ist Teil der postkolonialen Gesellschaft Frankreichs; sie ist durch die postkoloniale Situation und den spezifischen Umgang mit der kolonialen Vergangenheit geprägt, stellt den Zustand der *kolonialen Aphasie* durch die (sprachliche) Form ihrer Interventionen aber auch her.

Die Metaphoriken von Rassismus, Kolonialismus und Sklaverei verschwinden im Verlauf der Zeit fast vollständig aus der Sprache der Frauenbewegung. Dieser Sprachwandel ist auf die Veränderung des politischen Klimas gegen Ende der 1970er Jahre zurückzuführen. Der Wahlsieg der Sozialisten im Jahr 1981 markiert in gewisser Weise das Ende der neuen radikalen Linken, die bereits im Verlauf der 1970er Jahre an Diskursmächtigkeit verloren hatte. Die Entwicklung der Frauenbewegung veranschaulicht den Normalisierungsprozess der gesamten radikalen Linken und die Neuordnung des außerparlamentarischen linken Spektrums in eindrücklicher Weise. Mit der Bestätigung der Legalisierung des Schwangerschaftsabbruchs 1979 war eines der zentralen Felder gewissermaßen befriedet, andere Themen wie Gewalt und Arbeit waren nicht zuletzt mit der Schaffung eines Ministeriums für Frauenrechte Teil der politischen Agenda geworden, Anfang der 1980er Jahre erfuhr auch die feministische Forschung erste offizielle und auch institutionelle Anerkennung. Innerhalb der Bewegung wurde in dieser Übergangszeit über das Pro und Kontra der Institutionalisierung gestritten. Die Revolution scheint als politisches Ziel ausgedient zu haben, worauf die veränderte Sprache, in der Themen gesetzt und Forderungen gestellt werden, verweist. Auf die rhetorische Verve der frühen 1970er Jahre folgen Pragmatismus und selbstbezügliche Debatten über die Gründe und Ursachen des empfundenen Einflussverlustes. Die Veränderung der Sprache der Bewegung steht jedoch auch mit der gesamtgesellschaftlich gestiegenen Aufmerksamkeit für rassistisch motivierte Gewalt und Ausgrenzung in Verbindung. Das Auftreten des *Front National* auf der politischen Bühne sowie die Proteste von Jugendlichen gegen rassistische Gewalt und Ausgrenzung haben einen Bewusstseinswandel ausgelöst, der sich auch in den Zeitschriften der Bewegung widerspiegelt. Die Einwanderungspolitik der Regierung wird ebenso Thema wie die Lebenswirklichkeit von Migrant_innen und ihrer in Frankreich geborenen Kinder. Dabei rücken vor allem die *femmes immigrées* in den Fokus der feministischen Aufmerksamkeit. Deren Lage wird als eine doppelt beschränkte gezeichnet, zum einen bestimmt von der repressiven Einwanderungspolitik und der rassistischen Ausgrenzung durch die Mehrheitsgesellschaft, zum anderen aber auch geprägt

---

559 | Siehe Anmerkung 25 in der Einleitung.

durch die traditionellen Familienstrukturen der nordafrikanischen Herkunftsgesellschaften, die in der Migrationssituation fortbestünden. Rassismus wird hier als die Lebenssituation von Migrant_innen prägendes Phänomen benannt, das als Beleidigung, Gewalt oder strukturelle Diskriminierung beschrieben wird.

Neben dem Thema Migration und der besonderen Gruppe der *femmes immigrées* ist es der Komplex der reproduktiven Rechte, in dem Rassismus zum Thema gemacht wird. Ging es zuvor um das Migrationsregime und um Erfahrungen rassistisch motivierter Ausgrenzung und Gewalt, so wird Rassismus hier als Element der Rhetorik politischer Gegner verhandelt. Zum einen handelt es sich dabei um rechtskonservative Natalitätsrhetorik, zum anderen um den Diskurs militanter Lebensschützer_innen. Weiterhin wird eine Verbindung zwischen Familien- und Zuwanderungspolitik festgestellt, die als Verbindung von Rassismus und Sexismus beschrieben wird. »Die einen zurück an den Herd, die anderen zurück nach Hause«,[560] wird die bevölkerungspolitische Agenda rechter Gruppierungen wie etablierter Parteien zusammengefasst.

Eine dritte Variante der Thematisierung des Phänomens Rassismus findet sich in der Auseinandersetzung der Frauenbewegung mit ihrem direkten politischen Umfeld, mit Gruppen der radikalen Linken und dem sich etablierenden Antirassismus. Im Ringen um Anerkennung im eigenen Lager war Rassismus das zentrale Vergleichsmoment, das die Sprache, mit dem die sich konstituierende Bewegung ihr Anliegen formulierte, geprägt hat. Insbesondere das Thema der sexualisierten Gewalt gegen Frauen hat die Frauenbewegung aber auch vor argumentative Herausforderungen gestellt, da sie einerseits selbst mit Rassismusvorwürfen konfrontiert worden ist, andererseits auf die rassistische Vereinnahmung ihrer Anliegen reagieren musste. Ein anderes Konfliktfeld, auf dem das Verhältnis der politischen Anliegen, Antisexismus und Antirassismus, verhandelt wurde, ist der Umgang mit ›kulturellen Unterschieden‹. Diese Auseinandersetzung, die ich als Kulturrelativismus-Debatte bezeichnet habe, wird anhand von zwei Themen besonders intensiv und andauernd geführt: die Beschneidung weiblicher Genitalien und das muslimische Kopftuch. Auch hier war die Verteidigung von Frauenrechten, körperlicher Unversehrtheit und Selbstbestimmung, mit dem Vorwurf, rassistisch motiviert zu sein, konfrontiert. Im Ringen um Anerkennung ging es folglich nicht allein darum, sich über Rassismusvergleiche zu legitimieren, sondern sich auch gegen Rassismusvorwürfe zu verteidigen. Im Vergleich mit anderen Themen bleibt die Auseinandersetzung mit Rassismus als gesellschaftlichem Problem in den untersuchten Zeitschriften jedoch marginal. Neben internen Konflikten und Diskussionen dominieren die ›klassischen‹ Themen der Frauenbewegung den Inhalt der Zeitschriften. Je nach Zeitpunkt und Ereignissen geht es vorrangig um die Komplexe Arbeit, sexualisierte Gewalt, reproduktive Rechte und Politik.

---

560 | Siehe Anmerkung 456.

Entgegen der starken metaphorischen Präsenz von Kolonialismus und Sklaverei finden diese als historische Tatsachen kaum Erwähnung. Lediglich im Kontext von Migration finden sich Spuren davon im Material. In wiedergegebenen Äußerungen von Migrant_innen wird die Kolonialgeschichte Nordafrikas und der französischen Überseegebiete in Erinnerung gerufen. Dadurch scheinen auch nur sie von den Auswirkungen dieser Geschichte ›betroffen‹ zu sein. Am Beispiel der *Coordination des femmes noires* ist die Ausblendung von Kolonialismus als in die Gegenwart ausstrahlende Vergangenheit in der *weißen* Frauenbewegung deutlich geworden. Deren Positionen sind von der *weißen* Bewegung durchaus wahrgenommen, aber offensichtlich nicht gehört worden. Denn in die hegemoniale Agenda haben sie keinen Eingang gefunden, die Problemdefinitionen sind durch diese Stimmen nicht irritiert worden. Lediglich die sogenannten spezifischen Probleme Beschneidung und Polygamie wurden von der *weißen* Bewegung vergleichsweise rasch aufgegriffen und prägten die Wahrnehmung Schwarzer Frauen lange Zeit. Die Konstruktion der Gruppe der *femmes immigrées* zeugt ebenfalls von der Distanz zwischen der *weißen* Bewegung und ›anderen‹ Frauen. Die bevorzugte Textform, in der diese in den untersuchten Zeitschriften zu Wort kommen, ist das Zeugnis, die *témoignage*, welche gerahmt durch den erläuternden Text der Redakteur_innen dem gesamten Beitrag Authentizität verleihen soll. Der vielfältige Aktivismus von Migrant_innen ist in den untersuchten Zeitschriften hingegen kaum wahrgenommen worden. Wie bereits im Fall der *Coordination des femmes noires* sind es auch wieder bestimmte Themen, die den *femmes immigrées* zugewiesen werden. Als deren zentrales Problem werden die patriarchalen Strukturen der ›muslimischen Familie‹ gedeutet, die durch die repressive Einwanderungspolitik der Regierung Unterstützung erführen. Das Bemühen um Kontakt und Erfahrungsaustausch, das in den untersuchten Zeitschriften ebenfalls nachvollziehbar ist, hat diese Deutung wenig beeinflusst. Die ›fremden Freundinnen‹ bleiben vor allem eines, Fremde. Insofern scheint die Erfahrung, dass Migrant_innen und deren Töchter die Definitionshoheit über ihre Köpfe und deren eventuelle Bedeckung einfordern, mit der die Bewegung in der dritten Welle der Kopftuchdiskussion Mitte der 2000er Jahre konfrontiert war, in der Tat eine neue und vor allem auch eine schockierende Erfahrung von Fremdheit gewesen zu sein.

Die Krise der *weißen* Frauenbewegung Mitte der 2000er Jahre, die schließlich zu einer Neuordnung des Feldes des feministischen Aktivismus geführt hat, ist Ausdruck des ›Einbruchs des Kolonialen‹, der die französische Gesellschaft als Ganze seit der Jahrtausendwende beschäftigt. Die Erschütterungen, welche die nicht mehr zu ignorierenden sozialen Konflikte und die diesen innewohnende Kontinuität kolonialer Gewalt ausgelöst haben,[561] treffen auch die *weiße* Frauen-

561 | Erinnert sei an die Unruhen im Herbst 2005, die auch in Frankreich selbst als Wendepunkt wahrgenommen werden. Vgl. für viele Fassin/Fassin 2009, S. 13 ff.

bewegung. In diesen Konflikten geht es um die Zugehörigkeit zu einer postkolonialen Gesellschaft, deren multi-ethnische Zusammensetzung nicht mehr ignoriert werden kann, der es jedoch nicht gelingt, die schmerzvolle Geschichte dieser Vielfältigkeit angemessen zu reflektieren und auf die Spannungen, die aus Ausgrenzung und Diskriminierung resultieren, zu reagieren. Der zur Verfügung stehende (Denk-)Rahmen der Republik, die Integration durch absolute Gleichbehandlung verspricht, stößt offensichtlich an seine Grenzen.

Der republikanische Universalismus basiert auf der Abstraktion von konkreter Individualität. Alle Unterschiede – der Herkunft, des Geschlechts, der Religion, der ethnischen oder kulturell-regionalen Zugehörigkeit – sind aus dem Feld des Politischen ausgeklammert. Politik und Zivilgesellschaft werden in diesem Rahmen als ein Spannungsverhältnis entworfen, in dem das Politische vor Störungen durch partikulare Interessen geschützt werden muss. Im Vordergrund steht das Gemeinwohl – und nicht Einzelinteressen. Die Problematisierung von Diskriminierung aufgrund eines spezifischen Merkmals und die Forderung nach Abstellung dieser Ungleichbehandlung werden vor diesem Hintergrund als partikulare Interessen gedeutet und gleichsam als Bedrohung des republikanischen Universalismus abgewiesen. Seit den 1990er Jahren gerät das republikanische Modell zunehmend unter Druck, dies nicht allein von Seiten postkolonialer Migrant_innen, sondern auch durch Interventionen und Debatten um die Gleichbehandlung von Frauen und sogenannter sexueller Minderheiten.[562]

Es sind insbesondere zwei Konstruktionsfehler, welche die Republik ins Schleudern bringen: Probleme bereitet zum einen die nicht aufgearbeitete koloniale Geschichte dieser Republik,[563] zum anderen zeigt sich, dass das Integrationsmodell nicht funktioniert. Republikanische Integration bedeutet im Rahmen von Migration kulturelle Assimilation beziehungsweise setzt diese voraus.[564] Bezogen auf die postkolo-

---

562 | Zur Politisierung von Geschlecht und Sexualität unter anderem im Zuge der Debatten um *Parité* und PACS siehe Fabre/Fassin 2004.

563 | Die Durchsetzung der Republik als Staatsform und Ideologie vollzog sich zeitgleich mit der kolonialen Expansion Frankreichs während der sogenannten Dritten Republik (1871–1914). Kolonialisierte waren von der Staatsbürgerschaft und damit vom Gleichheitsversprechen ausgeschlossen. Siehe dazu auch Anmerkung 557. Weiterhin ist das Nachwirken des Algerienkrieges (1954–1962) nicht zu unterschätzen. Im Zuge dieses Kolonialkrieges sind die in Frankreich lebenden Algerier_innen einem staatlich sanktionierten Rassismus ausgesetzt gewesen. Vgl. Noiriel 2009, S. 35 ff. Diesem Rassismus der Institutionen, vor allem durch Polizei und Justiz, stand die bestenfalls desinteressierte, schlimmstenfalls feindselige Haltung der Mehrheitsgesellschaft zur Seite. Diese Erfahrungen prägen auch die nachfolgenden Generationen.

564 | Vgl. Noiriel 2009.

niale Migration steht allerdings die Möglichkeit der Assimilation der betroffenen Personen infrage.[565] Kolonialer Rassismus lässt diese nach wie vor als zu fremd und anders erscheinen.[566] Postkoloniale Migrant_innen und ihre Kinder sollen ihr Französisch-Sein unter Beweis stellen und sich zu den Werten der Republik bekennen – gleichzeitig wird ihnen abgesprochen, wirklich französisch sein zu können.[567] Die Ethnisierung sexualisierter Gewalt gegen Frauen ist ebenso wie das Kopftuchverbot Teil dieser Grenzziehung und der Konstruktion einer französischen Identität als aufgeklärt, westlich und *weiß*. Die Frauenbewegung befindet sich mitten in diesen Verhandlungen der französischen Identität und wird dabei mit ihrem Ungedachten konfrontiert. Dass diese Konfrontation offen geführt wird, ist angesichts der fortgesetzten Instrumentalisierung feministischer Positionen bei gleichzeitigem Erstarken antifeministischer und antiliberaler Kräfte eine dringende Notwendigkeit.

---

565 | Vgl. Blanchard 2006a, S. 179 ff.

566 | Vgl. Saada 2009. Siehe dazu auch Ndiaye 2008 und Mbembe 2013.

567 | Zweifel an der Assimilationsfähigkeit muslimischer Jugendlicher haben Anfang der 1990er Jahre zu einer Änderung des Staatsangehörigkeitsrechtes geführt. Galt das *jus soli* bislang uneingeschränkt, so muss nun die Staatsangehörigkeit bei Volljährigkeit aktiv erworben werden. Vgl. Hargreaves 2007 [1995], S. 35 ff.

Anhang

Übersicht Zeitschriften

In dieser Übersicht sind sämtliche durchgesehene Zeitschriften enthalten. In der Darstellung unterscheide ich Bewegungszeitschriften und Zeitschriften, die dem akademischen Feminismus zuzurechnen sind. Ich habe mich im Verlauf der Untersuchung aus forschungspragmatischen Gründen für den Fokus auf die Bewegungszeitschriften entschieden.

Bewegung

1. Le Torchon brûle

Erscheinungszeitraum: N° 1 1970 bis N° 47 1973; N° 0 erschien im Dezember 1970 als Sonderausgabe der Zeitschrift *L'Idiot Liberté*; ab N° 1 im Mai 1971 handelt es sich um ein autonomes Zeitschriftenprojekt.
Durchsicht: ganz

*2. Les Cahiers du GRIF**

Erscheinungszeitraum: N° 1 1973 bis N° 48 1994; 1996 und 1997 erschienen noch drei Sonderhefte.
Durchsicht: ganz
* Die Zeitschrift erschien zunächst in Belgien, später in Frankreich. Ich habe mich im November 2011 entschieden, die Zeitschrift von der weiteren Untersuchung auszunehmen, da sie im Selbstverständnis eine Zeitschrift der feministischen Forschung ist.

3. Le Quotidien des femmes

Erscheinungszeitraum: N° 1 1974 bis N° 10 1976.
Durchsicht: ganz

4. *Les Femmes s'entêtent*
Erscheinungszeitraum: N° 1 1975 und N° 2 1975.
Durchsicht: ganz

5. *Cahiers du féminisme*
Erscheinungszeitraum: N° 1 1977 bis N° 81 1998.
Durchsicht: ganz

6. *Questions féministes*
Erscheinungszeitraum: N° 1 1977 bis N° 8 1980.
Durchsicht: ganz

7. *Histoires d'elles*
Erscheinungszeitraum: N° 1 1977 bis N° 22 1980.
Durchsicht: ganz

8. *Des Femmes en mouvements*
Erscheinungszeitraum: 1977/78 bis 1982; erschien bis N° 12/13 (Dezember 1978/Januar 1979) monatlich; ab November 1979 dann wöchentlich, Zählung der Ausgaben beginnt wieder bei N° 1 und reicht bis N° 101 im Juli 1982.
Durchsicht: ganz

9. *La Revue d'en face*
Erscheinungszeitraum: N° 1 1977 bis N° 14 1983.
Durchsicht: ganz

10. *Le Temps des femmes*
Erscheinungszeitraum: N° 1 1978 bis N° 17 1980.
Durchsicht: ganz

11. *Paris féministe*
Erscheinungszeitraum: N° 1 1983 bis N° 175 1996.
Durchsicht: ganz

12. *Marie pas Claire*
Erscheinungszeitraum: N° 1 1992 bis N° 14 1999.
Durchsicht: ganz

13. *ProChoix*
Erscheinungszeitraum: N° 1 1997 bis heute.
Durchsicht: 1997–2003

Akademischer Feminismus

1. Nouvelles Questions Féministes

Erscheinungszeitraum: 1981–1986,* 1991–1999, 2002–heute (seit 2002 in Lausanne); zunächst vier Ausgaben im Jahr, zwischen 2002 und 2011 drei Ausgaben, seitdem zwei Ausgaben pro Jahr.
Durchsicht: 1981–2009
* In den 1980er Jahren steht als Untertitel noch: *Du mouvement de libération des femmes.*
Die Zeitschrift ist ein Sonderfall: In den 1980er Jahren war die Zeitschrift auf die Bewegung ausgerichtet; später ist sie jedoch eindeutig in der Akademie verortet, vertritt aber weiterhin den Anspruch, auch Bewegungswissen zu verbreiten. Ich habe die NQF daher in die Analyse einbezogen.

2. Bulletin de l'ANEF

Erscheinungszeitraum: 1989–heute; drei Nummern pro Jahr.
Durchsicht: 1989–2003/2004 (N° 42)

3. Cahiers du CEDREF

Erscheinungszeitraum: 1989–2000; die Hefte sind unregelmäßig erschienen.
Durchsicht: ganz

4. Cahiers du CEDREF, Série »Colloques et travaux«

Erscheinungszeitraum: 1995–heute; die Hefte erscheinen unregelmäßig.
Durchsicht: 1995–2008

5. Cahiers du GEDISST

Erscheinungszeitraum: 1991–1998; vier Nummern pro Jahr.
Durchsicht: ganz

6. Cahiers du Genre

Erscheinungszeitraum: 1999–heute, Fortsetzung der *Cahiers du GEDISST* (Nummerierung fortlaufend); drei Nummern pro Jahr.
Durchsicht: 1999–2008

7. Cahiers du MAGE

Erscheinungszeitraum: 1996–1997; vier Nummern pro Jahr.
Durchsicht: ganz

8. Travail, genre et sociétés

Erscheinungszeitraum: 1999–heute; zwei Nummern pro Jahr.
Durchsicht: 1999–2009

Übersicht Themen

Im ersten Erhebungsschritt habe ich die in den Bewegungszeitschriften behandelten Themen erfasst. Nachfolgend sind die vergebenen Schlagworte aus diesen Zeitschriften gelistet. Die Reihenfolge entspricht der Vergabe während der Erhebung.

- Selbstverständnis als Bewegung; Bewegung macht sich selbst zum Thema
  - Ziele und Strategie: Revolution oder Reform
  - Schwesternschaft
  - andere Gruppen in der Bewegung
  - Verhältnis zu Frauen in Parteien und Gewerkschaften
- die radikale Linke als politischer Kontext
  - Verhältnis ›Klassenkampf‹ und ›Frauenkampf‹
- andere Bewegungszeitschriften
  - Reflexion über Zeitschriften als Medium
- Frauenbewegung in den USA
- Frauenbewegungen international
- reproduktive Rechte
  - Verhütung, Schwangerschaftsabbruch
  - Zwangssterilisation
  - Reproduktionstechnologien
- Gewalt, Vergewaltigung
- sexuelle Belästigung am Arbeitsplatz
- Ehe, Familie
- Hausarbeit
- Erwerbsarbeit
- Arbeitskampf von Frauen
- Körper
- Sexualität
  - Homosexualität
  - Heterosexualität
- Akademie, Forschung, Theorie
  - Simone de Beauvoir
  - Luce Irigaray
- Begriffe, Konzepte
  - Gender, *genre*
  - Analyse der Verhältnisse
- Migration
  - Migrant_innen
  - Einwanderungspolitik

- Rassismus, Antirassismus

Im zweiten Erhebungsschritt zusätzlich: Analogien

- Kolonialismus, Antikolonialismus
  - Kolonialgeschichte
  - Sklavereigeschichte
  - antikoloniale Befreiungskämpfe
  - Nord-Süd-Verhältnis, Neokolonialismus
  - Imperialismus, Antiimperialismus

Im zweiten Erhebungsschritt zusätzlich: Sklavereimetaphorik

- Maghreb
- DOM/TOM, Karibik
- Parteien, Politik, Repräsentation, Wahlen
- Gleichstellungspolitik
- Religionen
  - Katholische Kirche, Islam, Judentum
  - Laizität
- Kopftuch
- Beschneidung
- Polygamie
- Iran
- *Loi anti-sexiste*
- Prostitution
- Pornografie
- *Parité*
- PACS
- Auseinandersetzung mit der Instrumentalisierung von feministischen Positionen

Literatur

Primärliteratur

AFFER (Hg.) (1984): *Femmes, féminisme et recherches. Actes du Colloque national de Toulouse, Décembre 1982*, Toulouse.

Association du Mouvement pour les luttes féministes (Hg.) (1981): *Chroniques d'une imposture. Du Mouvement de libération des femmes à une marque commerciale*, Paris.

Cixous, Hélène/Clément, Catherine (Hg.) (1975): *La jeune née*, Paris.

Cixous, Hélène (1975a): »Sorties«, in: Cixous, Hélène/Clément, Catherine (Hg.): *La jeune née*, Paris, S. 114–246.

Cixous, Hélène (1975b): »Le rire de la méduse«, *L'Arc*, N° 61, S. 39–54.

Cixous, Hélène (1975c): *Souffles*, Paris.

Cixous, Hélène (1977): »La venue à l'écriture«, in: Cixous, Hélène et al. (Hg.): *La venue à l'écriture*, Paris, S. 9–62.

Coordination des femmes noires (1978); [Broschüre], ohne Angaben.

d'Eaubonne, Françoise (1974): *Le féminisme ou la mort*, Paris.

de Beauvoir, Simone (1976 [1949]): *Le deuxième sexe*, Paris.

de Beauvoir, Simone (1981): ohne Titel [Vorwort], in: Association du Mouvement pour les luttes féministes (Hg.): *Chroniques d'une imposture. Du Mouvement de libération des femmes à une marque commerciale*, Paris, o. S.

Delphy, Christine (2009 [1970]): »L'ennemi principal«, in: Delphy, Christine: *L'ennemi principal 1. Économie politique du patriarcat*, Paris, S. 33–56.

Delphy, Christine (2009 [1975]): »Pour un féminisme matérialiste«, in: Delphy, Christine: *L'ennemi principal 1. Économie politique du patriarcat*, Paris, S. 259–269.

Delphy, Christine (2009): *L'ennemi principal 1. Économie politique du patriarcat*, Paris.

Dhavernas, Marie-Jo/Kandel, Liliane (1983): »Le sexisme comme réalité et comme représentation«, in: *Les Temps modernes*, N° 444, S. 3–30.

Dhavernas, Marie-Jo/Kandel, Liliane (1984): »Quelques réflexions autour de la notion sexisme«, in: AFFER (Hg.): *Femmes, féminisme et recherches. Actes du Colloque national de Toulouse, Décembre 1982*, Toulouse, S. 749–754.

Dhavernas, Marie-Jo/Kandel, Liliane (1985): »Sexisme«, in: *Encyclopædia Universalis*, [https://www.universalis.fr/encyclopedie/sexisme/] [02.07.2015].

Duchen, Claire (1987): *French Connections: Voices from the Women's Movement in France*, London.

Fouque, Antoinette (1990): »Si c'est une femme«, in: *Informations sociales*, N° 80, S. 38–63.

Fouque, Antoinette (2004): *Il y a deux sexes. Essais de féminologie*, Paris.

Groult, Benoîte (1975): *Ainsi soit-elle*, Paris.

Guillaumin, Colette (1988): »Idéologie de la différence, idéologie de l'exclusion«, in: *Bulletin des Archives lesbiennes*, N° 7, S. 3–10.

Guillaumin, Colette (1992): *Sexe, race et pratique du pouvoir. L'idée de nature*, Paris.

Guillaumin, Colette (2002 [1972]): *L'idéologie raciste. Genèse et langage actuel*, Paris.

Guyot, Jean/Padrun, Ruth (Hg.) (1977): *Des femmes immigrées parlent*, Paris.

Le Sexisme ordinaire (1979), [Sammlung der »Chroniques du Sexisme ordinaire« aus *Les Temps modernes* von 1973 bis 1978], Paris.

Leclerc, Annie (1974): *Parole de femme*, Paris.

Les Femmes s'entêtent (1974), [hrsg. v. Autor_innenkollektiv], Doppelnummer der Zeitschrift *Les Temps modernes*, N° 333/334.

Libération des femmes, année zéro (1970), [hrsg. v. Autor_innenkollektiv], Doppelnummer der Zeitschrift *Partisans*, N° 54/55; dazu 2. leicht geänderte Aufl. 1972.

Maternité esclave (1975), [hrsg. v. Autor_innenkollektiv], Paris.

Mathieu, Nicole-Claude (1985): *L'arraisonnement des femmes. Essais en anthropologie des sexes*, Paris.

Mathieu, Nicole-Claude (1991): *L'anatomie politique. Catégorisations et idéologies du sexe*, Paris.

Mathieu, Nicole-Claude (1991a): »Identité sexuelle/sexuée/de sexe«, in: Mathieu, Nicole-Claude: *L'anatomie politique. Catégorisations et idéologies du sexe*, Paris, S. 227–266.

Mathieu, Nicole-Claude (2000): »Sexe et genre«, in: Hirata, Héléna et al. (Hg.): *Dictionnaire critique du féminisme*, Paris, S. 205–213.

MLAC (1973): »La charte du MLAC«, in: *Tankonala Santé*, N° 3, S. 1.

Ringart, Nadia (1981): »La naissance d'une secte«, in: Association du Mouvement pour les luttes féministes (Hg.): *Chroniques d'une imposture. Du Mouvement de libération des femmes à une marque commerciale*, Paris, o. S.

Thiam, Awa (1978): *La parole aux négresses*, Paris, [dt. 1981, *Die Stimme der schwarzen Frau*].

Tout!, N° 12 (1971): »Libre disposition de notre corps«, hrsg. v. Vive la révolution.

Wittig, Monique (1969): *Les Guérillères*, Paris.

Wittig, Monique (1992): *The Straight Mind and Other Essays*, Boston.

Wittig, Monique (2007): *La pensée straight*, Paris.

Wittig, Monique (2007a [1980]): »La pensée straight«, in: Wittig, Monique: *La pensée straight*, Paris, S. 53–61.
Wittig, Monique (2007b [1980]): »On ne naît pas femme«, in: Wittig, Monique: *La pensée straight*, Paris, S. 43–52.
Wittig, Monique et al. (1970): »Combat pour la libération de la femme«, [ursprünglich geplanter Titel: »Pour un mouvement de libération des femmes«], in: *L'Idiot International*, N° 6, S. 13–16.

Sekundärliteratur

Agamben, Giorgio (2002): *Homo Sacer. Souveräne Macht und bloßes Leben*, Frankfurt a. M.
ANEF (Hg.) (1998): *Les féministes face à l'antisémitisme et au racisme*, Bulletin de l'ANEF, Supplément au N° 26.
Auron, Yaïr (1998): *Les Juifs d'extrême gauche en Mai 68: une génération révolutionnaire marquée par la Shoah*, Paris.
Bancel, Nicolas et al. (2006): »Introduction. La fracture coloniale: une crise française«, in: Blanchard, Pascal et al. (Hg.): *La fracture coloniale. La société française au prisme de l'héritage colonial*, Paris, S. 9–31.
Bancel, Nicolas et al. (Hg.) (2010): *Ruptures Postcoloniales. Les nouveaux visages de la société française*, Paris.
Baumgarten, Britta/Ullrich, Peter (2012): »Discourse, Power and Governmentality. Social Movement Research with and beyond Foucault«, [http://www.wzb.eu/sites/default/files/u13/fsiv2012-401_zeng_ullrich-baumgarten.pdf] [02.07.2015].
Bellil, Samira (2002): *Dans l'enfer des tournantes. Récit*, Paris.
Bereni, Laure (2007): »De la cause à la loi. Les mobilisations pour la parité politique en France (1992–2000)«, Dissertation Université Paris 1, [https://tel.archives-ouvertes.fr/tel-00232810] [02.07.2015].
Bessin, Marc/Dorlin, Elsa (Hg.) (2006): *Féminismes. Théories, mouvements, conflits*, Paris.
Blanchard, Pascal et al. (Hg.) (2006): *La fracture coloniale. La société française au prisme de l'héritage colonial*, Paris.
Blanchard, Pascal (2006a): »La France, entre deux immigrations«, in: Blanchard, Pascal et al. (Hg.): *La fracture coloniale. La société française au prisme de l'héritage colonial*, Paris, S. 177–186.
Bouamama, Saïd (2008): »Extrême gauche et luttes de l'immigration postcoloniale«, in: Boubeker, Ahmed/Hajjat, Abdellali (Hg.): *Histoire politique des immigrations (post)coloniales. France, 1920–2008*, Paris, S. 237–248.
Bouchoux, Corinne (1990): »L'immigration ou la ›révélation‹ d'un enjeu. L'exemple de Dreux: les municipales de 1983«, in: *Politix*, 3(12), S. 47–53. DOI: https://doi.org/10.3406/polix.1990.1423

Bourcier, Marie-Hélène (2003): »La fin de la domination (masculine): pouvoir des genres, féminismes et post-féminisme queer«, in: *Multitudes*, N° 12, S. 69–80.

Bourseiller, Christophe (2009): *Qui êtes-vous, Antoinette Fouque?*, Paris.

Bracke, Sarah (2009): »Antigone, le foulard et la République«, in: Dorlin, Elsa (Hg.): *Sexe, race, classe. Pour une épistémologie de la domination*, Paris, S. 201–211.

Braidotti, Rosi (2000): »The Way We Were: Some Post-structuralist Memoirs«, in: *Women's Studies International Forum*, 23(6), S. 715–728. DOI: https://doi.org/10.1016/S0277-5395(00)00143-6

Broeck, Sabine (2006): »Das Subjekt der Aufklärung – Sklaverei – Gender Studies: Zu einer notwendigen Relektüre der Moderne«, in: Dietze, Gabriele/Hark, Sabine (Hg.): *Gender kontrovers. Genealogien und Grenzen einer Kategorie*, Königstein/Taunus, S. 152–180.

Broeck, Sabine (2008): »Enslavement as Regime of Western Modernity: Re-reading Gender Studies Epistemology Through Black Feminist Critique«, *Gender Forum*, 22, [http://genderforum.org/black-womens-writing-revisited-issue-22-2008/] [02.07.2015].

Broeck, Sabine (2011): »Re-Reading de Beauvoir after Race: Women-as-slave revisited«, *International Journal of Francophone Studies*, 14(1+2), S. 167–184. DOI: https://doi.org/10.1386/ijfs.14.1-2.167_1

Buck-Morss, Susan (2000): »Hegel and Haiti«, in: *Critical Inquiry*, 26(4), S. 821–865. DOI: https://doi.org/10.1086/448993

Buck-Morss, Susan (2011): *Hegel und Haiti. Für eine neue Universalgeschichte*, Frankfurt a. M.

Césaire, Aimé (2004 [1950]): »Le Discours sur la Négritude«, in: Césaire, Aimé, *Discours sur le colonialisme*, Paris, S. 79–92.

Châabane, Nadia (2008): »Diversité des mouvements de ›femmes dans l'immigration‹«, in: *Cahiers du CEDREF*, N° 16, S. 231–250.

Cottias, Myriam (2004): »Les métaphores de la sexualité et de la liberté«, in: *Clio. Histoire, Femmes et Sociétés*, N° 20, S. 234–238.

Dalla Costa, Mariarosa/James, Selma (1972): *The Power of Women and the Subversion of Community*, Bristol.

de Gouges, Olympe (2003 [1791]): *Déclaration des droits de la femme et de la citoyenne*, Paris.

de Lauretis, Teresa (2002): »Quand les lesbiennes n'étaint pas des femmes«, in: Bourcier, Marie-Hélène/Robichon, Suzette (Hg.): *Parce que les lesbiennes ne sont pas des femmes*, Paris, S. 35–53.

Delphy, Christine (1991): »Les origines du Mouvement de libération des femmes en France«, in: *Nouvelles Questions Féministes*, N° 16/17/18, S. 137–148.

Delphy, Christine (1995): »The Invention of French Feminism: An Essential Move«, in: *Yale French Studies*, N° 87, S. 190–221.

Delphy, Christine (2004): »Une école pour tous et toutes«, Beitrag bei einer Veranstaltung der Gruppe *Une école pour toutes et pour tous* am 4. Februar 2004 in Paris, [http://www.multitudes.net/Une-ecole-pour-tous-et-toutes/] [02.07.2015].

Dietze, Gabriele (2008): »Intersektionalität und Hegemonie(selbst)kritik«, in: Gippert, Wolfgang et al. (Hg.): *Transkulturalität. Gender- und bildungstheoretische Perspektiven*, Bielefeld, S. 27–42. DOI: https://doi.org/10.14361/9783839409794-001

Dietze, Gabriele (2013): *Weiße Frauen in Bewegung. Genealogien und Konkurrenzen von Race- und Genderpolitiken*, Bielefeld. DOI: https://doi.org/10.14361/transcript.9783839405178

Doane, Mary Ann (1991): *Femmes fatales: Feminism, Film Theory, and Psychoanalysis*, New York.

Dorlin, Elsa (2006): *La matrice de la race. Généalogie sexuelle et coloniale de la nation francaise*, Paris.

Dorlin, Elsa (2007): »›Performe ton genre, performe ta race!‹: Re-penser l'articulation entre sexisme et racisme à l'ère de la postcolonie«, in: *Les soirées de Sophia: Antisexisme ou antiracisme: un faux dilemme?*, [http://www.sophia.be/index.php/fr/pages/view/1251] [02.07.2015].

Dorlin, Elsa (Hg.) (2008): *Black Feminism. Anthologie du féminisme africain-américain, 1975–2000*, Paris.

Dorlin, Elsa (Hg.) (2009): *Sexe, race, classe. Pour une épistémologie de la domination*, Paris.

Dorlin, Elsa (2009a): »Vers une épistémologie des résistances«, in: Dorlin, Elsa (Hg.): *Sexe, race, classe. Pour une épistémologie de la domination*, Paris, S. 5–18.

Dot-Pouillard, Nicolas (2007): »Les recompositions politiques du mouvement féministe francais au regard du *hijab*«, *SociologieS. Revue scientifique internationale*, [https://sociologies.revues.org/246] [02.07.2015].

Dubesset, Mathilde/Thébaud, Françoise (2005): »Entretien avec Yvonne Kniebihler«, in: *Clio. Histoire, Femmes et Sociétés*, N° 21, S. 247–268.

Eckert, Andreas (2005): »Das Paris der Afrikaner und die Erfindung der Négritude«, in: Hohls, Rüdiger et al. (Hg.): *Europa und die Europäer. Quellen und Essays zur modernen europäischen Geschichte*, Stuttgart, S. 287–292.

Engels, Friedrich (1946 [1884]): *Der Ursprung der Familie, des Privateigentums und des Staats*, Berlin.

Ezekiel, Judith (2006): »French Dressing: Race, Gender, and the Hijab Story«, in: *Feminist Studies*, 32(2), S. 256–278. DOI: https://doi.org/10.2307/20459086

Fabre, Clarisse/Fassin, Éric (2004): *Liberté, égalité, sexualités. Actualité des questions sexuelles*, Paris.

Falquet, Jules (2008), »Repenser les rapports sociaux de sexe, de classe et de ›race‹ dans la mondialisation neolibérale«, Manuskript, [https://julesfalquet.files.

wordpress.com/2010/05/jf_repenser_les_rapports_sociaux_de_sexe.doc] [02.07.2015].

Falquet, Jules (2009): »La règle du jeu. Repenser la co-formation des rapports sociaux de sexe, de classe et de ›race‹ dans la monidlisation néolibérale«, in: Dorlin, Elsa (Hg.): *Sexe, race, classe. Pour une épistémologie de la domination*, Paris, S. 71–90.

Fanon, Frantz (1952): *Peau noire, masques blancs*, Paris.

Fanon, Frantz (2011 [1959]): *L'an V de la révolution algérienne*, Paris.

Fassin, Didier/Fassin, Éric (Hg.) (2009): *De la question sociale à la question raciale? Représenter la société francaise*, Paris.

Ferguson, Moira (1992): »Mary Wollstonecraft and the Problematic of Slavery«, in: *Feminist Review*, N° 42, S. 82–102.

Fourest, Caroline (2008): »Le féminisme pour les nuls«, in: *ProChoix*, N° 46, S. 16.

Fraisse, Geneviève (1995): *Muse de la Raison. Démocratie et exclusion des femmes en France*, Paris.

Freud, Sigmund (2000 [1926]): »Die Frage der Laienanalyse«, in: Freud, Sigmund: *Studienausgabe. Schriften zur Behandlungstechnik*, (Ergänzungsband), Frankfurt a. M., S. 271–349.

Gautier, Arlette (2010 [1985]): *Les sœurs de Solitude. Femmes et esclavage aux Antilles du XVIIe au XIXe siècle*, Rennes.

Gilroy, Paul (1993): *The Black Atlantik: Modernity and Double-Consciousness*, Cambridge.

Grewal, Kiran (2009): »›Va t'faire intégrer!‹ The Appel des Féministes indigènes and the Challenge to ›Republican Values‹ in Postcolonial France«, in: *Contemporary French Civilization*, 33(2), S. 105–133. DOI: https://doi.org/10.3828/cfc.2009.18

Griffin-Crowder, Diane (2002): »La pensée straight et la théorie queer: implicaions pour la politique féministe«, in: Bourcier, Marie-Hélène/Robichon, Suzette (Hg.): *Parce que les lesbiennes ne sont pas des femmes*, Paris, S. 147–177.

Hajjat, Abdellali (2013): »Retour sur la Marche pour l'égalité et contre le racisme«, in: *Hommes & Migrations*, N° 1304, S. 151–155.

Hargreaves, Alec G. (2007 [1995]): *Multi-Ethnic France. Immigration, Politics, Culture and Society*, New York, London.

Hausen, Karin (1976): »Die Polarisierung ›Geschlechtscharaktere‹. Eine Spiegelung der Dissoziation von Erwerbs- und Familienleben«, in: Conze, Werner (Hg.): *Sozialgeschichte der Familie in der Neuzeit Europas*, Stuttgart, S. 363–393.

Henneron, Liane (2006): »The Feminist Movement and French ›laïcité‹ (secularism): When Feminism Confronts a Republican Ideal«, Vortragsskript einer Tagung der American Political Sciene Association, [http://citation.allacademic.com/meta/p153572_index.html] [02.07.2015].

Holland-Cunz, Barbara (2003): *Die alte neue Frauenfrage*, Frankfurt a. M.

Honegger, Claudia (1991): *Die Ordnung der Geschlechter. Die Wissenschaften vom Menschen und das Weib 1750–1850*, Frankfurt a. M.

hooks, bell (1984): *Feminist Theory. From Margin to Center*, Boston.

Jackson, Stevi (1996): *Christine Delphy*, London.

Jung, Ruth (1989): »›Meine Stimme wird sich noch aus des Grabes Tiefe Gehör zu verschaffen wissen.‹ Olympe de Gouges – Streiterin für Frauenrechte«, in: Schmidt-Linsenhoff, Viktoria (Hg.): *Sklavin oder Bürgerin? Französische Revolution und neue Weiblichkeit 1760–1830*, Frankfurt a. M., S. 73–87.

Kalter, Christoph (2011): *Die Entdeckung der Dritten Welt. Dekolonisierung und neue radikale Linke in Frankreich*, Frankfurt a. M.

Kandel, Liliane (1993): »Vingt ans après«, in: *Cahiers du CEDREF*, N° 3, S. 17–24.

Kandel, Liliane (1996): »Une pensée empêchée: des usages du ›genre‹, et de quelques-unes de ses limites«, in: *Les Temps modernes*, N° 587, S. 220–248.

Kandel, Liliane (1998): »Questions à Liliane Kandel«, in: *ProChoix*, N° 8, S. 11.

Kandel, Liliane (2000): »Sur la différence des sexes, et celles des féminismes«, in: *Les Temps modernes*, N° 609, S. 283–306.

Kandel, Liliane (2003): »Racisme, sexisme: une loi paradoxale«, in: *De nouveaux défits pour le féminisme. Forum du CNDF*, S. 104–106.

Kandel, Liliane (Hg.) (2004 [1997]): *Féminismes et nazisme*, Paris.

Kandel, Liliane (2004a [1997]): »Femmes, féminismes, nazisme, ou: on ne naît pas innocent(e), on le devient«, in: Kandel, Liliane (Hg.): *Féminismes et nazisme*, Paris, S. 8–26.

Kandel, Liliane (2010): »Génération MLF«, *Travail, genre et sociétés*, N° 24, S. 5–24.

Kergoat, Danièle (1978): »Ouvrier = ouvrières? Propositions pour une articulation théorique de deux variables: sexe et classe sociale«, in: *Critique de l'économie politique, nouvelle série*, N° 5, S. 65–97.

Kergoat, Danièle (1982): *Les ouvrières*, Paris.

Kergoat, Danièle (2009): »Dynamique et consubstantialité des rapports sociaux«, in: Dorlin, Elsa (Hg.): *Sexe, race, classe. Pour une épistémologie de la domination*, Paris, S. 111–125.

Kerner, Ina (2009): *Differenzen und Macht. Zur Anatomie von Rassismus und Sexismus*, Frankfurt a. M.

Khanna, Ranjana (2003): *Dark Continents: Psychoanalysis and Colonialism*, Durham.

Knapp, Gudrun-Axeli (2003): »Aporie als Grundlage: Zum Produktionscharakter der feministischen Diskurskonstellation«, in: Knapp, Gudrun-Axeli/Wetterer, Angelika (Hg.): *Achsen der Differenz. Gesellschaftstheorie und feministische Kritik II*, Münster, S. 240–265.

Laroche, Martine/Larrouy, Michèle (2009): *Mouvements de presse. Des années 1970 à nos jours, luttes féministes et lesbiennes*, Paris.

Lépinard, Eléonore (2005): »Malaise dans le concept. Différence, identité et théorie féministe«, in: *Cahiers du Genre*, N° 39, S. 107–135.

Lépinard, Eléonore (2007): *L'égalité introuvable. La parité, les féministes et la République*, Paris.

Lépinard, Eléonore (2007a): »The Contentious Subject of Feminism: Defining ›Women‹ in France from the Second Wave to Parity«, in: *Signs: Journal of Women in Culture and Society*, 32(2), S. 375–403.

Lesselier, Claudie (2004 [1997]): »La représentation du ›facisme‹ dans les discours féministes radicaux contemporains en France«, in: Lilian Kandel (Hg.): *Féminismes et nazisme*, Paris, S. 260–271.

Lesselier, Claudie (2007): *Trente ans d'histoires des mouvements de femmes de l'immigration en France*, Catalogue de l'exposition.

Lloyd, Cathie (1998): »Rendez-vous manqués: Feminisms and Anti-racisms in France«, in: *Modern & Contemporary France*, 6(1), S. 61–73. DOI: https://doi.org/10.1080/09639489808456412

Lorcerie, Françoise (Hg.) (2005): *La politisation du voile en France, en Europe et dans la monde arabe*, Paris.

Lorcerie, Françoise (2007): »Le primordialisme français, ses voies, ses fièvres«, in: Smouts, Marie-Claude (Hg.): *La situation postcoloniale*, Paris, S. 298–343.

Macé, Éric (2007): »Des ›minorités visibles‹ aux néostéréotypes«, in: *Journal des anthropologues*, Hors-série, S. 69–87.

Majnoni, Béatrice (1996): *Femmes, si vous saviez*, Paris.

Mbembe, Achille (2006): »La République et l'impensé de la ›race‹«, in: Blanchard, Pascal et al. (Hg.): *La fracture coloniale. La société française au prisme de l'héritage colonial*, Paris, S. 143–157.

Mbembe, Achille (2011): »Provincializing France?«, in: *Public Culture*, 23(1), S. 85–119. DOI: https://doi.org/10.1215/08992363-2010-017

Mbembe, Achille (2013): *Critique de la raison nègre*, Paris.

Mossuz-Lavau, Janine (1997): *Les femmes ne sont pas des hommes commes les autres*, Paris.

Mouvements, N° 51 (2007): »Qui a peur du postcolonial? Dénis et controverses«, hrsg. v. Jim Cohen et al.

Naudier, Delphine/Soriano, Éric (2010): »Colette Guillaumin. La race, le sexe et les vertus de l'analogie«, in: *Cahiers du Genre*, N° 48, S. 193–214.

Ndiaye, Pap (2008): *La condition noire. Essai sur une minorité française*, Paris.

Noiriel, Gérard (2009): »Einwanderung, Antisemitismus und Rassismus in Frankreich vom 19. Jahrhundert bis in die Gegenwart«, in: Beier-de Haan, Rosmarie/Werquet, Jan (Hg.): *Fremde? Bilder von den ›Anderen‹ in Deutschland und Frankreich seit 1871*, Dresden, S. 28–37.

Oloff, Aline (2013): »Umstrittene Herrschaft. Feministische Kritiken an Maurice Godelier und Pierre Bourdieu«, in: Binder, Beate et al. (Hg.): *Eingreifen, Kritisieren, Verändern!? Interventionen ethnografisch und gendertheoretisch*, Münster, S. 116–129.

Pavard, Bibia (2009): »Genre et militantisme dans le Mouvement de libération de l'avortement et de la contraception. Pratique des avortements (1973–1975)«, in: *Clio. Histoire, Femmes et Sociétés*, N° 29, S. 79–96.

Picq, Françoise (2011): *Libération des femmes. Les années-mouvement*, Paris.

Poiret, Christian (2010): »Le retour de la catégorie ›Noirs‹ dans l'espace public français«, in: *Migrations Société*, 22(131), S. 69–85.

Raupach, Kirsten (2002): »Unveiling Racism. Weiße Frauen – Schwarze Sklavinnen«, in: Bischoff, Doerte/Frenk, Joachim (Hg.): *Sprachwelten der Informationsgesellschaft: Perspektiven der Philologie*, Münster, S. 81–88.

Rochefort, Florence (2004): »Les féministes«, in: *Histoire des gauches en France, Volume 2*, Paris, S. 108–118.

Rodgers, Catherine (1998): *Le »Deuxième sexe« de Simone de Beauvoir. Un héritage admiré et contesté*, Paris.

Rommelspacher, Birgit (1993): »Rassismus und Antisemitismus in der Frauenforschung«, in: Senatsverwaltung für Arbeit und Frauen (Hg.): *Fremdheit und Gewalt*, Berlin, S. 17–37.

Saada, Emanuelle (2009): »Un racisme de l'expansion. Les discriminations raciales au regard des situations coloniales«, in: Fassin, Didier/Fassin, Éric (Hg.): *De la question sociale à la question raciale?*, Paris, S. 63–98.

Schieweck, Nicola (2011): *L'articulation de la catégorie race et du racisme dans le mouvement féministe des années 1970 en France*, unveröffentlichtes Manuskript.

Schulz, Kristina (2002): *Der lange Atem der Provokation. Die Frauenbewegung in der Bundesrepublik und in Frankreich 1968–1976*, Frankfurt a. M.

Scott, Joan W. (1998): *La citoyenne paradoxale. Les féministes françaises et les droits de l'homme*, Paris.

Scott, Joan W. (2005): *Parité! L'universel et la différence des sexes*, Paris.

Scott, Joan W. (2007): *The Politics of the Veil*, Princeton.

Sellier, Régine (2008): »De la décolonisation des peuples à la décolonisation de l'utérus et à la libération des femmes«, in: Fouque, Antoinette (Hg.): *Génération MLF 1968–2008*, Paris, S. 201–205.

Senghor, Leopold (Hg.) (1948): *Anthologie de la nouvelle poésie nègre et malgache*, Paris.

Shaktini, Namascar (2005): »Introduction to ›For a Women's Liberation Movement‹«, in: Shaktini, Namascar (Hg.): *On Monique Wittig. Theoretical, Political and Literary Essays*, Urbana, Chicago, S. 15–20.

Stoler, Ann Laura (2010): »L'aphasie coloniale française: l'histoire mutilée«, in: Bancel, Nicolas et al. (Hg.): *Ruptures postcoloniales. Les nouveaux visages de la société française*, Paris, S. 62–78.

Stoler, Ann Laura (2011): »Colonial Aphasia: Race and Disabled Histories in France«, in: *Public Culture*, 23(1), S. 121–156. DOI: https://doi.org/10.1215/08992363-2010-018

Storti, Martine (2010): *Je suis une femme, pourquoi pas vous? Quand je racontais le mouvement des femmes dans Libération*, Paris.

Tahon, Marie-Blanche (1990): »La mère sans ombre?«, in: *Recherches féministes*, 3(1), S. 97–109.

Talahite, Fatiha (1998): »Die algerische Frauenbewegung«, in: *Inamo* N° 14/15, S. 41–44.

Taylor, Karen L. (2007): *Companion on the French Novel*, New York.

Tévanian, Pierre (2005): *Le voile médiatique. Un faux débat: ›l'affaire du foulard islamique‹*, Paris.

Venner, Fiammetta (1995): *L'opposition à l'avortement, du lobby au commando*, Paris.

Venner, Fiammetta/Lesselier, Claudie (Hg.) (1997): *L'extrême droite et les femmes. Enjeux et actualité*, Villeurbanne.

Winter, Bronwyn (1997): »(Mis)representations: What French Feminism isn't«, in: *Women's Studies International Forum*, 20(2), S. 211–242. DOI: https://doi.org/10.1016/S0277-5395(97)00010-1

Winter, Bronwyn (2008): *Hijab and the Republic. Uncovering the French Headscarf Debate*, Syracuse, New York.

Wollstonecraft, Mary (2004 [1792]): *A Vindication of the Rights of Woman*, London.

Zaidman, Claude (2007): »Le Féminisme«, in: *Cahiers du CEDREF*, N° 15, S. 45–71.

Zancarini-Fournel, Michelle (2003): »Histoire(s) du MLAC (1973–1975)«, in: *Clio. Histoire, Femmes et Sociétés*, N° 18, S. 241–252.

Zancarini-Fournel, Michelle (2004): *Les mots de l'histoire des femmes*, Toulouse.

Zimmermann, Jens (2012): »Diskurse in Bewegung(en)«, in: *DISS-Journal*, N° 23, S. 57–58.